大下勇二　Yuji Oshita

連単分離の会計システム

Dualité du système comptable en France

フランスにおける
2つの会計標準化

序

　資本主義に多様性があるように，会計システムにも多様性がある。経済のグローバリゼーションは，良くも悪くもこの多様性を奪うプロセスである。会計の分野では，国際会計基準／国際財務報告基準（IAS/IFRS）のグローバル・スタンダード化の進展が，一国の会計システムの伝統的な特徴を大きく変えている。IAS/IFRS はアングロ・サクソン会計的な経済的実質重視の会計思考をベースとし，証券監督者国際機構（IOSCO）などの国際機関の支持を背景に，グローバル金融経済のゲームのルールとして確立しつつある。このため，ゲームの参加者は IAS/IFRS をゲームのルールとしてプレーすることを余儀なくされている。

　筆者が研究してきたフランスも例外ではない。会計システムの類型の観点からは，フランスはヨーロッパ大陸諸国の独・仏型会計に分類され，米・英などのアングロ・サクソン諸国の会計と対比される。しかも戦後，フランスは「フランス・モデル」とも呼べる独自の会計モデルを追求してきた。

　当該会計モデルは，国家の強い関与，生産・付加価値を重視したマクロ経済指向の計算構造，課税との接続，社会各層の利害関係者代表の参加によるルールづくりなどの特徴を持つ。また，他のシステムとの接続性を重視する。国家の関与を排した市場メカニズムの重視，株主投資利益計算のミクロ財務的計算指向，課税との分離，会計専門家主導のルールづくりなどの特徴を持つアングロ・サクソン諸国の会計と比較すれば，フランスにとって IAS/IFRS の影響は重大なものになるであろうことは想像に難くない。

　本書の課題は，このような観点から，フランスの会計システムの伝統的な特徴がどのように形成され，これらが IAS/IFRS のグローバル・スタンダー

ド化の進展によりどのような影響を受けてきたのかを解明することにある。

　本書の特徴は次の2つの点にある。1つは，個々の法的実体単位の個別計算書類に係る個別会計次元と，親子会社を中心とした企業集団の連結計算書類に係る連結会計次元の2つの会計次元に，分けて分析している点である。その理由は，今日，フランスの会計システムが個別会計次元と連結会計次元に二元化しており，そこに至るまでのプロセスを解明するためである。両プロセスを比較することから，本書は戦後の1950年代以降を主な分析対象としている。

　もう1つの特徴は，会計基準，会計基準の設定組織および会計基準の適用という会計標準化システムの3つの要素から分析している点である。上記二元的システムに至るまでの過程で，個別会計次元および連結会計次元において，どのような会計基準が，いかなる組織により設定され，いかに適用されてきたのか，すなわち両次元の「会計標準化」のプロセスが大きく異なると考えるからである。

　本書は，個別会計次元と連結会計次元とで，会計標準化のプロセスが大きく異なることを明らかにする。両次元で，会計標準化のシステムの特徴およびIAS/IFRSの影響には大きな違いが見られる。もともと連結会計次元の会計標準化は，米・英などのアングロ・サクソン諸国の連結会計実務の影響を強く受けてきた。これに対して，個別会計次元の会計標準化は国家のニーズを強く反映する形で進められてきた。本書で明らかにする1970年代からの企業の実務における連単分離の形での会計処理方法の採用および1980年代半ばからの当該処理方法の法令上の容認は，両次元の会計標準化プロセスの違いを如実に表すものである。

　フランスにおける会計システムは，アングロ・サクソン諸国の会計実務の影響を強く受けてきた連結会計次元の標準化と，その影響を連単分離という形で遮断してきた個別会計次元の標準化，といった大きく異なるプロセスを経て二元化されてきたのである。

　フランス会計システムの研究は，筆者が大学院生の頃から一貫して取り組んできた研究テーマであり，本書の研究は恩師 野村健太郎先生の学説から大きく影響を受けている。先生から賜った学恩に心より感謝申し上げたい。

また，本書は1年間の国内研究の機会を利用してまとめたものである。平成29年度，国内研究の機会を与えてくださった法政大学経営学部教授会および会計スタッフの諸先生に心より感謝申し上げたい。なお，本書は，筆者が法政大学経営学部紀要『経営志林』に発表してきた「フランス連結会計基準の国際的調和」の一部を，大幅に加筆・修正してまとめたものである。

　最後に，出版事情の厳しい中，本書の出版を快くお引き受けくださった法政大学出版局の古川真氏および郷間雅俊氏，ならびに校正作業でお世話になった中村孝子氏に厚く御礼申し上げる。

2018年8月16日

大下　勇二

略語一覧（主要なもの）

・フランス関係
会計基準
PCG：Plan Comptable Général　　　（プラン・コンタブル・ジェネラル）
会計基準設定機関
CNC：Conseil National de la Comptabilité　　　（国家会計審議会）
CRC：Comité de la Réglementation Comptable　　　（会計規制委員会）
ANC：Autorité des Normes Comptables　　　（会計基準庁）
その他
AMF：Autorité des Marchés Financiers　　　（金融市場庁）
CNCC：Compagnie Nationale des Commissaires aux Comptes
　　　（全国法定会計監査人協会）
CNPF：Conseil National du Patronat Français　　　（全国経営者評議会）
COB：Commission des Opérations de Bourse　　　（証券取引委員会）
INSEE：Institut National de la Statistique et des Études Économiques
　　　（国立統計経済研究所）
OEC：Ordre des Experts Comptable　　　（専門会計士協会）
OECCA：Ordre des Experts Comptables et des Comptables Agréés
　　　（専門会計士・認許会計士協会）

・その他
IAS：International Accounting Standards　　　（国際会計基準）
IASB：International Accounting Standards Board
　　　（国際会計基準審議会）
IASC：International Accounting Standards Committee
　　　（国際会計基準委員会）
IFRS：International Financial Reporting Standards　　　（国際財務報告基準）
SFAS：Statement of Financial Accounting Standards　　　（財務会計基準書）

目　次

序　iii
略語一覧　vi

序章　2つの会計標準化 …………………………………………1

1. フランスにおける会計標準化　1
   (1) 複数の会計基準の併存　1
   (2) 会計標準化システムとその特徴　3
2. 連結会計基準の複合化と連単分離　7
   (1) 連結特有の処理に係る基準　7
   (2) 連結会計基準の複合化と会計処理の連単分離　8
3. 会計標準化の旧システムから新システムへの移行　11
   (1) 新CNCシステム　12
   (2) 会計基準の新適用方式　17

第1章　プラン・コンタブル・ジェネラルとその特徴 ……21

1. 会計データの標準化とオペレーショナル性　21
   (1) 会計データの標準化　21
   (2) オペレーショナル性　25
2. 一般的性格の共通基準と勘定システムの役割　27
   (1) 一般的性格の共通基準　27

(2) 勘定システムの役割　31
 3. マクロ経済指向の計算構造　38
　　(1) PCGにおける生産重視の考え方　38
　　(2) 1957年PCGの一般経営計算書の構造と生産高・付加価値の測定　40
　　(3) 社会会計（国民会計）システムとの接続　43
　　(4) 1982年PCGの成果計算書の構造　46

第2章　国家会計審議会とその特徴 ──1957年CNCシステム　53

1. 国家会計審議会の1957年CNCシステムの特徴　53
2. 1957年CNCシステムと協議の組織　55
　　(1) 国家会計審議会（CNC）の組織　55
　　(2) 国家会計審議会（CNC）の任務と協議方式の採用　59
3. 政府／経済・財務省による強い関与と官僚主導の運営　65
　　(1) 公的部門の組織　65
　　(2) 政府／経済・財務省による強い関与と官僚主導　66
　　(3) 政府／経済・財務省による強い関与の理由　68
4. 関係領域の拡大と1957年CNCシステムの特徴　70
　　(1) 関係領域の拡大　70
　　(2) 1957年CNCシステムの特徴の堅持　75

第3章　プラン・コンタブル・ジェネラルの適用とその特徴　81

1. PCGの適用の仕組み　81
　　(1) 1947年PCGの適用の仕組み　81
　　(2) 1957年PCGの一般的適用の仕組み　85
2. PCGによる企業課税システムの整備　93

    (1) 1950年代における企業課税上の課題　93
    (2) PCGの普及と税務申告を通じた経済統計の整備　98
  3. PCGの一般化と企業利益課税制度　101
    (1) 業種別プラン・コンタブル策定の状況　101
    (2) PCGに基づく企業利益課税制度　107

第4章　プラン・コンタブル・ジェネラルと
　　　　商法・会社法 ……………………………………………… 113

  1. 旧商法・会社法の会計規制とPCGの適用　113
    (1) 旧商法の会計規制　113
    (2) 旧会社法の会計規制　115
    (3) 税法を介した旧商法・会社法会計におけるPCGの適用　117
  2. 1983年調和化法とPCGの法的位置づけ　120
    (1) 1983年調和化法とその適用範囲　120
    (2) PCGと1983年調和化法改正商法・会社法規制との関係　123
  3. PCGに対する1983年調和化法改正商法・会社法の影響　127
    (1) PCGにおける会計の一般原則と「誠実な概観」　127
    (2) PCGにおける「誠実な概観」概念の影響
        ――高度な専門的判断と利用者指向　128
    (3) PCGにおける「財産性」の概念の影響　131

第5章　プラン・コンタブル・ジェネラルと税法 …………… 135

  1. PCG以前の課税利益計算　135
    (1) 課税利益計算と旧商法・会社法の帳簿・会計規制　135
    (2) 課税利益計算の実務　137
  2. 1965年税法デクレとPCG　144
    (1) 1965年税法デクレの計算規定　144
    (2) 1965年税法デクレの決算書の様式と1957年PCGとの比較　145

(3)　1965年税法デクレの評価規則　146
　　　(4)　1957年PCGの評価規則との比較　148
　3.　接続性の原則とPCGの一般基準化　152
　　　(1)　接続性の原則の確立　152
　　　(2)　会計外調整　153
　　　(3)　1982年・1983年の会計制度改革と課税当局の対応　156
　4.　課税利益計算におけるPCGの一般基準化の影響　160
　　　(1)　PCGの適用範囲の拡大　160
　　　(2)　会計基礎概念の共有化　161
　　　(3)　PCGへのしばりの発生　165

第6章　連結会計基準の特徴　……………………………………171

　1.　連結会計先進国の制度・実務の影響　171
　　　(1)　フランスにおける連結会計実務の経験　171
　　　(2)　諸外国の連結会計制度・実務の研究　175
　　　(3)　諸外国の制度・実務を参考にした基準づくり　178
　2.　連結会計基準の作成における会計専門家主導　187
　　　(1)　CNC連結研究グループの構成　187
　　　(2)　外部の会計専門家主導　190
　3.　株主・第三者に対する情報提供の目的　191
　　　(1)　1968年CNC連結報告書・勧告書における連結の目的　192
　　　(2)　個別次元の会計情報の機能　194
　　　(3)　株主・投資者の情報の充実と会計基準の分化　197
　4.　計算構造のマクロ経済指向性　200
　　　(1)　マクロ経済指向の計算構造　200
　　　(2)　成果計算書の表示形式の連単分離　204

第7章　連結会計基準の適用とその特徴 …………………209

1. 連結会計基準の適用と商法・会社法　209
   - (1) 1968年CNC連結報告書・勧告書の適用　209
   - (2) 1985年連結会計法　211
   - (3) 1986年PCG連結会計原則　217

2. 連結上の再処理と「同質性の原則」　218
   - (1) 1968年CNC連結報告書・勧告書と同質性の再処理　219
   - (2) 1985年連結会計法と同質性の再処理　220
   - (3) 1986年PCG連結会計原則と「同質性の原則」　221

3. 「同質性の原則」と連結の会計方針の策定　223
   - (1) 連結の会計方針の策定と会計方法の選択　223
   - (2) 連結の会計方針の選択・適用と国際的会計実務への対応　226

4. フランス企業による国際的会計実務への対応　227
   - (1) 国際的会計基準の採用企業　227
   - (2) 国際的基準の採用理由と再処理　231
   - (3) 貸借対照表・損益計算書の表示形式および分類方法と連単分離　235
   - (4) 会計処理の方法と連単分離　238

第8章　リース会計の標準化と連単分離 …………………247

1. リース取引の会計処理方法　247
   - (1) 法的アプローチ　247
   - (2) 経済的アプローチ　248

2. フランスにおけるリース会計規制　248
   - (1) リース業を営む企業に関する1966年7月2日法律の開示規制　249
   - (2) 1982年PCGのリース会計規定　251

3. 法的アプローチと財産性の原則　253
   - (1) 伝統的な法的権利・義務確定のための会計　253
   - (2) 根本的・実践的原則としての「財産性の原則」　253

        (3) リース会計の法的アプローチと財産性の原則　255
    4. 連結計算書類における経済的アプローチの導入　256
        (1) アングロ・サクソン的会計思考と経済的実質優先　256
        (2) フランスにおける連結計算書類の役割と経済的アプローチの導入　257
        (3) 1986年PCG連結会計原則におけるリース会計処理　258
        (4) 連結計算書類における「財産性の原則」の後退　260
    5. フランス企業におけるリースの会計実務　261
        (1) 連結計算書類における資本化処理　261
        (2) 財産性の原則の運用上の特徴　263

第9章　外貨換算会計の標準化と連単分離 ……………267

    1. フランスにおける外貨換算会計方法の変遷　267
    2. 個別計算書類に係る外貨換算会計方法　268
        (1) 1957年PCGにおける外貨換算会計　268
        (2) 1982年PCGにおける外貨換算会計　272
    3. 連結計算書類に係る外貨換算会計方法　275
        (1) 在外子会社の計算書類の換算に係る1968年CNC連結報告書・勧告書　275
        (2) 在外子会社の計算書類の換算に係る1986年PCG連結会計原則の換算方法　277
        (3) 外貨表示債権・債務の換算差額に係るD248-8条オプション　280
    4. フランス企業における換算処理　283
        (1) 連結計算書類における換算方法　283
        (2) D248-8条オプションの行使と潜在的為替利得の繰延処理　285

第10章　税効果会計の標準化と連単分離 ……………287

    1. フランスにおける税効果会計の変遷　287

(1)　税効果会計の適用方式と会計方法　　287
　　　(2)　税効果会計の変遷　　289
　2.　個別計算書類における税効果会計の導入　　291
　　　(1)　オフ・バランス情報による制度化　　291
　　　(2)　1987年OECCA勧告書におけるオン・バランス処理　　292
　3.　個別計算書類におけるオン・バランス処理の可能性　　293
　　　(1)　商法典の会計規定　　293
　　　(2)　期間差異を生ずる4つのケースとオン・バランス処理の可能性　　294
　　　(3)　繰延税金資産の計上可能性　　296
　4.　連結計算書類における税効果会計の導入　　298
　　　(1)　オン・バランス処理による制度化　　298
　　　(2)　オン・バランス処理の法的位置づけとD248-8条オプション　　302
　5.　連結計算書類における繰延税金資産の計上制限　　303
　　　(1)　繰延税金資産の計上の厳格な制限　　303
　　　(2)　期間差異に係る繰延税金資産・負債の計上スタンス　　303
　　　(3)　税務上の繰越欠損金に係る繰延税金資産の計上スタンス　　305
　6.　フランス企業グループにおける税効果会計の実務　　306
　　　(1)　企業における税効果会計の実務　　306
　　　(2)　繰延税金資産の計上状況と実現概念の運用における連単分離　　308

第11章　連結のれん会計の標準化　　313

　1.　フランスにおける連結のれんの処理方法の変遷　　313
　　　(1)　連結のれんの処理方法　　313
　　　(2)　連結のれんの処理方法の変遷　　317
　2.　フランスにおける連結のれんの処理方法の展開　　319
　　　(1)　1968年CNC連結報告書・勧告書における連結のれんの処理　　319
　　　(2)　1978年CNC連結会計報告書案における連結のれんの処理　　321
　　　(3)　1986年PCG連結会計原則における連結のれんの処理　　324

3. のれんの処理に関する国際比較　328
   (1) 正ののれん　328
   (2) 負ののれん　330
4. フランス企業グループにおける連結のれんの処理　331
   (1) 連結のれんの処理の実務　331
   (2) 連結総資産に占める無形固定資産の割合の増大　335

第12章　国家会計審議会の組織改革と国際会計基準への対応　341

1. 1957年CNCシステムにおける会計専門家の役割　341
   (1) 1992年末の連結計算書類委員会と会計専門家主導　341
   (2) 1993年のCNC組織改革の基本方針と国際的調和化への対応　346
2. 1996年CNCシステムと会計専門家主導体制への転換　348
   (1) CNCの任務の拡大　348
   (2) 1996年CNCシステムの組織構成　348
   (3) 協議の組織としての特徴の堅持　350
   (4) 政府／経済・財務省の関与の低下と会計専門家主導の運営　351
   (5) 1998年の会計制度改革　355
3. 2007年CNCシステムと新会計規制機関への移行　357
   (1) 2007年におけるCNCの改革　357
   (2) 「協議の組織」の特徴の変容　359
   (3) 政府／経済・財務省による人事権・承認権の保持と民間主導の運営　361

第13章　会計基準の適用方式の改革と国際会計基準適用の法的枠組み　365

1. 会計基準の適用方式の改革　365
   (1) 1998年4月6日法律による会計制度改革と会計規制委員会の創

設　365
　　(2) PCG の適用方式の改革　366
　　(3) 連結会計基準の適用方式の改革　369
　2. 国際会計基準適用の法的枠組みの創設　372
　　(1) 1998 年 4 月 6 日法律による 6 条オプションの創設　372
　　(2) 6 条オプションの法的位置づけと創設の目的　373
　　(3) フランス企業による国際的会計基準の使用状況　375
　　(4) 国際的会計基準適用の政策性　380
　　(5) 国際会計基準の承認と適用条件　382

第 14 章　連結会計基準のコンバージェンス　387

　1. 1986 年 PCG 連結会計原則以降の議論　387
　　(1) 第一回連結差額の処理問題から無形資産の認識・測定問題への展開　387
　　(2) 1993 年 CNC 取得差額作業グループ報告　388
　　(3) 1993 年・1994 年 CNC 連結計算書類委員会報告　391
　　(4) 1995 年 CNC 企業セクション報告　394
　2. 1999 年連結会計規則と識別可能資産・負債の認識　397
　　(1) 第一回連結差額概念および簡便法の廃止　397
　　(2) 識別可能資産・負債の認識　400
　　(3) 識別可能無形資産の認識　401
　3. 1999 年連結会計規則における識別可能資産・負債の評価　405
　　(1) 識別可能資産・負債の流入価値　405
　　(2) 無形資産の評価方法　407
　　(3) 全面時価評価法の原則適用と部分時価評価法の例外的容認　409
　　(4) 持分プーリング法の容認　411
　　(5) 事業再構築引当金　412
　4. 1999 年連結会計規則における取得差額の処理　413
　　(1) 正の取得差額の処理　413

(2)　負の取得差額の処理　414
　　(3)　国際会計基準（IAS）との比較　416
　5.　経済的実質優先思考の導入　419
　　(1)　1986年PCG連結会計原則における経済的実質優先思考の処理　419
　　(2)　1999年連結会計規則における経済的実質優先思考の導入　419

第15章　プラン・コンタブル・ジェネラルの現代化 …… 423

　1.　PCGのコンバージェンス　423
　　(1)　国家会計審議会（CNC）によるPCGのコンバージェンス　423
　　(2)　負債に関するCRC規則第2000-06号　426
　　(3)　資産の償却および減損に関するCRC規則第2002-10号　429
　　(4)　資産の定義，会計処理および評価に関するCRC規則第2004-06号　438
　2.　コンバージェンスの限界とPCGの文字どおりの現代化　443
　　(1)　政府による「PCGの現代化」への方針転換　443
　　(2)　国際会計基準の部分的かつ不完全な導入　444
　　(3)　商法典の法的枠組みの制約　447
　3.　PCGの現代化の影響　450
　　(1)　課税利益計算への影響──税務調整項目の増加と接続性の低下　451
　　(2)　中小企業への影響──PCGにおける簡易処理の導入　457
　　(3)　PCGの現代化の法的影響　460

終章　2つの会計標準化と連単分離の会計システム ……… 465

　1.　マクロ的な国家のニーズと個別会計次元の会計標準化　465
　2.　ミクロ的な株主・投資者のニーズと連結会計次元の会計標準化　467
　3.　新会計標準化システムと国際会計基準への対応　468
　4.　2つの会計標準化が残したもの　470

(1)　商法・会社法および税法との関係の変化　470
　　(2)　生産・付加価値重視の会計思考　472

参考文献　474

事項索引　481

人名索引　491

会社名索引　492

序章
2つの会計標準化

1. フランスにおける会計標準化

(1) 複数の会計基準の併存

　資金公募企業の連結計算書類に国際会計基準／国際財務報告基準（IAS/IFRS）の適用を義務づけた2002年7月19日欧州委員会規則（CE第1606/2002号）に従い，2005度年からフランスの資金公募企業はその連結計算書類[1]をIAS/IFRSに従い作成している。

　このIAS/IFRSの適用義務づけにより，フランスでは，商法典の会計規制の枠内に複数の会計基準が併存する状況になっている。すなわち，図表0-1に示すとおり，個別会計次元は，国内の会計基準であるプラン・コンタブル・ジェネラル（Plan Comptable Général：PCG；正式名称「会計規制委員会（CRC）規則第99-03号」，2014年から「会計基準庁（ANC）規則第2014-03号」）が，極めて小さい事業者を除き基本的にすべての企業に適用されている。極めて小さい事業者（ミクロ企業）には簡易な現金会計に基づく簡易基準が用いられている。

　これに対して，連結会計次元では，上場企業などの資金公募企業グループにはIAS/IFRSが強制適用されるが，それ以外の企業グループは国内の連結会計基準である1999年連結会計規則（正式名称「CRC規則第99-02号」）とIAS/IFRSのいずれかを選択適用することができる。

　IAS/IFRSは国際会計基準審議会（IASB）がこれを開発するものであるので，これを適用するフランス企業グループの連結計算書類の作成基準には，

1

図表 0-1　複数の会計基準の併存

企　業	会計基準	
	個別会計次元	連結会計次元
資金公募・上場企業	プラン・コンタブル・ジェネラル（PCG）	IAS/IFRS
上記以外の企業		IAS/IFRS または 1999 年連結会計規則
一定規模以下の中小企業	簡易基準	
全商工企業	商法典会計規定	

（筆者作成）

フランスの会計基準設定機関の直接的なコントロールが及ばない。IAS/IFRS の適用は EU レベルでの決定に基づくこと，資金公募企業に適用される IAS/IFRS 自体も EU の認める IAS/IFRS であることなどを考慮すれば，EU 主要国であるフランスの影響が及ばないことはないが，それは極めて間接的・限定的なものであろう。

　このように，フランスの資金公募企業グループの連結計算書類に適用される IAS/IFRS は，フランスの直接的コントロールの外にある。この結果，フランス国内の会計システムは二元化されている。

　本書の目的は，会計システムの二元化に至るまでの会計標準化のプロセスを，個別会計次元と連結会計次元に分けて分析し，両次元の会計標準化が IAS/IFRS などの国際的基準の影響をどのように受けてきたのかを明らかにすることにある。

　ここでいう会計標準化とは，会計調和化を目的として会計基準を設定し，その適用を図ることを内容とするものである（CNC, 1986, p. I. 7）。そこでは，いかなる会計基準が，どのような組織により設定され，いかに適用されるのかが問題となる。すなわち，「会計基準」，「会計基準の設定組織」および「会計基準の適用」の 3 つの要素である。

　個別会計次元と連結会計次元に分けて分析するのは，会計基準，会計基準の設定組織および会計基準の適用の点から，両者の会計標準化のプロセスとそこでの国際的基準の影響が大きく異なると考えるからである。

(2) 会計標準化システムとその特徴

図表0-2はフランスにおける会計標準化システムをまとめたものである。縦軸に会計標準化の要素, すなわち会計基準, 会計基準の設定組織および会計基準の適用の3つの要素を, 横軸にはこれら3要素が構成する標準化システムを新旧の2つに分けて表示している。

図表0-2 会計標準化システム

会計標準化システム	旧システム		新システム	
	個別次元	連結次元	個別次元	連結次元
会計基準	1957年PCG 1982年PCG	1968年CNC報告書・勧告書 1986年連結会計原則	1999年PCG	IAS/IFRS 1999年連結会計規則
	商法典会計規定:1983年調和化法(個別次元)/1985年連結会計法(連結次元)			
会計基準の設定組織	1957年CNCシステム		1996年CNCシステム 2007年CNCシステム	
会計基準の適用	1959年税法	勧告, COB指導	1998年法に基づくCRC規則	

(筆者作成)

筆者は1996〜2007年の一連の会計制度改革により, それまでの標準化システム(旧システム)が新しいシステム(新システム)に移行したと考えている。連結会計基準は1968年のCNC報告書・勧告書が最初の基準なので, 本書は1957年PCG・1957年CNCシステムから2007年CNCシステムまでの約50年間を研究対象期間としている。また, 商法典の会計規制は会計システム全体の法的枠組みを形成しているが, PCGおよびその設定組織との関係は時代により一様ではない。

① 旧システムにおける会計標準化
1) 個別会計次元の会計標準化

まず, 旧システムにおける個別会計次元の会計標準化は, 会計基準を1957年PCGおよび1982年PCGとし, PCGの設定組織を国家会計審議会(Conseil National de la Comptabilité : CNC)の1957年CNCシステム, PCGの適用を1959年税法(第55条)とするものである。

当該会計標準化は，図表0-3に示すとおり，PCGは国家のニーズを反映し，CNCは国家の強いコントロール下にあり，PCGの適用は他の法令（税法）を用いた。「フランス・モデル」と呼べる国家の強い関与は，プラン・コンタブル・ジェネラル（PCG）を中心とした会計標準化を，課税システムとそれを介したマクロ経済統計の整備という国家のニーズに役立てるためである。

　本書の第1章から第3章は旧システムにおける個別会計次元の会計標準化を取り上げる。第1章「プラン・コンタブル・ジェネラルとその特徴」では会計基準であるPCGの特徴を，第2章「国家会計審議会とその特徴——1957年CNCシステム」ではその設定組織である国家会計審議会の特徴を，第3章「プラン・コンタブル・ジェネラルの適用とその特徴」ではPCGの適用の特徴を考察している。

　また，第4章「プラン・コンタブル・ジェネラルと商法・会社法」はPCGと商法・会社法会計規制との関係を，第5章「プラン・コンタブル・ジェネラルと税法」はPCGと税法の関係を考察している。PCGは商法・会社法（現在は商法典に統合）および税法（租税一般法典に統合）の法的規制と結び付いて，個別会計次元の会計標準化を推進してきた。商法・会社法は会計制度の法的枠組みを形成し，基礎的会計原則などの重要事項を定めている。税務法令はPCGの適用（エンフォース）を図るとともに，税務通達により実務的な細則を提供しており，いわば事実上の実務基準となっている。

2）　連結会計次元の会計標準化

　旧システムにおける連結会計次元の会計標準化は，会計基準を1968年CNC連結報告書・勧告書および1986年PCG連結会計原則とし，それらの設定組織を国家会計審議会の1957年CNCシステム，PCGの適用をCNCの勧告および証券取引委員会（COB）の行政指導とするものである。

　当該会計標準化の特徴は，図表0-3に示すとおり，会計基準は国際的会計実務（特に英・米の会計実務）の影響が強く，設定機関であるCNCは国家の強いコントロール下にあるものの，連結会計問題においては外部の会計実務専門家の役割が大きい。また，連結会計基準の適用は勧告レベルであり，上場会社への行政指導が見られたものの，実際には企業の実務が先行した。

図表 0-3　会計標準化システムの特徴

会計標準化システム	旧システム		新システム	
	個別次元	連結次元	個別次元	連結次元
会計基準	国家のニーズを反映	国際的実務の影響強い	国家のニーズを反映	IAS/IFRSの影響強い
会計基準の設定組織	国家のコントロール強い（連結次元：会計実務専門家の役割大）		国家の影響力低下（会計実務専門家主導の運営）	
会計基準の適用	他の法令	企業実務先行	会計法令	会計法令

（筆者作成）

　連結会計次元の会計標準化においては，株主・投資者向けの情報を指向し，個別会計次元と異なり国家の関与は弱い。

　本書の第6章から第8章は旧システムにおける連結会計次元の会計標準化を取り上げ，第6章では「連結会計基準の特徴」，第7章では「連結会計基準の適用とその特徴」について考察している。

　また，旧システムの連結会計領域では，大企業の実務が先行してさまざまな処理が実践された。すなわち，ロンドン証券取引所やヨーロッパ大陸諸国の証券取引所などに株式を上場する国際的企業グループにおいて，1968年CNC連結報告書・勧告書あるいは1957年PCGに定めがない会計処理方法について，英国会計基準（UK-GAAP），米国会計基準（US-GAAP）あるいは国際会計基準（IAS）に定める処理方法を独自に採用するという実務が出現したのである。

　例えば，リース会計，為替換算会計，税効果会計，連結のれん会計などがこれである。フランスでは，このような連結会計の実務が1970年代から1990年代に見られた。会計システムの連単二元化の前段階として，一定の会計処理方法の連単分離の実務が存在したのである。

　これらは本書の第8章から第11章で取り上げる。第8章では「リース会計の標準化と連単分離」，第9章では「外貨換算会計の標準化と連単分離」，第10章では「税効果会計の標準化と連単分離」，第11章では「連結のれん会計の標準化」について，考察している。

② 新システムにおける会計標準化

既述のとおり，1996年から2007年の一連の会計制度改革により，会計標準化システムは旧システムから新システムに移行した。新システムにおける個別会計次元の会計標準化は，図表0-2に示すとおり，会計基準を1999年PCGとし，PCGの設定組織を国家会計審議会（CNC）の1996年CNCシステムおよび2007年CNCシステムとし，PCGの適用を1998年法に基づく会計規制委員会（CRC）の規則によるものとしている。

新システムにおける個別会計次元の会計標準化の特徴は，図表0-3に示すとおり，PCGにおける国家のニーズの反映という特徴は維持されているが，PCG自体の法的効力が強化されるのにともない任意的な管理・原価会計部分が分離された点にある。1999年PCGはIAS/IFRSへのコンバージェンス（収斂）の出発点として位置づけられるものであり，この後2000年代前半におけるIAS/IFRSへのコンバージェンスの結果，IAS/IFRSの経済的基礎概念を導入することになる。

また，1996年CNCシステムは会計実務専門家主導への転換を図り，その結果国家の影響力は相対的に低下する。さらに，旧システムの1959年税法（第55条）による適用方式は廃止され，CNCの会計基準案を会計規制委員会（CRC）が規則（会計に係る行政命令）に転換する方式に移行させた。

他方，新システムにおける連結会計次元の会計標準化は，図表0-2に示すとおり，会計基準を1999年連結会計規則とし，PCGの設定組織を国家会計審議会（CNC）の1996年CNCシステムおよび2007年CNCシステムとし，PCGの適用を1998年法に基づくCRCの規則によるものとしている。

新システムにおける連結会計次元の会計標準化の特徴は，図表0-3に示すとおり，連結会計基準としてはIAS/IFRSと国内基準が併存し，しかも国内基準は常に国際的基準の影響を強く受け，1990年代のコンバージェンスによりIAS/IFRSに大きく接近した点である。

また，1996年CNCシステムでは，CNCの運営は，連結会計実務や国際会計基準に精通した会計実務専門家主導へと転換を図った。さらに，適用方式は新システムにおけるPCGの適用方式と同様に，CNCの連結会計基準案をCRCがその規則（会計に係る行政命令）に転換する方式に移行した。

以上の会計標準化の新システムへの移行の背景には，国際会計基準／国際財務報告基準（IAS/IFRS）への対応の問題がある。これら新システムの特徴と IAS/IFRS への対応の問題は本書の第 12 章から第 15 章で取り上げている。
　第 12 章「国家会計審議会の組織改革と国際会計基準への対応」は 1996 年 CNC システム以降の CNC の組織の特徴と IAS/IFRS への対応の問題について，第 13 章「会計基準の適用方式の改革と国際会計基準適用の法的枠組み」は 1998 年 4 月 6 日法律による会計基準の適用方式の改革および同法律による国際会計基準の容認と適用の法的枠組みについて，第 14 章「連結会計基準のコンバージェンス」は 1990 年代における連結会計基準の IAS/IFRS へのコンバージェンスの作業について，第 15 章「プラン・コンタブル・ジェネラルの現代化」は 2000 年代における PCG の IAS/IFRS へのコンバージェンスならびにその限界および影響について，考察している。終章「2 つの会計標準化と連単分離の会計システム」は本書の総括である。

2. 連結会計基準の複合化と連単分離

(1) 連結特有の処理に係る基準

　連結会計次元の会計標準化は，国家会計審議会（CNC）の設定する連結会計基準が中核となるが，個別会計次元と同様，商法・会社法が連結会計制度の法的枠組みを形成し，連結会計原則の重要事項を定めている（1985 年連結会計法・1986 年適用デクレ）。税法は個別会計次元と異なり，連結会計次元の会計標準化に直接関与しない。
　1968 年 CNC 連結勧告書は同連結報告書の結論的部分を勧告書としてまとめたものであり，一般原則，連結範囲，連結方法，事前の再処理（在外企業の換算を含む），内部取引の消去，連結売上高の定義，連結差額，連結成果およびグループ計算書の作成・表示から構成されている（CNC, 1973, pp. 65-68）。いずれも連結特有の問題に関わっている。
　1968 年 CNC 連結報告書・勧告書では，PCG に見られる勘定分類や評価規則などの問題は，個別計算書類に係る「事前の再処理」の中で，連結対象

項目の同質化との関連で取り上げられているに過ぎない。すなわち，当該同質性の確保の観点から，連結企業集団を構成する各社に共通の勘定分類と表示および共通の評価規則（特に固定資産，棚卸資産，減価償却，減価引当金など）の採用が求められた（CNC, 1973, pp. 37-38）。

また，1968年CNC連結報告書には，その附録において，連結特有の用語とその定義および連結特有の勘定科目が追加的に示されている。連結特有の用語として28の用語が定義され，1957年PCGの勘定分類をベースに連結を準備するために必要とされる勘定科目がその注釈とともに示された（大下, 2017b, 17-18頁）。

連結を行うためには，連結企業集団構成企業に係る取引のデータが明確に把握される必要がある。1968年CNC連結報告書は，このような目的で，1957年PCGの勘定分類をベースに連結上必要な追加的な勘定科目を提示したのである。

このように，1968年CNC連結報告書・勧告書は，1957年PCGにはない連結特有の事項を取り上げていることがわかる。1968年CNC連結報告書・勧告書がこのような構成・内容になっている理由は，企業集団単位の連結計算書類が，連結企業集団を構成する個々の企業の個別計算書類をベースに連結特有の処理を加えて作成されるからである。つまり，連結会計基準は個々の法的実体ベースの個別計算書類（年次計算書類）の存在を前提とし，これに連結特有の処理を加えて連結計算書類を作成するための基準なのである。

(2) 連結会計基準の複合化と会計処理の連単分離

図表0-4は，1968年CNC連結報告書・勧告書以降の連結会計基準，すなわち1985年連結会計法とその1986年適用デクレ，1986年PCG連結会計原則および1999年連結会計規則の構成・内容を示したものである。これによれば連結会計基準は，連結の範囲，連結方法，正規性・真実性・誠実な概観などの一般会計原則，連結決算日，連結の再処理，連結企業集団内の取引の消去，評価規則・方法，資本連結，連結のれん，所得税の処理（繰延税金），在外企業の計算書類の換算，連結売上高，連結計算書類といった項目に関わっており，前出1968年CNC連結報告書・勧告書と同様，基本的に

図表 0-4 連結会計基準の構成・内容

連結会計法・適用デクレ（商法・会社法の規制）		1986 年 PCG 連結会計原則	1999 年連結会計規則
1985 年 1 月 3 日法律	1986 年 2 月 17 日適用デクレ		
連結計算書類の作成義務・支配の定義, 連結免除	連結方法	第 1 節　連結の方法	第 1 節　連結の範囲と方法
支配のタイプと連結方法	連結方法と成果計算書の成果	第 2 節　連結規則：一般会計原則の遵守	第 2 節　連結規則：全部連結・比例連結・持分法
連結禁止・除外	第一回連結差額の処理	第一回連結差額の概念	
連結計算書類の構成と内容	被連結会社の親会社株式・投資有価証券・一時所有有価証券の処理	決算日	第 3 節　評価と作成の方法：一般原則
正規性・真実性・誠実な概観	連結売上高の定義	評価規則・方法の同質性と選択	所得税
注記・附属明細書における追加的情報	連結の再処理	連結企業間の取引の消去	
連結計算書類の作成方法, 同質的評価方法・連結再処理	為替換算差額の処理	繰延税金	外貨表示計算書類の換算
一定の条件での評価規則の使用可能性	商法典に定めない評価規則	在外企業計算書類の換算	
連結決算日	貸借対照表の表示・義務的項目	売上高の定義	
連結経営報告書の内容	成果計算書の義務的項目	再評価・内部的再構築の取引の連結に対する影響	
会計監査人への提出	繰延税金の処理	持分法に特有の規定	第 4 節　連結総合書類
連結計算書類の監査	注記・附属明細書の義務的項目	第 3 節　連結総合書類	第 5 節　適用の経過措置
	連結計算書類の作成・公表義務の免除, 免除の数値規準		

（筆者作成）

連結計算書類の作成のための基準であることがわかる。

しかし, 前出 1968 年 CNC 連結報告書・勧告書にはない新しい項目が見られる。1985 年連結会計法が定める会計監査人への提出と連結計算書類の監査, 正規性・真実性・誠実な概観などの一般会計原則, 評価規則に係る「一定の条件での評価規則の使用可能性」と 1986 年適用デクレにおける「商法典に定めのない評価規則」および「繰延税金の処理」などがこれである。

一般会計原則は個別計算書類に係る規定においても同様の定めがある。繰延税金の処理は個別計算書類にも関係しうる処理であるが, 連結会計次元に限定して先行的に導入されたものである。

評価規則に関しては, 個別計算書類に係る一般規定が商法典に定められているが, 上記規定は商法典に定めのない評価規則を, 一定の条件で使用可能

とするものである。ファイナンス・リースの資本化処理（オン・バランス処理），外貨建債権・債務に係る為替換算差額の損益処理などがこれである。本書では，連結上これら会計処理を容認する1986年適用デクレの「商法典に定めのない評価規則」を「D 248-8条オプション」と呼ぶ。

　繰延税金の処理，ファイナンス・リースの処理，外貨建債権・債務に係る為替換算差額の処理は1986年PCG連結会計原則および1999年連結会計規則にも導入されている。すなわち，ファイナンス・リースの処理および外貨建債権・債務に係る為替換算差額の処理は，1986年PCG連結会計原則では「オプション的再処理（retraitements optionnels）」(CNC, 1986, pp. II. 148–II. 150)として，1999年連結会計規則では「優先的方法（méthodes préférentielles）」(30.「一般原則」）として，繰延税金の処理はいずれも標準的処理（CNC, 1986, pp. II. 152–II. 155）または標準的方法（31.「所得税」）として定められている。

　しかし，個別計算書類に係る商法・会社法（商法典）の計算規定やプラン・コンタブル・ジェネラル（PCG）の一般会計はこれら処理を認めていない（定めていないものも含む）。この結果，1985年連結会計法以降の連結会計基準は以下の1）〜4）の部分から構成されるに至る。

1) 連結特有の処理に係るもの（連結範囲・連結方法，事前の再処理，内部取引の消去，資本連結，連結のれん，在外企業の計算書類の換算，連結売上高，連結計算書類，連結決算日など）
2) 個別計算書類の作成に係る一般規定と重複するもの（一般会計原則など）
3) 会計処理に関して個別計算書類の作成には適用を制限されている処理方法（繰延税金の処理など）
4) 個別計算書類の作成では認められていない処理方法（リース・換算の処理など）

　つまり，連結会計基準が複合化し，個別計算書類に係る商法・会社法（商法典）の計算規定やPCGの一般会計とは分離した形で，一般会計原則などの一般規定を重複的に，一定の処理方法についてはこれを独自に含むものとなっているのである。筆者は，1968年CNC連結報告書・勧告書の下で，1970年代から1980年代に見られたフランス企業の連結会計実務がこの背景

にあると考える。

　これら処理は，一部の国際的企業が米国会計基準や国際会計基準に従い採用していた処理である。連結会計基準の複合化は，これら企業の実務を1985年連結会計法以降においても継続するのを可能にするために，連単分離的に容認した結果である。

　フランスの会計システムは，IAS/IFRS の任意適用を容認する1998年4月6日法律第98-261号第6条（旧商法典 L 233-24条「6条オプション」）を経て，その強制適用を定める EU レベルの決定により2005年から二元化されることになるが，その前段階として，一定の会計処理方法に係る連単分離の段階が存在したのである。本書はこのような連単分離の実態を明らかにする。

3. 会計標準化の旧システムから新システムへの移行

　既述のとおり，1996年から2007年における一連の会計制度改革により，フランスの標準化システムは旧システムから新システムに移行したと考えられる。この間，会計基準に関して，連結会計次元では2005年からの資金公募企業の連結計算書類に対する IAS/IFRS の強制適用，国内連結会計基準の IAS/IFRS へのコンバージェンス，個別会計次元では「PCG の現代化」と称する IAS/IFRS への一定のコンバージェンスが展開される。

　会計基準の設定組織に関しては，国家会計審議会（CNC）は1957年 CNC システムから1996年 CNC システムを経て2007年 CNC システムへ移行した。さらに，会計基準の適用方式に関しては，1998年法に基づき会計規制委員会（CRC）を創設し，会計基準（1999年 PCG および1999年連結会計規則）自体を強制力のある行政命令に変換する仕組みを設け，会計基準の適用に係る法的効力を強化した。

　会計標準化の新システムへの移行を象徴的に表しているのが新 CNC システムと会計基準の新適用方式である。新会計標準化システムの下で，IAS/IFRS への対応，会計基準の IAS/IFRS へのコンバージェンスが進められることになる。本書はこのような旧システムから新システムへの移行の実態を

明らかにする。

(1) 新 CNC システム
① 国家会計審議会（CNC）の特徴

フランスにおいて，1957年から2009年までの50年を超える期間にわたり，プラン・コンタブル・ジェネラル（PCG）と連結会計基準の設定組織として機能してきたのが国家会計審議会（CNC）である。図表 0-5 は，フランスにおける会計基準（商法・会社法を除く）の設定機関の変遷を，創設に係る法令，関係したプラン・コンタブル・ジェネラル（PCG）および連結会計基準とともに示したものである。

CNC は，1957年に国家会計審議会に係る1957年2月7日デクレ第57-129号により設置された。CNC は，1947年に設置されていた高等会計審議会（Conseil supérieur de la Comptabilité）を発展的に解消したもので，高等会計審議会の前身は，1946年に創設された会計標準化委員会（Commission de normalisation des comptabilités）である。現在の会計基準庁（Autorité des Normes Comptables：ANC）[2]は，2010年に会計基準の設定機関としての機能を CNC から引き継いだ。それにともない，CNC は50年を超えるその歴史を閉じたのである。

図表 0-5　フランスにおける会計基準設定組織の変遷

期間	会計基準設定組織	創設に係る法令	PCG	連結会計基準
1946～1947	会計標準化委員会	1946年4月4日デクレ（第46-619号）	1947年 PCG	なし
1947～1957	高等会計審議会	1947年1月16日デクレ（第47-188号）	1947年 PCG 適用 1957年 PCG 作成	なし
1957～2009	国家会計審議会（CNC）	1957年2月7日デクレ（第57-129号）	1957年 PCG 適用 1982年 PCG 作成・適用 1999年 PCG 作成・適用	1968年連結勧告書 1986年連結会計原則 1999年連結会計規則
2010～現在	会計基準庁（ANC）	2009年1月22日オルドナンス（第2009-79号），2010年1月15日デクレ（第2010-56号）	1999年 PCG 適用 2014年 PCG 作成・適用	1999年連結会計規則の適用・一部改正

（筆者作成）

したがって，フランスにおける会計基準の設定に係る組織としては，CNCの活動期間が圧倒的に長い。しかも，改正を除き，PCGと連結会計基準の双方の作成と適用に関わったのはCNCだけである。図表0-5に示すとおり，CNCは，1957年PCG，1982年PCGおよび1999年PCGの3つのプラン・コンタブル・ジェネラル（PCG）と，1968年連結報告書・勧告書，1986年PCG連結会計原則および1999年連結会計規則（会計規制委員会規則99-02号）のすべての連結会計基準に関わってきた。

　CNCが会計基準の設定機関としての機能を担った1957年から2009年までの期間は，前半が主にPCGを中心とした国内の会計標準化の推進，後半が企業活動のグローバル化に伴い，国内の連結会計情報の整備，欧州共同体域内での会計の調和化，連結を中心とした国際的実務あるいは国際会計基準との調和化の問題が重要な課題となった時期にあたる。

　図表0-6は，CNCの創設，改組および廃止に係る法令をまとめたものである。CNCの創設から廃止までの間に5本のデクレ（政令）がある。すなわち，国家会計審議会の創設に関する1957年2月7日デクレ第57-129号，これを一部改正する1964年3月20日デクレ第64-266号および1993年2月1日デクレ第93-167号，これを廃止して新たに国家会計審議会に関する規定を定める1996年8月26日デクレ第96-749号，さらにこれを廃止して新たに国家会計審議会に関する規定を定める2007年4月27日デクレ第2007-629号の5本である。

図表0-6　国家会計審議会（CNC）に関する法令とCNCシステム

国家会計審議会の創設，改組および廃止に係る法令	CNCシステム
国家会計審議会に関する1957年2月7日デクレ第57-129号（CNC創設）	1957年 CNCシステム
・1964年3月20日デクレ第64-266号（1957年2月7日デクレ一部改正）	
・1993年2月1日デクレ第93-167号（1957年2月7日デクレ一部改正）	
国家会計審議会に関する1996年8月26日デクレ第96-749号（1957年2月7日デクレ廃止）	1996年 CNCシステム
国家会計審議会に関する2007年4月27日デクレ第2007-629号（1996年8月26日デクレ廃止）	2007年 CNCシステム
ANCに関する2010年1月15日デクレ第2010-56号（第12条）（2007年4月27日デクレ廃止）	（CNC廃止）

（各法令に基づき筆者作成）

このうち，重要なデクレは1957年2月7日デクレ，1996年8月26日デクレおよび2007年4月27日デクレである。後のデクレが前のデクレを全面廃止する形で新たな法令を定めているからである。ここから，CNCの組織には歴史的に見て，1957年2月7日デクレに基づくシステム（1957年CNCシステム），1996年8月26日デクレに基づくシステム（1996年CNCシステム）および2007年4月27日デクレに基づくシステム（2007年CNCシステム）の3つのシステムが存在したことがわかる。

　最も長く用いられたシステムは1957年CNCシステムで，1957年から1996年までの40年に及ぶ。1957年CNCシステムにおける組織上の特徴がCNCの伝統的な特徴であるといえる。なお，1957年CNCシステムは1996年に廃止されるまでに，2度の一部改正を経ている。最初の一部改正はCNCの創設後間もない1964年である。2度目の一部改正は1993年である。

　本書は，1957年CNCシステムに基づくCNCの伝統的な組織上の特徴として，社会の各種利害関係者の代表による「協議の組織」，「政府／経済・財務省の強い関与」および「官僚主導の運営」を挙げ，これら特徴がPCGの特徴およびその適用方式と密接に関係していることを明らかにする。

② 国家会計審議会（CNC）の組織改革とIAS/IFRSへの対応
1） CNCの組織改革の要因とその任務の拡大

　1957年システムに基づくCNCの特徴は1990年代からの組織改革により大きく変わる。図表0-6に示すとおり，CNCに関する法令の2度目の一部改正と2度の全面改正は，すべて1990年代以降である。このことは，1990年代以降，それだけCNCの改革を必要としたことを表している[3]。

　それでは，CNCの組織改革を必要とした要因は何か。筆者は，その主要因として，連結中心の国際会計基準／国際財務報告基準（IAS/IFRS）への対応を挙げる。IAS/IFRSのグローバル・スタンダード化の流れの中で，従来のシステムでは対応できないと考えられたのである。

　すなわち，IAS/IFRSへの対応がCNCにとって差し迫った重要課題となったためである。そのため，国際基準の設定機関と対話ができる高度に専門的な知識・経験を有する指導的人材が必要とされ，国際基準と国内基準の

図表0-7 国家会計審議会（CNC）の任務の拡大

CNCシステム	任務
1957年 CNCシステム	・会計の理論的・方法論的研究とその実践適用に関して調整と総合の任務を有する。 ・すべての担当部門，団体または組織と連携して，とりわけ次の任務を行うものとする。 　a. 学校または卒業後の会計教育，勘定の組織，記入および合理的な展開，に関するす情報収集，研究，文書の配布 　b. 行政部門または公的部門，政府の提案により設置した委員会，国家が直接・間接的に支配する組織により提案される会計次元のあらゆる行政規則，命令または勧告に対する<u>事前の意見付与</u> 　c. 勘定の合理的な展開に関する措置の提案（企業および業界団体のため，国家統計または予算および国民経済勘定の作成のため）
1993年 一部改正	(b. の任務の拡大) 国内または共同体次元のいかんを問わず，行政部門または……（同上）……により検討される会計次元のあらゆる措置に対する事前の意見付与
1996年 CNCシステム	・会計領域において，<u>経済セクターの全体に関する意見書および勧告書を発する任務</u>を有する。 ・関係部門，団体または組織と連携して，次の任務を行うものとする。 　1. 国内または共同体次元のいかんを問わず，行政部門または公的部門，政府提案により設置した委員会，特に<u>銀行・金融委員会，国家保険審議会の規制委員会</u>，および国家が直接・間接的に支配する組織により検討される会計次元のあらゆる措置に対する事前の意見付与 　2. （任務の拡大）<u>会計標準化の国際的機関または外国の機関が作成する基準に対する意見付与</u> 　3. 勘定の展開に関するあらゆる措置の提案（企業および業界団体のため，あるいは国家の統計または予算の確立および国家の経済勘定の確立のため） 　4. 会計教育，勘定の組織，記入および展開に関して，理論的・方法論的研究の調整と総合，会計情報に関する情報の収集，研究の実施，書類の流布
2007年 CNCシステム	1. 国内または共同体次元のいかんを問わず，会計次元のあらゆる措置に対する事前の意見付与 2. （任務の拡大）会計標準化の国際的機関または外国の機関が作成する基準<u>およびその適用</u>に対する意見付与 3. （任務の拡大）<u>国際会計基準</u>，会計教育，勘定の組織，記入および展開に関して，理論的・方法論的研究の調整と総合，情報の収集，研究，あらゆる文書の流布 4. 勘定の展開に関するあらゆる措置の提案（企業および業界団体のため，あるいは国家の統計または予算の確立および国家の経済勘定の確立のため）

下線筆者。
（1957年デクレ第2条，1993年改正第2条，1996年デクレ第2条および2007年デクレ第2条に基づき筆者作成）

調和化・コンバージェンスに備えた体制づくりが求められたのである。この点はCNCの任務の拡大からも窺い知ることができる。

　図表0-7に示すとおり，CNCの任務は拡大されてきた。すなわち，まず，1993年の一部改正では，事前の意見付与の任務は，「提案される会計次元の

あらゆる行政規則，命令または勧告に対する」ものから，「検討される会計次元のあらゆる措置に対する」ものに拡大される。これにより，それまで，行政命令の次元に限定されていた意見付与の任務が，法律の次元を含めた会計次元のあらゆる措置に拡大された。しかも，当該任務は国内だけでなく，共同体レベルにも及ぶ。

次に，1996年の全面改正では，1996年CNCシステムは経済セクターの全体に関する意見書および勧告書を発する任務を有することを明確にし，これに伴い事前の意見付与の任務を金融・保険の分野にも拡大した。さらに，1996年CNCシステムは事前の意見付与の任務を「会計標準化の国際的機関または外国の機関が作成する基準」に対するものに拡大し（2007年システムではその適用を含む），2007年システムは「理論的・方法論的研究の調整と総合，情報の収集，研究，あらゆる文書の流布」の任務を，従来の「会計教育，勘定の組織，記入および展開」に関するものから拡大し，これに「国際会計基準」を加えた。このように，IAS/IFRSへの対応の必要性はCNCの任務の拡大からも読み取ることができる。

2) 1957年CNCシステムの3つの特徴の変容

国家会計審議会（CNC）の一連の組織改革により，社会各層の利害関係者の代表者による「協議の組織」というCNCの特徴は大きく後退する。旧会計標準化システムを象徴する当該特徴は，2007年CNCシステムでは，最終的に議決に関与しない諮問委員会の形で残ったに過ぎない。

旧会計標準化システムを象徴する「政府／経済・財務省の強い関与」とそれに基づく「官僚主導の運営」の特徴も徐々に後退した。これに代わる形で，会長の権限と事務局体制が強化され，1996年CNCシステムにおいては，国際的な連結会計実務や連結中心の国際会計基準に精通した会計専門家が会長に就任してその運営の主導性を強めた。

しかし，国家の関与がなくなったかといえば否である。政府／経済・財務省の基本的スタンスは，CNCの運営は会計専門家に委ねるが，大企業あるいは大手監査事務所寄りの運営にならないよう，その監督・監視は新システムにおいても継続するというものである。そのために，CNCメンバーの人事権は，経済・財務省（経済担当大臣）がこれを保持する。また，CNCが作

成した基準案は，会計規制委員会（CRC）の承認後（1998年から），経済・財務大臣が省令により承認して初めて正式な規則となる。

すなわち，フランスの会計標準化における国家のコントロールは，CNCの人事権と省令による基準の承認権を残す形で保持されているのである。IAS/IFRSへの対応は資金公募企業（約1000社）にとって重要な課題であるが，中小企業から大企業までの約200万事業者に適用されるPCGはそれ以上に重要であると考えられているのである。なお，2007年CNCシステムは，2010年からスタートしたCNCの後継機関「会計基準庁（ANC）」の組織として，そのままの形で移行することになる。

(2) 会計基準の新適用方式

新会計標準化システムへの移行を象徴するもう一つの要素は，会計基準の適用の新方式である。「会計規制改革および不動産公示制度の適合に係る1998年4月6日法律」は会計規制委員会（Comité de la Réglementation Comptable：CRC）を創設し，国家会計審議会（CNC）の意見書を行政命令である「CRC規則（règlement）」に変換する仕組みを構築した。CRCの規則は省令による承認が必要であるとはいえ，当該承認を受けるとそれ自体が行政命令として強制力を持つ。1999年PCGは，分析会計と連結会計基準の部分を切り離した上で，CRC規則第99-03号として省令により承認されている。

また，同法律は会計書類を作成するすべての個人・法人にCRC規則を遵守することを義務づけた。旧適用方式では他の諸法令がその適用を指示して初めて法的強制力が生じたが，新適用方式では会計規制委員会の規則自体が強制力を持つのである。

さらに，同法律の第9条は，約40年の長きにわたりPCGの一般的適用の法的根拠であった「税務訴訟の改革と各種税務的整備に関する1959年12月28日法律」第55条を廃止した。旧会計標準化システムを象徴した「税法に基づくPCGの一般的適用のシステム」はこれをもってその役割を終えた。

他方，PCGから切り離された連結会計基準は，1999年6月22日省令による承認を経て，「商事会社および公企業の連結計算書類に関する会計規制

委員会（CRC）規則第99-02号」（1999年連結会計規則）として公表された。

　1999年連結会計規則は，それまでの連結会計基準と異なり，その適用に係る法的基礎を有する。すなわち，1999年連結会計規則は，1999年 PCG（会計規制委員会規則第99-03号）と同様に省令の承認を必要とするとはいえ，前出1998年法第1条第2項に基づいてそれ自体が行政命令として法的強制力を持つ。

　1999年連結会計規則は，その第1条で，「商法典 L 233-16条の適用を受ける商事会社および1985年1月3日法律第13条の適用を受ける公企業は，本規則および附録に従いその連結計算書類を作成するものとする。」と規定し，1999年 PCGと同様，規則自体の中に自らの適用の義務と範囲を定めている。

　1999年連結会計規則は，商法・会社法規定（現在いずれも商法典に統合されている）に基づいて連結計算書類の作成義務のある企業に対して，その作成上従わなければならない連結規則として法規定上明確に位置づけられたのである。つまり，1999年連結会計規則は「商法・会社法の連結計算書類制度に係る基準」として位置づけられているのである。

　このような法的効力の強化した会計基準の新適用方式，PCGの適用に係る1959年税法第55条の廃止，連結会計基準の法的位置づけは，新会計標準化システムが有する会計基準の適用面での大きな特徴である。

［注］
(1) 　各法人単位で作成されるのが，個別計算書類である。個別計算書類は，商法典（商法・会社法を統合）上「年次計算書類（comptes annuels）」と呼ばれ，貸借対照表（bilan），成果計算書（compte de résultat）および注記・附属明細書（annexe）から構成される。「連結計算書類（comptes consolidés）」は，連結企業集団単位の計算書類であり，商法典上，連結企業集団の連結貸借対照表，連結成果計算書および連結注記・附属明細書から構成される。

　　年次計算書類および連結計算書類は商法・会社法上の伝統的な制度であるが，2000年代に入って成立した通貨・金融法典 L 451-1-2条が資金公募企業の「年次財務報告書（Rapport financier annuel）」制度を創設した。通貨・金融法典上の年次財務報告書は年次計算書類および連結計算書類，経営報告書（rapport de gestion），これら書類の責任者の表明および法定会計監査人報告書から構成され，この年次計算書類およ

び連結計算書類は商法典上の書類がそのまま用いられる。
(2) 「会計基準庁」は，その運営資金を国（補助金），企業および会計プロフェッションが均等に負担するものとしている（CNC, 2007, p. 6）。その意味で，純粋な意味での省庁の組織とは性質が異なるが，会計基準の設定・規制権限を有する公的機関であることから，筆者は「会計基準庁」と訳した。
(3) 国家会計審議会（CNC）の改革と政治的影響を考えてみると，国家による強い関与とそれに基づく官僚主導の運営は，CNC が国家のコントロール下にあることを示すものといえる。このことは，国家の政権運営を担う政治勢力の経済政策いかんが，国家会計審議会の組織や運営に影響を与えることを意味している。図表 0-8 は CNC の改革とその時の政権，その政治的立場および経済政策の基本的考え方をまとめたものである。

図表 0-8　国家会計審議会（CNC）の改革と政治情勢

CNC（創設・改組・廃止）	政　権		政治的立場	経済政策の基本的考え方
	大統領	首　相		
1957 年　創　設	ド・ゴール	ドブレ	右　派	テクノクラート（技術官僚）の主導する数次の経済計画に基づく経済成長
1964 年　一部改組		ポンピドゥー		
1993 年　一部改組	ミッテラン	ベレゴボワ	左　派	左派の政策への不満に応える経済運営の導入
1996 年　全面改組	シラク	ジュペ	右　派	市場重視の経済運営
2007 年　全面改組	サルコジ	ドビルパン		
2010 年　廃　止		フィヨン		

（各法令に基づき筆者作成）

フランスでは，右派の共和国連合（RPR）およびフランス国民連合（UDF）と左派の社会党（PS）などの政治勢力がほぼ交互に政権を担当してきた。1980 年代の社会党政権（ミッテラン大統領／モーロワ首相・ファビウス首相，当初共産党が参加）による大規模な企業国有化は記憶に新しいところである。左派は，経済における国家の役割を重視する。これに対して，右派は左派に比べて相対的に市場メカニズムに基づいた経済運営を重視する。1990 年代に入り，ベレゴボワ首相が率いる社会党政権は左派の政策に対する国民の不満を受けて経済運営の改善を図った。パブリック・セクターの委員を大幅に削減し民間委員を増員した 1993 年の CNC の改組はこれと無関係ではないと考えられる。1993 年の改正デクレは執行を 2 年後としていたが，1995 年に誕生した右派のシラク大統領・ジュペ首相による政権はこれを執行せず，1996 年に CNC の全面的改革を実施し 1957 年システムを廃止した。

シラク，サルコジと続く右派政権の市場重視の経済運営は，CNC の全面改組による会計専門家主導への転換を促したと考えられる。左派に比べて自由な市場活動を重視する右派政権の誕生が，経済のグローバル化，国際会計基準のグローバル・スタン

ダード化に対応するために，CNC の組織改革に影響したと考えられるからである。このように，1990 年代以降の CNC の改革は，左派社会党政権の経済政策の行き詰まり，左派から右派への政権交代，それに伴う経済政策の転換の時期と重なるのである。

第1章
プラン・コンタブル・ジェネラルとその特徴

　本章では，会計標準化に係る中核的な会計基準であるプラン・コンタブル・ジェネラル（Plan Comptable Général：PCG）を取り上げ，その特徴を考察したい。
　PCGは，① あらゆる分野における組織・事業体の会計データの標準化を可能にするオペレーショナル（実行可能）な基準であること，② 多くの領域に用いることを想定した一般的性格の共通基準として位置づけられ，実際の適用上PCGに基づいて個別基準が作成されること，③ その際，標準化されたデータの接続を可能にするためにPCGの勘定分類を中心とする勘定システムをベースにすること，④ 費用・収益の性質別分類に基づいたマクロ経済指向の計算構造を有していること，を明らかにしたい。

1. 会計データの標準化とオペレーショナル性

(1) 会計データの標準化

　プラン・コンタブル・ジェネラル（PCG）は1947年に初版が公表され，10年後の1957年に大きく改訂された。その後，PCGは経済的な変化と欧州会社法指令などを考慮するために1982年に大幅改訂が行われ，1986年には「第Ⅳ章　計算書類の連結：方法論」（本章では「1986年PCG連結会計原則」と呼ぶ）の追加を中心に部分的な改訂が実施された。
　さらに，PCGは，1999年に会計規制改革の中で，連結会計原則および任意的な分析会計を切り離した上で「会計規制委員会（CRC）規則」第99-03

号として改訂・公表された。当該規則は一般に「1999年PCG」と呼称される。

　図表1-1は，民間企業への一般的な適用が義務づけられた1957年PCG，1982年PCGおよび1999年PCGの構成・内容を比較したものである。これによれば，用語の定義，勘定計画（勘定プラン），勘定のクラス分類，会計処理および評価の原則，勘定の運用，総合書類のモデルといった内容がこれらに共通していることがわかる。なお，1947年PCGの構成は一般規定，勘定枠（カドル・コンタブル），一般会計，経営分析会計となっており，1957年PCGとほぼ同じである[1]。

　PCGは，「財務会計（financial accounting）」という表現ではなく，「一般会計（comptabilité générale）」と表現する。PCGの利用は民間企業のファイナンスのための会計に限定していないためである。これに関連して，貸借対照表や損益計算書などの決算書類も「財務諸表（financial statements）」という表現ではなく，「総合書類（documents de synthèse）」と表現する。

　また，一般会計に加えて分析会計（原価・管理会計）が含まれている点がPCGの大きな特徴である。しかし，分析会計は各企業の特徴やその特有のニーズの多様性を考慮すると義務化にはなじまず標準化にも限界があること

図表1-1　PCGの構成・内容の比較

1957年PCG	1982年PCG	1999年PCG
1）勘定枠	1）一般規定・用語・勘定計画（会計・会計標準化・会計帳簿・勘定記入・自動処理の利用に関する一般規定，一般勘定計画における勘定分類，企業による勘定計画の設定，勘定科目表）	1）会計の目的と諸原則
2）一般会計		2）資産・負債・収益・費用の定義
・一般規定		3）会計処理および評価の原則
・用語解説		4）勘定の記入，構造および運用
・クラス1～クラス9・0の勘定運用方式および評価規則		（会計組織，記入，勘定計画，勘定の運用：クラス1～クラス8）
・貸借対照表等のモデル	2）一般会計	5）総合書類（年次計算書類，貸借対照表，成果計算書，注記・附属明細書のモデル）
・特殊なケース	・評価方法・成果決定に関する規則	
	・勘定処理（クラス1～クラス9・0）	
	・総合書類（総合書類の作成・表示の規則）	
	・特別規定	
	・計算書類の連結：方法論	
3）経営分析会計	3）分析会計	なし

（各PCGに基づき筆者作成）

から，1999年PCGでは一般会計部分の法的効力の強化にともないPCG本体から分離されている。この点で，PCGは，1999年PCGの前と後で大きな断絶が見られる。

　一般勘定計画における勘定分類・勘定リストおよび勘定の運用（勘定処理）といったPCGの勘定システムとその運用に係る詳細な規定はPCGの中核的な特徴である。この特徴は現在（現行2014年PCG）に至るも変わっていない[2]。

　ここで，1982年PCGを取り上げてみよう。図表1-2は1982年PCGの一般勘定計画における勘定分類のクラス別分類である。勘定分類のクラス別分類は，貸借対照表勘定，経営（成果計算書）勘定および分析勘定に分けられ，クラス1「資本勘定」，クラス2「固定資産勘定」，クラス3「棚卸資産勘定」，クラス4「第三者勘定」，クラス5「財務勘定」，クラス6「費用勘定」，クラス7「収益勘定」，クラス8「特殊勘定」（1982年PCG）または「成果勘定」（1957年PCG），クラス9「分析勘定」，クラス0「特殊勘定」（1957年PCG）から構成される。なお，「特殊勘定」はある種の情報要求に応えるために用いられ，他に該当する勘定がないものやリースなどの契約が記録される（CNC, 1986, p. II. 58）。

　野村（1990, 71頁）によれば，この勘定枠組みは，会計記録を行う者の立場から，企業の設立から運営にわたる諸取引を容易に記録ならしめる記録・測定中心の構造を示すものである。すなわち，資本の調達はクラス1「資本勘定」に記入される。クラス1には資本金，積立金，当期成果，建設助成金，費用・損失引当金，長期借入金など事業活動を行う上で必要となる長期資本の源泉に関わる勘定が収容される。自己資本のほか，他人資本の長期借入金も当該クラスに含まれる。

　調達された資本は事業に投下されていく。まず，固定資産の取得はクラス2「固定資産勘定」，棚卸資産の取得はクラス3「棚卸資産勘定」に属する勘定に記入される。事業活動に伴い生ずる売上債権，仕入債務およびその他の債権・債務はクラス4「第三者勘定」に属する勘定に記入される。

　事業活動によって資本の変動が生ずるが，その原因を示すものとして，損益がクラス6「費用勘定」，クラス7「収益勘定」の諸勘定に記入される。

図表 1-2　1982 年 PCG の勘定分類

一般会計							特殊勘定
貸借対照表勘定					経営勘定		
クラス1	クラス2	クラス3	クラス4	クラス5	クラス6	クラス7	クラス8
資本勘定	固定資産勘定	棚卸資産勘定	第三者勘定	財務勘定	費用勘定	収益勘定	
クラス9　分析会計勘定							

（CNC, 1986, p. Ⅸより筆者作成）

　費用および収益は性質別（par nature）に分類される。例えば，64「人件費」勘定には，企業におけるすべての賃金・給料が記入される。
　原価の計算・管理に関しては，クラス9「分析会計勘定」の諸勘定が用いられる。分析会計は一般会計から明確に切り離されるが，分析会計から引き出される諸結果は一般会計の諸結果と一致しなければならない。なお，一般会計のクラス1～8と異なり，分析会計のクラス9の勘定の使用は企業にとって任意であり，企業はそのニーズに応じてクラス9の勘定を用いることになる。
　PCGには，上記のクラス別に体系的な勘定リストが提示され，各勘定には一定のルールに従い10進法による勘定番号が付与されている。これにより，取引の大きい範疇別のソーティング（勘定のクラス別分類），各範疇内での10進法分類の利用に基づくより詳細な分類が可能となる。
　また，既述のとおり，一般会計の費用・収益の勘定には性質別分類が採用されている。この性質別分類はPCGの重要な特徴であり，PCGにおける計算構造のマクロ経済指向と密接に関係している。
　各事業体は，PCGの定める一般勘定計画における勘定分類のルールに従い固有の勘定計画を設定し，PCGの定める勘定運用および評価のルールに基づき取引を記録する。そのために，会計組織・会計帳簿に関するPCGの規定に従い，事前に記録のための会計組織および帳簿体系を構築する。
　決算においては，帳簿と実地棚卸からのデータに基づき，PCGの定める期末評価のルールと決算書の標準モデルに従い，帳簿を締切り，貸借対照表および損益計算書を作成する。PCGはこれら一連の会計作業に関するルールを定め，会計用語を定義している。

筆者は，PCG の構成・内容における基本的特徴は以下のとおりに要約することができると考える。
- 会計に関する一般規定（会計組織・会計帳簿・勘定記入に関する一般規定）
- 用語の明確な定義
- 勘定計画における勘定分類と 10 進法によるコード化
- 一般会計における費用・収益の性質別分類
- 勘定の運用に関する詳細な記述
- 評価規則
- 総合書類（貸借対照表・成果計算書など）の標準モデルの提示

このように，PCG は，決算のための期末評価の規則にとどまらず，勘定計画における勘定分類・勘定リストといった勘定システムを中核として，会計で用いる用語の定義，会計帳簿の組織，体系的な勘定の設定・運用，決算書類の標準モデルの提示をも含むものであることがわかる。

この意味で，PCG は組織・事業体の会計システムの整備とその運用のための守備範囲の広い会計基準であるといえる。しかも，組織・事業体は営利企業に限定されない。いわば PCG は，あらゆる分野における組織・事業体の会計データの標準化を可能にするルールの体系である。

(2) オペレーショナル性

あらゆる分野における組織・事業体の会計データの標準化を可能にするためには，大企業だけでなく，会計分野の人的資源も財源の余裕もない中小企業者や個人事業者にとっても実行可能なルールであることが求められる。

C. オアロー（Hoarau, 2003, p. 10）も指摘するとおり，いわば，高度な専門的判断や解釈の介在を必要としない，会計を行う者にとっての「オペレーショナルな性格」（実行可能性）はプラン・コンタブル・ジェネラル（PCG）に求められる重要な特徴である。

複式簿記を理解していることを前提に PCG の規定に従って処理すれば，どの組織・事業体においても一定レベル以上の帳簿と決算書の作成が可能になるのでなければならない。PCG のオペレーショナルな性格を最もよく示しているのが 1957 年 PCG の規定である。

1957年PCGの一般会計における一般規定は，勘定科目表，勘定の定義および運用方式，勘定使用の一般方式，会計形式，会年度の締切日，収益および費用の会計処理方式，ならびに証拠書類に関して一般的な指針を示している。

　まず，勘定科目について，ア）勘定科目表において太文字で表示した勘定を使用すること，イ）勘定の定義，クラス1～クラス8の勘定の運用方式および評価原則を用いることが勧告されている（CNC, 1965, p. 67）。

　また，勘定使用の一般方式として，以下の点を強調している（CNC, 1965, pp. 67-68）。すなわち，ウ）各企業の会計はプラン・コンタブル（PC）に定める規定に従いすべての取引を記録し，貸借対照表，経営勘定，成果勘定の作成と監査ができるように十分に詳細なものでなければならない。エ）企業は太文字表示の勘定だけではすべての取引を記録することができない場合には，その必要と重要さに応じて分割勘定または下位勘定を用いる。オ）この場合に設定する勘定は，太文字表示以外の勘定の中から選択しその番号と名称を用いることが望ましい。カ）企業は勘定記入にあたってその会計組織およびニーズに最も適していると判断される手続を用い，プラン・コンタブルのすべての主要勘定，分割勘定および下位勘定を元帳に設ける必要はない，などである。

　会計形式では，キ）複式簿記に従い記録すること，ク）企業はその構造およびニーズに最も適した会計組織を採用することを指示している（CNC, 1965, p. 68）。

　さらに，会計帳簿では，企業に以下のケ）～シ）を求めている（CNC, 1965, pp. 68-69）。すなわち，ケ）企業は法令の規定により記帳が義務づけられている日記帳（journal：仕訳帳），財産目録帳（livre d'inventaire），支払帳（livre de paye）その他の記録書類とは別に，総勘定元帳（grand livre）を利用する。コ）帳簿は最大限の注意をもって，いかなる空白も改ざんもなく記帳する。削りとりやインク消しの使用は禁止される。訂正の場合には，元の記入がわかるようにしなくてはならない。サ）会計帳簿を構成する帳簿またはそれに代わる書類の一覧表を作成することが望ましい。シ）会計帳簿は最終記入の時から10年間保存する。

会計年度の締切日については，ス）会計年度は原則として12月31日に終了すること，セ）締切日が12月31日でないときには，12月31日確定の貸借対照表に代えて，当該日現在の積極・消極の状況を作成することが望ましいこと，ソ）年度中でも，有用と判断されるあらゆる定期的な状況を作成することが望まれることを強調している（CNC, 1965, p. 69）。

　収益および費用の会計処理方式に関しては，タ）もっぱら現金販売の小企業を除き（行政的規定がある場合はこの限りでない），収益は一般日記帳または少なくとも補助簿に詳細を記入し，費用も収益と同様に詳細を記入する（CNC, 1965, p. 69）。

　証拠書類（pièces justificatives）に関しては，以下の点が指示されている（CNC, 1965, p. 69）。すなわち，チ）正当な理由がある場合を除き，すべての記帳は求めに応じていつでも提示できる日付のある証拠書類により裏づけられている。特に，商工業を営む事業主の必要性のために行われる製品，食料品および商品の仕入ならびに役務の購入は送り状を作成する。ツ）証拠書類は注意深く分類・整理し，その作成年度の末日から10年間これを保存する。

　以上が1957年PCGの「一般会計」における「一般規定」の内容である。そこでは，複式簿記の採用，勘定使用上および会計組織上の留意点，会計帳簿における総勘定元帳の利用，会計帳簿の10年間の保存，12月31日の決算日，収益および費用の会計処理方式，証拠書類としての送り状などの作成と10年間の保存など，帳簿の組織と記入，勘定使用および証拠書類に関する基本的ルールが示されている。以上の点から，PCGがオペレーショナル（実行可能）な性格を指向していることは明らかである。

2．一般的性格の共通基準と勘定システムの役割

(1)　一般的性格の共通基準

　プラン・コンタブル・ジェネラル（PCG）の前出の基本的特徴は「一般的性格の共通基準（norme commune de caractère général）」としての位置づけと密接に関係している。当該位置づけは，次のとおり1982年PCGにおいて

明確に示されている（CNC, 1986, p. I. 7, 中村ほか訳, 1984, 9頁）。
・一般に会計基準は，反復的問題の解決に役立つよう合理的な集団の選択から生ずる指針となる基本的事項である。
・会計基準は会計の一般原則から導き出される。会計基準はその適用手段であり，会計という用具の絶えざる改善のニーズに応えなければならない。
・PCGの規定と法的・経済的・社会的・技術的進展により必要となる補足規定とが一般的性格の共通基準を構成する。
・共通基準を特殊な構造や活動に適合さるために，個別基準を設定することもできる。

　すなわち，PCGは「一般的性格の共通基準」として位置づけられているのである。会計標準化は共通基準としてのPCGと「個別基準（normes particulières）」の作成と適用により達成するものとされる。

　「共通基準」は，1）用語，2）会計分類表に統合される諸要素の一連の分類基準，3) 10進法分類によりコード化した勘定計画における上記諸要素とその変動の会計処理，4）評価方法，5）企業の状況を明らかにし，その変化を跡づけ，成果を測定するための会計データの利用に関する規定の全体を明らかにする（CNC, 1986, p. I. 8, 中村ほか訳, 1984, 9頁）。前出のPCGの基本的特徴は，まさにこの「共通基準」としての性格を反映するものであるといえる。

　実際の適用においては，事業体の特殊な構造または活動に適合させる必要から，「共通基準」であるPCGをもとにして，「個別基準」が作成される（CNC, 1986, p. I. 8, 中村ほか訳, 1984, 9頁）。すなわち，
・産業セクターにおける業種別プラン（plans professionnels）
・PCGと業種別プランの規定をもとにして設定する企業のプラン
・特殊プラン（plans particuliers）

である。このように，共通基準としてのPCGの適用方式には，PCGを業種や企業に直接適用する方式もあれば，PCGを特殊な構造や活動に適合させた個別基準を作成した上で共通基準に優先してこれを適用する方式もある（個別基準に定めがない部分には共通基準が適用される）。特に商工企業に対

しては，後者の適用方式が採用され，個別基準として多くの業種で業種別プラン・コンタブル（plans comptables professionnels）が作成・適用されてきた[3]。

また，農業，非営利活動，民事的活動などの領域では，農業プラン・コンタブルや非営利法人のプラン・コンタブルなどの個別基準が作成されている。当該領域のプランは，一般に「会計標準化プラン（Plan de normalisation comptable）」と総称される。

さらに，公的セクター（一般会計）においては，経済・財務省の公会計局は公会計の領域においてPCGを適用していくことの利益を認識し，PCGに基づき特殊プラン・コンタブル（plans comptables particuliers）が作成・適用されてきた。すなわち，公的組織の一般会計は複式簿記に従って記録し，一般会計の勘定分類はPCGを手本とすることを原則とし，以下のとおり個別基準を作成・適用する（公会計の一般規則に係る1962年12月29日デクレ第62-1587号第52条）。

・国の一般会計：PCGを手本に財務大臣が国のプラン・コンタブルを作成する。
・国の特別会計予算・商業特別会計：PCGに従う。
・行政的性格の公施設：PCGを手本に「模範プラン・コンタブル（plan comptable type）」を作成し，これを手本として個々の施設の特殊プラン・コンタブルを作成する。
・商工的性格を有する公施設（会計担当官を設置）：PCGに基づき当該施設のプラン・コンタブルを作成する。

例えば，パリ空港，フランス電力（EDF），パリ交通公団（RATP）などは，商工的性格を有する公施設（会計担当官を設置）として，PCGを手本に特殊プラン・コンタブルを作成し，これを適用する。

また，軍事博物館，国立図書館連合，国立衛生研究所，国立自然歴史博物館，高等社会保障研究センター，国立高等音楽院（コンセルバトワール），国立行政学院（ENA）などは，PCGに基づいて行政的性格の公施設のための模範プラン・コンタブルを作成し，これを手本に個々の特殊プラン・コンタブルを作成・適用する。

ここで重要な点は，「個別基準」がPCGの一般勘定計画における勘定分類を中心に作成されている点である。つまり，勘定のクラス別分類および10進法分類に従って，各業種，事業体，施設，機関などの個別基準の勘定分類表が設定されるのである。その際，当該個別基準の勘定分類がPCGの勘定分類に一致しているかどうかをチェックするのが国家会計審議会（CNC）の役割の一つとなる。

　他方，共通基準としてのPCGの一般的性格は，PCGに付与された会計標準化の目的と密接に関係する。1982年PCGによれば（CNC, 1986, p. I. 7, 中村ほか訳, 1984, 8頁），会計標準化は，① 会計の改善，② 会計の理解とその統制，③ 会計情報の比較（時間および空間），④ 企業集団，活動セクター，地域または国の拡大された枠組み（cadre élargi）における会計の連結，⑤ 統計の整備，を目的とする。

　1957年PCGの目的が会計の期間的または経営間での比較可能性であった点と比較すれば（CNC, 1965, p. 21），PCGによる標準化の目的は明らかに拡大している。つまり，会計自体の改善とその適用，会計により生み出される会計情報の比較可能性だけにとどまらず，拡大された枠組みの中での会計の連結および統計の整備という目的が付与されている。PCGが1957年の改訂後，さまざまな領域で共通基準として用いられてきたという事実が，目的拡大の背景にあるものと見られる。

　しかも，拡大された枠組みは個別企業から企業グループ，業種，地域さらには一国という単位にまで及ぶ。当該枠組みの中で，一般的性格の共通基準であるPCGをベースに個別基準を作成・適用することで，会計データの接続が可能となる。その接続の中核的機能を担うのがPCGの勘定分類を中心とする勘定システムである。

　他方，PCGに基づく会計標準化の目的の拡張は，情報利用者の多様性，利害関係者の多様性に繋がる。つまり，PCGは，フランス社会における公器として，これに関わる企業の経営者・従業員，株主・投資者および債権者のみならず，非営利組織・農業関係者，業界関係者，国家・地方自治体の課税・公会計関係当局，統計機関さらには労働法の従業員利益参加制度関連の労働組合・労働行政関係当局などをも，重要な利害関係者として位置づけて

いると見られるのである。

(2) 勘定システムの役割

既述のとおり，共通基準であるプラン・コンタブル・ジェネラル（PCG）と個別基準の接続は，PCG の勘定分類を中心とした勘定システムの役割である。PCG の勘定分類を基本にして各組織・事業の特性に適合させた個別基準を適用することにより，さまざまな組織・事業体の経済活動の会計的認識が標準化され，全体として会計データの標準化が可能となる。その意味で，勘定システムは一般的性格の共通基準としての PCG の中核である。

以下で，勘定システムに関して体系的な記述が見られる 1982 年 PCG を取り上げ（CNC, 1986, pp. I. 55-I. 58），会計的認識のシステムと勘定分類の特徴を分析してみたい。

① 会計的認識のシステム

会計は「勘定科目」と「金額」でもって経済活動を認識するシステムである。いわば，言語が日常世界を分節化・再構成するのと同様に，ビジネスの言語としての会計が経済的世界を分節化・再構成するのである。

図表 1-3 は 1982 年 PCG が提示する会計的認識の仕組みである。会計的に認識される前，つまり会計的に分節化・再構成される前の企業の経済的世界を「会計以前の領域」と表現し，会計による分節化・再構成の領域を「会計的処理の領域」と呼ぶ。

現実をどのように認識（分節化・再構成）するのか。これに大きく関わるのが言語による認識のシステムである。会計では，勘定科目と金額が用いられるが，この勘定科目の設定と金額に関する一般的・体系的ルール（文法）を定めているのが，プラン・コンタブル・ジェネラルである。

図表 1-3 に示すとおり，会計的認識の中核は会計的分類（nomenclature comptable）と勘定計画（plan de comptes）である。各企業は，PCG が定める一般勘定計画の勘定分類に従い，PCG が提示する勘定の体系的リストに基づいて，企業固有の勘定計画を設定する。

一般に，「分類（nomenclature）」とは「コレクションの対象物などの全体

図表1-3　会計的分類，勘定計画および総合書類の関係

会計以前の領域	会計処理の領域		勘定展開の領域
企業の一般的分類 企業の手段と取引を構成する要素の全体	**会計的分類** 会計帳簿において考慮すべき一般的分類から引き出される要素のリスト	**勘定計画** 会計分類の要素の再集計と会計処理のために帳簿に開設される勘定の組織	**総合書類** 帳簿または会計外要素から引き出されたデータの再集計および表示のために項目および区分に振り分けられた状況および成果の定期的報告書
帳簿により生み出された情報を補完することを目的とする非会計的要素（例：受注高，従業員数など）			

（CNC, 1986, p. I. 47, 中村ほか訳, 1984, 34頁）

の要素の組織的分類」(Cornu, 1990, p. 535) であり，「会計的分類」とは，「会計の領域に入ってくる諸要素の体系的な一覧表である。」(CNC, 1986, p. I. 35) と定義される。すなわち，「会計的分類＝勘定リスト」[4]と考えられ，PCG の提示する勘定リストそれ自体が会計的認識の枠組み（準拠枠：frame of reference）ということになる。

PCG の勘定リストは数百に及ぶため，ここではクラス2「固定資産勘定」における「有形固定資産」のみを例として図表1-4に示している。なお，クラス2「固定資産勘定」は，20「無形固定資産」，21「有形固定資産」，22「委譲対象固定資産」，23「建設仮勘定」，26「資本参加・関連債権」，27「その他の財務固定資産」，28「固定資産償却累計額」，29「固定資産減価引当金」の勘定群から構成されている。

PCG の勘定リストは一定のルールに基づいて体系化されている。当該ルールは，1982年 PCG の第3章「勘定計画」で説明されている（CNC, 1986, pp. I. 55–I. 58）。PCG における勘定分類の特徴は10進法分類によるコード化と取引分類基準である。

② 勘定分類の特徴

会計記録の対象となる取引の認識には，勘定番号と勘定科目が用いられる。

図表1-4　クラス2「固定資産勘定」における「有形固定資産」の勘定リスト

21 有形固定資産	2131 建物	21511 自己所有地上の設備
211 土地	21311 工場	21514 借地上の設備
2111 未整地	21315 管理棟・店舗	2153 特殊設備
2112 造成地	21318 その他の建物	21531 自己所有地上の設備
2113 地下・地上	213181 営業用建物	21534 借地上の設備
2114 鉱床	213188 営業外建物	2154 機械
21141 採石場	2135 建造物付帯工事	2155 工具器具
2115 敷地	2138 構築物	2157 機械付帯工事
21151 工業用敷地	21381 道路	218 その他の有形固定資産
21155 管理棟・店舗用敷地	21382 鉄道	2181 一般設備・各種付帯工事
21158 その他の敷地	21383 水路	2182 車輌運搬具
211581 営業用敷地	21384 貯水池	2183 事務用機器・情報処理機器
211588 営業外敷地	21385 滑走路	2184 什器備品
2116 固定資産調整勘定	214 借地上の建造物	2185 家畜
212 土地付帯工事	215 機械装置・工具器具	2186 回収可能包装器材
213 建造物	2151 特定総合設備	

(CNC, 1986, pp. I. 66–I. 67, 中村ほか訳, 1984, 47-49頁)

勘定計画のコード化により，大きい範疇別の取引のソーティング（勘定のクラス別分類），各範疇内での（10進法分類の利用による）これら取引のより詳細な分類を行うことが可能となる。これにより，標準化された決算書類の作成に必要な項目の再分類と区分表示が促進される。

1) 取引のクラス別分類と勘定の10進法分類

既述のとおり，1982年PCGでは，取引はクラス別に分類される。すなわち，図表1-2に示したとおり，貸借対照表に関する取引はクラス1～5, 成果計算書に関する取引はクラス6～7, 分析会計はクラス9に分類される。

各クラスに属する勘定は，10進法に基づき勘定番号が付され，1～9のクラス番号が各勘定番号の1桁の数となる。各勘定はさらに細分割されるが，その勘定番号は常に細分割されるもとの勘定番号から始まる。

例えば，図表1-4に示すとおり，クラス2「固定資産」の21「有形固定資産」勘定を細分割した勘定には，211「土地」, 212「土地付帯工事」, 213「建造物」, 214「借地上の建造物」, 215「機械装置・工具器具」および218「その他の有形固定資産」の各勘定があり，さらに例えば213「建造物」を細分割した勘定には2131「建物」, 2135「建造物付帯工事」, 2138「構築物」の各勘定があり，2138「構築物」をさらに細分割した勘定として21381「道

第1章　プラン・コンタブル・ジェネラルとその特徴

路」，21382「鉄道」，21383「水路」，21384「貯水池」，21385「滑走路」の各勘定があるといった具合である。

　細分割の対象となった元の勘定（勘定番号は1桁少ない）は，細分割勘定に対する集合勘定の役割を持つ。例えば5桁勘定の「道路」を例に挙げれば，図表1-5に示すとおり，4桁の「建造物付帯工事」勘定は「道路」勘定を含む5桁勘定の集合勘定，3桁の「建造物」勘定は4桁の勘定の集合勘定，2桁の「有形固定資産」勘定は3桁の勘定の集合勘定となる。

2)　勘定番号の桁数と会計的認識の抽象度のレベル

　図表1-5に示すとおり，経済活動における一定の要素が勘定に記入される。このプロセスが会計的認識のプロセスである。PCGはこれを会計的分類と呼ぶ。その場合，要素aから要素cのように5桁勘定が用いられる場合もあれば，要素dから要素fのように直接3桁勘定に記入される場合もある。

　ここで重要な点は，勘定番号の桁数が多い勘定は科目の抽象度が低く，勘定番号の桁数が少なくなればなるほど，科目の抽象度が高くなる点である。例えば，2桁勘定21「有形固定資産」は3桁レベルの勘定科目をすべて包含する科目であり，3桁勘定の211「土地」，213「建造物」，215「機械装置・工具器具」などを含む抽象度のより高い科目である。いわば勘定科目の抽象度の高低が，どの桁数の勘定科目を用いて会計的認識を行うかにより決まってくるのである。経済的世界の分節化のレベルが組織・事業体の設定する勘定計画により左右される。

図表1-5　会計的分類と勘定計画

会計的分類	勘定計画（Plan de comptes）				クラス
	5桁勘定レベル	4桁勘定レベル	3桁勘定レベル	2桁勘定レベル	
要素a 要素b 要素c	21381 道路 21382 鉄道 21383 水路 21384 貯水池 21385 滑走路	2131 建物 2135 建造物 付帯工事 2138 構築物	211 土地 212 土地付帯工事 213 建造物 214 借地上の建造物 215 機械装置・工具器具	20 無形固定資産 21 有形固定資産 22 委譲対象固定資産 23 建設仮勘定	クラス2 固定資産
要素d 要素e 要素f			218 その他の有形固定資産	26 資本参加・関連債権 27 その他の財務固定資産 28 固定資産償却累計額 29 固定資産減価引当金	

（CNC, 1986, p.I.48を参考に筆者作成）

言い換えれば，さまざまな桁数の勘定の体系的なリストは，勘定による分節化のレベルを変えられる仕組みとなっており，当該仕組みを通じてさまざまな形での会計情報の認識と利用を可能にするものと思われる。

　3）　勘定番号の数値の意味

　また，勘定番号の終わりの数値には一定の意味が付与されている（PCG, 1986, pp. I. 56–I. 57)。すなわち，

　ア）勘定番号の終わりの 0 の意味

　3 桁以上の勘定番号の終わりの 0 は，勘定の集合ないし集合勘定であることを表す。例えば，410「得意先等」勘定は 411 勘定から 418 勘定の集合に用いる。企業は同種の取引をすべてこの上位の勘定に直接記入することもできるし，勘定計画の同質性を考慮して，勘定番号の右側に 0 を 1 つないしそれ以上付けて同一名称の勘定を設定することもできる。例えば，50「一時所有有価証券」勘定または 500「一時所有有価証券」勘定といった具合である。

　イ）勘定番号の終わりの 1 から 8 の意味

　2 桁の勘定番号の終わりの 1 から 8 は，0 で終わる勘定と同じ意味を有する。例えば，20「無形固定資産」勘定から 29「固定資産減価引当金」勘定はいずれもクラス 2「固定資産」に属する勘定である。また，ある種の貸借対照表勘定と経営（損益計算書）勘定との間には関連がある。例えば，貸借対照表勘定の 28「固定資産償却累計額」勘定と経営（成果計算書）勘定である 68「減価償却費・減価引当金繰入額」勘定または 78「減価償却修正益・減価引当金戻入」勘定は，どれも末尾の数値に共通の 8 を付している。ある種の費用勘定と収益勘定にも同様の関連性がある。例えば，65「その他の経営費用」勘定と 75「その他の経営収益」勘定，66「財務費用」勘定と 76「財務収益」勘定などである。

　3 桁以上で勘定番号の終わりが 1 から 8 の勘定は，すぐ上位の勘定（または勘定番号が 3 桁で 0 で終わる勘定）に記入される取引の明細を記入するために用いる。例えば，図表 1-4 および図表 1-5 に示すとおり，3 桁勘定の 211「土地」勘定から 218「その他の有形固定資産」勘定は上位の 2 桁勘定 21「有形固定資産」勘定の明細を示す。

経営勘定のうち勘定番号が8で終わる勘定は，同じ桁数の1から7で終わる勘定に記入する取引以外の取引を記入するために用いる。例えば，658「その他の経営費用」勘定，768「その他の財務収益」勘定などがこれである。

ウ）勘定番号の終わりの9の意味

貸借対照表勘定のうち9で終わる2桁の勘定は各クラスの減価引当金を表す。例えば，29「固定資産減価引当金」，39「棚卸資産減価引当金」，49「第三者勘定減価引当金」，59「財務勘定減価引当金」がこれである。

3桁以上の勘定番号のうち9で終わる勘定は通常上位の勘定に記入し，かつその明細を1から8で終わる同一桁数の勘定に記入する取引と相殺関係にある取引を記入する。例えば，609勘定「仕入値引・割戻」勘定と60「仕入」勘定がこれである。

4) 取引分類基準

勘定計画において採用された取引の分類基準は，集計対象となる取引の経済的範疇に応じて，クラスおよび2桁勘定の内部的同質性を確保するものである。例えば，クラス4の40「仕入先等」勘定は，買掛金，支払手形，未着請求書など仕入先に対するすべての債務を集計する。このように，PCGにおける取引の分類基準は，クラス（1桁）と2桁番号までの勘定の同質性を保証するものである。

③ 各事業体における勘定計画の設定と総合書類の体系

1) 勘定計画の設定に係る留意点

以上のPCGに定める一般勘定計画に基づいて，各事業体はそれぞれに固有の勘定計画を設定するのであるが，その際には，次の点に留意しなければならない。

ア）勘定は必要な数だけ設定する。イ）3桁ないし4桁の勘定の勘定番号と科目名はPCGの勘定リストにおけるものを遵守しなければならない。ウ）一部の4桁ないし6桁の勘定（PCGではブルーで印字）の番号と科目名は例示として提示されている。エ）一般の勘定計画より詳細な勘定の分割は上記のイ）を遵守することを条件に容認される。オ）PCGの一般勘定計画の

どの勘定にも取引を記入することができない場合には，新しい勘定を設定することが容認される。カ）経営上の必要性に応えるためなどの理由で，PCG の勘定リストには科目名のない勘定番号が予備として参考までに掲げられている。キ）企業は取引を国内・国外，自国通貨建取引・外貨建取引，長期・中期・短期の債権・債務など必要に応じて適宜分類する。

2）　総合書類の体系と会計的表示の抽象度のレベル

1982 年 PCG は簡易システム（système abrégé），基礎システム（système de base）および発展システム（système développé）の 3 つの総合書類の体系を提示しているが，一般勘定計画・勘定リストはこの 3 つの総合書類体系に共通したものである[5]。

簡易システムは小企業向けの総合書類の体系である。PCG は，勘定リストの勘定番号が主に 2 桁の勘定と一部の 3 桁勘定を用いることを指示している。基礎システムは中・大企業にとって義務的な最低限の内容を定める標準的な総合書類の体系であり，PCG は勘定番号が 3 桁の勘定を中心に一部の 4 桁勘定を用いることを指示している。発展システムは大企業向けの任意な内容であり，PCG は基礎システムの勘定と一部の 4 桁から 5 桁の番号の勘定を用いることを指示している。

例えば，貸借対照表における有形固定資産を例にとると，図表 1-6 に示すとおり，簡易システムでは 2 桁の 21「有形固定資産」のみだが，基礎システムでは 3 桁の勘定が用いられる。発展システムでも有形固定資産は基礎システムと同一の 3 桁勘定が用いられる。

図表 1-6　貸借対照表における有形固定資産の表示

簡易システム	基礎システム	発展システム
有形固定資産	有形固定資産 　土地 　建造物 　機械装置・工具備品 　その他の有形固定資産 　建設仮勘定 　有形固定資産前渡金・内金	有形固定資産 　土地 　建造物 　機械装置・工具備品 　その他の有形固定資産 　建設仮勘定 　有形固定資産前渡金・内金

（CNC, 1986, pp. II. 64, II. 88, II. 102 に基づき筆者作成）

総合書類で提供される会計情報の抽象度はどの総合書類システムを用いるかにより異なる。すなわち，簡易システムでは総合書類により提供される会計情報の抽象度が高く，発展システムでは抽象度は低くなるのである。

　なお，各勘定残高は期末に残高試算表に集計されるが，その中には，貸借対照表の表示上残高試算表の勘定をそのまま記載できず組替えの必要なものがある。後述するEC会社法指令第4号への対応上，商法・会社法がPCGの勘定分類の基準とは異なる基準に基づき年次計算書類の表示項目を規定しているからである。

　例えば基礎システムでは，有形固定資産として，23「建設仮勘定」とその細分割勘定238「有形固定資産前渡金・内金」勘定が表示されているが，総合書類の作成にあたっては，勘定計画における分類基準とは別に，貸借対照表において，棚卸資産，固定資産など企業における財の用途（販売，賃貸，自家使用など）に応じた分類が採用されている。なお，損益計算書では，当期の成果を構成する費用および収益の性質に応じた分類が採用される。いわゆる性質別分類である。次に，この収益・費用の性質別分類と密接に関係しているマクロ経済指向の計算構造を取り上げたい。

3. マクロ経済指向の計算構造

(1) PCGにおける生産重視の考え方

　計算構造におけるマクロ経済指向はプラン・コンタブル・ジェネラル（PCG）の一貫した大きな特徴である。国家会計審議会（CNC）の一般研究委員会報告書が明らかにしているとおり，第二次世界大戦後の経済再建の中で，「フランスの社会会計により展開される3段階──生産，分配，資金調達──の期間的分析にまで遡れるよう，企業の経済的，社会的および財務的な実態を安定的かつ累積的な形で描写すること」（CNC, 1989a, p. 9），これこそが当初から追求された会計標準化政策の主要目標であった。

　PCGは数次の改訂を経て企業の内部（経営管理）および外部の利用者の情報を拡充してきたとはいえ，そのマクロ経済指向は一貫して計算構造から窺

うことができる。

　国民経済次元の経済分析で重視されるのは生産活動である。生産活動から生み出された財・サービスが消費と投資に向けられる。他方，経済主体がその所得の大部分を引き出すのも生産活動からである。このようなマクロ経済次元における「生産」重視の考え方は，PCGの計算構造に反映されている。

　企業の生産高は当期に生産された財・サービスの全体額を表す。当期に生産された財のうちの多くは販売されるが（売上高），在庫になるものもある（棚卸増加高）。また，企業自身が自家使用・消費（自家生産高・消費高）するものもある。期首にすでに在庫（期首棚卸高）が存在する場合には，期首在庫に対する期末在庫増加分（期末棚卸高－期首棚卸高）の棚卸変動額が考慮される。つまり，

当期生産高＝当期生産の財・サービスの売上高＋棚卸変動額（期末棚卸高－
　　　　　期首棚卸高）＋自家生産高（自家消費高を含む）

　したがって，売上高は当期生産の財・サービスのうち，当期に販売された財・サービスに関わるものであり，当期生産の財・サービスの全体額を表すものではない。PCGでは，「生産高」が「売上高」に比べて企業の経済活動をよりよく表していると考えられている。また，商品の仕入・販売という商業活動の場合，商品の売上高と売上原価の差異である売上総利益は商業差益（marge commercial）と呼ばれ，これが生産高に加算される。

　なお，売上高は市場価格評価であるが，棚卸高（在庫），自家生産高は原価評価である。特に販売が未実現である棚卸高は，会計モデルでは原価評価せざるをえない。市場価格評価では，未実現利益が計上されるからである。

　ある企業の生産活動は，同一期間中に他の企業が生産した原材料やその他の財・サービスを消費して，当該企業固有の手段（生産設備や従業員など）を用いて新たな財・サービスを生み出す。同一期間中に他の企業が生産した財・サービスは「中間財・サービス（biens et services intermédiaires）」と呼ばれ，当期生産高と中間財・サービス消費高との差異，つまり当該企業が新たに付加した価値は「付加価値（valeur ajoutée）」（粗付加価値）と呼ばれる。

付加価値は企業活動の規模,組織の質,物的・人的手段の収益性,商業差益の大きさなどに依存する。

(2) 1957年PCGの一般経営計算書の構造と生産高・付加価値の測定

図表1-7は,1957年PCGの一般経営計算書(compte d'exploitation générale)および損益計算書(compte de pertes et profits)の構造を示したものである。なお,1957年PCGは当期業績主義的な2計算書方式を採用している。当該方式では,一般経営計算書は経常的損益を記載して総経営成果を算定し,損益計算書はこの総経営成果に臨時的損益および過年度損益などを加減し,所得税を控除して最終的に純成果(純利益)を算出・表示する。

まず,1957年PCGの一般経営計算書の構造であるが,貸方には,生産高

図表1-7　1957年PCGの経営計算書および損益計算書

一般経営計算書

当期中間財・サービス消費高		期首棚卸高(30〜37)	期末棚卸高(30〜37)	当期生産高
		原材料・商品仕入高(60)(税抜)	製品・商品・サービス売上高・工事高(70)(税抜)	
		人件費(61)(給料・社会保障費)		
		租税公課(62)(TVA・所得税除く)		
		外部作業・供給品・サービス(63)		
		運賃・旅費交通費(64)		
		各種経営費用(66)	経営助成金(71)	
		財務費用(67)	作業屑・仕損品・包装材料売上高(72)	
経営総成果		減価償却費(681)	仕入値引・割引・割戻(74)	
		引当金繰入(685)	付随収益(76)	
			財務収益(77)	
		経営成果(870)	自家生産高(780)	
			当期営業活動非帰属の作業・費用(785)	

損益計算書

過年度損失(872)・臨時利益(874)	経営成果(870)
特別償却・引当金繰入(875)	
所得税(876)	
純成果	過年度利益(872)・臨時利益(874)

(CNC, 1965, pp. 138-139に基づき筆者作成)

を構成する項目が記載されているのがわかる。すなわち，期末棚卸高（勘定番号30～37），製品・商品・サービス売上高・工事高（70）（税抜），作業屑・仕損品・包装材料売上高（72），付随収益（76），自家生産高（780）がそれである。

　生産高の構成要素は「販売」，「自家生産」および「棚卸変動」であり，当期生産高＝製品・商品・サービス売上高・工事高（売上値引・割引・割戻（勘定番号73）を控除）＋作業屑・仕損品・包装材料売上高＋付随収益＋自家生産高＋棚卸変動額（期末棚卸高－期首棚卸高）となる。棚卸変動額（期末棚卸高－期首棚卸高）は棚卸資産の変動額のうち，製品，半製品，仕掛品および未完成工事に係るものである。期首棚卸高は期末棚卸高のマイナス要素という意味で，借方に記載されている。

　借方には，中間財・サービス消費高の構成項目が記載されているのがわかる。すなわち，期首棚卸高（勘定番号30～37），原材料・商品仕入高（60）（税抜），仕入値引・割引・割戻（74）（仕入のマイナス要素として貸方に記載），外部作業・供給品・サービス（63），運賃・旅費交通費（64）および各種経営費用（66）がこれである。

　中間財・サービス消費高は，「原材料・商品仕入高」，「原材料・商品棚卸変動額」および「その他の消費」から構成され，中間財・サービス消費高＝原材料・商品仕入高－仕入値引・割引・割戻＋原材料・商品棚卸変動額（期首棚卸高－期末棚卸高）＋外部作業・供給品・サービス＋運賃・旅費交通費＋各種経営費用となる。棚卸変動額（期首棚卸高－期末棚卸高）は棚卸資産の変動額のうち，原材料，商品，供給品・作業屑・仕損品＋包装材料に係るものである。

　例えば，商品仕入高はこれに期首商品棚卸高（借方期首棚卸高に含まれる）を加算し，期末商品棚卸高（貸方期末棚卸高に含まれる）を減算する結果，商品売上原価が間接的に算定される。この売上原価と貸方の商品売上高との差異は売上総利益であり，商業差益として当期生産高に加算される。また，原材料仕入高の場合，これに期首原材料棚卸高を加算し，期末原材料棚卸高を減算すると当期原材料消費高が算定される。

　以上の当期生産高と当期中間財・サービスの消費高との差異は「付加価

値」，つまり同一期間中に他の企業が生産した原材料やその他の財・サービスの価値に当該企業が固有の手段を用いて新たに付加した価値を表している。正確には，固定資産の減耗分（経済的減価償却費）を控除する前の「粗付加価値」である。

この粗付加価値に貸方の経営助成金（勘定番号71）を加え，借方の租税公課（62）および人件費（61）を控除したものが「粗経営余剰（excédent brut d'exploitation）」である。

粗付加価値に経営助成金と租税公課を加減するのは，国・地方自治体の活動による市場価格への影響を除去するためである。すなわち，市場価格は公的助成金分だけ低く，租税公課分だけ高くなっていると見られ，この影響を中和するために経営助成金を加算し租税公課を減算するのである。これにより，粗付加価値はいわゆる市場価格表示から要素費用表示に変換される。

なお，租税公課（勘定番号62）は，直接税の事業税（6200），固定資産税（6201），間接税（622）のその他の消費課税（6221〜6224），登録税（624），関税（625）など事業上の経費と見なされる税金である。付加価値税（VAT）（6220）は売上と仕入を税込で処理している場合にのみ考慮される。

要素費用表示の「粗付加価値」から人件費（勘定番号61）を減算すると「粗経営余剰」となる。要素費用表示の粗付加価値は企業固有のファクター，つまり「労働」と「資本」に対するリターンを表している。労働に対するリターンは人件費，資本に対するリターンは粗経営余剰である。

図表1-7に示すとおり，粗経営余剰は，残りの項目，すなわち，財務収益（勘定番号77），財務費用（67），当期営業活動非帰属の作業・費用（785），減価償却費（681），引当金繰入（685）および経営成果（870）から構成されていることがわかる。さらに，経営成果は過年度・臨時的要素を除けば，所得税（876）と純成果から構成されている。言い換えれば，粗経営余剰は，生産資本の減耗分（減価償却費・引当金繰入），資本の調達・運用とそのリターン（利子・配当），所得税（場合により従業員成長成果参加額），可能ならば利益剰余金の積立てをカバーしなければならない。

また，粗経営余剰は財務損益，減価償却費，引当金繰入などの損益を加減する前なので，個々の企業の資本政策，減価償却・引当政策などに影響を受

けず，企業間比較に有効である。

　プラン・コンタブル・ジェネラル（PCG）の一般会計は性質別分類を一貫して採用しているが，これは付加価値や粗経営余剰の測定と密接に結びついているからである。例えば，製造現場の従業員の賃金（勘定番号610）もそれ以外の販売部門や一般管理部門などの従業員の給料（612）も「人件費」（61）として一括表示されることにより，外部の情報利用者にとって付加価値や粗経営余剰の算定が可能となり，従業員に対する付加価値の分配構造がより明確になる。

　他方，製品製造原価，販売費，一般管理費といった機能別分析は外部利用者にとって実行困難となり，管理会計領域でのデータの再集計により経営内部でのみ実行可能になる。

　以上のとおり，1957年PCGの一般経営計算書・損益計算書は，生産高，中間財・サービス消費高，付加価値，粗経営余剰などのマクロ経済的概念に直接関係づける形で構造化されているのである。

(3)　社会会計（国民会計）システムとの接続

　1957年PCGにマクロ経済指向の特徴が見られる一方，マクロの社会会計の側にも1957年PCGの決算書の構造に対応した勘定システムが設置された。

　フランスにおける社会会計システムは，1957年PCG以降，数次の改訂を経て1976年に新しく1971年基準「拡大社会会計システム（Système Elargi de Comptabilité Nationale：SECN）」として公表された。当該システムは，「中枢カドル（cadre central）」，「中継システム（systèmes intermédiaires）」および「衛星勘定（comptes satellites）」の3つの領域により構成されている。

　中枢カドルは拡大社会会計システムの中枢をなし，生産勘定，経営勘定，所得勘定，所得利用勘定，資本勘定，金融勘定および海外勘定を設定し，これら勘定に企業などのミクロデータを集計する。しかし，中枢カドルにおいて直接企業会計などからミクロデータを集めようとすれば，概念上の異質性や技術的・手続的相違性などによる障害が発生する（大下，1984, 80-81頁）。そこで，企業会計の決算書と社会会計の中枢カドルの諸勘定との間に新たに

「中継システム」を設け，勘定構造の観点から企業会計データの収集促進を図ったのである。

図表1-8は拡大社会会計システムにおける「中継システム」の諸勘定を示している。これによれば，中継システムにおける生産勘定，経営勘定および成果勘定の構造は前出1957年PCGの一般経営計算書および損益計算書の構造に対応しているのがわかる。なお，資金計算書は1957年PCGでは規定されていないが，期首（前期末）と期末の2時点間の貸借対照表におけ

図表1-8　拡大社会会計システムにおける中継システム

経営勘定		生産勘定	
賃金・給料	粗付加価値	原材料・商品仕入高	売上高
＋社会保障費	＋経営助成金	－原材料・商品棚卸高変動	＋自家生産高
人件費		＋その他の消費高	＋生産物棚卸高変動
－租税公課		当期消費高	生産高
残高:粗経営余剰		残高:粗付加価値	

成果勘定		（運　用）　資金計算書　（源　泉）	
－財務費用	粗経営余剰	組織費	粗自己金融
－臨時費用	＋財務収益	固定資産投資	準備金・積立金
－所得税	＋臨時費用	その他の固定性有価証券投資	前期繰越金
残高:自己金融力		中長期借入金返済	その他の引当金
－成長成果参加額			減価償却累計額
－配当金・役員賞与			固定資産譲渡益
残高:粗自己金融			設備助成金
			増資
			中・長期借入金
			長期貸付金回収
		資金運用合計	資金源泉合計
		棚卸資産	短期借入金
		当座資産	
		運転資金純変動額(＋)	運転資金純変動額(－)
		合　計	合　計

(Bauchet, 1975, annexe 2)

る資産・負債・資本の変動に基づいて中・長期資金の源泉と運用および運転資金の変動を解明するものであり，期首・期末の貸借対照表からデータが集計される。

　勘定構造上，このような社会会計と企業会計の接続により，1957年PCGに基づく企業のミクロデータは，商工利益（BIC）に係る所得税申告書を通じて国立統計経済研究所（Institut National de la Statistique et des Études Économiques：

図表1-9　1957年PCG―税務申告―国立統計経済研究所（INSEE）企業部門の接続

マクロ経済概念	構成要素	PCGの一般経営計算書の項目	PCG勘定番号	BIC項目番号	INSEE項目番号
当期生産高	販売	製品・商品売上高・工事高＋サービス提供高－売上値引・割引・割戻 ＋作業屑・仕損品・包装材料売上高 ＋付随収益	70, 73 72 76	44, 45 47 49	1 2
	＋自家生産	＋自家生産高	780	54	3, 4
	±棚卸変動	期末棚卸高－期首棚卸高 製品，半製品，仕掛品，未完成工事	35～36	39-3, 40-4 41-5	5
当期中間財・サービス消費高	原材料・商品仕入	原材料・商品仕入高 －仕入値引・割引・割戻	60 74	8, 34, 48	6
	±原材料・商品棚卸変動	期首棚卸高－期末棚卸高 商品，原材料・供給品・作業屑・仕損品，包装材料	30～33, 37	37-1, 38-2 42-6	1
	＋その他の消費	外部作業・供給品・サービス ＋運賃・旅費交通費＋各種経営費用	63 64, 66	20～24	7, 8
付加価値額	当期生産高－当期消費高		－		9
粗経営余剰	付加価値額 ＋経営助成金	経営助成金	－ 71	46	9
	－人件費	賃金・給料・現物補償・支給・従業員に対する手数料 ＋役員報酬＋関連費用＋社会保障費	61 610～614 615～618	9 10～17	12 10 11
	－租税公課	事業税＋不動産税 ＋登録税＋関税 ＋その他の租税公課	62 6200, 6201 624, 625 626～629 6203, 6206	13, 14 17, 18 19	13

（CNC, 1965, pp. 138-139, Marczewski, Granier, 1978, pp. 436-437, Bourdon, Sok, 1983, pp. 348-349, INSEE, 1983, pp. 69-70を参考に筆者作成）

INSEE) の企業部門に集計され，中継システムを経由して中枢カドルのマクロ経済データへと変換されるのである。

図表1-9は，企業データの集計に係るPCGの勘定番号，所得税申告書類（書類 n°2050 と n°2051）の項目番号および企業中継システム諸勘定の項目番号の相互接続関係を示したものである。いわば，企業データの集計に係る接続を通じて，企業会計，税務会計および社会会計の3つの会計のリンケージが構築されているといえる。

(4) 1982年PCGの成果計算書の構造

1982年PCGは，中間財・サービス消費高の定義の明確化，社会会計次元の付加価値の定義への接近など，社会会計（国民会計）におけるマクロ経済概念への一層の接近を図った（Lochard, 1980, p. 92）。図表1-10は，1982年PCGの基礎システムにおける成果計算書の構造を示している。

1957年PCGの当期業績主義的な二計算書方式から包括主義的な一計算書方式に移行しているのがわかる。成果計算書の構造は，大きく経営収益・経営費用，財務収益・財務費用および臨時収益・臨時費用に区分されるが，1957年PCGと同様，生産高，中間財・サービス消費高，付加価値，粗経営余剰などマクロ経済概念と密接に関連づける形で構造化されている。当該構造は現在（2014年PCG）においても変わっていない[6]。

1982年PCGでは，商品売上高，商品仕入高と棚卸変動額（期首棚卸高－期末棚卸高）が区分表示され，商品売上総利益（商業差益）の算定が可能となった。ただし，基礎システムでは，仕入に係る付随費用（仕入諸掛）は商品仕入高に算入できないので，近似的な数値にならざるをえない。PCGでは，運送費，保険料などの付随費用は，それぞれ運送費（勘定番号624），保険料（616）に含まれ，別途集計される。

また，原材料・その他の調達品仕入高，棚卸変動額（期首棚卸高－期末棚卸高）およびその他の仕入・外部費用が同一区分で表示され，当期中間財・サービス消費高の算定が容易になった。

これに関連して，クラス6「費用勘定」では，外部サービス（勘定番号61），その他の外部サービス（62）が設置され，外部サービス（61）には，外注費

図表1-10　1982年PCGの成果計算書の構造（基礎システム）

成果計算書	
経営費用：	経営収益：
商品仕入高	商品売上高
棚卸変動額	
	製品売上高（財・サービス）
	小　計　A
原材料・その他の調達品仕入高	製品棚卸高変動額
棚卸変動額	固定資産自家生産高
その他の仕入・外部費用	
租税公課	経営助成金
賃金給料・手当	引当金(償却累計額)戻入・費用振替額
社会保障費	その他の収益
償却累計額・引当金繰入額	小　計　B
その他の費用	
合　計　　　　　I	合　計　　　I (A＋B)
共同事業取引成果割当額　II	共同事業取引成果割当額　II
財務費用　　　　　III	財務収益　　　　III
臨時費用　　　　　IV	臨時収益　　　　IV
企業成長成果従業員参加額　V	
所得税等　　　　　VI	
費用合計(I＋II＋III＋IV＋V＋VI)	収益合計(I＋II＋III＋IV)
貸方残高＝利益	借方残高＝損失
総　　計	総　　計

（左側外枠：当期中間財・サービス消費高／右側外枠：商品売上総利益・当期生産高）

財務費用・財務収益以下は主要項目のみ表示。
(CNC, 1986, p. II. 68–II. 69 に基づき筆者作成)

(611)，リース料 (612)，賃借料 (613)，維持・修繕費 (615)，保険料 (616)，調査・研究 (617) およびその他 (618) が，その他の外部サービス (62) には，代理人・派遣サービス費 (621)，仲介報酬・謝礼 (622)，広告宣伝費 (623)，運送費 (624)，出張・派遣・接待費 (625)，通信費 (626)，金融機関関連手数料 (627)，その他 (628) および外部サービス値引・割引・割戻 (629) の諸勘定が設定され，勘定61/62に外部サービス費を集約している (CNC, 1986, pp. I. 82–I. 84)。これにより，中間財・サービス消費高の定義がより明確化された。

なお，租税公課 (63) のうち，勘定番号635台の事業税 (63511)，固定資

産税 (63512),個別の間接税 (6353),登録・印紙税 (6354) などは外部消費と同等に扱われる。

さらに,1982年 PCG の「発展システム」(大企業向け・任意) の総合書類に,「経営中間差益表 (tableau des soldes intermédiaires de gestion)」と「資金計算書 (tableau des emplois et des ressources)」が含まれることとなった。これら計算書はマクロ経済概念に直接関係づけられている。

「経営中間差益表」は,図表1-11に示すとおり前出図表1-10の内容と同一であり,生産高,中間財・サービス消費高 (当期外部受入分消費高),付加価値 (粗付加価値),粗経営余剰といったマクロ経済指標を経営中間差益として算定・表示するものである。なお発展システムでは,前出の商品仕入に係る付随費用は仕入高に算入しなければならない。

また,「資金計算書」は前出図表1-8の拡大社会会計システムの中継システムにおける「資金計算書」と同一の構造を採用している。期首(前期末)貸借対照表からスタートして,期中の企業活動を経て期末貸借対照表に至る。企業活動は,資産・負債・資本の変動を惹起する。これら会計上の変動のうち,成果を生み出す変動は成果計算書に,成果を生み出さない変動は資金計算書に収容される。

図表1-11　経営中間差益表 (発展システム)　　　　(一部)

収　　益	費　　用	当期中間差益
商品売上高	商品売上原価	・売上総利益
製品等売上高 製品等棚卸高 固定資産自家生産高 　合　　計	または製品等棚卸減少高 　合　　計	・当期生産高
・当期生産高 ・売上総利益 　合　　計	当期外部受入分消費高	・付加価値
・付加価値 　経営助成金 　合　　計	租税公課 人件費 　合　　計	・粗経営余剰 (粗経営不足)
……(以下省略)	……(以下省略)	……(以下省略)

(CNC, 1986, p. II. 110 より筆者作成)

図表 1-12 は，1982 年 PCG の発展システムにおける資金計算書を示している。これによれば，資金計算書は 2 つの部分に分かれており，資金計算書（Ⅰ）は，成果計算書のボトムラインの「貸方残高＝利益」，つまり当期純成果を「自己金融力（capacité d'autofinancement）」としてスタートし，中長期資金の源泉と運用から純運転資金総額の変動額を明らかにする。当該部分は 2 時点の B/S から算定される純運転資金総額の変動の原因を明らかにするものである。

　資金計算書（Ⅱ）は，短期資金の源泉と運用から経営運転資金変動額，運転資金需要額変動額および当座資金（trésorerie）変動額を明らかにする。当座資金は当座資産から短期銀行借入・借越額を除いた当座の支払能力を表し

図表 1-12　資金計算書の構造（発展システム）

貸借対照表（B/S）より	資金計算書（Ⅰ）	成果計算書・当期成果
自己資本 ＋償却累計額・引当金 －固定資産額 ＋財務的負債 ＝純運転資金総額	－固定資産取得高 －期間配分費用 －自己資本減少額 －財務的負債返済額 ＝純運転資金総額変動額	当期自己金融力 ＋固定資産譲渡高 ＋自己資本増加額 ＋財務的負債増加額 ＝純運転資金総額変動額

期首 B/S・期末 B/S 比較・変動説明

資金計算書（Ⅱ）

経営資産 －経営負債 ＝経営運転資金需要額 ＋その他の借方項目 －その他の貸方項目 ＝運転資金需要額	経営資産変動額 －経営負債変動額 ＝経営運転資金変動額 ＋その他の借方項目変動額 －その他の貸方項目変動額 ＝運転資金需要額変動額
当座資産 －短期銀行借入・当座借越 ＝当座資金	当座資産変動額 －短期銀行借入・当座借越変動額 ＝資金変動額
純運転資金総額 －運転資金需要額 ＝当座資金	純運転資金総額変動額 －運転資金需要額変動額 ＝資金変動額

（CNC, 1986, pp. Ⅱ. 114-Ⅱ. 115, Ⅱ. 194 に基づき筆者作成）

ている。資金計算書（Ⅱ）は 2 時点の B/S から算定される経営運転資金需要額，運転資金需要額および当座資金の変動の原因を明らかにするものである。

　プラン・コンタブル・ジェネラルが（PCG）生産を重視していることは既述のとおりである。資金計算書は，この生産に必要な固定的資産は中・長期の固定的資金により賄われるべきであり，その上で当該資金が残った場合には流動資産に運用するための資金，つまり運転資金になる。PCG はこのような考え方をベースに，中・長期資金の源泉と運用および運転資金・当座資金の変動に焦点を当てる。PCG の資金計算書は，個々の企業のキャッシュ残高の変動に焦点を当てたキャッシュ・フロー計算書と比較して，マクロ経済次元の分析との強い関連性を有するものと考えられる。

　すなわち，中・長期資金の源泉と運用および運転資金・当座資金の変動に関するデータは，個々の企業レベルだけでなく産業セクターや国のレベルで集計されても有用性を失わない。これに対して，キャッシュ残高の変動に焦点を当てたデータはミクロ次元の個々の企業と関連づけて初めて有用性を持つと見られる。

　また，PCG の資金計算書は，前出の拡大社会会計システムの中継システムにおける資金計算書と同じ構造であるといえる。マクロ経済データの接続の観点から，PCG が社会会計の中継システムにおける資金計算書と同じ構造を採用したと見られるのである。

　他方，PCG の計算構造は，1967 年に創設された労働法上の従業員利益参加制度を支えるものとなっている。すなわち，同制度は当期の利益の一定部分を従業員に分配するのであるが，分配額の計算で用いられるのが粗付加価値に占める人件費の割合である（野村, 1990, 441-442 頁）。

　以上，本章では，会計標準化に係る中核的な会計基準であるプラン・コンタブル・ジェネラル（PCG）を取り上げ，その特徴を考察した。PCG は組織・事業体の会計システムの整備とその運用のための守備範囲の広い会計基準であり，しかも，組織・事業体は営利企業／大企業に限定されない。すなわち，PCG は多くの領域／さまざまな事業規模で用いることを想定したオペレーショナル（実行可能）な一般的性格の共通基準として位置づけられる。

共通基準のPCGに基づいてさまざまな領域において個別基準が作成されるが，その際，標準化されたデータの接続を可能にするためにPCGの勘定システムをベースにする。すなわち，PCGの勘定分類を中心とした勘定システムがすべての個別基準に適用されるのである。その勘定分類においては，費用・収益の性質別分類が採用されており，これに基づく計算構造はマクロ経済指向性を有している。

　このようなオペレーショナル性，一般的性格の共通基準としての位置づけ，中核的な勘定分類システムの役割，費用・収益の性質別分類に基づくマクロ経済指向の計算構造は，PCGを他の国々の会計基準と区別する大きな特徴である。

［注］
(1)　その適用は一定の公施設・公企業，一部の民間企業に限定されていた。詳細については，内藤（2010, 18-22頁）を参照。なお，1947年PCGの適用の仕組みに関しては，本書の第3章参照。
(2)　2014年PCG（正式には，「プラン・コンタブル・ジェネラルに関する2014年6月5日会計基準機構（ANC）規則第2014-03号」）の構成は，Ⅰ「総合書類の項目に適用される一般原則」，Ⅱ「一般原則の特殊な適用方式」，Ⅲ「年次計算書類のモデル」，Ⅳ「勘定の記入，構造および運用」となっており，勘定システムとその運用に係る詳細な規定の存在はそれまでのPCGと同じである。ただし，2014年PCGは当該部分を最後に規定している（ANC, 2014, pp. 120-176）。
(3)　業種別プランコンタブル（PC）については，本書の第3章参照。
(4)　B. コラス（Colasse, 2000, p. 139）も同様の説明を行っている。
(5)　1982年PCGにおける3つの総合書類の体系は，現在まで引き継がれている（CRC, 1999b, pp. 145-171, ANC, 2014, pp. 72-92）。
(6)　2014年PCGのⅢ「年次計算書類のモデル」を参照（ANC, 2014, pp. 79-80）。

第2章
国家会計審議会とその特徴
——1957年CNCシステム

　本章では，プラン・コンタブル・ジェネラル（PCG）の設定機関である国家会計審議会（Conseil National de la Comptabilité：CNC）を取り上げ，その特徴を考察したい。CNCの伝統的な特徴といえる1957年CNCシステムの3つの特徴，すなわち「協議の組織」，「政府／経済・財務省による強い関与」および「官僚主導の運営」とはどのようなものかを明らかにする。

1. 国家会計審議会の1957年CNCシステムの特徴

　序章で明らかにしたとおり，CNCの組織の歴史には，1957年CNCシステム，1996年CNCシステムおよび2007年CNCシステムの3つのシステムが存在した。その中で，最も長く用いられたシステムは1957年システムであり，40年間にわたる。この意味で，1957年システムの特徴がCNCの伝統的な特徴である。
　筆者は，1957年システムに基づくCNCの伝統的な組織上の特徴として，社会の各種利害関係者の代表による「協議の組織」，「政府／経済・財務省による強い関与」および「官僚主導の運営」を挙げたい。
　まず，CNCでは組織原理として，協議方式が採用されている。この点はCNC自身が認めるところである（CNC, 1994a, p. 7）。会計に関わる組織・団体からの代表者を平等性とバランスに配慮した上で，直接CNCのメンバーにすることで，民主的な形で社会的なコンセンサを得ることができると考え

られている。

　この代表制に基づく協議方式の考え方は，PCGの共通基準としての性格と密接に関係している。CNCの設定するPCGは，当初からさまざまな領域で共通基準として用いられることが想定されており，これら領域の関係者のコンセンサスを図りながら会計標準化を進めていく必要があるからである。

　第2の特徴として，「政府／経済・財務省による強い関与」を挙げることができる。CNCは協議の組織としながらも，政府／経済・財務省がCNCの活動に強く関与している。CNCは経済問題担当大臣の諮問機関である。その権限は諮問的権限に限られ，したがって規制的権限を持たず，経済・財務省の一関係機関として，その人的資源も財源も当該省に大きく依存してきた。

　政府による強い関与は，PCGの税務会計および公会計における一般基準としての位置づけと密接に関係すると同時に[1]，社会会計との接続を重視したPCGのマクロ経済指向的計算構造とも大きく関係している。PCGの内容いかんが，税収，公的組織の管理あるいはマクロ経済データとの接続関係に直接影響するからである。

　さらに，第3の特徴として，「官僚主導の運営」を挙げたい。この特徴は，第2の特徴である「政府／経済・財務省による強い関与」に基づくものである。作業レベルでは企業経理幹部，会計士や法定会計監査人といった会計専門家の力を借りながら，組織全体の運営は，政府／経済・財務省のコントロールの下で官僚主導で行われてきたと考えられる。

　筆者が挙げる以上の3つの特徴は，いずれも種々の領域で共通基準として用いられるPCGの性格と結びついており，PCGの共通基準としての位置づけがCNCの組織に大きく影響していると見られる。以下，1957年CNCシステムのこれら3つの特徴を分析したい。

2. 1957年CNCシステムと協議の組織

(1) 国家会計審議会（CNC）の組織

国家会計審議会に係る1957年2月7日デクレ（1964年3月20日デクレ第64-266号により一部改正）第4条によれば，CNCの組織（人的構成）は図表2-1のとおりにまとめられる[2]。

これによれば，CNCは，会長1名，会長補佐副会長1名，副会長4名，事務局長1名および一般委員59名+α，全体で66名+α（1957年創設時は58名）の組織であったことがわかる。これらCNCのメンバーは，経済・財務大臣がこれを任命する（同デクレ第4条）。

① CNCの幹部

会長は有給，兼業不可であり，長らく高級官僚が就任してきた。会長補佐副会長は公務員から選任される。副会長4名は，公会計局長，専門会計士・認許会計士協会（Ordre des Experts Comptables et des Comptables Agréés：OECCA）高等審議会会長，企業の社長または取締役・部長および教育関係者である。つまり，4名の副会長は公会計局長（公的部門の公務員），会計士協会トップ（会計専門家），企業経営幹部（民間の企業関係者），教育関係者（大学などの教員）から選任することが定められている。

公会計局長（directeur de la comptabilité publique）指定の副会長ポストは，1964年の一部改正により新たに追加されたものである。経済・財務省の一部門である公会計局のトップが副会長のポストを確保している点は重要な特徴である。CNCが公会計局さらには経済・財務省の意向を重視していることを示すものだからである。

事務局長はCNCの事務部門を統括する。事務部門は経済・財務省の各部局所属の職員を中心に構成されている。事務部門の運用と管理は，国家会計審議会会長の提案により経済・財務大臣が定める内規に従う（同デクレ第7条）。

図表 2-1　国家会計審議会（CNC）の組織（66 名＋α）（1964 年改正時）

構　成	人数	内　訳
会　長	1	（人事に関する規定はないが，事実上，経済・財務省関係の高級官僚から選任）
会長補佐副会長	1	公務員から選任
副会長	4	公会計局長，OECCA 会長，企業の社長・取締役・部長，教育関係者
事務局長	1	（人事に関する規定はないが，事実上，経済・財務省関係者）
公的部門の代表者	15	経済・財務大臣の代表者（4 名），工業大臣の代表者，商業大臣の代表者，農業大臣の代表者，国民教育大臣の代表者，国璽尚書・法務大臣の代表者，会計院の評定官，国立統計経済研究所の代表者，設備・生産性計画委員会一般委員または代表者，専門会計士・認許会計士協会高等審議会付政府委員，国家信用審議会の代表者，国家保険審議会の代表者
民間部門の代表者	7	生産性向上協会会長または代表者，会計学会会長または代表者，フランス会計協会会長または代表者，全国会計職業連盟会長または代表者，会計人協会会長または代表者，控訴院認可会社監査役協会連盟会長または代表者，経営組織・管理コンサルタント協会会長または代表者
第 2 条第 2 項 b に定める委員会または部門の代表（+α）		
会計実務専門家	27	専門会計士・認許会計士協会高等審議会の提案に基づき同協会の会員（8 名），全国会計職業連盟，経理部長職協会，経理課長職協会連盟および会計人協会による共通の同意により提案される経理部長または経理課長（6 名），全国経営者評議会と商業会議所会頭連合会の共通の同意により提案される経営者団体の代表者（4 名），最も代表的な中央組織の労働組合の代表者（4 名），国家会計審議会会長により提案される現役・退職公務員（5 名）
隣接諸科学専門家	10	法学，経済学および財政学など会計との関係が特に重要な領域の専門家
合　計	66＋α	

（1957 年 2 月 7 日デクレ（1964 年 3 月 20 日デクレにより一部改正）第 4 条に基づいて筆者が作成。また，公的部門と民間部門の区分と分類は筆者が区分しこれを分類した）

② 一般委員

一般委員（59 名＋α）は，公的部門の代表者（15 名），民間部門の代表者（7 名），上記 1957 年デクレ第 2 条第 2 項 b の規定に係る各委員会または各部門の代表者（+α），会計実務専門家（27 名）および法学・経済学・財政学

等の隣接諸科学の専門家（10名）の5つの範疇に分類できる。なお，公的部門の代表者と民間部門の代表者の区分と分類は，筆者がこれを行った。

1) 公的部門の代表者

公的部門の代表者15名の内訳は，経済・財務大臣の代表者4名，工業大臣の代表者，商業大臣の代表者，農業大臣の代表者，国民教育大臣の代表者，国璽尚書・法務大臣の代表者，会計院の評定官[3]，国立統計経済研究所（INSEE）の代表者，設備・生産性計画委員会一般委員[4]またはその代表者，専門会計士・認許会計士協会（OECCA）高等審議会付政府委員[5]，国家信用審議会の代表者，国家保険審議会の代表者の各1名である。

なお，経済・財務大臣の代表者は，1964年の一部改正により当初の3名から4名に増員された。また，INSEEの代表者は，1961年の当該機関の創設後，1964年の一部改正により追加されたものである。

2) 民間部門の代表者

民間部門の代表者7名の内訳は，生産性向上協会会長またはその代表者，会計学会会長またはその代表者，フランス会計協会（Société de comptabilité de France：SCF）[6]会長またはその代表者，全国会計職業連盟（Union nationale des professionnels de la comptabilité）[7]会長またはその代表者，会計人協会（Association des comptables）[8]会長またはその代表者，控訴院認可会社監査役協会連盟会長またはその代表者，経営組織・管理コンサルタント協会会長またはその代表者，以上の各1名である。

なお，会計人協会のポストは，1957年2月7日デクレの改正に係る1964年3月20日デクレ第64-266号により，追加されたものである。

3) 1957年デクレ第2条第2項bの規定に係る各委員会または各部門の代表者

1957年デクレ第2条第2項bは，国家会計審議会の任務の一つとして，「行政部門または公的部門，政府の提案により設置した委員会，国家が直接・間接的に支配する組織により提案される会計次元のあらゆる行政規則，命令または勧告に対して，事前にその意見を述べること」[9]と定めており（図表0-7参照），この代表者の範疇は，当該規定に基づく委員会または部門の代表者である。

当該代表者の数が+αとなっているのは，各委員会または各部門の代表者が委員として入る場合に委員数が増える仕組みだからである。図表2-1では，当該規定による代表者数を考慮して，全体の委員数を59名+αとした。

4) 会計専門家

27名の会計実務専門家は，会計の実務家（techniciens de la comptabilité）として任命される会計士，企業の経理幹部および会計研究者などである。その選出は図表2-1に示すとおり，推薦母体の推薦を経て決定される。この推薦母体には，専門会計士・認許会計士協会（OECCA），企業経理幹部の職業団体[10]，経営者団体（大企業・中小企業），労働組合および国家会計審議会（公務員）の5つの範疇があることがわかる。

既述のとおり，OECCAはその会長が副会長に，全国会計職業連盟と会計人協会はその会長が代表者として委員に指定されている。なお，全国経営者評議会（CNPF）は大企業経営者の団体であり，商業会議所会頭連合会は中小企業経営者の団体である。

5) 法学・経済学・財政学等の隣接諸科学の専門家

委員の最後の範疇は，会計学の隣接諸科学の研究者・専門家（10名）である。その選任方法はデクレに定められていないが，CNCの会長が候補者を推薦するものと見られる。なお，当該委員は1964年の一部改正により4名増員されている。

以上のとおり，CNCは，会長，会長補佐副会長，副会長，事務局長および一般委員で構成され，その全体数は1957創設時が58名，1964年改正時には66名（+α）であった。その組織構成上の特徴は，会計の専門家だけでなく，会計に関わる社会のさまざまな領域の組織，機関，団体の代表者をそのメンバーとしている点にある。しかも，上記1957年デクレ第2条第2項bの規定に関連して，実質的に委員定員がない。

また，興味深い点は，副会長と委員のポストの配分である。副会長（4名）は，その内の2名は公会計局長とOECCA会長が就任するポストとして恒久的に指定され，残りの2名は，企業経営幹部と教育関係者から選任され，任期3年で重任を妨げない（同デクレ第5条）。

59名を超える一般委員に関しては，公的部門と民間部門の関係組織・機

関は，いずれも上記デクレによりあらかじめ委員（22名）のポストを割り当てられており，国家会計審議会に恒久的な形で代表者を出すことができる。これに対して，27名の会計専門家および10名の隣接諸科学専門家は推薦に基づいて選任され，任期3年で重任を妨げない（同デクレ第5条）。

(2) 国家会計審議会（CNC）の任務と協議方式の採用
① 部門・団体・組織との連携および調整・総合の任務

国家会計審議会（CNC）に係る1957年デクレ第2条によれば，CNCは，会計の理論的・方法論的研究とその実践適用に関して調整と総合の任務を有する[11]。特に，すべての担当部門，団体または組織と連携して，イ）会計教育，勘定組織，勘定記入および勘定の合理的な展開に関する情報収集・研究・出版，ロ）行政部門・公的部門，政府の設置提案による委員会，国の支配下にある組織が提案する会計次元のすべての行政的規則・命令・勧告に対する事前の意見表明，ハ）企業・業界団体のため，国家統計・予算・国民経済勘定の作成のために，勘定の合理的な展開に関する措置の提案を行う。

CNCは，会計の研究とその適用に関する「調整と総合」の任務を遂行するために，「すべての担当部門・団体・組織との連携」を重視すると定められている。CNCの組織はこのような任務の点からも説明できる。

② 協議方式の採用

国家会計審議会（CNC）は，会計に関わりのある社会のさまざまな領域の組織，機関，団体の代表者を構成員とすることにより，プラン・コンタブル・ジェネラル（PCG）を中心とした会計標準化のプロセスにおいて，関係者との連携，調整および総合が可能となる仕組みを採用しているといえる。

この仕組みの採用は，CNCが会計基準を作成する上で，関係者の直接的参加による社会的なコンセンサスを重視していることを表すものである。しかも，1957年PCGを種々の領域・分野に適用していく上で個別基準を作成する必要があり，その際に各領域・分野の利害代表者の意見を聞き，彼らの合意を図りながら進めなければならない。

すなわち，適用範囲の広い一般的性格の共通基準と特有の個別基準の作成

および適用，その際の社会的なコンセンサスの重視，そのための関係者との連携と十分な協議による調整と総合，そのための組織，という形でCNCの組織構成が定められていると考えられる。

事実，CNCは，自らを「協議の組織（organisation de concertation）」（CNC, 1994a, p. 7）と称し，十分な協議に基づく社会的なコンセンサスを重視する組織であることを強調している。この場合の「協議」とは，社会的制度に関して，ある決定をとるに先立って，関係当事者に諮問し，協議することを前提とする立案・実施の実務方式であり，「協議経済（économie concertée）」という表現に象徴されるように，第二次世界大戦後のフランスの経済的・社会的領域で発展した方式である（山口，2002, 101頁）。

国家会計審議会は，協議の組織として，会計に関わる組織・機関の代表者をその構成員とする。すなわち，会計を行う者（企業経営者，企業経理幹部など），それをチェックする者（監督官庁，課税当局，会計監査人など），会計を利用する者（企業，行政組織，統計機関，労働組合など），会計を教育する者（教育・養成機関など）である。

③　公的部門および民間部門の関係組織・機関の代表制

公的部門（15名）および民間部門（7名）の関係組織・団体へのポストの割り当ては，「代表制（représentativité）」の考え方に基づいている。この「代表制」は「協議方式」の考え方がストレートに適用されたものであり，その委員ポストは指定組織などに恒久的に割り当てられる。

図表2-2は，公的部門および民間部門における関係組織・機関，割り当てポスト数およびその関係諸領域を示したものである。各関係組織・機関は，規制・監督当局としてまたは利用者として，会計の何らかの領域に関わっていることがわかる。

社会の公器としてのプラン・コンタブル・ジェネラル（PCG）がさまざまな領域における共通基準であることとパラレルになっており，PCGの適用範囲の広さが，協議に参加する関係者の広がりに表れている。

例えば，共通基準としてのPCGの適用は，これを業種に適合させた個別基準としての業種別プラン・コンタブル（業種別PC）の形で行われること

図表 2-2　公的部門・民間部門の代表者,ポスト数および関係領域

	関係組織・機関・団体	人数	関係領域
公的部門	経済・財務省	4	企業会計・税務会計・公会計・社会会計
	工業省	1	企業会計（工業部門の業種別 PC）・公会計
	商業省	1	企業会計（商業部門の業種別 PC）・公会計
	農業省	1	農業会計（農業部門の PC）・公会計
	国民教育省	1	会計教育・公会計
	国璽尚書・法務省	1	商法・会社法会計・公会計
	会計院	1	公会計と関連の裁判
	国立統計経済研究所	1	社会会計・経済分析
	設備・生産性計画委員会	1	社会会計・経済分析
	会計士協会（OECCA）付政府委員	1	会計専門職団体の監督
	国家信用審議会	1	金融セクターの規制
	国家保険審議会	1	保険セクターの規制
民間部門	生産性向上協会	1	経済分析
	会計学会	1	会計研究・教育
	会計協会	1	会計職業教育・実務家養成
	全国会計職業連盟	1	会計職業教育・実務家養成
	会計人協会	1	会計職業教育・実務家養成
	控訴院認可会社監査役協会連盟	1	監査役監査
	経営組織・管理コンサルタント協会	1	経営コンサルテーション

（国家会計審議会（CNC）の人的構成に基づいて筆者作成）

から,工業省は工業部門の PC,商業省は商業部門の PC,農業省は農業部門の PC に関わりを持つものとなる。また,各省庁は所管の公施設について,公会計に関わりを持つ。

　各組織・機関には,経済・財務省を除き,バランスに配慮して1ポストが平等に割り当てられている。ただし,経済・財務省だけは別格であり,創設時3名,1964 年改正時には4名に増員されている。

　図表 2-2 の民間部門における関係組織・団体とその関係領域によれば,関係組織・団体として挙げられているのは,経済分析,会計研究・教育,会計職業教育・実務家養成,監査役監査,経営コンサルティングなどに関する

団体である。特に，会計の教育に関する組織・団体が多い。CNC が会計教育をいかに重視しているかがわかる。会計の利用，普及，研究・教育などの公益的な観点から，代表制に基づき委員のポストがこれら組織に指定されている。民間部門の各組織・団体においても，バランスに配慮して1ポストが均等に配分されているが，委員のポスト数の点では，民間部門（7名）は，公的部門（15名）の半分以下である。

④ 専門家としての委員の推薦制

関係組織・機関・団体に委員のポストを恒久的に指定する「代表制」に対して，専門家としての委員は3年任期でその専門的な能力（compétences）を基準に選ばれる。その選任は所属する各職業団体からの推薦に基づいている。これにより，27名の会計専門家と10名の法学・経済学・財政学等の隣接諸科学の専門家が委員に選任される。

図表 2-3 は 27 名の会計実務専門家の推薦母体である。既述のとおり，推薦母体には5つの範疇がある。すなわち，会計士の団体，企業経理幹部の職業団体，企業経営者団体，労働組合および CNC である。これら団体は，企業の会計を中心に，会計を行う者（企業の経営者および経理幹部），それをチェックする者（法定会計監査人・会計士），これを利用する者（労働組合）に分かれている。

図表 2-3　会計実務専門家（27名）の推薦母体

推 薦 母 体		人数	代 表
専門会計士・認許会計士協会（OECCA）高等審議会		8	会計監査人・会計士
全国会計職業連盟，経理部長職協会，経理課長職協会連盟および会計人協会		6	企業経理幹部
全国経営者評議会（CNPF）と商業会議所会頭連合会		4	企業経営者
最も代表的な中央組織の労働組合	労働総同盟（CGT），労働者の力（FO），フランス・キリスト教労働者総同盟（CFTC），幹部職員総同盟（CGC）（後の CFE-CGC）	4	従業員・労働組合
国家会計審議会（CNC）会長		5	国家会計審議会

（国家会計審議会（CNC）の人的構成に基づいて筆者作成）

⑤ 推薦母体間のバランスおよび平等性の配慮

CNC を加えた 5 つの推薦母体からの推薦枠は所属団体の代表としての意味合いがあり，推薦枠の配分はバランスに配慮しているように思われる。つまり，推薦枠の数は団体により差を設けているものの，各推薦母体内では各団体のバランスに配慮している。

1) 会計職業団体間のバランス

専門会計士・認許会計士協会（OECCA）は最も多い 8 名の推薦枠を有し，会計実務専門家の中でも最大勢力を占めている。しかも，その会長は副会長に指定されている。

これに対して，全国会計職業連盟，経理部長職協会，経理課長職協会連盟および会計人協会の 4 団体の共同推薦枠は 6 名である。しかし，これら団体のうち，全国会計職業連盟と会計人協会は，前出の「代表制」に基づき，その会長が委員に指定されている。この 2 ポストを含めると，4 団体に 8 委員となり，OECCA の委員数と同一になる。

しかも，6 名の共同推薦枠と代表制に基づく 2 ポストを合わせた 8 名のポストは全国会計職業連盟，経理部長職協会，経理課長職協会連盟および会計人協会の 4 団体に均等に配分されるものと見られる。

このように，会計職業団体のポストは，OECCA と上記 4 団体とのバランス，さらには当該 4 団体間のバランスに配慮する形で平等に配分されているように思われる。

2) 企業経営者団体間のバランス

経営者団体の推薦枠は 4 名である。企業経営者は副会長職に 1 枠を指定されているものの，「代表制」に基づくポストがなく，この会計専門家の推薦枠 4 名だけである。しかも，推薦枠は最も少ない。

4 名の推薦枠は，大企業経営者の団体である全国経営者評議会（CNPF）と中小企業経営者の団体である商業会議所会頭連合会の 2 団体の共同推薦であることから，両団体のバランスに配慮して，2 名ずつの推薦枠が平等に配分されていると見られる。

3) 労働組合間のバランス

労働組合が推薦枠（4 名）を有する点は特徴的である。図表 2-3 に示すと

おり，当時，最も代表的な中央組織の労働組合は，労働総同盟（Confédération Générale du Travail：CGT），労働者の力（Force Ouvrière：FO），フランス・キリスト教労働者総同盟（Confédération Française des Travailleurs Chrétiens：CFTC）および幹部職員総同盟（Confédération Générale des Cadres：CGC）（後のCFE-CGC）の4大労組であり[12]，事実上，これら4労組に推薦枠が割り当てられた。

労働組合の4名の推薦枠は，バランスに配慮して，4大労組に1枠ずつ平等に配分されていると見られる。

4) 企業経営者団体と労働組合のバランス

企業経営者団体と労働組合の推薦枠はいずれも4名であり，経営者側と労働者側の労使双方のバランスに配慮している。

会計専門家の残る5名の推薦枠は，CNC会長に留保されている。しかも，当該推薦枠の会計専門家は，現役または退職した公務員という条件付きである。国家会計審議会会長は，10名の隣接諸科学の専門家の選任も含めて，15名の委員を直接選任することができる。

以上のとおり，CNCは，会計の専門家だけでなく，「協議の組織」として，会計に関わる機関・組織の代表者を幅広く平等に参加させるという組織上の特徴を有している。

会計基準に係る社会的コンセンサスを，さまざまな関係者をしてそのプロセスに直接かつ平等に参加させ，十分な協議を経ることでよりよく形成できるという考え方である。社会的な合意形成を得るためのアプローチの点で，専門家の手になる基準案を外部に公表して広くコメントを募る方式とは異なっている。

しかも，CNCは，代表制に基づく委員ポストの割り当ておよび専門家としての委員の推薦枠の配分において，関係組織・団体のバランスと平等性に配慮していることが明らかである。

3. 政府／経済・財務省による強い関与と官僚主導の運営

(1) 公的部門の組織

国家会計審議会（CNC）は，何よりもまず，経済問題担当の経済・財務大臣の諮問機関である。すなわち，CNC 自身が公的部門（パブリック・セクター）の組織である。

図表 2-1 に示した 1964 年改正時の CNC の人的構成によれば，会長，会長補佐副会長，4 名の副会長および事務局長のうち，会長，会長補佐副会長，公会計局長指定の副会長および事務局長は公的部門関係者である。これに対して，3 名の副会長（OECCA 会長，企業経営幹部および教育関係者）は民間部門である。そのうちの企業経営幹部および教育関係者は任期 3 年である。したがって，CNC の幹部構成は公的部門が過半数を占める。しかも，事務局スタッフは主に経済・財務省の各部局所属の公務員である。

代表制に基づく委員 22 名の構成は公的部門が 15 名，民間部門が 7 名であり，公的部門が 2 倍以上を占める。しかも，公的部門の中では，経済・財務省関係の委員ポストが突出して多い。国立統計経済研究所（INSEE）は経済・財務省の関係機関である。また，専門会計士・認許会計士協会（OECCA）の監督官庁は経済・財務省である。経済・財務省の影響力の強さが窺われる。

3 年任期の推薦制委員 37 名は，5 名の公務員（元職・現職）を除き，基本的には民間である。専門家の中でも，27 名の会計専門家は全体の 4 割を占める。しかし，専門家としての委員の推薦制は推薦母体の代表的な意味合いがあることは既述のとおりであり，この点は，推薦枠がさまざまな団体・組織の間のバランス・平等性に配慮して配分されていることからもわかる。

また，推薦制委員の推薦母体は互いに牽制しあう関係にある。すなわち，会計を行う企業経営者とそれをチェックする会計監査人・会計士，会計を行う企業経営者と会計を利用する労働組合（従業員），企業の会計をチェックする会計監査人・会計士と会計を利用する労働組合，さらに，経営者と経理幹部，経理幹部と会計監査人・会計士，経理幹部と労働組合などの間に相互牽制的な関係が存在する。

会計専門家に係る個々の推薦母体の中で最も影響力のある団体は，8名の推薦枠を持つ OECCA である。同団体はその会長が副会長職にも指定されているが，監督官庁である経済・財務省の監督下にある。
　推薦制の専門家 37 名の全体で見ると，最も多い推薦枠を持つのは CNC 会長である。5 名の会計専門家と 10 名の隣接諸科学専門家，計 15 名の推薦枠がこれである。
　隣接諸科学の専門家は，実際には多くが会計の専門家である。例えば 1989 年を例に挙げると，会計士 6 名，企業副社長 1 名，企業経理幹部（退職者）1 名，企業法務・税務幹部 1 名および会計院名誉院長が選任されている（CNC, 1989b, pp. 3-4）。つまり，会計の専門家に関して実質的に最大の推薦枠を持っているのは，CNC 会長である。

(2) 政府／経済・財務省による強い関与と官僚主導

　国家会計審議会（CNC）は「協議の組織」とは言うものの，政府／経済・財務省による強い関与の下で官僚主導で運営されてきたことは明らかである。
　本書第 12 章の図表 12-9 に示すとおり，経済・財務大臣はプラン・コンタブル・ジェネラル（PCG）などの会計基準の省令による承認の権限を持つ。つまり，CNC の作成する PCG などの会計基準は，経済・財務省令により承認されて初めて正式なものとなるのである。
　CNC は経済問題担当大臣の諮問機関である。経済・財務大臣は国家会計審議会の全構成メンバーをその省令により任命する権限を持つ。CNC の会長は，1996 年に民間部門の会計専門家が就任するまでは，J. デュポン（国庫支出監督官）や Y. コット（国庫局法律審議官）など，経済・財務省関係の官僚が就任してきた。
　また，会長補佐副会長も同様に，Y. コットや S. アランなど経済・財務省関係の財政監督担当政府委員が就任してきた（CNC, 1989b, p. 3 および 1992b, p. 3）。経済・財務大臣が CNC の会長および会長補佐副会長の人事に強く関与してきたことは明らかである。
　CNC の運営に関する内規案の承認権限を持つのも経済問題担当大臣である。また，事務局運営のスタッフ・財源は経済・財務省に依存している。

さらに，CNC の幹部の構成は公的部門優位である。代表制委員では民間部門に比べて公的部門が圧倒的に優位である。経済・財務省だけが5名（国立統計経済研究所を含む）の突出した代表制委員枠を有する。

　推薦制委員は民間部門優位であるが，推薦母体から見れば相互に牽制的な関係にあり，推薦母体ごとに立場を異にする。推薦制委員の有力推薦母体である OECCA は経済・財務省の監督下にある。推薦制委員の選任に係る最大の影響力を有しているのは CNC 会長である。

　全体総会は基本的に年2回程度なので，CNC の運営は，経済・財務省のコントロールの下で，同省関連の官僚出身である会長が，同じく同省関連の官僚出身である会長補佐副会長の補佐を受けながら，同省所属の公務員である事務局スタッフの体制により行われてきたと見られる。また，経済・財務省の公会計局長と同省の監督下にある OECCA の会長が副会長ポストに指定されている点も重要である。

　他方，CNC 会長は，推薦制委員15名の人選（CNC に係る1957年2月7日デクレ第4条）のほかに，退任委員の後任人事（同デクレ第5条），外部協力者の人選と連絡員の設置の権限（同デクレ第6条第2項），CNC の運営に係る内規案の経済問題担当大臣への提案（第7条）など，人事と運営に関して一定の権限を持つ。

　以上の点から，CNC が公的部門優位な組織であること，政府／経済・財務省が CNC の主要メンバーの人事や運営に強く関与していることが明らかであり，CNC の運営は同省のコントロールの下で官僚主導で行われたと見られる。

　この点について，C. オアロー（Hoarau, 2003, p. 7）は基準の策定に係る主要な決定において国家の影響が強かったこと，B. コラス（Colasse, Pochet, 2010, p. 234）は会計標準化が国家の監督下にあったことを指摘している。また，H. キュルマン（Culmann, 1980, p. 40）は，経済・財務省のテクノクラート（技術官僚）主導の運営への批判が存在していたことを指摘している。それでは，なぜ政府／経済・財務省は CNC の主要メンバーの人事や運営に強く関与してきたのか。次に，この点を検討してみよう。

(3) 政府／経済・財務省による強い関与の理由

経済・財務省が国家会計審議会（CNC）の主要メンバーの人事や運営に強く関与してきた理由として，筆者は，同省がその関係領域においてプラン・コンタブル・ジェネラル（PCG）を会計標準化の手段として利用している事実を指摘したい。

① 公会計の近代化の手段としての PCG の利用

既述のとおり，PCG は，国・地方自治体および関係施設の会計，つまり公会計の一般基準（共通基準）として用いられてきた。特に，1962 年 12 月 29 日デクレは，PCG を手本にその勘定システムを公会計領域に適用することを定めたのである。

フランスにおける公会計部門の歴史は古く，1863 年には当該名称の部門が設けられた（CAEF, 2004, p. 9）。また，戦後の 1946 年からは，すでに私会計と公会計の接近が検討され，PCG が当該接近および公会計の近代化の主要手段として用いられてきたのである（CAEF, 2004, p. 9）。

当該領域は，経済・財務省の公会計局（Direction Générale de la Comptabilité Publique：DGCP）の管轄である。公会計局の局長は，CNC の副会長のポストに就くことが指定されている。それだけ，CNC は公会計の領域を重視しているのである。

② 企業課税制度の整備の手段としての PCG の利用

既述のとおり，PCG は，課税所得計算の一般規則として用いられてきた。1959 年 12 月 28 日税法第 55 条による PCG の一般的・漸次的適用の措置，1965 年 10 月 28 日デクレによる PCG の一般規則としての位置づけなどに見られるとおり，経済・財務省は，一般化した PCG を事業者の課税利益に係る一般規則とすることにより，企業利益課税制度の整備に取り組んできたのである。

フランスでは，課税当局の組織体制の整備が行われたのが 1960 年であり（CAEF, 2004, p. 11），この体制整備の遅れが，課税利益に係る計算規則の独自の展開を妨げ，PCG を利用することに繋がった面も否定できない。

当該領域は，経済・財務省の租税一般局（Direction Générale des Impôts：DGI）の管轄である。租税一般局の幹部は，常に国家会計審議会の委員に名を連ねている。

③　マクロ経済統計の整備の手段としてのPCGの利用

PCGは，マクロ経済統計の整備の手段として，用いられてきた。既述のとおり，PCGの計算構造は社会会計との接続を重視したマクロ経済指向の計算構造を採用している。

PCGに基づく企業の決算書のミクロ経済データを，企業利益課税制度を介して，マクロの社会会計システムに集計するのである。その際のデータの集計を容易にするために，ミクロの会計基準のレベルから，社会会計に接続が容易な勘定分類や決算書表示を採用する。この考え方がPCGに反映されている。

当該領域は，経済・財務省の国庫局（Direction du Trésor：DT）や経済予測・分析局（Direction de la Prévision et d'Analyse Économique）の管轄である。また，1960年代に経済・財務省から独立した国立統計経済研究所（INSEE）も当該領域に大きく関わる。

以上のとおり，経済・財務省は，経済・財政の主務官庁として，企業会計のみならず税務会計，公会計，社会会計などの分野に関与し，PCGを共通基準あるいは一般基準として位置づけていることから，その基準の内容いかんにより，さまざまな影響を直接受ける立場にある。特に，財務会計と税務会計とが接続したフランスのシステムでは，会計利益の測定基準いかんが課税利益，税額さらには国家の税収に影響するのである。

政府／経済・財務省がPCGを策定するCNCの人事と運営に強く関与し，そのコントロール下に置こうとするのはある意味当然である。

4. 関係領域の拡大と 1957 年 CNC システムの特徴

(1) 関係領域の拡大
① 1992 年末の国家会計審議会（CNC）の人的構成と委員数の増大

社会経済構造の複雑化・高度化とともに会計の関係領域が拡大すると，1957 年 CNC システムは委員の増加をもたらす。1957 年 2 月 7 日デクレ第 4 条の規定から，同デクレ第 2 条第 2 項 b に係る会計次元の行政規則・命令・勧告を提案する部門・委員会・組織の各代表者を委員に加えるからである。

事実，1971 年 11 月 29 日経済・財務省令では，18 の組織・団体に代表者資格が付与されている[13]。さらに，その後，複数の組織・機関の追加および入れ替え（一部は名称変更）を経て，1992 年末には，CNC の構成は，会長 1 名，会長補佐副会長 1 名，副会長 4 名，事務局長 1 名，代表制委員 48 名（41 組織・機関），および 3 年任期の推薦制委員 48 名（会計専門家 38 名と隣接諸科学の専門家 10 名），合計 103 名に上った（CNC, 1992b, pp. 3-5 および CNC, 1993c, pp. 3-4）。

1992 年末の CNC の人的構成の全体を 1964 年改正時（図表 2-1 参照）と比

図表 2-4　1964 年改正時と比較した 1992 年末の CNC の人的構成

構成			1964 年改正時	1992 年末	増減（％）
会長			1	1	±0
会長補佐副会長			1	1	±0
副会長			4	4	±0
事務局長			1	1	±0
一般委員	公的部門代表者		15	28	+13
	民間部門代表者		7	20	+13
	専門家	会計	27	38	+11
		隣接諸科学	10	10	±0
合計			66	103	+37

（1957 年 2 月 7 日デクレ，1964 年 3 月 20 日デクレ，CNC, 1992b, pp. 3-4 および CNC, 1993c, pp. 3-4 に基づき筆者作成）

較すれば，図表 2-4 に示すとおりである。

　執行部の構成と隣接諸科学の専門家の委員数は変わらないが，一般委員の数は 37 名（63%）増加している。増加した 37 名の内訳は，公的部門の代表者が 13 名，民間部門の代表者も 13 名，会計専門家が 11 名であり，いずれもほぼ同じ数だけ増加した。1964 年改正時の推薦制の専門家委員（37 名）は代表制委員（22 名）を大きく上回っていたが，1992 年末には各々 48 名と同数になった。公的部門および民間部門の代表者（代表制委員）が大幅に増えたからである。

② 関係領域の拡大
1) 公的部門における代表制委員の増加（13 名）
　1992 年末の公的部門における代表制委員は，1964 年改正時に比べて 13 名増加しているが，どのような組織・機関が入っているかを見てみたい。図表 2-5 は，13 名増加の内訳を示している。これによれば，1964 年改正時（図表 2-1 参照）には見られなかった組織・機関が新規に 15（委員数 16 名）加わり，1964 年改正時に見られた組織・機関のうち 3 つ（委員数 3 名）がなくなっていることがわかる。

　新規に資格付与された 15 組織・機関（委員数 16 名）は，公会計（関連裁判を含む），企業会計，社会会計，経済分析，金融セクター規制，証券市場規制，商法・会社法関連裁判，農業会計などに関連する組織・機関である。従来と同様にさまざまな領域の組織・機関に付与されたことがわかる。

　その中でも，特に公会計，経済分析，金融・証券市場の分野が目立つように思われる。例えば，公会計分野の国家監督局（Contrôle d'État）は，国有企業や補助金交付企業などを監督する任務を有し，公会計に関わりを持つ。

　経済分析の分野では，フランス銀行をはじめとした公的金融機関におけるデータバンク的部門（貸借対照表センター）が目立つ。これらセンターは経済分析や経済予測に用いるデータの観点から，国立統計経済研究所（INSEE）との合意に基づき，INSEE のマクロ経済データを補完するミクロ財務データを企業から直接蒐集する部門であり，すでに 1971 年 11 月 29 日経済・財務省令により資格付与されている。

図表2-5　公的部門における代表者資格の付与組織・機関の変動（対1964年改正時）

	代表制委員ポストに係る組織・機関	人数	関係領域
増加	予算省の代表者	1	税務会計・公会計
	産業省の代表者	1	企業会計・公会計
	計画庁	1	社会会計
	会計院（増員）	1	公会計と関連の裁判
	国家監督局	2	公会計
	中央市場委員会	1	公会計
	銀行委員会	1	金融セクターの規制
	証券取引委員会（COB）＊	1	証券市場の規制
	証券取引所審議会	1	証券市場の規制
	フランス商事裁判所長・構成員会議	1	商法・会社法関連裁判
	フランス銀行貸借対照表センター＊	1	経済分析
	預金供託金庫貸借対照表センター＊	1	経済分析
	クレディ・ナショナル貸借対照表センター＊	1	経済分析
	所得・原価研究センター（CERC）＊	1	経済分析
	国立経営・地方経済研究所＊	1	農業会計
	合計　15組織・機関	16	
減少	工業大臣の代表者	1	企業会計・公会計
	商業大臣の代表者	1	企業会計・公会計
	設備計画・生産性委員会一般委員	1	社会会計・経済分析
	合計　3組織・機関	3	

＊1971年11月29日経済・財務省令により資格付与。
（CNC, 1993c, pp. 3-4に基づき筆者作成）

　金融・証券市場の分野では，1968年に創設された証券取引委員会（COB）がいち早く1971年11月29日経済・財務省令により資格を付与された。COBは証券市場の規制当局として上場企業の開示情報に大きく関わる。COBなどの証券市場関連の組織・機関は，当初の国家会計審議会の委員には見られなかったものである。

　産業省による工業大臣および商業大臣との入れ替わり，経済・財務省からの予算省の分離は省庁再編によるものと見られる。

2)　民間部門における代表制委員の増加（13名）

図表2-6は，1992年末の民間部門における代表制委員の増加13名の内訳を示している。これによれば，新規に14組織・機関（委員数15名）が加わり，1964年改正時（図表2-1参照）には見られた組織・機関のうち2つ（委員数2名）がなくなっていることがわかる。

民間部門では，株主団体，財務分析，財務コンサルティング，証券投資など証券市場・財務に関連した団体が目立つ。全国株式組織会社協会（ANSA），フランス投資会社・ファンド協会，全国財務専門家センター，フランス財務

図表2-6　民間部門における代表者資格の付与組織・機関の変動（対1964年改正時）

	代表制委員ポストに係る組織・機関	人数	関係領域
増加	公認経営センター連盟	2	小・極小企業の会計・税務
	中小企業総連盟*	1	中小企業の会計
	フランス技術教育普及協会	1	会計職業教育
	フランス経営学院	1	会計研究・教育
	全国法定会計監査人協会（CNCC）*[1]	1	法定会計監査
	全国会計鑑定人協会	1	損害鑑定
	フランス会計連合	1	会計教育
	経理部長・管理部長職協会	1	会計職業教育・実務家養成
	フランス会計士研究所（IFEC）*	1	会計職業教育・実務家養成
	全国株式組織会社協会（ANSA）*	1	証券市場・財務
	フランス財務アナリスト協会*	1	証券市場・財務
	全国財務コンサルタント組合*	1	証券市場・財務
	全国財務専門家センター	1	証券市場・財務
	フランス投資会社・ファンド協会	1	証券市場・財務
	合計　14組織・機関	15	
減少	生産性向上協会	1	経済分析
	控訴院認可会社監査役協会連盟	1	監査役監査
	合計　2組織・機関	2	

＊1971年11月29日経済・財務省令により資格付与。
1) 控訴院認可会社監査役協会連盟から変更。
（CNC, 1993c, pp. 3-4に基づき筆者作成）

アナリスト協会，全国財務コンサルタント組合の 5 団体がそれである。
　このような団体は，前出図表 2-1 に示すとおり，当初の国家会計審議会にはまったく見られなかった。証券市場の発展と証券投資の拡大に伴い，会計情報の利用者としての株主，投資者（個人・機関）あるいはそのアドバイザーの重要性が高まっていることを物語るものである。
　なお，控訴院認可会社監査役協会連盟に代えて全国法定会計監査人協会（Compagnie Nationale des Commissaires aux Comptes：CNCC）に代表制委員のポストが付与されているが，CNCC は 1966 年商事会社法に基づく法定会計監査を行う監査人の団体として，1969 年 8 月 12 日デクレにより創設されものである。
　CNCC は，企業の法定監査という極めて重要な役割を担っているが，その創設が 1960 年代末ということもあり，1942 年 4 月 3 日法律に基づいて創設された専門会計士・認許会計士協会（OECCA）に比べて，当時の政治的影響力は小さかったものと見られる。なお，会計士（Expert-Comptable）は会計領域のさまざまなサービスを提供する会計の専門家であるが，法定会計監査人になるためには実務研修など一定の条件を満たさなければならない。
　また，小企業の会計・税務に関わる公認経営センター連盟（Fédération des Centres de Gestion Agréés：FCGA）が注目される。同連盟は，1974 年 12 月 27 日法律により創設された公認経営センター（公益法人）の全国組織である。公認経営センター制度は，小企業向けのさまざまな経営支援サービスの提供を目的とする。しかも，これに加盟すると，経営者には税務上の恩恵が与えられる。
　代表制委員の資格を付与された組織・機関・団体の数を，関係領域別に 1964 年改正時と 1992 年末とで比較してみると（経済・財務省のように複数の領域に関わっている場合には複数の領域すべてでカウントした），最も多い領域は会計教育・会計職業教育・養成である。この点は当初から同じであり，増加数は証券市場・財務の領域に次いで多い。会計を担う会計教育，会計職業教育・養成の領域が重視されていることを示すものである。関係機関・団体の中心は民間部門である。
　次に多い領域は企業会計と公会計である。企業会計は会計のメインの領域

であるが，中小企業，極小企業の会計・税務の領域に拡大している。公会計はCNCが一貫して重視している領域である。

これに証券市場・財務と経済分析が続く。証券市場・財務の領域はこの間に最も増えた領域である。1964年改正時にはゼロであったことから，この間に証券市場・財務の重要性がいかに高まったかがわかる。また，経済分析の領域は，この間の増加数も上記証券市場・財務と会計教育・会計職業教育・養成の2領域に次いで多い。つまり，この間に，会計の教育，会計の利用面（証券市場・財務と経済分析）の諸領域，小規模企業の会計の領域が大きく拡大していることが明らかとなる。

(2) 1957年CNCシステムの特徴の堅持
① 協議方式の堅持

図表2-4に示したとおり，1992年末の国家会計審議会（CNC）の組織が協議方式を堅持していることは明らかである。図表2-2および図表2-5によれば，1992年末の公的部門における代表制の委員ポストは，経済・財務省，国家監督局および会計院を除き，1ポストが平等に付与されている。なお，予算省は省庁再編により経済・財務省から分離されたものであり，その委員枠は，実質的には経済・財務省の委員枠であると見られる。

また，図表2-2および図表2-6によれば，1992年末の民間部門における代表制の委員ポストは，公認経営センター連盟を除き，1ポストが平等に付与されている。

会計専門家に係る推薦委員は，図表2-4に示したとおり，27名から11名増の38名となった。38名の会計専門家の推薦母体内訳は，図表2-7に示すとおり，専門会計士・認許会計士協会（OECCA）の推薦8名，全国法定会計監査人協会（CNCC）の推薦8名，経理部長と経理課長の職業団体の推薦6名，経営者団体の推薦6名，労働組合の推薦5名，およびCNC会長の推薦5名（公務員・退職者含む）である。

CNCCの推薦（8名）は，既述のとおり，同協会の設立が1969年であることから，当初の推薦母体には入っていなかったが，会社法上の決算をチェックするという極めて重要な法定監査に関わる団体であるため，バラン

図表 2-7　会計専門家 (38 名) の推薦母体と推薦数 (1964 年改正時と 1992 年末の比較)

推薦母体		1964 年改正	1992 年末
専門会計士・認許会計士協会 (OECCA) 高等審議会		8	8
全国法定会計監査人協会 (CNCC)		―	8
全国会計職業連盟, 経理部長職協会, 経理課長職協会連盟および会計人協会		6	6
経営者団体 (6 名)	全国経営者評議会 (CNPF)	2	2
	商業会議所会頭連合会	2	2
	手工業会議所常設総会	―	2
労働組合 (5 名)	労働総同盟 (CGT)	1	1
	フランス民主労働総同盟 (CFDT)	―	1
	労働者の力 (FO)	1	1
	フランス・キリスト教労働者総同盟 (CFTC)	1	1
	幹部職員総同盟 (CGC)	1	1
国家会計審議会 (CNC) 会長		5	5
合　計		27	38

(国家会計審議会 (CNC) の人的構成に基づいて筆者作成)

スに配慮して従来の OECCA の推薦枠と同一の枠が付与されている。しかも, OECCA の会長が CNC の副会長に指定されていることから, CNCC にはさらに代表制委員のポストが指定されている (1996 年改正時には副会長ポストに指定)。

　経営者団体の推薦には, 新たに手工業会議所が推薦母体に加えられ, これに 2 名の推薦枠が付与された。全国経営者評議会 (CNPF) は大企業経営者, 商業会議所会頭連合会は中小企業の経営者, 手工業会議所常設総会は極小企業・職人の事業主の団体である。つまり, 手工業会議所への 2 名の推薦枠付与は大企業, 中小企業, 極小企業・職人のバランスに配慮した形になっている。

　また, 労働組合の推薦は, 新たにフランス民主労働総同盟 (CFDT) が推薦母体に加えられ, これに 1 名の推薦枠が付与された。1992 年末時点の最も代表的な中央組織の労働組合は, 労働総同盟 (CGT), フランス民主労働

総同盟，労働者の力（FO），フランス・キリスト教労働者総同盟（CFTC），幹部職員総同盟（CGC）の5大労組であり，これらに各1名ずつ平等に配分された形である。

② 政府／経済・財務省による強い関与と官僚主導の運営

1992年末時点の国家会計審議会（CNC）の人的構成を1964年改正時と比較したデータは前出図表2-4に示されている。これによれば，民間部門の代表制委員と会計専門家の推薦制委員が大幅に増えていることがわかる。

しかし，経済・財務大臣の権限と関与，公的部門優位の幹部構成，経済・財務省関係の官僚出身の会長および会長補佐副会長，公会計局長の副会長ポスト指定，事務局スタッフおよび運営財源の経済・財務省依存，代表制委員における公的部門の優位性，経済・財務省の突出した代表制委員数（予算省1名，国家監督局2名，国立統計経済研究所1名，中央市場委員会1名を含めて計9名），推薦制委員に係る推薦母体の相互牽制的関係，会長による推薦制委員に係る最大推薦枠（15名の会計専門家）の保持，以上の諸点は何ら変わっていない。依然として，CNCの人事と運営は，政府／経済・財務省の強い関与の下，官僚主導であると考えられる。

また，政府／経済・財務省による強い関与の理由として筆者が挙げたプラン・コンタブル・ジェネラル（PCG）の利用の面でも，何ら変化が見られない。

ある意味，経済・財務省の強い関与を維持しつつ，会計の関係領域の拡大にともない，協議の組織として関係組織・機関のバランスと平等性の確保に配慮したことの帰結として，委員数が大きく増えたのではないかと見られる。

委員の数が多数に上ると，CNCは全体のコンセンサスを得るのに時間を要し，社会経済構造の変化に迅速に対応できなくなるおそれがある。協議方式は民主主義のフランス的表現の一つと考えられるが，その陰の部分としてかかる組織構造的な課題が存在していたと考えられる。CNCは，1957年CNCシステムの特徴を堅持しつつその構成メンバー数の大幅削減を実施することになる。

以上，1957年CNCシステムを取り上げ，CNCの伝統的な特徴を検討し

た。CNC が「協議の組織」,「政府／経済・財務省による強い関与」および「官僚主導の運営」の3つの特徴を有していること,当該特徴は1992年末においても何ら変わっていないこと,これら特徴が一般的性格の共通基準としての PCG の位置づけと密接に関係していることを明らかにした。

しかし,CNC では,委員が出席する総会は年数回のみの開催である。会計問題に係る具体的な作業は作業グループまたは委員会レベルで行われるが,当該作業は実質的に会計の専門家に依存してきた。CNC が会計専門家に最も依存してきた領域が,前出の証券市場・財務の領域であると見られる。既述のとおり,当該領域は,1964年から1992年末の間に,代表制委員に係る組織・機関などが最も増えた領域でもある。

証券市場・財務の領域は,証券市場の株主・投資者向けの連結会計情報の問題や金融商品の処理の問題など,証券市場の発展とともに生じた新しい高度に専門的な会計問題に関わっており,連結会計に精通した人材でないとこれに対応できない。1993年以降,CNC の改革が実施されるが,その背景にはかかる1957年 CNC システムの限界があったと考えるものである。

［注］
(1) この点については,本書の第3章を参照。
(2) ここでは,1964年3月20日デクレ第64-266号により一部改正された組織を1957年 CNC システムとして考察した。当該一部改正が極めてわずかであり1957年デクレの基本構造にまったく影響しておらず,また1957年デクレは1964年の一部改正後1993年までの30年間改正されていないことから,1964年一部改正後のシステムを1957年 CNC システムとして分析した。
(3) 会計院（Cour des comptes）は,国,公施設,社会保障機関などの公会計に関する一般的裁判管轄権を有する行政裁判機関であるとともに,一定の事項について諮問的権限を有する（山口, 2002, 132頁）。また,会計院は支払官の監督,社会保障機関の監督,予算決済法案の審査などの重要な行政機能を果たす（Cornu, 1990, p. 218）。
(4) 設備・生産性計画（Plan d'équipement et de la productivité）は,経済計画に関わる公的機関であり,その一般委員（commissaire général）は,国会で政府閣僚を補佐する政府専門委員である。なお,当初,計画委員会と生産性委員会が各々ポストを有していたが,同1964年デクレにより一つになった。
(5) 専門会計士・認許会計士協会（OECCA）自体は民間の会計職業団体であるが,専門会計士・認許会計士協会（OECCA）高等審議会付政府委員（commissaire du Gou-

vernement auprès du Conseil supérieur de l'Ordre des experts-comptables et des comptables agréés) は，監督官庁を代表してその管理運営の監督にあたる職務をいう。なお，OECCA は経済・財務省の監督下にある。
(6) フランス会計協会（SCF）は 1881 年に会計アカデミー協会として創設された後，1916 年にフランス会計協会と改称された（Labardin, 2008, p. 9）。当該協会は，会計士協会設立までは，会計職業の連合と代表の機能を果たしていた。従業員経理人材や会計士などの団体として，実務教育，特に国認定の会計実務資格の研修などを実施している。
(7) 現在は確認できないが，会計職業教育・実務研修などを実施していたと見られる。
(8) 会計職業，特に国認定の会計実務資格を目指す人たちのための会計実務教育の団体である。
(9) CNC の事前の意見表明の任務は，行政レベルの規則・命令・勧告に関する点が重要である。すなわち，法律レベルには及ばないのである。
(10) 経理部長職協会（Association Professionnelle des Directeurs de Comptabilité）は，主に大企業の経理部長職をサポートすることを目的とした団体であり，連結，国際基準，内部統制など，さまざまな上級の実務教育・研修を実施している。経理課長職協会連盟（Fédération des Compagnies de Chefs de Comptabilité）も同様の趣旨の団体であり，課長職レベルの実務教育・研修を対象とするものと見られる。
(11) CNC の任務については，本書の序章図表 0-7 を参照。
(12) 現在，フランスにおける最も代表的な中央組織の労働組合は，労働総同盟（CGT），フランス民主労働総同盟（Confédération Française Démocratique du Travail：CFDT），労働者の力（FO），フランス・キリスト教労働者総同盟（CFTC）および幹部職員総同盟（CGC，後の CFE-CGC）の 5 大労組であるが，CFDT は 1964 年に CFTC から宗教色をなくす形で発足していることから，当時は CFDT を除く 4 組合と見られる。
(13) 1971 年 11 月 29 日省令により，CNC の代表者資格が付与された組織・機関・団体は，以下の 18 機関・団体である。情報産業局，国家・地方自治体・公施設市場公庫，証券取引委員会（COB），フランス銀行貸借対照表センター，預金供託金庫貸借対照表センター，クレディ・ナショナル貸借対照表センター，所得・原価研究センター，技術教育生産性調査・研究センター，国家企業生産性情報センター，全国法定会計監査人協会（CNCC；控訴院認可会社監査役協会連盟から変更），企業会計・管理従業員技術者連盟（全国会計専門家連盟から変更），フランス会計士研究所，経理長・国家認許会計人職業協会，全国株式組織会社協会，フランス財務アナリスト協会，全国財務コンサルタント組合，国立経営・地方経済研究所，中小企業総連盟（CGPME）。

第3章
プラン・コンタブル・ジェネラルの適用とその特徴

　本章では，プラン・コンタブル・ジェネラル（PCG）の適用を取り上げ，その特徴を考察したい。PCG は経済担当大臣の省令により正式に承認されるものであるが，1999 年 PCG の改訂までは，それ自体義務的なものではなく強制力を有しない。
　PCG を企業に適用させるには，その適用を図るための仕組みが必要である。本章では，1957 年 PCG の適用の仕組みを検討し，PCG には適用面から企業課税と経済統計のシステムの整備という2つの政府のニーズがビルト・インされていたことを明らかにしたい。なお，1982 年 PCG は基本的に 1957 年 PCG の適用の仕組みに基づいている。

1. PCG の適用の仕組み

(1) 1947 年 PCG の適用の仕組み
① 公的・私的セクターにおける個別の法令に基づく適用の義務づけ
　1947 年プラン・コンタブル・ジェネラル（PCG）は，1947 年 1 月 9 日デクレ，1947 年 10 月 22 日デクレ，1947 年 12 月 30 日省令など個別の行政命令に基づき，公的セクターの一定の組織・企業に対して，個別的適用が義務づけられた（CNC, 1965, pp. 7-8）。
　すなわち，一定の公的施設またはこれに類似した行政機関（例えば，社会保障中央基金，社会保障地方基金など），公企業，商工業の性質を有する公施設，国・地方自治体などが一定以上の資本を保有する会社（「混合的会社」と

呼ばれる），国家保証を受けた一定の私企業，行政監督下にある一定の私企業（例えば，出版物輸送協同組合や農業協同組合），などがこれである。

例えば，1947年10月22日デクレ第47-2051号は，商工業の性質を有する公施設および混合的会社におけるPCGの適用を目的とするものである。同デクレ第1条によれば，商工業の性質を有する公施設，国・地方自治体および公施設が資本の20％以上を保持する会社は，1948年1月1日以降開始する年度から，1947年PCGを適用しなければならない。

戦後フランス経済の再建はレジスタンスの綱領にそって進められ，大企業の国有化が実施された。その結果，石炭・電力・ガス（生産の全部），航空機機材（生産の3分の1），自動車（生産台数の3分の1），鉄道輸送（ほぼ全部），航空輸送（3分の2），海運（3分の1），銀行（預金残高の70％），保険（契約高の50％）における主要企業が国有化された（河野, 1977, 248-249頁）。

これら国有化企業は，1947年12月1日までに，高等会計審議会（Conseil Supérieur de la Comptabilité：CSC）に，その特殊な状況にPCGを適合させたプラン・コンタブル案（PC案）を提出しなければならない（第2条）。また，会計担当官（国庫の官吏）のいる（国の予算で運営している）公施設は，1947年11月20日までに，その構造および活動に適合するPC案を財務大臣に提出しなければならない。財務大臣は，1947年12月1日までに，上記公施設に係るPC案をCSCに提出しなければならない（第3条）。

会計担当官（国庫の官吏）のいない公施設および資本の20％以上が公的に保有される混合的会社は，共通作業委員会を設置し，CSCから報告官を任命してもらうことができる。この報告官は専門会計士・認許会計士協会（OECCA）に登録された会計士である。CSCはこれら作業委員会の会議に出席することができる（第4条）。

国民経済大臣と財務大臣は，CSCの意見聴取後に，必要がある場合，第1条に定める施設・会社に対して，そのPC案を提出するために追加の期間を与えることができる。同じ条件で，一定の場合に，公式のプラン・コンタブルの適用を延期することができる（第5条）。

CSC会長の報告に基づき定められる国民経済大臣，財務大臣および関係大臣の共同省令が，第1条に定める各施設および会社に対するPCGの適用

方式を定める（第6条）。国民経済大臣，財務大臣，農業大臣，商工大臣，公共事業・交通大臣，戦争大臣，海軍大臣，空軍大臣，海外領土大臣，文部大臣は，各自関係する事柄につき，本デクレの執行責任を持つ（第7条）。

以上のとおり，公的セクターにおける1947年PCGの適用の仕組みは，個々の法令に基づき主に公的セクターの一定の組織・企業に対して，その適用を個別的に義務づけるものである。ただし，義務づけられるのは，PCG本体ではなく，これを当該組織・企業の特殊な構造および活動に適合させたもの（一般に「特殊プラン・コンタブル」と呼ばれる）である。しかも，PC案は各施設・会社に作成させるのを原則とし，組織によっては共通の作業委員会を設置してCSCがその作成に協力する仕組みがとられたのである。

② 私的セクターにおける法令によらない業種別会計指針の任意的適用

私的セクターの企業（民間企業）に関しては，国家保証を受けた私企業，行政監督下の私企業，および税法（1948年6月28日デクレ第48-1039号）に基づく貸借対照表再評価実施企業といった一定の企業に，1947年PCGにおける用語，処理規則および表示様式を遵守して貸借対照表などを作成する義務が課せられた。しかし，これら以外に法令により私的セクターに適用範囲を拡大する提案は出されなかった。

上記組織・企業以外の私的セクターの一般企業に対しては，1947年PCGの適用は任意的なものであった。1947年1月16日デクレ（第47-188号）により設置されたCSCは，1947年PCGの適用を図る任務を負い，経済情勢の推移を考慮して，企業がPCGの目的を経済的に最大限達成することができるようにその適用の方策を定めることが求められた。

CSCは，1947年PCGの普及を図るための方策として，1947年PCGを直接的に適用するのではなく，各業種別団体に属する企業の構造・規模などを考慮するとともにそのニーズに応えるために，1947年PCGの原則を反映した「業種別会計指針（guides comptables professionnels）」の作成と適用を各業界団体に要請した。

業種別会計指針は簡易な勘定科目表とその一般的な運用手続のほか，次の事項を含むものである。すなわち，ア）会計上の解決策の選択を方向づける

ために当該業種で特に注意しなければならない問題の記述，イ）具体的なニーズに直面して会計が提供することのできるサービスの説明，ウ）勘定に関する合理的な記入，組織および利用の方法の助言，エ）正確な統計・会計データに基づいて行う企業間比較の利点の提示，である（CNC, 1965, pp. 16-17）。

このように，1947年PCGの当初の適用の仕組みは，個別の法令によって公的セクターの組織・企業および一部の民間企業に対してその適用を義務づける一方，私的セクターの大部分の企業に対しては法令によらない各業界団体による業種別会計指針の作成・適用を奨励するものであった。

この業種別会計指針の方式は，1947年PCGの原則を反映した実務指針を業界団体ごとに作成してもらい，これをできるだけ多くの業界企業に適用してもらうよう奨励するものである。この意味で，CSCは，公的セクターのみならず私的セクターにおいてもPCGを直接適用するのを放棄し，私的セクターではPCGに基づいて各業界の実情に適合した業種別会計指針を作成し適用することを，各業界団体・企業に委ねたのである。

③　私的セクターにおける税法による一般化措置

私的セクターにおけるプラン・コンタブル・ジェネラル（PCG）の適用の仕組みを大きく変えたのは，「税務訴訟の改革と各種税務的整備に関する1959年12月28日法律」（第59-1472号）である。当該法律の第55条は，PCGを一般的かつ漸進的に適用していく方針を表明した。すなわち，

「本法律の公布から起算して最大5年以内に，次に定める条件で，1947年9月18日付省令により承認されかつ必要ある場合に高等会計審議会が表明する意見を考慮して修正されるプラン・コンタブル・ジェネラルを漸次的に適用する。」（第55条第1項）。

同条第2項によれば，商工企業の事業活動の性質とその規模を考慮して，会計標準化の一般規則をこれら企業の手段とニーズに適合させるために，業種ごとに企業経営者および会計専門家などにより構成される「業種別委員会（Comités professionnels）」を設置する。

また，同条第3項によれば，高等会計審議会（CSC）が業種別委員会の作

業を調整する。CSC は業種別委員会からの提案を検討し，義務づけの対象となる規定と勧告にとどめる規定とに分けて経済・財務大臣に提出する。同条第 4 項によれば，CSC の意見の聴取後に，経済・財務大臣の提案に基づき定められる「公行政規則（règlement d'administration publique）」が，業種別委員会の構成および本条の適用方式を定める。

以上の規定から，1959 年 12 月 28 日税法第 55 条は PCG の一般的適用を以下の手続に従って進めると定めた。すなわち，

・PCG の一般規則を各業種の企業のニーズおよび手段に適合させるために業種ごとに業種別委員会を設置する。
・業種別委員会が業種案を作成する。
・CSC は各業種案を検討した上で義務づけの対象となる規定と勧告にとどめる規定とに分けて経済・財務大臣に提案する。

つまり，1959 年 12 月 28 日税法第 55 条は，PCG を業種の特性に適合させた業種別会計指針の作成・適用の基準として勧奨するというそれまでの方式を，税法の枠組みを用いて実施していくと定めたものである。その適用は間接的ではあるが，業種別案の一部は適用義務づけの対象となる。

なお，1959 年時点では，CSC はすでに国家会計審議会（Conseil National de la Comptabilité：CNC）に改組されており，1947 年 9 月 18 日付省令承認の 1947 年 PCG は，1947 年以降の高等会計審議会の意見書を反映して，1957 年 PCG として改訂されている。したがって，当該条文は，事実上，1957 年 PCG の適用方式を定めるものである。

(2) 1957 年 PCG の一般的適用の仕組み
① 公的セクターにおける一般的適用の法的枠組み

公的セクターでは，「公会計の一般規則に係る 1962 年 12 月 29 日デクレ第 62-1587 号」が PCG の一般的適用の法的枠組みを定めた。国および国立公施設ならびに地方自治体および公立公施設の一般会計の「基本原則」を定める同デクレ第 52 条によれば，公的組織の一般会計の勘定分類について，PCG を手本とすることが定められた。すなわち，

「一般会計に設ける勘定分類が勘定の運用方式を定める。当該勘定分類は

財務省令が承認したプラン・コンタブル・ジェネラルを手本とする（s'inspire du plan comptable général）ものとする。その活動が主として商工的性質を有するときには，勘定分類はプラン・コンタブル・ジェネラルに従う（conforme au plan comptable général）。」（第1部「基本原則」第52条（公的組織の会計））。

また，国の一般会計に係る第133条は，「国の一般会計は財務大臣の定めるプラン・コンタブルに従い行う。当該プラン・コンタブルはプラン・コンタブル・ジェネラルを手本とする。特別会計予算のプラン・コンタブルと商業特別会計のプラン・コンタブルはプラン・コンタブル・ジェネラルに従う。」（同デクレ第2部「国」）と定めた。

行政的性格を有する国立公施設の一般会計に係る第180条は，「一般会計に関して，当該施設の特殊プラン・コンタブル（plan comptable particulier）は，財務大臣が承認した行政的性格を有する公施設の模範プラン・コンタブル（plan comptable type）に従う。行政的性格を有する公施設の模範プラン・コンタブルはプラン・コンタブル・ジェネラルを手本とする。施設の長および会計担当官が作成する特殊プラン・コンタブルは，国家会計審議会に提出され，財務大臣の承認を受けるものとする。」（同デクレ第3部「国立公施設」）とした。

会計担当官設置の商工的性格を有する公施設の一般会計については，第216条が，「会計担当官は，国家会計審議会の意見を聴取した後に財務大臣の省令により承認される当該施設のプラン・コンタブルが定義する条件で一般会計を記入する。当該プランは勘定リストをともない，勘定の運用規則を明確にする。」（同デクレ第3部「国立公施設」）と定め，さらに，第218条は「支払命令者は，会計担当官の意見をともない，プラン・コンタブル・ジェネラルの構造および第216条に定めるプラン・コンタブルの指導原則，場合により年度間の有用な比較，特に原価の比較を可能にするために必要な規定を遵守することを条件に，経営のニーズにより求められる修正を勘定リストに加えることができる。」と定めた。

以上のとおり，公的組織の一般会計に係る基本原則は，各組織の勘定計画において，PCGの勘定分類（nomenclature des comptes）を手本にする，また

はこれに従うことを指示している。すなわち，国の一般会計の勘定分類は，PCG の勘定分類を手本に特有の特徴を加味して設定する。行政的性格を有する国立公施設の一般会計における勘定分類は，PCG を手本に設定したこれら組織に共通の模範プラン・コンタブルに従い各組織の「特殊プラン・コンタブル」を作成する。その場合，CNC は，当該特殊プラン・コンタブルの勘定分類の整合性をチェックする。

　これに対して，商工的性質を有する公施設における PCG の勘定分類の適用はより直接的であり，事前に CNC の意見を聴取した上で，一定の修正を留保して，PCG を手本に当該組織の特殊プラン・コンタブルを作成する。なお，商工的性質を有する公施設への PCG 自体の適用は，前出 1947 年 10 月 22 日デクレによりすでに義務づけられている。

② 私的セクターにおける税法による一般的適用の法的枠組み

　1957 年 5 月 11 日経済・財務省令により承認された 1957 年プラン・コンタブル・ジェネラル（PCG）の適用に関しては，1947 年 PCG の個別的適用に係る法令（貸借対照表再評価については 1958 年 8 月 7 日デクレ第 58-723 号，1960 年 9 月 22 日第 60-1034 号により改正）に加えて，1959 年 12 月 28 日税法第 55 条が私的セクターの企業に対する一般的適用の法的枠組みを定めた。

　1947 年 9 月に PCG 第 1 版が承認されてから 1959 年 12 月 28 日税法までに 12 年以上が経過していたが，この間，高等会計審議会（CSC）は，ア）会計利益は PCG に定めた規則に従い決定されねばならないこと，イ）課税利益の決定のために場合により会計利益にもたらされる修正はすべて会計外（extra-comptable）で行われなければならないこと，ウ）課税当局は 1947 年 PCG の規則に一致していない現行税務規定をすべてリストアップし，上記ア）およびイ）の原則から外れることなく課税当局，企業および CSC を同時に満足させる措置をとるべきであること，の 3 点を 1950 年 1 月 30 日に採択している（Culmann, 1980, p. 34）。

　また，国家会計審議会（CNC）は，1957 年 PCG の序文において，PCG は法律でもなく，公式のドクトリンでもないこと，それは利用者の同意と承認からその権威を引き出すものであることを，強調している（CNC, 1965, p. 3）。

CSC および CNC の考え方は，PCG 自体は一つの手本であり，すべての企業に強制的に適用される規範ではないという考え方である。さまざまな規制当局がそれを義務的に適用する場合には，その基本的原則をベースにこれを実施すべきである。

例えば，税法が課税利益計算の規制を行う際には，PCG の原則的考え方を尊重し，それに反する税法の規則は早急に改めるべきであり，また税法独自の計算規制が必要な場合にはすべて会計外（申告調整）でこれを反映すべきものとする。

1947 年 PCG の公表時に，会計標準化委員会（CSC の前身）は，PCG の規定に影響する可能性のあるすべての法令規定は同委員会の事前の意見なく採択されることがないよう要望している。

このような PCG の作成者側の考え方から，その適用は，当初から難しい問題を孕んでいたのである。CSC や CNC は，むしろ PCG の直接的・強制的な適用を望んでいなかったとさえいえる（Culmann, 1980, pp. 38-39）。

事実，CNC は「本審議会はプラン・コンタブル・ジェネラルの適用を強制するために拘束的な措置がとられることを決して望んでこなかった。（中略）政府がその適用を命じるための措置をとったとしても，それは公法に固有の必要性からとか，民間部門において実現されるいわば進歩のためである」とまで述べている（CNC, 1975, p. 8）。

しかし，H. キュルマンの言葉を借りれば，経済・財務大臣は，プラン・コンタブル・ジェネラルの一般的適用に関する規定を税法にすべりこませることに成功した。キュルマンによれば，これには 2 つの意味があるという。1 つは，適用に係る法令案を個々の大臣から出させるよりもはるかに効率的であること，もう 1 点は，PCG の適用に関する枠組みのみを定め，第 55 条の適用方式の詳細は業種主管の大臣すべてが署名する公行政規則に委ねたことで，経済・財務大臣主導に対する批判を避けることである（Culmann, 1980, pp. 40-41）[1]。

③ 私的セクターにおける業種別プラン・コンタブルの策定と適用
1) 業種別委員会の構成と任務

プラン・コンタブル・ジェネラル（PCG）の一般的適用に関する前出 1959 年 12 月 28 日税法第 55 条の規定を受けて，当該法律の施行のための公行政規則に係る 1962 年 4 月 13 日デクレ第 62-470 号が，業種別委員会の構成・任務および前出第 55 条の適用方式などを定めた。

　当該デクレは，首相の署名に加えて，国璽尚書・法務大臣，経済・財務大臣，産業大臣，農業大臣，公共事業・交通大臣，厚生・人口大臣，建設大臣，郵政大臣，情報大臣，軍事大臣，内国商業大臣補佐の署名がなされ，その第 14 条には，これら大臣が本デクレの執行の責務を負うことが定められている。

　当該公行政規則によれば，業種別委員会は経済・財務大臣と関係業種の主管大臣との共同省令により業種別委員会を設置する（第 1 条）。業種別委員会の構成委員は，当該業種の経営者団体代表者 2～4 名，専門会計士・認許会計士協会（OECCA）から 1 名，経営者団体の任命する経理部長 1 名，監督官庁の代表者 1 名，設備・生産性計画委員会の代表者 1 名，経済・財務省の経済・財政研究部の代表者 1 名，国立統計経済研究所（INSEE）の代表者 1 名，国家会計審議会（CNC）の代表者 3 名（会長が任命），当該業種に生産センター，技術センターまたはその他の類似のセンターがある場合にはその代表者 1 名，から構成される（第 2 条）。委員長と構成員は共同省令により任命される。

　業種別委員会の任務は PCG の規定を各業種の企業のニーズおよび手段に適合させることにある（第 4 条）。CNC の役割は業種別委員会の作業を調整し，あらゆる有益な指示を与えることである（第 5 条）。

　経済・財務大臣と関係業種の主管大臣との共同省令により業種別委員会を設置する点が重要である。PCG は，経済・財務省内の CNC が策定するものであるが，その適用にあたっては，他の関係省との協働という形をとったからである。これにより，経済・財務省主導に対する批判を抑えることができる。

　また，業種別委員会の構成は，2～4 名の企業代表者と 1 名の監督省の代表者を参加させる一方，3 名の CNC の代表者が 1 名の会計士および 1 名の経理部長とともに会計の専門家として作業を主導する体制である。しかも，

CNC の代表者は後に増員されている。ただし，CNC 自体が公的部門であることを考慮すれば，民間部門が4～6名，公的部門が7～8名となっており，公的部門の意見が通りやすい構成であったといえる。

2) 業種別プラン・コンタブルの策定プロセス

前出1962年公行政規則によれば，業種別委員会はその委員の任命から12か月以内に，国家会計審議会（CNC）に対して，「業種別プラン・コンタブル（plans comptables professionnels：業種別 PC）」案を提出しなければならない（第6条）。CNC は，PCG の漸次的適用を図るために，各業種別委員会が出した業種別 PC 案を検討し，PCG との適合性などの評価を行った上で，経済・財務大臣に提出する。その際，有益と判断される場合には適切な修正案を当該大臣に提案する（第7条）。

また，CNC は，義務的な規定と単なる勧告的な規定を区別する報告書を提出するほか，業種別 PC 案のうち，その適用を勧告するのが時宜に適していないと判断されるものに関しては，その意見書を提出する。各業種別委員会が業種別 PC 案を提出しない場合，必要があると判断されるときには，CNC が当該業種企業の一般会計に適合した案を作成し，これを経済・財務大臣に提案する（第8条）。

このように，業種別 PC 案の作成は，それ自体が税法措置に基づく枠組みでありながら，会計サイドの CNC のコントロールの下で行われたのがわかる。しかし，CNC は経済・財務大臣の諮問機関なので，政府および経済・財務省の意思が反映できる仕組みとなっている。以上の業種別 PC の策定プロセスを表したものが図表 3-1 である。

なお，PCG を上記第7条に定める形で企業のニーズと手段に適合させる措置の見直しは，本デクレの定める手続に従い，業種別委員会または CNC が発意してこれを行うことができる。CNC は，毎年7月1日に，経済・財務大臣に対して，業種別委員会の作業の進捗状況と PCG の適用の状況を報告する。

3) 業種別プラン・コンタブル案の承認と適用

前出1962年公行政規則によれば，CNC の提案に照らして，国璽尚書・法務大臣，経済・財務大臣および1名もしくは複数の主管大臣による共同省令

図表3-1 業種別プラン・コンタブル（業種別PC）の策定プロセス

```
        財務・経済大臣と関係大臣の共同省令
                    ⇩
            業種別委員会の設置
         業種別プラン・コンタブル案の作成
                    ⇩
            国家会計審議会（CNC）
         PCG⇔業種別プラン・コンタブル案
      （適合性の評価などに関するCNCの意見書）
    （必要ある場合修正案，義務的規定と勧告的規定を区別）
                    ⇩
                経済・財務大臣
```

（筆者作成）

が業種別PC案を承認し，この中の義務的規定を決定し，その適用の方式と期限を定める（第9条）[(2)]。

業種の主管大臣は，当該業種における会計・記帳に係る一定の規定を義務づける，または勧告する省令を官報で公示する。当該規定は，業界団体が業種ごとに作成・頒布する「業種別会計指針」（会計実務ガイド）に注釈付きで収録される（第10条）。

なお，後述するとおり，CNCは，省令による義務づけの対象を勘定記入の部分に限定している。例えば，業種別PCにおける勘定リストのうち，義務的に用いなければならない勘定を指定した。

以上のとおり，1959年12月28日税法第55条がPCGの一般的・漸次的な適用に関する法的枠組みを定めたが，その適用は間接的であり，PCG本体を直接的に適用していくのではなく，その一般原則を整合的に取り入れ各業種の特性に適合させた「業種別PC」を適用するものである。

しかも，業種別PCは法務大臣，経済・財務大臣および業種の主管大臣が共同省令によりこれを承認し，その適用は，業種の主管大臣が業種別PCのうちの一定の部分を省令により義務づけするものである。キュルマンは，この方式には4つのメリットがあることを指摘している（Culmann, 1980, p. 41）。

ア）企業に強制的に適用されるのは業種別PCのうちの一部分であり，PCGの作成者側が常に主張してきた「PCGは単に一つの着想の源泉で

ある」という考え方に反しない。
イ) 会計標準化に最も関係する経済・財務大臣は，その唯一のコントロールの下でPCGを整備できる。
ウ) 企業に義務づけられる業種別PCは，業界・企業代表者や会計専門家との協働により作成されることから，これらの団体からの不満を抑えることが可能である。
エ) 1957年PCGの承認に係る省令が経済・財務大臣と経済問題担当国務大臣のみの署名によったことによるその他の大臣からの不満を，業種別PCの承認に係る省令に業界を監督する大臣の署名を加えることで，解消できる。

このように，1957年PCGの適用には，経済・財務省のテクノクラート層主導に対する批判を抑えるための巧妙な仕組みが考案されたと見ることもできる。しかし，主管大臣の省令による業種別PCの一部の適用を義務づけることは，PCG本体と離れて業種別PC自体に法的地位を付与するものである。この点はPCGの法的位置づけを一層曖昧なものにしたと考えられる。

業種別PCは，業界団体が作成する会計実務ガイド（業種別会計指針）に注釈付で記載し，これを広く業界の企業に領布することで一般的な周知を図るのである。以上の業種別PCの承認と適用のプロセスを図示したものが図表3-2である。

図表3-2 業種別プラン・コンタブル（業種別PC）の承認と適用

```
           プラン・コンタブル・ジェネラル（PCG）
           ［経済・財務大臣の省令により承認］
              ⇩         ⇩         ⇩
         ┌─────────┐ ┌─────────┐ ┌─────────┐
         │ A業種PC  │ │ B業種PC  │ │ C業種PC  │
         └─────────┘ └─────────┘ └─────────┘
      ［共同省令により承認］［共同省令により承認］［共同省令により承認］
              ⇩         ⇩         ⇩
         ┌─────────┐ ┌─────────┐ ┌─────────┐
         │ 一部の規定│ │ 一部の規定│ │ 一部の規定│
         └─────────┘ └─────────┘ └─────────┘
      ［各業種の主管大臣の個々の省令による適用義務づけ］
      ［業界団体によるパンフレットの出版］
```

（筆者作成）

2. PCG による企業課税システムの整備

　次に，1959 年 12 月 28 日税法第 55 条によるプラン・コンタブル・ジェネラル（PCG）の一般化措置の背景を検討してみよう。筆者は，当該一般化措置には，PCG を用いた企業課税システムの整備という目的があり，当該目的には，当時，テクノクラート（技術官僚）層が主導する経済・財務省における企業課税上の課題解決と経済統計の整備という 2 つの政府のニーズが関係していたと考える[3]。

(1)　1950 年代における企業課税上の課題

　納税者間の課税の公平性を確保し，課税当局による恣意的な課税から納税者を保護するという観点からは，企業利益の課税上，帳簿や決算書の作成に関するルールが制度的に整備され，すべての事業者にそれが共有・実践されていることが求められる。つまり，制度的に確立したルールに従い，証拠書類に基づいて帳簿がきちんと記帳され，それに基づいて決算書が作成されていれば，課税当局はそれを無視して恣意的に課税することは困難となる。また，申告利益の検証が帳簿記録とその証拠書類により可能となることから，納税者間の課税の公平性も確保しやすい。

　その意味で，課税の公平性および課税当局による恣意的課税からの納税者の保護は，プラン・コンタブル・ジェネラルの一般的適用に基づく会計標準化により大きく促進されるといってよい。筆者は，1959 年 12 月 28 日税法による PCG の一般化措置がこのような課税上の問題と密接に関係していたと考える。

　以下では，まず 1950 年代における企業課税にいかなる課題が存在していたかを B. トゥッシュレイの研究を参考に明らかにしてみよう。ここで取り上げるのは，当時の企業課税の問題を浮き彫りにしていると思われる 1952 年の「ロリオ（Loriot）委員会」での議論である。

①　ロリオ委員会の議論に見られる企業課税上の課題

第 3 章　プラン・コンタブル・ジェネラルの適用とその特徴　　93

トゥッシュレイ（Touchelay, 2011, pp. 252-256）によれば，1952年に税制改革に向けて財務大臣 A. ピネーが発足させたロリオ委員会において，社会各層，特に全国商工会議所連盟，全国経営者評議会（CNPF），中小企業総連盟（CGPME），OECCA，国税（直接税）職員労組，租税中央行政幹部労組などの意見が聴取された。

　1952年4月18日の公聴会では，いずれの代表者も，当時の租税システムが有効でなく，脱税や不公平の拡大を惹起しており，大きな改革を必要としている点で認識を共有していた。租税システムの簡素化，行き過ぎた徴税の制限，税収の増加，税の配分の改善，脱税・不正対策の強化とその手段の開発などが求められていた（Touchelay, 2011, p. 252）。

　1）　中小企業総連盟の立場

　中小企業総連盟（CGPME）は，中小企業対象の見積課税と帳簿の調査における「猛威をふるう課税当局の恣意性」（Touchelay, 2011, p. 252）から「納税者の権利（droit des contribuables）」を守る必要性を主張し，当時の税務行政の問題点を明らかにした。

　付加価値税案については，中小企業総連盟は，脱税が困難な最低限度の形式の下で，徴税コストのかからない間接税，特に企業数が限定される原材料の加工段階のみの売上高税を支持した。

　また，複雑かつ実施困難であることを理由に，中小企業はPCGに従わなくてもよいという意見が表明されており，中小企業にとって，1947年PCGの適用は負担が大きいと見られていた。

　中小企業総連盟は，個人企業およびファミリー企業には，簡易な特例的課税制度を整備し，証拠能力のある帳簿を備えていない見積課税事業者の負担軽減を図る目的で，仕入額から課税利益を簡易に概算できる「差益早見表（barème de marges bénéficiaires）」の利用を提案した。

　2）　全国商工会議所連盟の立場

　全国商工会議所連盟は，パリ商工会議所金融・財政委員会の報告書（1951年7月4日）において，現行租税システムの「課税の行き過ぎ」，「うるさい調査」，「税務規制の不安定さ」を指摘し，これらは企業の経済的潜在力を損ねるものであるとの考えを表明した（Touchelay, 2011, p. 253）。

また，ロリオ委員会による意見聴取では，課税当局と納税者の間の穏やかな関係を醸成する必要があり，所得税が政治的に影響力のある者を優遇しもっぱら商工業者に厳しく課税されている現状を改革し，課税の公平性を再構築するよう求めた。

3) 全国経営者評議会 (CNPF) の立場

大企業経営者の団体である全国経営者評議会の代表者への意見聴取 (1952年4月24日) では，徴税の行き過ぎが税金逃れを誘発し，税金逃れの拡大が課税システムを機能不全に陥れていること，社会各層の間の負担の公平性を再構築する必要があることなど，税制改革の方向性が提示された (Touchelay, 2011, p. 254)。

付加価値税案については，工業事業者は工業セクターと商業セクターのすべての取引に課税する税金を支持したが，商業事業者は商業セクターの取引への課税に反対し，事業者により意見が分かれた。

4) 専門会計士・認許会計士協会 (OECCA) の立場

OECCA の現状認識も同様であり，租税システムが有効でなく脱税や不公平の拡大を惹起しており，大規模税制改革を必要としているというものであった。

1952年4月25日の OECCA 高等審議会会長 J. アレクサンドルに対するロリオ委員会の意見聴取によれば，ときとして矛盾する課税当局の決定，税務訴訟の決着における課税当局への偏り，重い直接税の課税などを指摘して，製品に課税される単一の税金，50% の上限を設定した直接税の税率の手直し，企業の監査と経営管理の促進を目的とする 1947年 PCG の適用の一般化が求められた (Touchelay, 2011, p. 255)。

また，1952年5月21日にロリオ委員会に提出された OECCA 内部のアンケートによれば，間接税の優越性，課税の簡素化，徴税の統一，脱税対策の強化などが指摘されており，多くの協会員が「課税の公平性 (équité fiscale)」と「納税者の保護」を求めていた。そのほかに，会計貸借対照表と税務貸借対照表を厳格かつ義務的な形で区別することを求める意見や，中小企業向けの簡易プラン・コンタブルの検討の提案などが多く見られた。

OECCA は，1952年10月25日の全国大会において，主要活動方針を次

のとおり確認した（Touchelay, 2011, p. 256）。すなわち，イ）会計と税務の独立性，ロ）企業の経営管理を促進するために1947年PCGの用語と分類に従った規則を適用する必要性，ハ）私企業に例を提供できるような，PCGに適合した公会計の国家による確立である。また，原価・管理会計の領域については，これを企業自身に委ねることが確認された。

ロリオ委員会は，会計標準化の推進および租税システムの改革における会計専門職の役割を重視していた。

5） 課税当局の関係者の立場

租税システムの非有効性と不公正性を認識し，税制改革の必要性を感じていたのは課税当局のスタッフも同じであった。直接税局全国幹部組合は，ロリオ委員会による1952年4月23日の意見聴取において，「商人，工業者および自由業がその売上高・収入の3分の1ないし2分の1を隠ぺいしており，税金は存在するがもはや租税システムは存在しない」（Touchelay, 2011, p. 256）とまで述べ，すべての小売商人に見積課税制度を拡大すべきであると主張した。

また，租税中央行政幹部組合は，脱税が拡大しこれを抑えきれないこと，納税者の申告の真実性はまったく空想であることを指摘し，申告納税システムの再検討，申告納税の縮小，販売に係る単一税率による単一税の創設を要求した。

さらに，課税当局の現場担当者として，見積課税業者，従業員6名未満の小売商人，小規模サービス提供者および工員6名未満の手工業者，と実額課税事業者とを区別することを求めた。

以上のとおり，1952年4月から5月に実施されたロリオ委員会による意見聴取からは，当時の租税システムが有効に機能していないこと，その原因として，租税システムの複雑性，偏った重い直接税課税と課税当局の恣意性，脱税・不正の拡大による企業課税システムの機能不全などが挙げられたことがわかる。

ロリオ委員会の1952年7月12日報告書によれば，手工業者の見積課税が課税当局の裁量（arbitraire）の下で駆け引きの対象になっていること，納税者間の不公平性の解消が急務であること，間接税として付加価値税が望まし

いこと，そして会計標準化を脱税・不正に対する特効薬とすべきことが，強調されている（Touchelay, 2011, p. 260）。

② 課税の公平性・納税者保護の確立と PCG の一般化

ロリオ委員会では，プラン・コンタブル・ジェネラル（PCG）を基軸とする会計標準化を推進することで，帳簿・決算書の作成ルールが共有され，事業者と課税当局の双方がこれに基づくことにより，「課税の公平性」と「納税者の保護」を確立することができると考えられたのである。

制度的に確立したルールに従い，証拠書類に基づいて帳簿がきちんと記帳され，それに基づいて決算書が作成されていることが重要である。また，一部の小事業者が対象となった見積課税制度においても，売上高・事業収入あるいは仕入高などの最低限の記録が求められる。そのためには，一定レベルの記帳と決算書の作成ルールがすべての事業者に共有されていることが必須である。これにより，課税の公平性が担保され，課税当局の恣意的な課税から納税者を保護することが可能となる。

それには，納税者と税務官の考え方を変えることが必要となる。標準化された帳簿・決算書のルールに頼ることで，納税者間の課税の不公平感が和らぎ，当局の恣意的課税を抑制できることを税務官と納税者の双方に理解させることが重要である。しかし，中小事業者，特に商業，サービスなどの小事業者からは，会計標準化への根強い反対が見られた。

ロリオ委員会の報告書は，全国経営者評議会には前向きに受け取られたものの，中小企業総連盟からは強く批判された。特に，PCG による会計標準化を脱税・不正に対する特効薬として用いる点については，中小企業事業者にとって，PCG は複雑すぎると見られていたようである。

1952 年 8 月，ロリオ委員会を引き継いだ P. アベラン委員会は，脱税対策の強化を宣言し，同時に，課税の簡素化，見積課税の拡大，租税行政組織の統一などを主張した（Touchelay, 2011, p. 260）。また，貸借対照表（B/S）の再評価を実施する企業には，その貸借対照表を PCG に従って作成する義務が課せられていたが，アベラン委員会は，再評価方法を簡素化し一定の条件の下で再評価増価の課税を非課税にすることにより，会計標準化を促進する

ことを提言した（Touchelay, 2011, p. 261）。

さらに，同委員会は，課税当局の裁量から納税者を保護することを望む一方，実額利益課税事業者が標準化された形式で税務申告書類を作成・提出することを提言した。そのためには，1947年PCGがどの程度普及しているかがカギとなった。

(2) PCGの普及と税務申告を通じた経済統計の整備
① 1947年PCGの普及

1947年プラン・コンタブル・ジェネラル（PCG）は，その公表後1か月で3000部が販売され，第2刷は7000部に達した（Touchelay, 2011, p. 266）。1947～1956年におけるPCG公式版の販売数は4万5000部以上に達した（CNC, 1965, p. 8）。

これは戦後国有化された大企業への強制的適用という側面だけでなく，企業経営者に受け入れやすいようにという目的で採用した柔軟戦略が功を奏したと見られ，会計標準化を脱税・不正に対する特効薬と考えたロリオ委員会は，これを歓迎していた。

1953年3月26日法律案はその第64条で，実額利益課税の企業に対して申告書とともに標準化された会計書類を提出することを義務づけたが，事業者の理解が得られず，最終的に当該条項は削除されている（Touchelay, 2011, p. 268）。PCGの適用が比較的進展していたのは，主として大企業（国有・民間）においてであったからである。

大企業は標準化された帳簿・会計システムに基づき実額課税申告書類を提出することに大きな困難はなかったが，十分な会計スタッフを持たない中小企業にとっては，それが大きな負担となったことは容易に想像できる。この意味で大企業と中小企業との間に二極化が見られたのである。

なお，同年9月には，1953年9月22日デクレが商法典第9条を改正し，商人の資格を有するすべての個人または法人は「その貸借対照表および損益計算書を作成するためにすべての勘定を締め切らなければならない」と定めて，商人に対して複式簿記による帳簿記入を義務づけている。また，同デクレによる商法典改正第11条は，帳簿書類の10年間の保存義務を課した。

その後，中小事業者のコンセンサスを図る努力が続けられながら，1947年PCGの改訂作業とその普及のための業種別会計指針の整備が加速された。

② 実額利益課税制度と経済統計の整備

1953年法律から削除された前出第64条案は5年後に復活する。「租税一般法第54条を改正する税務・関税次元の措置に関する1958年12月29日オルドナンス」（第58-1372号）第15条がこれである。

当該第15条は，実額利益課税制度により税務申告する商工企業に対して，申告書に添付すべき税務申告関係書類（一般経営計算書および損益計算書の要旨，会計外調整表，貸借対照表，減価償却明細書および引当金明細書）の提出を義務づけたのである。当該措置は1953年9月22日デクレの複式簿記による記帳と10年間の帳簿保存の義務づけの5年後，1957年プラン・コンタブル・ジェネラル（PCG）の承認の約1年後である。

当該オルドナンス第15条の規定を受けた，上記税務申告関係書類の作成ルール（決算書の様式，決算書計上の項目の定義および評価規則など）に係る行政命令が，約7年後に定められた1965年10月28日税法デクレである。当該デクレでは，その作成ルールにつき，税法に特段の定めがあるものを除き，PCGの定義を遵守すべきことを定めた。

すなわち，1957年のPCGの改訂から1年後の1958年末に税務関係書類を申告書に添付する法的措置がとられ，その後のPCGの遵守義務を定める1965年10月28日税法デクレまでの7年間に，1959年12月28日税法が1957年PCGの一般化を図る法的枠組みを定め，その適用方式を1962年4月13日デクレが定めたことになる。

戦後フランスのテクノクラート層による国家主導の経済運営の強化にとって，1957年PCGによる会計標準化の推進は極めて重要であった。すなわち，PCGを一般化し，これに従い作成した決算書類を申告書に添付して課税当局に提出することで，経済計画の策定にとって必要な企業のミクロ経済データを，標準化された税務申告データから集計できるのである。その意味で，PCGの一般的適用は，企業の税務申告データの標準化にとって極めて重要である。

事実，1965年10月28日税法デクレに基づく実額利益課税制度のスタートにより，税務申告データから集計できる項目は，1964年までの22項目から1967年以後は65項目に大きく増大した (Bourdon et Sok, 1983, pp. 347–351)。

　すなわち，1964年までの22項目は，従業員，企業数，売上高，期末棚卸高，仕入高，期首棚卸高，課税利益，欠損金，超過余剰，利子・配当・その他の収益，給料・賃金，総固定資産，減価償却累計額，当期減価償却費，評価損合計，引当金，引当金当期繰入，現金・預金，売掛債権・その他の債権，買掛債務，長期負債，会社資本金・積立金である。

　これに対して，1967年以後は集計項目が精緻化し65項目に増えた。例えば，一般経営計算書の項目を例に挙げれば，借方項目は，棚卸資産変動額（付加価値税抜き），売上高（商品・製品売上高・サービス提供高（PCG勘定番号70）＋作業屑・仕損品・識別不能回収可能包装材料販売高（勘定番号72）＋付随収益（勘定番号76）＋自家生産（勘定番号780）），その他の収益（補助金（勘定番号71）＋金融収益（勘定番号77））となり，貸方項目は，外部作業・供給・サービス（勘定番号63），運賃・旅費交通費・各種販売費・一般管理費（勘定番号64＋66），原材料・商品仕入高（（勘定番号60）＋関税（勘定番号625）－仕入値引・割引・割戻（勘定番号74））などとなった。集計項目が極めて精緻になり，また，PCGに定める勘定番号から集計できるようになっていることがわかる。

　以上のとおり，1959年12月28日税法第55条の一般化措置には，PCGを用いて企業課税システムを整備し，これにより，当時の企業課税上の課題を解決するとともに税務申告を通じて経済統計を整備するという政府の意図があったものと見られる。その結果，課税利益の計算原則・基準としての性格が，PCG自体にビルト・インされたと考えられるのである。

　1959年12月28日税法第55条を法的根拠とするPCGの一般的適用の枠組みは，「会計規制改革と不動産公示制度の適合に関する1998年4月6日法律」（第98-261号）第9条によって当該第55条が廃止されるまで，40年近く存続することになる。

　筆者は，1960年代から1990年代のフランスの会計標準化が常に「課税」

と「経済統計」という2つの政府のニーズを指向してきたことの証しとして，当該枠組みの存在を挙げるものである。この意味で，1960年代から1990年代のフランスの会計標準化は，いわば1959年税法「第55条体制」と表現することができる。なお，1998年4月6日法律以後，PCGをめぐる規制体系は大きく変わることになる。

3．PCGの一般化と企業利益課税制度

最後に，1960年代から1970年代における業種別プラン・コンタブルの策定作業の状況を検討したい。プラン・コンタブル・ジェネラル（PCG）を用いた企業利益課税システムが有効に機能するためには，PCGが広く一般に用いられていることが前提条件となる。しかし，業種や企業規模により一般化作業の進展には違いが見られた。このことと，かかる状況の中で企業利益課税システムにおける見積課税の拡大がPCGの一般化を不完全なものにしたこととを，明らかにしたい。

（1） 業種別プラン・コンタブル策定の状況
① 業種別プラン・コンタブルの策定・承認の状況

図表3-3は，1974年7月1日に国家会計審議会（CNC）により経済・財務大臣に報告された同年6月末時点における業種別委員会の設置および業種別プラン・コンタブル（業種別PC）の策定・承認の状況を示したものである。

これによれば，業種別委員会が設置されたのは84業種である。これは全業種ではなく，これ以外にも未設置の業種が少なくとも2業種ある。84業種のうち，76業種で業種別PC案が完成しており，8業種が作業中である。76の業種別PCのうち，7割以上の54が一般会計のみの業種別PCであるが，経営分析会計を含んでいるものも22ある。

また，業種別PC案のうち，CNCがプラン・コンタブル・ジェネラル（PCG）との適合性を評価した上で承認されたものが75で，1つの業種別

図表 3-3　1974 年 6 月末時点の業種別委員会と業種別プラン・コンタブル（業種別 PC）

	業種別委員会数	業種別PC案数	CNC承認済PC数	省令承認済PC数
全　体	84	76[(1)]	75	71
1．一般会計（CG）のみの PC		54	53	50[(2)]
2．一般会計（CG）と経営分析会計（CA）を含む PC		22	22	21[(3)]
2-1　一般会計および経営分析会計の両方承認			22	19
2-2　一般会計部分のみ承認			0	2[(4)]

(1) 不動産代理業・営業権売却仲介業，都市暖房業，造船業，出版業，温泉施設業，冷凍業，民間病院，持株会社の 8 業種の PC は未作成。
(2) 非保存食料品業，公証人業および広告業の 3 つの業種別 PC は未承認。なお，省令承認済 PC のうち，保険・積立保険業，資金公募民事会社および長期信用組合の 3 つはデクレ（政令）によるもの。
(3) 興業の業種別 PC が未承認。
(4) 印刷・グラフィック産業および機械・金属加工業の 2 つの業種別 PC が未承認。
(CNC, 1975, pp. 209-213 より筆者作成)

PC 案のみが未承認である。CNC が承認した 75 のうち，71 が省令により承認されている。なお，一般会計と経営分析会計の両方を含む業種別 PC 案 22 のうち，2 つは一般会計の部分のみが承認されている。

②　業種別委員会の設置状況

図表 3-4 は図表 3-3 における業種別委員会の設置数 84 業種の内訳である。これによれば，業種は多岐にわたり，特に工業部門の業種が多いことがわかる。1974 年 6 月末は，前出 1962 年 4 月 13 日デクレからすでに 12 年余りが経過しているが，業種別委員会の設置および業種別 PC の作成の作業は完了していない。

トゥッシュレイによれば（Touchelay, 2011, p. 294），業種別委員会の作業を迅速化するために，CNC は，1960 年代に入って H. モンテを委員長，P. ロゼールを副委員長とする「調整委員会」を設置し，業種別委員会の編成，企業における会計ルールの棚卸しおよび一般方針の策定などの作業をこれに委ねた。業種別 PC 案の検討や義務的規定と任意的規定を分ける作業も，当該調整委員が各業種別委員会と協議しながら行った。

調整委員会は，義務的規定を一般会計の勘定記入の部分に限定することを

図表 3-4　1974 年 6 月末時点の業種別委員会設置の業種の内訳および業種別 PC 案

委員会数	業　　種		業種別 PC 案
84	資材管理業，旅行代理業，室内装飾業・家具，保険・積立保険業，ビスケット等製造業，飲料業，炭酸・非炭酸・フルーツ等飲料業（製造・卸売業），ビール醸造業，ゴム・タイヤ業，製靴業，化学産業，映画産業（製作），外国貿易業，パリ商業取引所認許仲買人業，食肉業，クリスタル・ガラス製造業，非保存食料品業，映画配給産業，ミネラル・ウォータ製造業，ミネラル・ウォーター販売業，食料品卸業，冷凍業，ホテル業，酪農業，チェーンストア・協同組合形態の食料品業，建築資材業，プラスチック素材加工業，非鉄金属業，公証人業，製紙業，香水製造業，パスタ等麺類製造業，毛皮製造業，録音盤製造・販売業，澱粉製品製造業，医薬品製造業，土壌・肥料販売業，広告業，石油精製・販売業，再保険業，石油探査・生産業，豚肉加工食品卸・貯蔵業，小売商人協同組合，エンジニアリング会社・調査事務所・技師コンサルティング業，資金公募民事会社，長期信用組合，砂糖菓子・砂糖精製業，皮革なめし業，繊維業，海運業，旅客輸送業，貨物輸送業，映画劇場，ガラス製造（機械による）	CGのみ　54	84
	航空・宇宙産業，動物食料品業，建築・公共事業，木材業，肉類販売業，車体製造・修理業，チョコレート・菓子業，多種類商業，菓子卸業，缶詰等製造業，自動車組立・装備産業，電気・電子組立産業，精錬・第一次加工業，衣服業，印刷・グラフィック産業，モロッコ革製造業，機械・金属加工業，製粉業，小売販売・製造業使用工業製品卸，不動産開発業，製鉄・鉄鉱山業，興業	CG+CA　22	
	不動産代理業・営業権売却仲介業，都市暖房業，造船業，出版業，温泉施設業，手袋製造業，民間病院，持株会社	未作成　8	

CG：一般会計，CA：経営分析会計，業種別 PC 数は CNC による承認済みの数。
(CNC, 1975, pp. 209-213 に基づき筆者作成)

決定している。また，PCG の適用は漸次的かつ業界組織との合意の下で進めること，一般会計の規定を分析会計の規定から明確に区別することを，基本原則とした。

　図表 3-5 は，図表 3-4 に示す 84 の業種別委員会設置数と業種別 PC の内容を工業，商業およびサービス業に振り分けたものである。これによれば，工業における業種別委員会の設置数が 50 であるのに対して，サービス業のそれは 19，商業は 15 と少ない。なお，金融・保険・証券関係は，保険・積立保険，仲買人，長期信用組合の業種が見られるのみである。

　また，経営分析会計を含む業種別 PC は，商業やサービス業においても作

図表 3-5　工業・商業・サービス業における業種別委員会の設置と業種別 PC

	一般会計のみ	一般会計＋分析会計	未作成	業種別委員会合計
工　　業	30	16	4	50
商　　業	10	4	1	15
サービス業	14	2	3	19
合　　計	54	22	8	84

（CNC, 1975, pp. 209–213 に基づき筆者作成）

成されているものの，当然のことながら工業部門が中心である[4]。つまり，一般化作業の中心は生産財などの生産活動に係る工業部門であると考えられる。

③　一般化作業の遅延

図表 3-6 は，1964 年から 1970 年代末までの業種別委員会の設置と業種別プラン・コンタブル（業種別 PC）の作成の状況を示したものである[5]。これによれば，当初の 1964 年末時点では，業種別 PC の作成作業がほとんど進んでいなかったことがわかる。

この時点で設置された業種別委員会は，建築，公共工事，繊維，石油探査・生産，機械・金属加工，精錬・第一次加工，印刷・グラフィック，石油精製・販売，自動車組立・装備，木材，製鉄・鉄鉱山，化学，電気・電子組立，車体製造・修理，非鉄金属，室内装飾・家具，チェーンストア・協同組合形態の食料品販売，製靴，衣料，肉類販売，食料品卸の 21 業種である（IFEC et AECF, 1965, p. 3797）[6]。

すなわち，建設，石油，機械・金属，自動車，鉱山，鉄鋼，非鉄金属，化

図表 3-6　業種別委員会の設置と業種別プラン・コンタブル（業種別 PC）の作成の進展

	1964 年	1966 年	1969 年	1974 年	1979 年
業種別委員会設置数	21	28	66	84	87
CNC 承認済業種別 PC	1	15	40	76	79
省令承認済業種別 PC	0	6	26	70	76

（CNC, 1975, pp. 209–213 および CNC, 1979, pp. 92–97 より筆者作成）

学,電気・電子など主要工業分野が中心であり,これら分野はテクノクラートが進める新資本主義路線の重点領域である。これに対して,商業・サービスの分野は,チェーンストア・協同組合形態の食料品販売,肉類販売,食料品卸の3業種に過ぎない。

2年後の1966年時点でも,業種別委員会の設置数は28業種と少なかった。この時点の国民粗付加価値に占める割合で見ると,これら28業種は国全体の付加価値の42%を占めていた。

以上の点から推察すると,当初,業種別委員会の設置が比較的進んでいたのは大企業中心の重化学工業の領域に限定されていたと見られる[7]。このため,プラン・コンタブル・ジェネラル(PCG)の一般化の期限は,当初の1964年12月31日から3年後の1967年12月31日に延長された。

しかし,延長された一般化の期限の1967年12月31日になっても,作業は完了しなかった。図表3-7に示すとおり,1967年末における国家会計審議会(CNC)承認済みの業種別PCは累計で21に過ぎない。内訳は,工業部門の業種別PCが16,商業・サービス部門の業種別PCが5であった。省令による承認は,CNCの承認からさらに1～2年遅れた。

業種別PCの作成作業が大きく進展したのは,1969年から1972年までの4年間である。この間に42の業種別PCがCNCにより承認されている。内訳は,工業部門が28,商業・サービス部門が14である。1972年末には,CNC承認済み業種別PCは累計で68に達した。

図表3-7 1964～1979年における各年度の業種別プラン・コンタブル(業種別PC)承認の状況

年度		1964	65	66	67	68	69	70	71	72	73	74	75	76	77	78	79	累計
CNC承認済PC		1	4	10	6	5	14	11	10	7	4	4	0	3	0	0	0	79
内訳	工業	1	3	8	4	3	9	7	8	4	0	0	0	2	0	0	0	49
	商業・サービス	0	1	2	2	2	5	4	2	3	4	4	0	1	0	0	0	30
省令承認済PC		0	0	2	4	7	7	6	11	13	9	8	3	1	4	0	1	76

内訳の数値は国家会計審議会(CNC)承認済業種別PCの内訳。1979年のデータは6月末時点の数値。
(CNC, 1975, pp. 209-213 および CNC, 1979, pp. 92-97 より筆者作成)

1979年6月末時点では，CNC承認済業種別PCは累計で79に上った。その内訳は，工業部門が49，商業・サービス部門が30であった。79のうち，省令承認済業種別PCは76であった。1977年以降，CNCによる業種別PCの承認はないが，1979年6月末になっても業種別PCの作成が未完了の業種別委員会が7業種ある。不動産代理・営業権売却仲介，造船，出版業，手袋製造，温泉施設，民間病院および金属屑回収業がこれである。
　このように，一般化作業は全体的に大きく遅れ，1970年代末になっても完了しなかった。また，一般化作業の状況は業種により大きく異なり，工業部門に比較して商業とサービス業における作業は遅れた。商業およびサービス業における作業の遅れはトゥッシュレイの指摘するところでもある（Touchelay, 2011, p. 297）。

　④　一般化作業の遅延の原因
　トゥッシュレイ（Touchelay, 2011, p. 297）は，プラン・コンタブル・ジェネラル（PCG）の一般化作業の遅延の原因として，商業・サービス業における構造上の特性を挙げている。PCGは，一般会計では生産活動による価値の創造とその分配構造の解明を，経営分析会計では主に工業経営における生産活動の合理化を重視していると見られ，また，一般会計では従うべき帳簿記入・決算書作成のルールが詳細に指示されており，工業部門に比べてシンプルなビジネス・モデルの商業やサービス業にとって，適用上の問題が顕著に生じたのではないかと思われる。
　また，これら部門は小事業者が多いという特徴もある。その上，企業課税の面では標準化された会計データに基づく税務申告は，課税当局にとって経営内容の透明性を高めることになる。当然，小規模事業者の割合の大きい小売などの商業やサービスの業種では，業種別委員会の設置と業種別PCの作成が遅れたことは容易に想像できる。
　図表3-8は1966年における工業，商業およびサービス業の企業数を従業員規模別で表示したものである。これによれば，全企業数のうち，工業が43％，商業が33％，サービス業が24％を占め，商業とサービス業を合わせると57％に達した。

図表3-8 1966年における工業,商業およびサービス業の従業員規模別企業数

企業規模 活動	極めて小規模 従業員0人	小規模 1〜5人	中規模 6〜49人	大規模 50〜199人	極めて大規模 200人以上	企業数（％）
工 業	286,493	293,313	91,396	14,207	4,468	689,877（43％）
商 業	271,452	214,731	44,687	2,719	495	534,084（33％）
サービス	234,160	123,021	21,104	1,595	450	380,330（24％）
合 計	792,105 (49.4％)	631,065 (39.3％)	157,187 (9.8％)	18,521 (1.2％)	5,413 (0.3％)	1,604,291 (100％)

(Morvan, 1972, p. 157 より筆者作成)

従業員数で見た企業規模の面では，従業員0人の「極めて小規模」な企業が全体の49.4％，従業員1〜5人の「小規模」企業が39.3％，従業員6〜49人の「中規模」企業が9.8％，従業員50〜199人の「大規模」企業が1.2％，従業員200人以上の「極めて大規模」な企業が0.3％を占めた。「極めて小規模」な企業と「小規模」企業を合わせると，全体の88.7％に達した。つまり，当時，企業の9割近くは従業員5人以下の小規模事業者であった。

また，「極めて小規模」な企業と「小規模」企業の割合は，工業で84％，商業で91％，サービス業では94％を占め，商業とサービス業の部門で90％を超えていた。これに対して，規模の大きい企業が多いのは工業部門であることがわかる。

(2) PCGに基づく企業利益課税制度
① 大・中企業と実額利益課税制度

既述のとおり，1965年10月28日税法デクレが，実額利益課税企業の税務申告の添付書類として提出される会計書類の作成ルールについて，税法に特段の定めがない限り，プラン・コンタブル・ジェネラル（PCG）を遵守するとの義務を定め，実質的にPCGと同一の決算書様式を定めた。

実額利益課税企業はPCGに基づいて決算書を作成し，これを税務申告書類として提出しなければならない[8]。この税務面からの措置により，業種別委員会の設置と業種別プラン・コンタブルの作成の作業が加速することが期待されたが，実際は大きく遅れた。それでも，1960年代末から1970年代前

半にかけて，実額利益課税の対象となる大・中企業の多い工業の分野を中心に，一般化作業が進展したことは前述のとおりである。

　図表3-9は，商工利益課税制度（régime d'imposition des Bénéfices Industriels et Commerciaux：BIC）における1969年と1975年の実額利益課税企業数と見積課税企業数を比較したものである[9]。これによれば，実額利益課税企業数は，1969年で約40.5万事業者（全体の23％），1975年には減少し32.5万事業者（全体の22％）であった。企業数の上では，実額利益課税企業数は全体の4分の1にも満たない。

　これに対して，商工企業の全体売上高に占める割合を見ると，1975年では，実額利益課税企業（普通課税＋簡易課税）の売上高が全体売上高の95.3％を占めた。企業数で23％の実額利益課税企業が全体売上高の95％以上を占めたのである。

　実額利益課税企業は，税込売上高が50万フラン超あるいはサービス提供高が15万フラン超の事業者が対象となるので，小事業者以外の大・中企業と考えられる。つまり，企業数では4分の1に満たないに大・中企業であるが，これら企業が，PCGに従い決算書を作成し，この決算書を税務申告に添付して課税当局に提出すれば，商工業全体売上高の95％超を占める納税事業者の経済データが集計できるわけである。しかも，PCGにより集計項目が大幅に増え，情報内容も著しく精緻化される。事実，集計項目が精緻化し，22項目から65項目に増えたことは既述のとおりである。

　また，商工業納税者間の課税の公平性を確保し，課税当局による恣意的課

図表3-9　実額課税企業と見積課税企業（企業数の単位：千，売上高の単位10億フラン）

課税制度	1969年度		1975年度			
	企業数	％	企業数	％	売上高	％
実額普通課税	405	23	325	22	2,180	90.3
実額簡易課税＊	—	—	200	14	120	5.0
見積課税	1,359	77	930	64	113	4.7
合　　計	1,764	100	1,455	100	2,413	100.0

＊　実額簡易課税制度は1970年度から制度化。実額普通課税に比べて会計義務を軽減。
（キャロン，1983, 307頁およびBlanc et Grelac, 1979, p. 23より筆者作成）

税から納税者を保護するという観点からは，組織的な帳簿が記帳され，それに基づいて決算書が作成されることが必要になるが，図表3-9は，約40万社の大・中企業においてこれが期待できることを示している。

② 小企業と見積課税制度

企業数の上では圧倒的に多いのは，見積課税企業である。図表3-9に示すとおり，見積課税企業は，1969年で約136万事業者（全体の77％）に上り，1975年には減少したとはいえ93万事業者（全体の64％）に上った。この1969年の136万事業者は，図表3-8に示す1966年の従業員0人の「極めて小規模」な企業の全部と従業1～5人の「小規模」企業の9割を合わせた数に相当する。つまり，見積課税企業は，ほぼ従業員5人以下の事業者であるといってよい。

他方，1975年の売上高に占める割合を見ると，見積課税企業の売上高の全体売上高に占める割合は4.7％に過ぎない。企業数で64％を占める見積課税企業が全体売上高の4.7％を占めるに過ぎなかったのである。この点からも，見積課税企業の事業活動がいかに小規模であったかがわかる。

当該制度では，税込売上高50万フラン以下あるいはサービス提供高15万フラン以下の事業者は，組織的な帳簿記入や決算書の作成を免除され，仕入高またはサービス提供高（サービス業）から課税利益を概算的に算定することができた。

これら見積課税企業は実額利益課税企業ではないので，課税上，1965年10月28日税法デクレの定めるPCGの遵守義務はない。つまり，税務面では，企業数で4分の3以上を占めた小規模事業者には，事業活動の規模が極めて小さい点を考慮して，実質的にPCGの適用は除外されたといってよい。

このように，極めて簡易な会計記録に基づく見積課税制度を拡大したことから，PCGの一般化は不完全なものとなった。1950年代に恣意的課税の問題点が指摘されていた見積課税制度を，一部の事業者（手工業者など）から一定規模以下の小規模事業者全体に拡大したためである。

大・中企業と小企業との間でPCGの一般化の度合いに違いが生じたことから，トゥッシュレイも指摘するように（Touchelay, 2011, p. 300），商工業納

税者全体について同質的な帳簿・会計システムを形成できないという問題が残ったのである。商工企業の帳簿・会計システムにおける二極化の問題である。

　すべての企業がPCGに従いきちんと帳簿を記帳し，それに基づいて決算書と税務申告書を作成するならば，課税当局は税務申告書添付の決算書を帳簿から検証し，帳簿は証拠書類により検証することが可能となる。また，納税企業は自らの申告利益の真実性について，帳簿および証拠書類に基づき課税当局に対して対抗することができる。つまり，PCGの一般化は，課税の公平性と納税者の保護を制度的に担保する上で，極めて重要であると思われる。

　この点からすると，PCGによる商工利益実額課税制度の整備は，大・中企業におけるPCGの一般化を促進し，「課税の公平性・納税者の保護」確立の面と企業データの集計の面で大きく貢献したが，見積課税の拡大は，業種適合の問題も相まって，数の上では圧倒的に多い小事業者に対するPCGの一般化を不完全なものにしたといえるのである。

［注］
(1)　戦後のフランス資本主義の構造転換を表す経済計画方式に基づく新資本主義路線は，旧政党政治家によってではなく，経済・財務省を中心としたテクノクラート（技術官僚層）によって推進された。ドゴール政権成立直後の1958年12月に開始された新経済政策では，経済計画方式に立つ国家主導の経済運営（経済ディリズム）の強化を企図する経済・財務省を中心としたテクノクラート層とそれに対するマルサス的な古典的経済リベラリズム派の対立が激化したことが指摘されている（中本, 1988, 88頁）。
(2)　業種別プラン・コンタブル（PC）の例として，日刊新聞社（press quotidienne）の業種別プラン・コンタブル（plan comptable professionnel pour les entreprises de press）を取り上げてみよう。新聞社の業種別委員会は1974年12月17日省令により設置された（業種別委員会の構成については，CNC, 1976, pp. 185-186を参照）。新聞社のプラン・コンタブルの主要課題は次の5点である（CNC, 1979, p. 34）。
　　イ）特別償却に係る租税一般法（CGI）第39条bis 1の規定をいかに会計処理するのか。
　　ロ）すぐには出版されないさし絵・情報をいかに会計処理するのか。
　　ハ）定期予約購読料をいかに会計処理するのか。

ニ）バックナンバーの新聞の販売をいかに会計処理するのか。
ホ）広告収入をいかに会計処理するのか。

まず，イ)の点は税法上新聞社に認められた特別償却の会計処理方法の問題である。新聞社は初年度に当該条項の枠内で取得した固定資産を100パーセントまたはほぼ100パーセント償却することができる。業種別PCでは，当該制度により新聞社の経済的実態が歪むことを避けるために，通常の減価償却と特別償却を区別して処理し，後者の特別償却部分はこれを貸借対照表上貸方純資産（situation nette）に計上するものとする。

次にロ)の点についてであるが，すぐには出版されないさし絵・情報の要素は，一般に費用処理されねばならない。しかし，新聞社の業種別PCでは，一定の特殊なケースでかつ中期的にはその使用が確実であるときには，棚卸資産に計上できるものとする。

ハ)の点に関しては，定期予約購読料は，予約購読者に対する企業の債務の性質に従い，貸方調整勘定に貸記されねばならない。

新聞社のプラン・コンタブル案は1976年12月21日にCNCにより承認され，同日に省令がこれを承認した（CNC, 1979, p. 101）。

以上の日刊新聞社の業種別PCに見られるとおり，PCGの勘定運用の方式や評価規則は一般原則的なものであることから，業種別PCは，業種特有の特徴に基づき，特定の会計処理を示すものや勘定の再分割を行うものが多い。

(3) 企業課税システムの整備はマクロ経済統計の整備に直結している。すなわち，経済・財務省のテクノクラート層を中心に，新経済政策の基礎となる経済計画方式による国家主導の経済運営の強化にとって，信頼できる経済統計の整備が不可欠であるとの考え方があり，そのために経済統計の情報源を企業課税システムに求めたと見られる。つまり，経済統計システムに直結した企業課税システムでは，ミクロの企業税務申告データがマクロの経済統計のデータ源として集計されるのである。この時期には，1961年に国立統計経済研究所（INSEE）が設立され，国民所得会計の研究の進展や計量経済学の進展（産業連関表）が見られた。

(4) 22の業種別委員会が経営分析会計（CA）に関する提案を取り下げている（CNC, 1976, p. 83）。

(5) なお，公的セクターの組織・企業にPCGを適合させた特殊プラン・コンタブルは1974年末時点で60プランが作成された。このリストについては，CNC（1975, pp. 201-202）を参照。さらに，PCGを農業，非営利活動あるいは民事的活動に適合させた会計標準化プランにおいては，1988年末時点で，17プランが作成された。このリストについては，CNC（1988, p. 667）を参照。

(6) 「建築」と「公共事業」は後に一つに統合されている。

(7) 1959年12月28日税法第39条は，年間売上高が5億フランを超える企業に対して，1963年12月末までに，貸借対照表の再評価の実施を義務づけた。トゥッシュレイによれば，この措置により，約5000企業が1957年PCGに従い決算書を作成して

おり (Touchelay, 2011, p. 291)，この税務面の措置も大企業における PCG の一般化に貢献したと見られる。
(8)　税務申告添付書類につき，1965 年 10 月 28 日デクレが 1957 年 PCG に大きく依存した点が重要である。当該システムの採用に至るまでには紆余曲折があった。課税当局は，一時，PCG と一部相違した会計書類の作成ルールを打ち出したが（1964 年 8 月 12 日デクレ），経営者団体や OECCA などからの強い反対があり，方針転換する一幕があった。
(9)　BIC のほか，自由業および類似の職業に対して，非商事利益課税制度（régime d'imposition des Bénéfices Non Commerciaux：BNC）があり，1969 年当時約 30 万人が当該課税制度の対象になった（Bourdon et Sok, 1983, p. 187）。

第 4 章
プラン・コンタブル・ジェネラルと商法・会社法

　本章では、プラン・コンタブル・ジェネラル（PCG）と商法・会社法会計規制との関係を取り上げたい。商人の会計に関しては、伝統的に商法・会社法が債権者保護あるいは株主保護の観点から規制を行ってきた。商法・会社法の会計・計算規定はそれ自体が法令条項であり、法律による最も強い法的効力を持つ。経済・財務省令が承認する PCG が法務省主管の商法・会社法の会計規制とどのような関係を有するのかを検討したい。

1. 旧商法・会社法の会計規制と PCG の適用

(1) 旧商法の会計規制
　商工企業は商人（commerçants）でもある。商人間の紛争解決の手段である「証拠としての帳簿」の規制は 17 世紀のコルベール商事勅令にまで遡ることができる。当該規制は 1807 年のナポレオン商法典などを経て、今日まで受け継がれている。
　1953 年 9 月 22 日デクレで改正された旧 1807 年商法典第 2 編「商業帳簿」には、帳簿の記帳義務、貸借対照表および損益計算書の作成義務、裁判における証拠としての帳簿の取り扱いを中心に規定が定められている。すなわち、
- 日記帳の記帳義務（第 8 条）
- 毎年の棚卸、財産目録帳の記帳義務、勘定の締切りと貸借対照表および損益計算書の作成（第 9 条）
- 日記帳および財産目録帳の記帳方法（第 10 条）

・帳簿・書類の 10 年間の保存義務（第 11 条）
・裁判における証拠としての商業帳簿（第 12 条）
・裁判における帳簿に関するその他の取り扱い（第 13～17 条）

　日記帳および年次棚卸に基づく財産目録帳の記帳義務，勘定の締切りに基づく貸借対照表および損益計算書の作成義務をすべての商人に課し，正規に記帳されたこれら帳簿は，商人間の紛争解決のための証拠となりうるものとされたのである[1]。

　勘定の締切りに基づく貸借対照表および損益計算書の作成義務は，1953 年 9 月 22 日デクレに基づく改正により導入された規定である。当該第 9 条の規定によれば，商人の資格を有するすべての個人または法人は，「その貸借対照表および損益計算書を作成するためにすべてのその勘定を締め切らなければならない。」と定め，締め切られた勘定から貸借対照表と損益計算書が誘導的に作成されるものとされた。事実上これが可能なのは，複式簿記に基づく帳簿システムである。なお，総勘定元帳の記帳義務が明記されたのは 1980 年代に入ってからである（1983 年 4 月 30 日調和化法の適用に係る 11 月 29 日デクレ第 2 条）。

　他方，日記帳および財産目録帳に関する伝統的な記帳義務の実効性は，税務面から担保されてきた。すなわち，1920 年 7 月 31 日法律（税法）は 5 万フラン超の売上高の商人に対して，1807 年商法典に定める帳簿および証憑書類を申告内容の検査のために税務検査官の求めに応じて提示する義務を課した（第 32 条）。

　さらに，1924 年 3 月 27 日法律（税法）は 1807 年商法典に定める日記帳および財産目録帳において，故意に記帳しなかった者もしくは記帳させなかった者，または不正確もしくは虚偽の記帳を行った者もしくは行わせた者に，罰金刑または最長 5 年の禁錮刑を科した。この 1924 年 3 月 27 日法律は，商法上の帳簿規制の実効性を図る上で極めて重要な規定であり，今日なお租税一般法（第 1743 条）に受け継がれている。

　他方，課税上，商法典規制の日記帳および財産目録帳が正規に記帳されていることは，税務執行上極めて重要な点である。このように，旧商法の商人の帳簿規制と課税システムが相互依存関係にあり，商人の帳簿の規制が商法

と税法で一体的に行われてきた。そこでは，裁判における証拠の要件である帳簿の「正規性」の概念は事実上共有される。

(2) 旧会社法の会計規制

これに対して，会社法による会社会計の一般的規制は，1867年7月24日法律（1867年会社法），その近代化に係る1966年7月24日法律第66-537号（1966年商事会社法）およびEC会社法指令第4号の国内法化に係る1983年4月30日法律第83-353号（1983年調和化法）を経て今日まで受け継がれている。

会社（株式会社）の会計に関して，1867年会社法は，1807年商法の上記帳簿規制を前提として，財産目録，貸借対照表，損益計算書および監査役報告書の株主総会への提出義務を定めた（第34条第4項）。

財産目録は商法第9条に従って作成されることから（第34条第3項），貸借対照表は当該財産目録をベースとしたものを考えていたと見られる。会社法上損益計算書が併記されている点からは，複式簿記に基づき貸借対照表および損益計算書を誘導的に作成できる帳簿システムを想定していたと考えられなくもないが，この点は明らかではない。実際上，最低限の義務としての商法典の帳簿システムをさらに発展させて，企業（個人または会社）によっては，その経営の必要性に応じて複式簿記システムを採用していたと考えられる。

さらに，旧1966年商事会社法「会社の計算」には，計算書類の作成義務と配当規制を中心に以下の計算規定が定められていた。

- 計算書類（財産目録，貸借対照表，一般経営計算書，損益計算書）の作成義務（第340条）
- 作成方法および評価方法の継続性（第341条）
- 減価償却および引当金（第342条）
- 繰延資産の償却（第343条）
- 純利益の定義（第344条）
- 法定準備金（第345条）
- 分配可能利益の定義（第346条）

・利益配当(第347～350条)

・役員賞与(第351～353条)

また，商事会社に関する1967年3月23日デクレ第67-236号(1966年商事会社法適用デクレ)の「会社の計算」には，計算書類への会計監査役の関与(第243条)，評価方法の変更(第244条)，保証等の貸借対照表脚注(第245条)，利益配当の支払期限の延長(第246条)に関する規定が定められていた。

旧会社法の貸借対照表および損益計算書の作成義務の実効性は，旧商法の帳簿規制と同様，税務面から担保されてきたと見られる。すなわち，企業の課税利益は，会社法上の決算書の「純利益」を出発点としているからである。

歴史的に，フランス税法における最初の課税利益の定義は1917年7月31日法律第2条の「前年度に実現した商工業利益に基づいて確定される」，あるいは「すべての費用を控除した後の純利益(bénéfice net)に基づいて課税される」の条文に見られた。しかし，当該定義は会計上の「純利益」と税法上の「課税利益」を明確に区別することなく用いられたものであるとされている(Haddou, 1991, p. 56)。

その後，1941年1月13日法律による改正租税一般法第7条第2項(現行租税一般法第38条第2項)は新たな純利益の定義を追加した。すなわち，「純利益は，期首純資産額と期末純資産額の差額から当期中に事業主または社員により行われる増資額を減額し減資・配当等の引出額を加算した金額(それは課税の基礎として役立つ)により構成される。」がこれである。

当該規定は，純利益(または純損失)が期首純資産と期末純資産の比較による純資産変動額(資本取引等を除く)により構成され，それが課税のベースとなることを示すものである。

純利益の当該定義は2時点の貸借対照表の純資産の比較による財産法の利益計算を表している。貸借対照表は商法・会社法の規定に従い作成されるものである。

このように，税法上の課税利益は，商法・会社法上の貸借対照表(および損益計算書)における「純利益」をベースに計算される。これにより，純利益は会計的要素として，課税利益は会計外の修正(税務調整)により純利益

から引き出される税務的要素として示されることになった (Haddou, 1991, p. 56)。

　ここで重要な点は，前出の帳簿規制と同様，会社法上の貸借対照表の作成義務の実効性が税務面から担保されている点である。税務面では，必ず貸借対照表を作成しなければならないからである。

　また，課税上，会社法規制（1953年からは商法も規定）の貸借対照表および損益計算書が正規かつ真実であることは，税務執行上極めて重要な点である。すなわち，帳簿規制に見られる関係と同様，決算書の規制に係る商法・会社法の規制と税法の規制は相互依存関係にあり，商人の決算書の規制は商法と税法で一体的に行われてきた。そこでは，貸借対照表および損益計算書の「真実性」および「正規性」の概念は事実上共有される[2]。

　しかも，旧商法・会社法の会計規制は，帳簿および決算書の規制を中心とするものであるが，具体的な会計処理や決算書の様式などの詳細をほとんど示さなかった。1867年会社法は，債権者保護あるいは株主保護の観点から財産目録，貸借対照表および損益計算書の作成を義務づけ，配当規制を実施したものの，決算処理に関する具体的な基準を示さなかった。この点は1966年商事会社法においても同様である。

　事実上，この法の不備を補ったのが違法配当に関する判例，税務（税務判例を含む）あるいは業界などにおける慣行である。特に，引当金や減価償却の実務や一定の評価規則が税務の中で展開された[3]。

(3) 税法を介した旧商法・会社法会計におけるPCGの適用

　事実上，商法・会社法の会計規制と税務が混然一体となった制度の下で，プラン・コンタブル・ジェネラル（PCG）は旧商法・会社法の会計規制とどのような関係を持っていたのかという点を考えてみたい。

　商法・会社法は，1959年税法によるPCG適用の一般化措置以降今日に至るまで，「計算書類の作成にあたってはプラン・コンタブル・ジェネラルに準拠する」といった包括的準拠規定を一切創設しなかった。

　これに対して，本書の第3章で明らかにしたとおり，1959年税法は，商人としての商工企業（個人・法人）に対して，税務法令の法的枠組みに基づ

いてPCGの一般的・漸次的適用を図った。

さらに，税務申告義務を有する商工企業の実額利益課税制度において，1965年税法デクレがPCGを課税利益計算の一般基準として定めた。すなわち，一般経営計算書，損益計算書，貸借対照表および附属明細書に記載の項目の計上は，課税標準につき適用される規則と矛盾することがないことを条件に，プラン・コンタブル・ジェネラルにより規定された定義を遵守しなければならない（1965年10月28日デクレ第65-968号第3条，現行租税一般法附則Ⅲ第38条 quarter），というものがこれである。

一般に，PCGへの準拠義務は，定義のみならず評価規則にも関わるものと考えられている[4]。つまり，税務添付書類の貸借対照表および損益計算書は，税法に特有の規定があるものを除き，PCGに準拠して作成されるのである[5]。

PCGへの包括的遵守規定は，一般に「接続性の原則（principe de connexion）」と呼ばれる課税当局の基本的な考え方を表している。すなわち，税法特有の規定を設けない限り，会計基準であるPCGを税務の一般基準とするという考え方である。当該原則は今日なお堅持されており，PCGの計算規定の改正はそのまま課税利益の計算に影響を与えることになる。

他方，既述のとおり，1920年代前半からすでに税法（現行租税一般法第1743条）は商法上の日記帳および財産目録帳の記帳義務を前提に当該義務の違反に対する重い罰則規定を定めた。商法上の帳簿規制を前提に，課税利益は，所得税の創設当初から商法・会社法上の決算書の純利益をベースとしている。このようなシステムが今日まで維持されてきた。

さらに，「株主および一般公衆の情報に関する1965年11月29日デクレ第65-999号」は，上場会社に対して，上記1965年10月28日税法デクレに定める様式および評価規則に従い作成した計算書類を法定公告公報（Bulletin des Annonces Légales Obligatoires：BALO）に公表することを義務づけた。当該デクレの定める様式および評価規則はPCGにほぼ従ったものである。

すなわち，商法・会社法上，上場会社の貸借対照表などの決算書は，1965年税法デクレの規定に従うことが定められたのである。税務法令への当該準拠規定は，その後1966年商事会社法適用デクレ（1967年3月23日デクレ第

67-236号第294条）に収容され，EC会社法指令第4号の国内法化に係る1983年調和化法適用デクレがこれを廃止するまで存続した。

　当該規定は，上場会社（大企業）にのみ適用されるものである。しかし，それ以外の企業，特に中小企業には義務づけされなかったとはいえ，一定の指針となったことは容易に想像される。

　つまり，課税利益は，既述のとおり，商法・会社法の決算書上の純利益をベースに算出される。非上場の大企業および中小企業にとって，商法・会社法の決算処理で，税法特有の規定やPCGと異なる処理を行った場合，税務申告書上，会計外の修正が必要となる。その乖離の程度が大きいほど修正作業の負担は重くなる。この修正作業を可能な限り回避したいならば，商法・会社法決算の段階から税法特有の規定や一般基準としてのPCGに準拠して決算処理を行うことになる。

　このような形で，商法・会社法の計算書類の作成上，会計基準としてPCGが用いられる。さらに，税法特有の処理も会社決算で行われる。

　以上の税法と商法・会社法の会計規制の緊密な関係により，PCG適用の一般化措置以後，事実上，商工企業は，商人としての義務である帳簿の記帳や年次計算書類の作成を，さらには会計システム，特に一般会計システムの整備を，PCGに従って行うことになる。いわば，商法・会社法会計において，PCGが，税法を介して事実上適用されるシステムが形成されたのである。すなわち，課税システムが商法・会社法の会計規制とPCGを繋げる役割を果たしてきたのである。

　PCGのオペレーショナルな性格は，大企業から中小企業まで幅広く一般適用されることを想定したものと考えられる。それでも，人的・財務的資源を持たない中小企業に，見積課税などの簡易な課税制度が広く普及するならば，PCGの適用には限界がある。商法・会社法会計に係る前出1965年11月29日デクレが中小企業を除外したのも，中小企業の事務負担や簡易な課税制度を考慮したからであると見ることができる。

2. 1983年調和化法とPCGの法的位置づけ

(1) 1983年調和化法とその適用範囲
① 1983年調和化法の規定

旧商法・会社法における会計規制の状況を一変させたのが，「商人および一定の会社の会計義務と1978年7月25日EC理事会採択の第4号指令との調和化に係る1983年4月30日法律第83-353号」(1983年調和化法)と「商人および一定の会社の会計義務に関する1983年4月30日法律の適用に係る1983年11月29日デクレ第83-1020号」(1983年調和化法適用デクレ)である。1983年調和化法とその適用デクレは一般に「会計法(loi comptable)」と呼ばれた。

1983年調和化法は，1980年代に欧州レベルでの会社法規制の調和化の中で，EC会社法指令第4号(78/660/EEC)を国内法化すべく商法規制の大改正を行った。この結果，詳細かつ具体的な計算に関する規定が商法典(旧第8～17条，現行L123-12条～L123-22条)に導入された。

商法典L123-12条からL123-22条には，従来の規定に加えて，年次計算書類(貸借対照表，成果計算書および注記・附属明細書)の作成基準を中心に新たな規定が定められている。すなわち，

・財産に影響する変動の会計記入(商法典L123-12条第1項)，企業の財産の積極・消極要素の有高および価額の少なくとも1年に1度の棚卸による検証(同条第2項)，会計記録および棚卸に基づく年度末の年次計算書類の作成(同条第3項)
・年次計算書類(貸借対照表，成果計算書および注記・附属明細書)の構造と内容(L123-13条)
・年次計算書類の正規性および真実性，ならびに企業の財産，財務状況および成果の誠実な概観の提供(L123-14条第1項)，誠実な概観の観点からの注記・附属明細書における追加的な情報の提供(同条第2項)と離脱規定(同条第3項)
・誠実な概観の観点からの年次計算書類の項目と自己資本の構成要素(L

123-15 条)
- 年次計算書類の簡易措置（L 123-16 条）
- 評価方法と表示方法の継続性（L 123-17 条）
- 評価規則と成果の決定に関する規則（L 123-18 条）
- 個別評価と総額表示，当期首貸借対照表と前期末貸借対照表との一致性（L 123-19 条）
- 慎重性の原則の尊重，必要な減価償却および引当ての実施，後発事象（L 123-20 条）
- 実現利益の計上（L 123-21 条），会計書類の作成と 10 年間の保存義務（同条）
- 裁判上の証拠としての帳簿（L 123-22 条）

また，1983 年調和化法適用デクレ（商法典に統合）は，調和化法の規定を適用するのに必要な具体的な計算規定を R 123-172 条から R 123-208-8 条に定めた。すなわち，
- 会計手続・組織に関する書類の作成（R 123-172 条），会計帳簿（仕訳帳，総勘定元帳，財産目録帳）の記帳義務と記帳形式（R 123-173 条），会計記入と証拠書類（R 123-174 条），仕訳帳から元帳への転記（R 123-175 条），補助記入帳および補助元帳（R 123-176 条），財産目録の定義と内容（R 123-177 条）
- 財産への流入時および財産目録の作成時の評価基準と定義（取得原価，製造原価，市場価値，現在価値，財産目録価値）（R 123-178 条）
- 減価償却と減価引当金に関する規則（R 123-179 条）
- 貸借対照表，成果計算書および注記・附属明細書の項目の分類のセクター別適合（R 123-180 条）
- 貸借対照表の借方・貸方の財産の要素の分類規則（R 123-181 条），義務的借方項目（R 123-182 条〜R 123-183 条），投資有価証券（参加証券）の定義（R 123-184 条），社債償還プレミアムの処理（R 123-185 条），繰延資産の処理と配当制限（R 123-186 条〜R 123-188 条），費用・収益の年度帰属に関する規則と調整勘定の定義（R 123-189 条），義務的貸方項目（R 123-190 条），自己資本の定義（R 123-191 条）

・成果計算書の収益・費用の分類規則（R 123-192 条），義務的項目（R 123-193 条），報告式成果計算書（R 123-194 条）
・注記・附属明細書の形式と内容（R 123-195 条～R 123-199 条）
・商法典の定める簡素化措置（R 123-200 条～R 123-208 条）

　取得原価基準（企業財産への流入時），減価償却・引当の実施，実現基準，期末時の財産目録価値（＝現在価値）と純帳簿価額との比較と会計上減価の計上・増価の非計上など，基本的な計算原則が定められている。また，貸借対照表および成果計算書の主要項目ならびに注記・附属明細書の情報など計算書類の表示に関する規定が設けられた。

　ここで，特に重要な点はL 123-14 条第1項に定める「誠実な概観」の規定である。同条は，年次計算書類が慎重性の原則と継続性の原則を遵守して，正規かつ真実なものであり，企業の財産，財務状況および成果の「誠実な概観」を提供しなければならないことを，定めている。

　EC 会社法指令第4号第2条第3項は，「年次計算書類は会社の資産（assets），負債（liabilities），財務状況（financial position）および損益（profit or loss）の真実かつ公正な概観（true and fair view）を提供するものとする。」と定めたが，1983 年調和化法第9条第4項（商法典L 123-14 条）は，この英国流の「真実かつ公正な概観（true and fair view）」というアングロ・サクソン的会計概念を，「誠実な概観（image fidèle）」というフランス語の表現に変換して移植したのである。

② 1983 年調和化法改正商法の会計規制の適用範囲

　以上のとおり，1983 年調和化法とその適用デクレは，会計諸原則，評価規則，貸借対照表および成果計算書の主要要素などの詳細な会計規定を商法典とその適用デクレに導入した。

　当該会計規定は一定の会社形態に限定することなくすべての商人を適用対象とするものである。これにより，すべての商人（個人および法人）に適用される強い法的強制力のある会計規定が設けられた。

　他方，「企業の困難の予防と調停的解決に関する1984 年3月1日法律第84-148 号」とその1985 年3月1日適用デクレ第85-295 号は，経済活動を

行う私法上の非商人の法人に対して商法典・適用デクレの会計規定の適用を義務的なものとし，当該会計規定の適用範囲を非商人の法人にも拡大した（1966年商事会社法およびその1967年適用デクレの規定に追加後，商法典・適用デクレに統合）。

すなわち，同法第27条（現行商法典L612-1条）および同法適用デクレ第24条（現行商法典適用デクレR612-2条）によれば，経済活動を行う私法上の非商人の法人は，毎年，年次計算書類つまり貸借対照表，成果計算書および注記・附属明細書を作成しなければならず，当該年次計算書類は商法典とその適用デクレに定める会計規定に従い作成するものとされる。

この結果，私法上のすべての商人（個人・法人）および経済活動を行う非商人の法人は，商法典・適用デクレの会計規定に従い，年次計算書類を作成しなければならない。そこで問題となるのがプラン・コンタブル・ジェネラル（PCG）との関係である。

(2) PCGと1983年調和化法改正商法・会社法規制との関係

1983年調和化法とその適用デクレによる詳細な会計規定の創設は会計規制の強固な枠組みを形成し，会計標準化における商法・会社法規制の影響力を高めた。このような強い法的強制力を持つ1983年調和化法（会計法）の創設は，それまでのフランスの会計標準化におけるプラン・コンタブル・ジェネラル（PCG）の優位性に大きな影響を与えたと考えられる。

1982年PCGが最も強制力のある会社法指令および調和化法を考慮した上で先行して改訂されていたこともあり，1982年PCG（一般会計部分）と商法典・適用デクレの会計規定はほぼ整合的である。最も法的効力の強い法律により重要事項を定める商法典に対して，経済・財務省令が承認するPCGは重要事項に係る重複的規定が見られるものの，全体的には計算の細則を定める形になっており，両者の棲み分けが図られたといえる。

ここで，貸借対照表および成果計算書の表示項目を取り上げてみたい。EC会社法指令第4号第8〜21条に従い，1983年調和化法は，その第2条（旧商法典第10条第1項・第2項）において，「貸借対照表，成果計算書および注記・附属明細書は，企業の財産，財務状況および成果の誠実な概観を与

えるのに必要な見出し（rubriques）および項目（postes）を含まなければならない。……（中略）……貸借対照表，成果計算書の諸項目の分類（classement），自己資本を構成する諸項目，および注記・附属明細書の記載事項は，デクレがこれを定める。」と規定した。

① 貸借対照表項目の分類と義務的項目

上記規定を受けて，1983年調和化法適用デクレ第10条（商法典適用デクレR 123-181条）は，「企業の財産項目は借方および貸方にその用途および源泉に従って分類する。企業活動に長期的に役立つ項目は固定資産を構成する。」（貸借対照表の借方・貸方の財産の要素の分類規則）と定め，第11～13条が貸借対照表の最低限の義務的借方項目（商法典適用デクレR 123-182条～R 123-183条）を定めた。

当該義務的項目を1982年PCGの基礎システムと比較すれば，1983年調和化法適用デクレの分類および義務的項目は1982年PCGとほぼ同一のものである（大下, 2017a, 26頁）。

また，貸借対照表の最低限の義務的貸方項目は，調和化法適用デクレ第13条（商法典適用デクレR 123-190条）がこれを定めた。当該義務的項目を1982年PCGの基礎システムと比較すれば，貸方項目についても1983年調和化法適用デクレの義務的項目は，「その他の類似資本」の部分を除き，1982年PCGとほぼ同一のものであることがわかる（大下, 2017a, 27頁）。

② 成果計算書項目の分類と義務的項目

EC会社法指令第4号第22～30条に従い，前出1983年調和化法第2条（旧商法典第10条第1項・第2項）の規定を受けて，適用デクレ第14条（商法典適用デクレR 123-192条）は，「当期の収益および費用は，その項目の差額として経営成果項目と企業の経常的経営に関連しないで実現する臨時成果項目とを明らかにして，成果計算書においてこれを分類するものとする。」と定め，第15条（商法典適用デクレR 123-193条）が最低限の義務的項目を規定した。

借方および貸方の当該義務的項目を1982年PCGの基礎システムと比較

すれば，1983年調和化法適用デクレの分類および義務的項目は1982年PCGとほぼ同一のものであることがわかる（大下，2017a, 27-28頁）。

成果計算書の項目に関して，1983年調和化法は，EC会社法指令第4号の容認した収益・費用の性質別分類（第23条・第24条）と機能別分類（第25条・第26条）のうち，性質別分類方式を選択しているが，当該方式はマクロ経済指向のPCGの計算構造と整合的である。

商法の側が，1982年PCGに合わせる形で性質別分類の方式を選択した上で，EC会社法指令第4号の規定に従い最低限の義務的項目を定めたのである。しかし，ここで重要な点は，表示項目に関して，1983年調和化法と1982年PCGが整合的であるとはいえ，1983年調和化法は強い法的効力を有しており，その後のPCGを中心とする会計標準化にとって大きな法的制約になると見られる点である。

私法上のすべての商人および経済活動を行う非商人の法人は，一方では商法典・適用デクレの会計規定に従い，他方では細則についてはPCGに従い年次計算書類を作成することになるが，1983年調和化法以降の商法典とその適用デクレは強固な会計規制の法的枠組みを形成する。法令階層の中では，PCGは，上位の商法・会社法の会計規制の制約の下，事実上適用されるべき細則を定める下位の会計規則として位置づけられるに過ぎない。

③　国家会計審議会（CNC）の標準化作業とのリンケージ

以上のような法的制約から生ずる弊害が懸念される一方，当該弊害を回避するための仕組みが1983年調和化法にはビルト・インされていると考えられる。

すなわち，既述のとおり，1983年調和化法は，「貸借対照表，成果計算書の諸項目の分類，自己資本を構成する諸項目，および注記・附属明細書の記載事項は，デクレがこれを定める。」と規定し，当該規定を受けて，1983年調和化法適用デクレ第10条（商法典適用デクレR 123-181条）以下が貸借対照表および成果計算書の最低限の項目を法定した。また，1983年調和化法適用デクレ第24条（商法典適用デクレR 123-195条以下）が注記・附属明細書に含まれる最低限の記載事項を法定した。

これと同時に，1983年調和化法適用デクレ第9条（商法典適用デクレR 123-180条）は，「貸借対照表および成果計算書の項目の分類ならびに注記・附属明細書の記載事項は，国家会計審議会の意見聴取の上，活動セクター別に適合させることができる。」と定めた。

　当該規定は，業種別プラン・コンタブル（PC）[6]などの存在を考慮し，国家会計審議会の意見を聞くことを要件として，貸借対照表・成果計算書項目の分類および注記・附属明細書の情報の業種別適合を容認したものである。これにより，商法会計規制とCNCの標準化作業とのリンケージが図られたといえる。

　なお，固定資産を例にとると，図表4-1に示すとおりPCGの勘定分類と1983年調和化法適用デクレの義務的項目とは一致しない。この点は既述したとおりである[7]。1983年調和化法適用デクレの義務的項目はEC会社法指令第4号の規定に従ったものだからである。1982年PCGの総合書類のシステムもEC会社法指令第4号および1983年調和化法を考慮したものであった。

図表4-1　貸借対照表の固定資産項目の比較

1983年調和化法適用デクレの義務的項目 （固定資産）	1982年PCGの勘定分類 （クラス2「固定資産」）
1）無形固定資産：組織費，研究開発費，認許権，特許権，許諾使用権，商標権，ノウハウその他の権利，営業権，前渡金・内金	20 無形固定資産：201 組織費，203 研究開発費，205 認許権・特許使用権・許諾権・商標権・ノウハウ・その他の権利，206 賃借権，207 営業権，208 その他の無形固定資産
2）有形固定資産：土地，建造物，機械装置，工具器具，前渡金・内金，建設仮勘定	21 有形固定資産：211 土地，212 土地付帯工事，213 建造物，214 借地上の建造物，215 機械装置・工具備品，218 その他の有形固定資産 22 委譲対象固定資産 23 建設仮勘定
3）金融固定資産：資本参加証券，資本参加関連債権，その他の投資有価証券，貸付金	26 資本参加証券および関連債権 27 その他の財務固定資産 28 固定資産償却累計額 29 固定資産減価引当金

（商法典R 123-182条〜R 123-183条, CNC, 1986, pp. II. 64-II. 65 より筆者作成）

3. PCGに対する1983年調和化法改正商法・会社法の影響

(1) PCGにおける会計の一般原則と「誠実な概観」

1982年PCGは，EC会社指令第4号およびこれを国内法化するための1983年調和化法を考慮した上で，同調和化法に先行して改訂されている。1982年PCGには，1957年PCGにはなかった会計諸原則を明示するとともに，英国流の「真実かつ公正な概観（true and fair view）」に相当する「誠実な概観」に関する規定がすでに導入されていた。すなわち，

「会計は，企業の状況および活動の誠実な概観（une image fidèle de la situation et des opéations de l'entreprise）を表す報告書を提示するために，慎重性の規則を尊重して（dans le respect de la règle de prudence），正規性および真実性の義務（obligations de régularité et de sincérité）を果たさなければならない。」（1982年PCGの第I編「一般規定・用語・勘定計画」第1章「一般規定」第1節「会計に関する一般規定」「A　一般原則」；CNC, 1986, p. I. 5）。

この一般原則における「慎重性（prudence）」とは，企業の財産（patrimoine）および成果を損なうおそれのある現在の不確実性を将来に持ち越す危険性を回避するため，事実を合理的に評価することである（CNC, 1986, p. I. 5）。慎重性の原則の尊重は，資産評価における原価評価（CNC, 1986, p. II. 5）および未実現損益の非対称的取り扱い（未実現損失は計上するのに対して未実現利益は計上しない）（CNC, 1986, p. II. 7）（強制的低価法）の採用として現れる。

慎重性の原則は，1982年のPCGおよび1983年の商法・会社法の改正までは，法規定上明示されてこなかった。しかし，当該概念は，「善良な家父長（bon père de famille）としての慎重な態度」というフランスの伝統的な価値に根差した概念である（Cornu, 1990, p. 646）。企業経営では，善良な経営者としての慎重な態度が尊重され，当該態度は会計面では，資産の過大評価より過小評価，予想利益の計上より予想損失の計上など，保守的経理の重視という性格として反映される。コラス（Colasse, 2000, p. 45）によれば，慎重性の原則は，19世紀以来，出資者の信頼を得るために大規模株式会社の経

営と切り離せない重要な要素であったことが指摘されている。

「正規性（régularité）」とは，現行の規則および手続に準拠することであり（CNC, 1986, p. I. 5），「真実性（sincérité）」とは，会計責任者が企業の活動，事象および状況の実在性（réalité）と重要性について通常持たなければならない認識に基づいて，現行の規則および手続を誠実（bonne foi）に適用することである（CNC, 1986, p. I. 5）。

両概念は規則・手続とその運用に関わるものであり，互いに密接に関係している。"bonne foi"には「善意に」という意味もあり，会計を行う者の会計規則・手続の適用上の心理的態度において，不正の意図といった悪意をもって適用することを禁ずるものと思われる。

正規性および真実性の概念は商法・会社法の配当規制に係る伝統的な概念である。すでに，株式合資会社に関する1856年7月17日法律第10条に，「監査役会構成員が真実かつ正規な財産目録により正当化されない配当の分配に事情を承知の上で同意する場合」に，監査役会構成員は業務執行社員と連帯して責任を負う旨の規定が見られる（大下, 1998, 19頁）。

その後，これら概念は，会社に関する1867年7月24日法律（第10条），1935年・1937年の改正（改正第32条第1項）を経て，商事会社に関する1966年7月24日法律（第228条），現行商法典（L 123-14条）に受け継がれてきた[8]。

以上のとおり，「慎重性」，「正規性」および「真実性」はフランスの伝統的な概念であり，その意味には長い歴史を経て社会的な合意が存在していると考えられる。これに対して，「誠実な概観」の概念はフランスの伝統的な概念ではない。既述のとおり，当該概念は，ヨーロッパ共同体（EC）レベルでの会社法の調和化の枠組みの中で，英国流の「真実かつ公正な概観」の概念を「誠実な概観」というフランス語の表現に変換してPCGに導入したものである。

(2) PCGにおける「誠実な概観」概念の影響——高度な専門的判断と利用者指向

前出1982年PCGの「一般原則」は，フランスの伝統的な概念を尊重す

ることを前提に,「誠実な概観（une image fidèle）」を反映する報告書の作成を求めるものである。しかし，1982年PCGにおいても1983年調和化法においても,「誠実な概観」概念の定義は見られない。

証券取引委員会（Commission des Opérations de Bourse：COB）は，前出商法典L 123-14条における「誠実な概観を提供する」という動詞の意味が重要であることを強調し，年次計算書類が明白な不正規ではないこと，したがって正規性をクリアしており，悪意・不正の意図もないこと，したがって真実性もクリアしていること，しかしそれにもかかわらず，会社状況を適切に表していないというケースが多く見られたことを指摘して，当該概念の導入はこの状況を大きく改善するものと期待するとした（COB, 1984, p. 44）。

旧1966年商事会社法第437条は,「次に掲げる者はこれを1年以上の禁錮および2千フラン以上4万フラン以下の罰金に処し，またはそのいずれかの刑に処する。1. 財産目録を作成せずまたは虚偽の財産目録を作成して，株主に対して故意に違法な利益配当を行った株式会社の社長または副社長，2. 利益配当がまったく行われていない場合でも，会社の真実の状況を隠すために，株主に対して故意に不正確な貸借対照表を公告しまたは提出した株式会社の社長，取締役または副社長」と規定していた。

利益の配当がない場合でも，会社の真実の状況を隠すために，株主に対し不正確な貸借対照表を作成して公告または提出した会社幹部は，禁錮刑を含む罰則が適用されるが，その場合悪意に基づく「不正確な貸借対照表（bilan inexact）」が要件になっていた。会社の状況を適切に反映していない貸借対照表でも，現行規則・手続に従い，不正の意図なく適用している（正規性と真実性をクリアしている）場合があり，この場合には上記罰則規定の適用はない。

これに対して，1983年調和化法による改正では,「誠実な概観を提供していない計算書類」という表現に改められ，依然として悪意の存在が前提となってはいるものの，計算書類の作成者側にとっては，会社の真実の状況を隠す意図はない（悪意はない）としても，常に誠実な概観を追求する姿勢が問われることになるからである。

英国流の「真実かつ公正な概観」の概念が有効に機能するには，高度に専

門的な判断が必要とされる。すなわち，英国では，伝統的に会計慣行により行われる会計の重視，実務の尊重の考え方をベースに，「具体的な評価方法や計算書類の様式を厳格な法規制で課すことは不適切であり，むしろ不可能であるとさえ考えられてきた。用いるべき方法は実務から引き出されるべきであって，企業の活動や性質によって限定されるべきものとされた」（野村，1990, 229頁）のである。

このような英国の会計環境にあっては，「法律は基本的な一般原則を重視するだけで，他は個々の環境において何が最も適切かについて企業責任者および監査人の判断に委ねる方式が適切なものとして受け入れられてきた」（野村，1990, 231頁）。すなわち，企業を取り巻く環境の不確実性，多様性などを考慮すれば，法令は詳細を定めてこれを一律に強制するのではなく，基礎的な一般原則としての「真実かつ公正な概観」を与えるべく企業側の会計上の判断に委ねたほうがより適切であると考えるのである。

この会計思考が有効に機能するには，会計情報の目的を明確に意識した上で，企業幹部や監査人が高度な専門的判断を行うことが求められる。例えば，どのような利用者によって情報が求められているのか，その情報ニーズに応えるためにはいかなる情報が有用なのか，などに関して常に高度な専門的判断が求められるからである。

「誠実な概観」とは，このような会計情報の目的との関連で再構成される企業の実態（リアリティー）である。例えば，投資情報，従業員への情報，債権者への情報などの観点からの「誠実な概観」，経済的観点あるいは法的観点からの「誠実な概観」など，企業の実態は，会計情報の利用目的によって多様な形に再構成されうる。

つまり，会計情報の目的との関連で再構成された実態が企業の「誠実な概観」である。このような概念は一律に定義できない。情報の目的に応じて「誠実な概観」が判断されるからである。「誠実な概観」という用語が定冠詞ではなく，"une"の不定冠詞で表現されているのはこのためである。

このような概念においては，企業幹部や監査人は，明確に指定された会計情報の目的との関連で「誠実な概観」とされる一つの企業のリアリティーを追求すべきものとなる。証券取引委員会（COB）が当該概念の動詞の意味の

重要性を強調した理由がここにある。

　企業幹部や監査人は,「誠実な概観」の追求の観点から,専門的な判断の行使が常に求められる。必要と判断される情報が現行規則を適用するだけでは十分に提供できない場合には,追加的な情報が求められる。例外的なケースながら,ある現行規則を適用することがかえって真実かつ公正な概観の提供を妨げる可能性のある場合には,当該規則からの離脱も必要となる。EC会社法指令第4号第2条第4項の追加的情報提供義務や同条第5項の離脱規定はこのための規定である[9]。

　1982年PCGは,「総合書類は貸借対照表,成果計算書および注記・附属明細書を必ず含まなければならない。総合書類はPCGの規定に従い作成する。総合書類は,あらゆる環境において,企業の財産,財務状況および成果の誠実な概観を提供しなければならない。ただし,それを実現するために,例外的な場合ながら,これら規定から離脱する必要がある。そのような離脱が生ずる場合には,その旨を注記・附属明細書に記載し詳細な説明をしなければならない。また,誠実な概観を実現するために,追加的な情報を提供しなければならない。」(CNC, 1986, p. II. 61) と定め,会社法指令の追加的情報提供義務および離脱規定を導入している。

　以上のとおり,「誠実な概観」の概念が機能するためには,会計情報の目的と結びついた高度な専門的判断の介在が不可欠である。つまり,「誠実な概観」概念のPCGへの移植は,従来からのPCGの「オペレーショナルな性格」に,これと必ずしも両立しない「高度な専門的判断」の介在という新たな要素を組み込むことになったと考えられるのである。

　他方,「誠実な概観」の概念を有効に機能させようとすればするほど,一般的性格の共通基準としてのPCGが利用者指向的性格を強めざるをえなくなるという矛盾を抱えることになる。情報の利用者指向は特定の利用者とその情報ニーズを最大公約数的に措定することから始まるからである。

(3)　PCGにおける「財産性」の概念の影響

　既述のとおり,EC会社法指令第4号を国内法化する際に,1983年調和化法は,指令第4号の「資産 (assets), 負債 (liabilities)」を「財産 (patrimoine)」

に,「財務状況 (financial position)」を「財務状況 (situation financière)」に,「損益 (profit or loss)」を「成果 (résultat)」というフランス語に変換した。

1982年PCGにおいても,「一般会計は企業の財産に影響を及ぼすすべての取引を記録することを目的とする。」(CNC, 1986, p. II. 2) と規定し,また,「総合書類は,あらゆる環境において,企業の財産,財務状況および成果の誠実な概観を提供しなければならない。」(CNC, 1986, p. II. 61) と定めて,1983年調和化法の「財産」と同一の表現を用いた。

"Patrimoine"(財産)は,フランスの伝統的な法的概念でもある。法律用語辞典 (Cornu, 1990, p. 583) によれば,財産とは「ある者の財産と義務の総体(すなわち金銭で評価できる権利と負担)」と定義され,これから派生した"patrimonialité"(財産性)の概念は,「財産性を帯びた要素は金銭で評価できかつ譲渡可能性を有する価値をなす」と定義される。

すなわち,「財産」は金銭で評価できる譲渡可能な価値,いわゆる財産価値を有するものと解釈される。このような伝統的な法的「財産」概念は,事実上,1982年のPCGの改訂および1983年調和化法以前から貸借対照表上の資産の計上要件として機能してきたと見られる。フランスの会計が法会計と伝統的に表現されたゆえんである。

企業がその貸借対照表に資産として計上できるのは,法的に所有権を有する財に限定される。A. ヴィアンディエによれば (Viandier, 1984, p. 396),財産性の概念の当該機能は「貸借対照表の財産性の原則 (principe de patrimonialité du bilan)」と呼ばれた。

この「財産性の原則」は,企業の支払能力・債権担保力の表示という貸借対照表の伝統的な役割に由来するものである。その影響は決して小さくなく,ファイナンス・リース契約など所有権を持たない財の資産計上は大きく制限されることになる。

[注]
(1) 現行商法典L 123-12条によれば,商人の資格を有するすべての個人および法人は,
   a) その企業の財産 (patrimoine) に影響する変動の会計記録を日付順に行い(第1項),b) 少なくとも12か月に一度棚卸によって財産の積極要素および消極要素の有

高と価値を確かめ（第2項），c）決算日に会計記録および財産目録に基づいて年次計算書類（貸借対照表，成果計算書および注記・附属明細書）を作成する義務を負う（第3項）。貸借対照表は企業の資産項目および負債項目を別個に記載して自己資本を明らかにし，成果計算書は収入または支出の日にとらわれず当期の収益および費用を記載する（L 123-13条の第1項および第2項）。年次計算書類は正規かつ真実なものでなければならず，企業の財産，財務状況および成果の誠実な概観を提供しなければならない（L 123-14条）。

　商人の資格を有するすべての個人および法人は，日記帳（livre-journal），総勘定元帳（grand livre）および財産目録帳（livre d'inventaire）を記帳しなければならない（R 123-173条）。日記帳の仕訳は元帳に転記され勘定プランに従い振り分けられる（R 123-175条）。また，商人は補助簿を使用することができるが（R 123-176条），それを使用する場合には，当該補助簿の記録を月に一度日記帳および元帳に集計しなくてはならない（R 123-176条）。財産目録帳は，棚卸時の財産の積極要素および消極要素の数量および価額，ならびに年次計算書類の内容（年次計算書類を商事裁判所書記課に提出する義務のある株式組織の会社および有限責任会社を除く）を記載したものである（R 123-177条）。

　このように，フランスでは複式簿記システムの採用を前提として，商人の資格を有するすべての個人および法人は日記帳，元帳および財産目録帳の記帳，棚卸の実施ならびに年次計算書類の作成といった一連の会計義務を有している。この点はフランスの会計インフラの大きな特徴である。しかも，日記帳ならびに財産目録帳の様式および記帳形式は厳格に規制されてきた。取引の記録および財産目録に係る会計帳簿は白地を残さず，かついかなる改ざんもしないで，コンセイユ・デタ（最高行政裁判所）のデクレに定める条件で作成し保存しなければならない（L 123-22条）。

　2002年までは，日記帳と財産目録帳は商事裁判所書記課で当該商人の登録簿において整理番号（cote）を付し花押（paraphe）をするものとされた（1983年11月29日調和化法適用デクレ旧第2条）。商事裁判所での整理番号と花押による帳簿の義務的認証システムは現在では任意的制度になっているが（R 123-173条），伝統的に厳格な形式主義が帳簿等の真実性を担保するものと考えられ，厳格な形式に従い正規に記帳された帳簿は，商人間の裁判上では証拠としての価値を有するものとされている（L 123-23条）。なお，現行商法典は商法および会社法の規定を統合し，法律の規定はLを，デクレ（政令）の規定はRを付して商法典に収容している。

(2)　両概念については，本章3節「PCGに対する1983年調和化法改正商法・会社法の影響」の（1）「PCGにおける会計の一般原則と「誠実な概観」」を参照。
(3)　この点については，本書第5章を参照。
(4)　1965年10月28日税法デクレについては，本書第5章を参照。
(5)　PCGの適用は，業種別プラン・コンタブル（PC）の策定が進展すると，まず業種別PCの義務的部分，その他の部分，それから一般基準としてのPCGの適用，という順序になる。業種別PCは業種特有の勘定や処理を業種ごとにまとめたものであ

り，一般基準の PCG に対して個別基準として位置づけられる。
(6) 業種別プラン・コンタブルについては，本書第3章を参照。
(7) 本書第1章2節(2)③2)「総合書類の体系と会計的表示の抽象度のレベル」を参照。
(8) 大下（1998, 23-27, 59-62, 80-81頁）を参照。
(9) 大下（1998, 361-362頁）を参照。

第 5 章

プラン・コンタブル・ジェネラルと税法

　本章では，プラン・コンタブル・ジェネラル（PCG）と税法の関係を取り上げたい。フランスにおいて，商工企業の課税利益の計算は，税法独自の規定を除き，基本的に PCG を遵守しなければならない。

　1965 年に創設された当該包括的遵守義務は，一方では PCG の適用を大きく拡大したが，他方では PCG に対するしばりを生み，PCG 自体が課税利益計算の一般基準としての性格を強めたことを，明らかにしたい。

1．PCG 以前の課税利益計算

(1) 課税利益計算と旧商法・会社法の帳簿・会計規制
① 1917 年種別所得税の創設

　フランスにおける課税利益計算の歴史は 1910 年代の所得税の創設により始まる。1917 年 7 月 31 日法律第 2 条によれば，所得税は前年度に実現した商工利益に課税される。同法第 4 条によれば，ア）登記所への貸借対照表の通知義務のある会社，イ）戦時追加利益の臨時税につき実際利益の申告済み納税者，ウ）前年度の損益計算書の要旨を直接税検査官に提出した個人または会社は，経営に充当した不動産の賃借料および各業界の慣行に基づいて一般に認められた減価償却費を含むすべての費用を控除した純利益に課税される。

　第 4 条に定める納税者の課税を行うために，税務検査官は必要なすべての情報を関係者に要求することができる。関係者による訴えの場合を除き，検

査官が課税ベースを決定する（第5条）。

　商工利益課税は純利益に課税され，純利益はすべての費用を控除して算定される。不動産の賃借料および減価償却費を除き費用の詳細がなく，収益への言及もないなど不完全であるが，当時の商人および会社の記帳・会計義務に基づく会計実務を前提に規定されたものと考えられる。

　しかも，当時は会計上の純利益と税務上の課税利益は明確に区別されていない。既述のとおり，両者の区別が明確にされるのは，純利益を期首・期末純資産増減額と定義し，それが課税ベースとして役立つことを定めた1941年1月13日法律からである。

　損益計算書の要旨に関して，当該法律は特別な様式を課していないが，法案審議の中で「純利益の算定に資する主要な項目，つまり，総収益，一般経費および減価償却費を挙げることで十分である」（1916年7月27日上院での法案審議における M. ペルショの追加報告）とされた（大下，2013, 44-45頁）。

　決算書上の純利益によらず，売上高に基づく見積課税制度で課税される納税者は，売上高に適切な係数を適用して純利益を見積もることができる。そのために，業種別の係数を決定する委員会が設置される（第6条）。

② 1807年商法典および1867年会社法の帳簿・会計規制への依存

　上記所得税は1807年商法典の帳簿と1867年会社法の決算書の規制を前提にしていたことは容易に推察できる。第4章で明らかにしたとおり，1807年商法典がすべての商人に対して一定の記帳義務を課し，この帳簿規制を前提として，1867年7月24日法律（1867年会社法）が財産目録，貸借対照表，損益計算書および監査役報告書の株主総会への提出義務を定めていた（第34条第4項）。

　1917年7月31日法律の上記規定からは，1917年種別所得税がその創設当初から当時の商法・会社法上の帳簿および決算書を「純利益」の把握に用いていたことがわかる。この点は，税務に係る1920年7月31日法律および1924年3月27日法律が1807年商法典の定める帳簿の提示義務および記帳義務を課税面から課したことからも明らかである。

　特に，1924年3月27日法律は，記帳義務に関して罰則を設けた点で極め

て重要である。すなわち，1807年商法典に定める日記帳および財産目録帳において，故意に記帳しなかった者もしくは記帳させなかった者，または不正確もしくは虚偽の記帳を行った者もしくは行わせた者に，罰金刑または最長5年の禁錮刑を科したからである。

　課税の公平性を担保するには，すべての納税者に正規に記帳された帳簿が存在し，これにより課税利益が検証できることが不可欠である。その意味で，すでに存在した商法・会社法上の帳簿および決算書の制度を利用することは自然であり，しかも，これを課税に用いることにより，商法の記帳義務自体の実効性が図られる。この点は第4章で述べたとおりである。

(2) 課税利益計算の実務
① 違法配当に係る判例・学説

　既述のとおり，1867年会社法は財産目録，貸借対照表および損益計算書の作成を義務づけたものの，その作成に関する具体的な基準を何ら示さなかった。

　この法の不備を補って，架空配当とは何かの観点から，判例や学説が財産目録上の各項目の評価，減価償却費，引当金などの処理基準を確立したことは一般に指摘されている（大下，1998，14-49頁）。

　E. ボードナによれば，分配可能であるためには「利益は獲得され (acquis)，実現された (réalisés) ものでなければならない」(Beaudonnat, 1925, p. 40)。一般に，利益は即時に実現しうるという条件でのみ取得されたものと見なすことができるとされ，特に固定資産の評価益の分配には否定的であった。

　架空配当は一つには資産の過大評価の結果であるが，資産評価の一般的規則は存在せず，唯一，生命保険会社の監督および監査に関する1905年3月17日法律等に，動産は購入価格，不動産は購入価格または建設総原価等が評価基準になるとの規定が存するのみであった (Beaudonnat, 1925, pp. 58-59)。

　資産の評価に関する学説には，売却を想定した実現可能価値 (valeur réalisable) に基づく市場価値システムの考え方と原価システムの考え方の対立があり，一般的な評価基準を設けることは不可能であると見られた。違法配当事件に関する判例では，相場のある有価証券等には市場価値システムの考

え方が適用可能とされたが,実現可能価値の入手が困難な資産,特に固定資産には原価による評価を支持する傾向があった(Beaudonnat, 1925, p. 62)。

また,ボードナは取得原価を基本的評価基準とし,財産目録日の相場が原価を下回る場合には補足的に相場を採用するシステムを支持し,判例も当該方向にあると指摘した(Beaudonnat, 1925, p. 79)。原価システムの長所として経営幹部による恣意的な評価の排除が挙げられるが,減価の生じた項目の価値の変動を考慮できないなどの原価評価の欠点が認識され,減価償却と減価引当金は原価システムの欠点に修正もたらすものとされた(Beaudonnat, 1925, p. 64)。

減価償却(amortissement)は1807年商法典および1867年会社法に定めがないものの,一般に正規の帳簿の考え方と決算書の真実性の考え方から,赤字・黒字にかかわらず毎年度実施する必要があると考えられた(Beaudonnat, 1925, p. 98)。判例は,固定資産における時の経過・使用による減価分の資本の保全の観点から,減価償却のない純利益からの配当を違法配当とした(Beaudonnat, 1925, pp. 101-105)。

借方の資産は減価のいかんにかかわらず原価で維持され,貸方には年度減価償却費に相当する金額を減価償却特別勘定に計上する。償却率は,作業の度合い,ビジネスの変化,技術の変化等により変わるため,定款等で事前に定めることはできないとされた[1]。

また,判例により創立費等の繰延資産の計上および償却も認められた。引当金(provision)と積立金(réserve)との違いも一般に認識されていた(Chaveneau, 1926, p. 160, Beaudonnat, 1925, p. 112)。

所得税の創設前の時代,企業の決算はこれら処理基準に影響を受けた各業界の慣行あるいは各企業の慣行・経営方針等を基礎にして行われたと見られる。例えば,サン・ゴバン社の1907年度決算には,固定資産の原価評価と同社の伝統的に慎重な経営方針に基づく早期の減価償却,慎重性の観点から行う製造装置の更新の事前準備に係る工業引当金,特定の危険に係る引当金,棚卸資産の原価評価と減価の認識,容易かつ確実に実現可能な価額(控えめな評価額)での一時所有有価証券の評価,回収可能性の疑わしい売掛金の即時償却等の処理が見られた(大下, 1998, 135-141頁)。

同社の株主総会は，経営者による個々の会計処理の説明と会計監査役によるこれら処理に関する監査報告に基づき，当該企業の決算を承認する場としての役割を有していた。その際，経営者の報告とその妥当性をチェックする会計監査役の報告は，業界の慣行や当該企業の慣行・経営方針等に鑑みて，個々の会計処理が妥当である旨が報告されていた。

② 企業決算の規制強化の動き

　旧商法・会社法規制下の企業決算の社会的な信頼性が高くなかったことはH. キュルマンも指摘するところである (Culmann, 1980, p. 29)。違法配当に係る判例は債権者保護のための「会社財産の保全」の観点から展開され，資本（資本金および法定積立金等）の配当による社外流出の規制に重点が置かれた[2]。このため，決算書に不正確または不適切な点が見られても，実際の配当による資本の社外流出がなければ重大な問題にならなかった。

　P. ランケ (Lanquest, 1908, pp. 94-95) は，架空利益による不正配当，不正または不完全・不正確な財産目録または貸借対照表，不備な監査役報告書が一般に見られたことを指摘している。

　ボードナによれば (Beaudonnat, 1925, pp. 27-28)，利益の決定を目的とする財産目録とその決定利益を表示する貸借対照表の不正行為を防止するために，1902 年 12 月 27 日に 1867 年会社法の改革に関する院外委員会が特別法の法案起草を企てたが，「財産目録および貸借対照表を規制することは適切ではない」として反対にあっている。

　1921 年には F. ラバランが株式組織の会社の貸借対照表に関する法案を下院に提出したが成立しなかった。この法案は，不明確な項目の計上禁止，支払期限に基づく資産・負債項目の区分表示，2 年度比較表示，固定資産の減価償却の継続的実施の必要性等を盛り込んでいたが，非常に厳しい規制であるとして産業界や法律家から歓迎されなかった。当時，会社決算の厳格な規制は商工業の発展にとって有害であると考えられたのである (Beaudonnat, 1925, p. 29)。

　1930 年代には世界的な経済恐慌の影響を受けて，株主・投資者の保護を強化する目的から，1867 年会社法改正第 35 条が評価・表示方法の継続的な

適用を義務づけ，改正第437条第2項は貸借対照表に関する新たな罰則を定めた。

しかし，当該罰則規定は会社の真実の状況を隠すために，株主に対して故意に不正確な貸借対照表を公告または提出した株式会社の社長，取締役などの経営幹部を処罰するものであり，利益配当の有無を問わないものの幹部の「悪意」をその適用要件とするものであった。

以上のとおり，旧商法・会社法規制下でも違法配当に係る判例・学説による処理基準の形成が見られたが，部分的かつ不完全なものであった。また，決算書の規制強化の必要性が認識されながらも，経済活動の自由を重視する産業界からの強い反対に遭遇した。体系的な計算基準の欠如の中で，これを補ったのが所得税の創設後に展開された税務の基準である。

③　税務上の処理基準の展開

1917年の種別所得税（商工利益課税）の創設後は，税務法令・通達や税務判例による実務基準が生み出された。1807年商法典および1867年会社法の帳簿および決算書の制度的枠組みを利用しながらも，課税実務の観点から，「純利益」の具体的な計算基準が展開されたのである。

J. シャヴノーによれば（Chaveneau, 1926, pp. 209–210），収益は営利目的の付随的な取引の収益を含み，費用は1917年1月17日デクレ第1条列挙の費用，すなわち経営に必要な不動産の賃借料，事業主からの借入資金の利子，従業員等への給料・賃金・現物給付等，原材料費，一般経費（frais généraux）および保険料，機械装置・設備の賃借料，維持費および減価償却費（価値を増加させる支出額，事業拡張の支出等を除く）を含むものとされた。

また，前出1917年7月31日法律第4条の「経営に充当した」という条文に関して，納税者の家計の支出，事業主の個人的な動産または経営外の不動産の保険料，所得税および事業非関連のその他の税金，相続税，事業活動に関連しない登記料・訴訟費用，個人・慈善団体への寄付等の支出は，帳簿に計上されていても税法上の費用にならないとされた（Chaveneau, 1926, p. 213）。

1）　定義

固定資産や棚卸資産の定義は税務判例や通達により明確にされた。例えば，

顧客から回収可能な包装材料は固定資産であるが，回収不能包装材料は棚卸資産である。不動産業者が保有する転売目的の不動産，営業権，不動産会社の持分・株式等は固定資産ではなく棚卸資産とされ，固定資産の再評価の対象とならない（1958年2月17日最高行政裁判所（コンセイユ・デタ）判例）などである。

　2）　資産の評価

　評価に関する税務判例としては，棚卸資産の原価評価の下で期末日の相場が原価を下回っている場合の低価評価，原価算定における総平均法，半製品・完成品原価の簡易な計算方法，付加価値税の税抜処理等がある。また，固定資産はその原価で記録され，当該原価は購入代価だけでなく輸送費，関税，据付費・組立費等の付随費用を含むものとされた。

　3）　減価償却と損金経理の要件

　減価償却に関しては，業界の慣行に基づき一般に認められた減価償却費に加えて，さまざまな税法上の特別措置が定められた。例えば，生産的投資および社会的投資の特別償却制度（1938年5月2日デクレ），譲渡益の再投資の圧縮記帳（1939年2月3日デクレ），一定の機械・装置の加速償却制度（1951年1月8日法律，1959年12月28日法律）等である。

　また，税務当局は，赤字企業が会計上の帳簿に記帳しないことを条件に減価償却を実施しなくてもよいこと，したがって償却を繰り延べできることを容認した。E. カレによれば（Carré, 1969, pp. 33-34），赤字（欠損金）の繰越は5年の期間に制限されるため，既述の減価償却に関する学説や違法配当訴訟の判例にもかかわらず，一般に減価償却を実施しない選択肢が選好された。償却率や償却の開始時点等は税務判例により明確にされた。

　ここで重要な点は，課税当局が「帳簿に記帳しない」という条件で，減価償却を実施しなくてもよいと容認した点である。裏を返せば，税務上の費用として減価償却費を計上するのであれば，必ず帳簿に記帳しなければならないことになる。この帳簿はもちろん商法上の帳簿である。当該要件は日本のいわゆる「損金経理」の要件に相当するものであり，フランスにおける最初の特別償却制度を定めた1938年5月2日デクレ第33条にも明確に示されている[3]。

4) 引当金と損金経理の要件

税法上，引当金は1920年代末に法令（1928年12月30日法律等の一連の法令）に明記され，「明確でありかつ当期中の出来事がその発生を可能性の高いものにする損失または費用に備えるために」さまざまなものが認められた。例えば，機械装置・工具器具更新引当金（1939年1月13日デクレ），原材料加工業の相場変動引当金（1948年12月9日デクレ），出版業引当金（1945年12月31日法律），銀行等の中・長期信用取引引当金（1947年9月4日省令）などである[4]。

特に，1945年3月31日オルドナンス（第45-524号）は，引当金繰入を課税利益計算上の費用とするための条件として，引当金を当期の帳簿に記入していること，税法上の明細書に記載していること，の2つの形式要件を課した。いわゆる「損金経理」の要件に相当するものである。

減価償却や引当金は，税務面での設定要件を通じて，企業の決算実務に大きく影響してきた。例えば，サン・ゴバン社の決算を1907年度と1939年度とで比較すると，1939年度決算には1907年度の決算にはなかった特別償却や引当金の計上が見られる（大下, 1998, 147-153頁）。

これは，前年の1938年に制度化された税法上の特別償却制度と機械・設備更新引当金である。同社の営業利益に相当する工業経営利益は通常の減価償却費と特別償却費を費用計上して算定されており，当該工業経営利益から機械・設備更新引当金繰入額42百万フランを控除する形で，当期利益44.7百万フランを算定している。

当該引当金の繰入額は当期利益とほぼ同額であり，純利益に対する税法上の引当金の影響がいかに大きいものであったかが窺われる。なお，工業経営利益計算の詳細は表示されておらず，特別償却の金額は把握できない。

1939年度の同社の貸借対照表には，諸引当金102百万フラン，機械・設備更新準備金70百万フランが計上されており，これらは貸方合計額の10.7％に上っている（大下, 1998, 204頁）[5]。

このサン・ゴバン社の事例からは，多額の税法上の特別償却および引当金・準備金が会社法決算に介在し，会計上の純利益の計算上これらが費用として計上され，貸借対照表に表示されたことがわかる。

以上のとおり，違法配当に係る判例・学説に加えて，税務面で費用・収益の内容，資産の定義・評価，減価償却，引当金などの実務が展開された。特に，損金経理を要件とした減価償却および引当金の実務は今日まで引き継がれ，企業の決算に大きな影響を与えてきた。

　しかし，税務の実務基準には課税当局の判断によるものがある。本書の第3章で明らかにしたとおり，1950年代には，「課税の行き過ぎ」，「脱税・不正の横行」などが見られ，「課税当局のうるさい調査」，「ときとして矛盾する課税当局の決定」，「税務訴訟における課税当局寄りの決着」，「課税当局の恣意性」および「税務規則の不安定性」が指摘されていた。

　体系的かつ（課税当局に偏っていないという意味で）公正な計算ルールの欠如，決算書に対する社会的信頼性の低さの中で，有効な課税システムをいかに構築するのか，当局の恣意的な判断に基づく課税をいかにコントロールし，納税者の保護を図るのかが，大きな課題だった。

　税法の枠組みに基づくプラン・コンタブル・ジェネラル（PCG）による会計標準化とその税務領域における積極的活用は，これら課題に応えるために採用された一つの方策であると考えられる。すなわち，きちんと帳簿がつけられ，それに基づいて決算書が作成され，そのための公正な作成ルールがすべての事業者に共有されていることが必要だからである。

　既述のとおり，まず，1959年12月28日法律（税法）第55条がPCGを一般的・漸次的に適用していくことを決定した。次に，1962年4月13日デクレがその具体的な適用方式を定め，最後の仕上げとして，1965年10月28日デクレ第65-968号（1965年税法デクレ）がPCGを課税利益計算の一般基準とすること（PCGへの包括的遵守義務）を定めた。

　1959年税法および1962年デクレの定めるPCGの適用方式については，第3章で取り上げた。そこで，以下では，1965年税法デクレによるPCGの一般基準化を取り上げたい。

2. 1965年税法デクレとPCG

(1) 1965年税法デクレの計算規定

1965年10月28日デクレ（1965年税法デクレ）の正式な名称は，「商工企業が租税一般法第53条に定める申告書と同時に提出する義務のある情報に係る租税一般法第54条の適用条件を定め，かつ当該企業が準拠しなければならない定義および評価規則を定める1965年10月28日デクレ第65-968号」である。

当該デクレは，租税一般法（Code Général des Impôts：CGI）第54条を改正する税務・関税次元の措置に関する1958年12月29日オルドナンス第58-1372号第15条の規定に係る行政命令である。当該オルドナンスの第15条は，実額利益課税制度により税務申告する商工企業に対して，申告書に添付すべき税務申告関係書類（一般経営計算書および損益計算書の要旨，会計外調整表，貸借対照表，減価償却明細書および引当金明細書）の提出を義務づけた。1965年税法デクレは，当該オルドナンス第15条の規定を受けて，上記税務申告関係書類の作成ルールを定めたものである。

1965年税法デクレの構成は，税務申告関係書類の損益計算書や貸借対照表等の様式（第1条），棚卸資産の定義（第2条），プラン・コンタブル・ジェネラル（PCG）への包括的遵守義務（第3条），資産の若干の評価規則（第4～11条）およびその他（第12～16条）から構成されている。

第3条の「PCGへの包括的遵守義務」は，「一般経営計算書，損益計算書，貸借対照表および附属明細書に記載する項目の計上は，課税標準に適用する規則と矛盾しない限り，プラン・コンタブル・ジェネラルの定義を遵守しなければならない（doivent respecter les définitions édictées par le plan comptable général）」（1965年10月28日デクレ第3条，現行租税一般法附則Ⅲ第38条quarter）と定めるものである。

当該条文は，課税利益計算における一般基準としてプラン・コンタブル・ジェネラル（PCG）を位置づけるものであり，フランスでは「接続性の原則（principe de connexité）」あるいは「接続の原則（principe de connexion）」と呼

ばれる。この原則は，国家会計審議会（CNC）の報告書「IAS/税務」（2005年3月）においても言及されている（CNC, 2005a, p. 2）。

この1965年税法デクレ以降，課税利益の計算面の規制において，課税当局は会計利益計算に係る規則を課税利益の計算に可能な限り用いるという基本的考え方が確立・維持されてきた。第3条に定める「プラン・コンタブル・ジェネラル」は，1965年当時は1957年PCGを意味する。

PCGへの包括的遵守義務は単に定義にとどまらず，帳簿組織，勘定枠組み，勘定運用，評価規則や決算書様式など一般会計の規定の全体に及ぶものと解釈されている。1965年税法デクレがPCGへの包括的遵守義務を定めてからは，税法側で特段の規定を設けない限り，実額利益課税の商工企業は，課税利益計算の一般基準としてPCGを用いることになる。

なお，1965年税法デクレの第3条以外の規定はこの税法側の特段の規定ということになり，一般基準のPCGに優先して適用される。もっとも，これら規定は，棚卸資産の定義を除き，1957年PCGと実質的に同じものである。以下，この点を明らかにしたい。

(2) 1965年税法デクレの決算書の様式と1957年PCGとの比較

課税利益のベースとなる「会計純利益」（または「会計純損失」）は添付の一般経営計算書および損益計算書から導出される。1965年税法デクレおよび1957年PCGの一般経営計算書および損益計算書の要旨を比較すると，両者は同一の構造であり，借方は項目も同一であることがわかる（大下, 2013, 60頁）。唯一異なる点は一般経営計算書の貸方項目における「回収可能包装材料販売高」，借方項目の人件費における「現物利益」の取り扱いのみである。

貸借対照表について，1965年税法デクレと1957年PCGを比較すると，両者の構造は同一であり，項目もほぼ同じものである（大下, 2013, 60–62頁）。両者で異なる点は，借方側では，1965年税法デクレにおける「回収可能販売包装容器」および「社員当座勘定」，1957年PCGにおける「戦災固定資産」および「投資有価証券（払込分・未払込分）」のみである。貸方側では，純資産の構成項目が両者間で若干相違しているほかは，1965年税法デクレ

における「社員当座勘定」,「未払込証券金額」および「銀行預金(貸方残高)」に相違が見られるだけである。

借方側の「回収可能販売包装容器」に関しては,1957年PCGでは棚卸資産に含まれたが,1965年税法デクレは「固定資産」として計上するものと考えている。1965年税法デクレが税法上の棚卸資産の定義を独自に定めているのはこのためである。

貸方側の純資産の構成項目に関しては,1957年PCGの「固定資産更新積立金」は正規の償却額を超える部分を任意の積立金として記入したものである(CNC, 1965, pp. 86-87)。「棚卸資産更新積立金」は物価の騰貴時に棚卸資産を確実に取得するために設定する任意の積立金である(CNC, 1965, p. 87)。再評価特別積立金は現行法規に基づく貸借対照表の再評価増価を計上したものである(CNC, 1965, p. 87)。

税法上,固定資産売却益の処理方法として,当該年度の利益として計上する方法と,新しい固定資産への投資を予定して再投資積立金に積み立てる方法の2つを定めた。前者の場合は課税対象となるが後者の場合は課税対象とならない。再投資の積立金は1957年PCGでは任意積立金に含まれる(CNC, 1965, p. 86)。

以上のとおり,税務申告関係書類の損益計算書および貸借対照表の様式は1957年PCGの提示するモデルとほぼ一致している。

(3) 1965年税法デクレの評価規則

1965年税法デクレは,以下のとおり,若干の評価規則(第4~11条)を定めている。

① 固定資産
1) 当初原価の算定と取得原価評価

固定資産は当初価値(valeur d'origine)で貸借対照表に計上する。当初価値は次のとおり算定する(第4条)。
・有償取得の固定資産は,運送費,関税および据付・組立費などの付随費用を加算した実際購入原価(coût réel d'achat)。

・第三者により企業に出資された固定資産は，出資価額。
・自家建設の固定資産は，消費した原材料または供給品の取得原価にすべての製造直接費および製造間接費を加算した実際製造原価。

2）減価償却と減価引当金

時間の経過により減価しない固定資産（営業権，土地）は減価償却しないが，場合によりその減価は引当金の対象となる（第5条）。消失または破壊，売却などにより除却した固定資産は固定資産勘定への計上を停止する。これら固定資産に関連する減価償却累計額および引当金はそれぞれの勘定から減額する。

② 保有有価証券

1）取得原価評価と期末評価替え

保有有価証券（投資有価証券および一時所有有価証券）はその当初価値により貸借対照表に計上する（第6条）。年度末に，投資有価証券および一時所有有価証券の評価替えを行う。相場のある有価証券は当期の最終月の平均相場で評価する。相場のない有価証券は見積売却価額（valeur probable de négociation）で評価する。当該評価替えの結果生じた増価または減価は，同一性質の証券の種類ごとに，当初価値総額と対比して算定する。

2）評価増価の非認識と評価減価の引当処理

評価増価は会計処理しない。これに対して，評価減価は引当金勘定に計上する。一時的と判断される上場証券の異常な価格低下の場合，企業はその責任において，確認された減価の全部または一部を引当金に計上しないことができる。ただし，その他の証券において確認された正常な増価との相殺を行うことができる範囲内である。なお，払出原価の計算は先入先出法による（第7条）。

③ 棚卸資産

1）取得原価評価

棚卸日の商品，原材料，供給品，商業用包装材料，ならびに仕掛品，半製品および製品は，棚卸日にその実際原価（coût réel）で評価する。実際原価

は次のとおり算定する(第8条)。
・商品,原材料,供給品および購入商業用包装材料は購入代価に運送費,関税などの付随費用を加算した実際原価。
・仕掛品,半製品,製品および製造商業用包装材料は,使用した原材料の購入原価にすべての直接・間接製造費用を加算した実際原価。

棚卸資産の原価は分析会計により提供され,それがない場合には統計的な計算または評価により決定される。実際原価は付加価値税込みで算定する。税抜処理をしている企業は税抜きで実際原価を決定することができる。

作業屑・仕損品は棚卸日に市場価格で,それがないときは実現可能価額(valeur probable de réalisation)で評価する。仕掛品および未完成工事は棚卸日に原価で評価する。

2) 強制低価評価と減価引当金の設定

商品,原材料,半製品,完成品および商業用包装材料の棚卸日における相場が第8条に定める実際原価を下回る場合,減価引当金を設定しなければならない(第9条)。引当金は毎年度末に調整しなければならない(第10条)。

原材料および商品の購入高,ならびに商品および完成品の作業高または販売高,企業の提供した用役提供高およびその他の取引高は,関連した売上税を考慮して算定する(第11条)。この規則の例外として,売上税を除外して購入高を会計処理することができる。

以上が1965年税法デクレの第4~11条に定める評価規定である。

(4) 1957年PCGの評価規則との比較

上記1965年税法デクレの評価規則は,1957年PCGの評価規則(第2部「プラン・コンタブル・ジェネラル」第Ⅱ編第3章「クラス1~8の勘定の運用方式と評価原則」)と実質的に同じものである。

ただし,1957年PCGにおける「第3章」の規定は,貸借対照表(B/S)項目および損益計算書(P/L)項目について勘定の運用方式と評価原則を詳細に定めているのに対して,1965年税法デクレの上記規定は,固定資産,保有有価証券および棚卸資産のみに限定して,課税当局が評価,償却,期末評価替え,強制低価評価および減価引当金などの重要項目のみを定めたもの

である。

① 固定資産

図表 5-1 は，1957 年 PCG の固定資産の評価，減価償却および減価引当金に関する規則である。すなわち，基本的な評価原則としての「取得原価評価」を取得の態様ごとに明確にしたものである。

1957 年 PCG は「固定資産はその実際購入原価（coût réel d'achat）で会計処理する。自家建設の固定資産は実際製造原価で会計処理する。これらの場合，当該実際原価が固定資産の当初価値（valeur d'origine）をなす。」（CNC, 1965, p.96）と定めているが，前出 1965 年税法デクレの第 4 条の規定はこれと実質的に同じである。

ただ，減価償却に関しては，1957 年 PCG は詳細に言及し，償却義務を明確にしている。すなわち，減価償却費の処理に係る間接法，耐用年数，償却率，償却開始時点，償却費の変更の規定を設け，「減価償却は利益がない場合にも毎年度実施しなければならない。」と定めて減価償却を義務づけている。これに対して，1965 年税法デクレには，減価償却の実施に関する定めがなく，営業権と土地を償却しない旨を明確にするだけである。償却しないことを容認してきた課税当局の従来のスタンスが垣間見える。

減価引当金については，1957 年 PCG は年度末の調整の必要性のみを明らかにし（詳細はなし），1965 年税法デクレは非償却性固定資産が減価引当金の対象になることを示すだけである。

1957 年 PCG の規定は，これ以外に，無償取得，除却，売却の場合の処理

図表 5-1　1957 年 PCG における固定資産の評価，減価償却および減価引当金に関する規則

固定資産	評価方法	減価償却の実施	減価引当金の設定
有形固定資産	購入：実際購入原価 自家建設：実際製造原価 （実際原価が当初価値をなす）	償却義務（間接法，耐用年数，償却率，償却開始時点，償却費の変更，減価償却累計額の B/S 表示）	営業活動とそれ以外の区別 年度末の調整
無形固定資産*	有形固定資産と同じ規則		

（CNC, 1965, pp.95-97 に基づき筆者作成）

図表 5-2　1957 年 PCG における有価証券の評価および減価引当金に関する規則

有価証券	評価方法	減価引当金の設定
投資有価証券	購入：購入価額 出資：出資契約書の諸項目の価額 無償交付：評価額に影響なし	必要に応じて設定 期末の評価： ・相場あり：最終月の平均相場 ・相場なし：見積売却価額 評価増価：会計処理しない 評価減価：引当金勘定に計上＊
一時所有価証券	投資有価証券と同じ規則	投資有価証券と同じ規則

＊相場のある有価証券が異常に値下がりしそれが一時的であると考えられるときは，自己の責任において，他の有価証券に確認される正常な増価の範囲内で，減価の全部または一部に対する引当金を設定しないことができる。
（CNC, 1965, pp. 100–101, 115 に基づき筆者作成）

を定め，企業活動から生ずる無形固定資産の取り扱い（備忘記録）にも言及している。これら事項の処理は，除却を除き，1965 年税法デクレには定めがない。

② 保有有価証券

図表 5-2 は，1957 年 PCG における有価証券（投資有価証券および一時所有有価証券）の評価および減価引当金に関する規則をまとめたものである。

これによれば，取得の態様に応じた評価（原価評価），期末の評価替えと減価引当金の設定，その場合の最終月の平均相場（相場があるもの）あるいは見積売却価額（相場がないもの）の採用，評価増価と評価減価の非対称的な処理（前者は会計処理しないのに対して後者は減価引当），異常な一時的値下がりに対して引き当てしないケースの容認などを定めているが，1965 年税法デクレの第 6 条はこれと同一である。ただし，1965 年税法デクレは，売却の場合の単価の算定方法として先入先出法を定めているが，1957 年 PCG は当該算定方法に言及がない。

③ 棚卸資産

図表 5-3 は 1957 年 PCG における棚卸資産の評価および減価引当金に関する規則をまとめたものである。これによれば，棚卸資産の種類ごとに原価

図表 5-3　1957 年 PCG における棚卸資産の評価および減価引当金に関する規則

棚卸資産	評価方法	減価引当金の設定
商　品	経営分析会計または仕入帳の記録に従って計算した総平均仕入原価	総平均仕入原価と棚卸日の販売価格から見積販売費および利益相当額を控除した価額との差額
原材料・消耗性原材料	経営分析会計または仕入帳の記録に従って計算した総平均仕入原価	同上。確実な販売価格がない場合，棚卸日の相場での仕入価格に仕入付随費用を加算した価額
作業屑・仕損品	相場あり：棚卸日の相場から見積販売費を控除した価額 相場なし：見積売却価額から販売費を控除した価額	原則として減価引当金を設定しない
半製品	経営分析会計または統計を用いて計算した総平均製造原価	総平均製造原価と棚卸日の販売価格から見積販売費および利益相当額を控除した価額との差額。確実な販売価格がない場合，製品の相場から見積もった価額
製　品	経営分析会計または統計を用いて計算した総平均製造原価*	総平均製造原価と棚卸日の販売価格から見積販売費および利益相当額を控除した価額との差額
仕掛品	経営分析会計または統計を用いて計算した製品または作業の原価	異常な事由により減価引当金を設定する場合は事実または規定を考慮してその金額を定める
商業用包装材料（購入・製造）	購入：商品と同じ規則 製造：製品と同じ規則	購入：商品と同じ規則 製造：製品と同じ規則

＊総平均仕入原価＝（期首在高＋当期仕入高）÷（期首在庫数量＋当期仕入数量），総平均製造原価＝（期首在高＋当期製造原価）÷（期首在庫数量＋当期製造数量）
（CNC, 1965, p. 106 bis に基づき筆者作成）

評価とその算定方法（総平均原価）および期末の評価替えと減価引当金の設定の規則を定めており，一部の定義を除き，1965 年税法デクレの第 8 条の規定はこれと実質的に同じである。

ただし，1957 年 PCG の規定はより詳細である。例えば，総平均原価法の採用，当該評価方法に従って商品，原材料の仕入原価あるいは製品の製造原価を計算できない場合の処理方法[6]や品質低下，棚ざらしあるいは陳腐化した商品，原材料または製品に関する減価引当金の計算にも言及している[7]。1965 税法デクレにはこれらの点の定めはない。

また，1957 年 PCG は原価と比較される期末の価額を棚卸資産の種類ごとに明確にしているが，1965 税法デクレは棚卸日の「相場 (le cours)」とだけ定め，条文上はその詳細を明確にしていない。

以上のとおり，1965 年税法デクレの評価規則は固定資産，保有有価証券

および棚卸資産のみに限定し，しかも規則の詳細さに大きな違いが見られるものの，1957年PCGの評価規則と実質的に同じものである。

両者の評価規則の特徴は，資産評価における客観性に優れた原価システム，および減価の生じた資産価値の変動を反映させる減価償却と減価引当の採用（原価システムの欠点を修正）に集約される。これは既述のとおり，旧商法・会社法の下で違法配当に係る判例や学説により展開された考え方である。

また，棚卸資産の原価評価，単価の算定に係る総平均原価法，半製品・製品の原価の算定に係る簡易な計算方法（統計に基づく方法など），付加価値税の税抜処理，期末の相場が原価を下回る場合の低価評価，固定資産の原価評価，その原価の算定上購入代価に輸送費，関税，据付費，組立費などの付随費用を含めることなどは，既述のとおり，旧商法・会社法の下ですでに税務の基準として展開されていたものである。

1965年税法デクレの計算規定は，実額利益制度（régime de bénéfice réel）に従い所得税を課税される商工企業（個人）および法人税（impôt sur les sociétés）の課税を受ける法人に適用され[8]，1984年3月14日デクレ第84-184号（1984年3月14日税法デクレ），2005年12月28日デクレ第2005-1702号を経て，今日租税一般法（附則Ⅲ第38条quinquies以下）に収容されている。資産の評価規則は，棚卸資産および自家建設の固定資産の製造原価の算定における金融費用の取り扱いを除き現在まで維持されている。

3．接続性の原則とPCGの一般基準化

(1) 接続性の原則の確立

既述のとおり，1965年税法デクレの包括的遵守義務規定は，課税利益の計算上，税法独自の規定を除きプラン・コンタブル・ジェネラル（PCG）に従うことを定めるものである。当該義務は会計領域の会計基準を可能な限り税務領域に用いるという課税当局の考え方を表し，「接続性の原則」と呼ばれることは既述のとおりである。

国家会計審議会（CNC）は1962年5月3日付要望書「PCGの規則と税務

次元の規定との調和化」の中で，ア）会計は経済的・法的・社会的ニーズの充足という本質的使命を追求する，イ）税務的次元のいかなる規定もPCGの用語，規則および会計上の通常の記入に影響しない，ウ）課税上の特別措置は税務領域にのみ反映させる，エ）会計と税務の違いによる調整作業（企業事務負担）を最小限にとどめるために会計と税務の両規定の不一致はこれを除去するものとし，企業の作業を簡素化するためだけでなく，経済的・法的・社会的ニーズの充足という会計の本質的使命を達成できるよう，両規定の不一致は除去されるべきであるという要望書を出している（CNC, 1975, p. 187）。

この要望には，経済・財政政策の手段として用いられる税務上の特別措置は課税に関わるものであり，会計的成果の決定プロセスに関わるべきではないという考え方が示されている。1965年税法デクレはいわば当該要望の考え方を取り入れたものといえる。

また，G. アドゥによれば（Haddou, 1991, pp. 60-61），1966〜1968年から，PCGの一般会計の教育を受けた税務調査官の幹部昇進が始まり，課税当局のスタッフにおける「接続性の原則」の考え方の浸透が1960年代の後半に進展したとされる。

課税利益の計算規則において，接続性の原則が採用されることにより，会計利益計算と課税利益計算の一元化が図られ，企業にとり二重の記録・計算を回避することが可能となる。

ではなぜ，「課税利益の計算はすべてPCGに従う」という全面的な委任規定を置かなかったのであろうか。それは，課税利益の計算がPCG（会計領域の基準）の変化の影響を直接受けてしまうことになるからである。

そこで，1965年税法デクレは重要な計算規則を独自に置き，当該部分の計算に関しては，会計基準や会社決算の影響を遮断しているのである。もっとも，既述のとおり，税法独自の計算規則はPCGに一致させて，事業者側の調整の負担軽減を図っている。

(2) 会計外調整

接続性の原則の下でも，純利益と課税利益は一致しない。租税理論や租

税・財政政策の観点から，会計上の費用・収益が税務上制限されたり，会計上費用・収益とされないものが税務上容認されるからである。そのため，1965年税法デクレは会計外調整表を用意している。

図表5-4は1965年税法デクレに定める会計外調整表である（主要項目のみを示した）。当該表は日本の税務申告関係書類「別表四」に相当するものである。これによれば，課税利益は損益計算書の会計上の純利益・純損失を出発点に税務上の加算・減算の調整を加えて算出される。税務上の加算・減算の税務調整項目は会計上の取り扱いと税務上の取り扱いの相違に起因するものである。

この税務調整は会計外調整と呼ばれる。加算項目は減価償却費，引当金繰入，租税公課，一定額超過社員当座勘定利息，過大役員報酬，奢侈的支出

図表5-4　会計外調整表（主要項目のみ）

	金額	1	2
Ⅰ―会計純利益（第1欄に計上）		××	
Ⅱ―会計純損失（第2欄に計上）			××
Ⅲ―加算			
会計上は費用となったが税法上損金として認められない金額	×		
その他の加算	×		
小計（第1欄に計上）		××	
Ⅳ―全企業に関わる減算			
会計上は費用とならなかったが税法上損金として認められる金額			
その他の減算	×		
小計（第2欄に計上）	×		×
合計			
差額……第1欄―第2欄（a）			
第2欄―第1欄（b）			
Ⅴ―法人税の課税対象となる法人にのみ関わる減算			
控除総額（c）			
繰越欠損金			
繰越欠損金の合計			
特別の損金算入の合計（d）			
Ⅵ―税務純成果			
税務純利益（a－d）			
税務純損失（c－a または b＋c）			

（1965年10月28日デクレ第65-968号）

（狩猟・釣り，別荘，ヨット・レジャーボート，レジャー用車両）等に関わり，さまざまな理由から会計上計上した費用に税務上一定の制限を加えるものである。

税法上，減価償却費は経営に用いた固定資産に係るものだけが費用となる。減価償却方法には定額法のほかに産業政策的な観点からの加速償却，特別償却，逓減償却等があり，税務上の減価償却費は一定の限度額に制限されている[9]。

税法上の引当金には相場変動引当金，価格騰貴引当金，鉱床再建引当金等があるが，有給休暇引当金，統計的評価に基づく貸倒引当金，顧客保証引当金等は税法上認められない。また，引当金は会計上の帳簿，B/S・P/Lへの計上という税務からの要件・しばりがある。

純利益からの減算項目としては，再投資の免税措置に係る固定資産譲渡増価，赤字年度に繰り延べたと見なされる減価償却費，繰越欠損金等がある。固定資産譲渡増価の再投資の免税制度は，1965年7月25日法律により，償却資産と非償却資産および短期と長期を区別した長期譲渡増価の免税制度に引き継がれた。

会計上の取り扱いと税務上の取り扱いの違いが大きいならば，会計外調整における再計算の項目数や作業負担は大きくなる。したがって，調整作業を最小限にとどめようとするならば，会計と税務の取り扱いを可能な限り一致させることが必要となる[10]。

1965年税法デクレによるPCGの一般基準化は，申告添付決算書類の様式に1957年PCGのP/LおよびB/Sの構造および項目をほぼそのまま採用させ，会計上の取り扱いに税務上の取り扱いを一致させることにより，会計外調整作業を最小限にとどめている。

このことは，企業にとって二重の計算作業を回避しその作業負担を軽減することを可能ならしめる。また，PCGの一般基準化は課税の公平性の確保はもちろん，税務申告を通じたマクロ経済データの集計促進という統計上の点からも有効である。

(3) 1982年・1983年の会計制度改革と課税当局の対応
① 1982年・1983年の会計制度改革

1980年代において，1982年にプラン・コンタブル・ジェネラル（PCG）が大きく改訂され，1983年にはEC会社法指令第4号の国内法化に係る1983年4月30日法律（1983年調和化法）および11月29日適用デクレが商法典に詳細な計算規定を設けたことは既述のとおりである（本書第4章参照）。

税務との関連で両者の改正の最も重要な点は，英国流の「真実かつ公正な概観」に相当する「誠実な概観（image fidèle）」の概念を導入したことである。当該概念は，フランス的な制約を受けながらも経済的観点からの実態開示の考え方を重視するからである。この点から，会計上，税務目的の処理は除去されるべきものとされた。

1982年PCGは税法上の特別償却の影響を明確化するために，経済的に正当化される償却費を超える部分を貸借対照表（B/S）上の貸方「法定引当金（provisions réglementées）」に計上するとともに，成果計算書上特別損益に表示するものとした。税法上の種々の引当金の「法定引当金」への計上とその繰入額の特別損益での表示も同様である。1982年PCGにおける注記・附属明細書は，その第17～20の項目に，当期の成果がどの程度税務特有の処理により影響されたかを記載しなければならない。

また，商法典における計算規定の拡充は，1966年商事会社法の計算書類の公示における1965年税法デクレへの準拠義務の廃止など，1965年税法デクレ以来の商法・会社法会計と税務の関係にも影響を与えた。

商法典における計算規定の大幅拡充は新たな難しい問題を惹起した。法令階層上，法務省管轄の法律である商法典の計算規定が経済・財務省令のPCGの上位に位置づけられるからである。PCGの改正は場合により商法典の計算規定の改正を伴わなければ法の優先を理由に実効性がない。

他方，PCGの改正は「接続性の原則」を通じて課税利益の計算にダイレクトに影響する。PCGの改正は常に商法・会社法会計および税務との関係を考慮しながら進められる必要が生ずるわけである。

② 課税当局の対応と「接続性の原則」の堅持

1982年・1983年の会計制度改革に対応して，1983年12月29日法律（1984年度財政法）第79条（現行租税一般法第53条A）が新たなシステム（現行システム）の枠組みを定めた。「接続性の原則」を堅持し，1982年PCGおよび商法典の新規定に対応して，税法側でこれらに合わせて1965年税法デクレの規定を一部改正したのである。

1984年3月14日税法デクレが1965年税法デクレの申告書の内容および添付書類のリスト，企業が遵守すべき定義（棚卸資産）と評価規則を改正し，1984年3月14日省令が申告関係書類の様式（2050〜2059）を改正した。

1965年税法デクレの定める申告書の内容，添付書類のリスト，定義，評価規則および申告関係書類の様式は，1982年PCGおよび商法典の新計算規定に対応して，これに合わせる形で手直しされたのである。PCGへの包括的遵守義務規定も堅持されている。

租税一般局（DGI）は，会計と税務の会計書類の共通化，国立統計経済研究所（INSEE），国民所得会計，フランス銀行の統計および税務統計の時系列分析，税務調査の有効化等の観点から，1982年PCGの新様式を採用したことを表明している。また，1983年に租税一般局はその様式案を専門会計士・認許会計士協会（OECCA），経営者団体連合税務委員会およびフランス銀行に提示しこれら組織から意見を聴取している。

1984年3月14日省令の定める申告関係書類（2050〜2059）を新旧比較すると，会計的性質の書類は1982年PCGおよび商法典の新計算規定の求める情報に一致している（大下，2013，53-54頁参照）。

すなわち，会計的性質の書類（2050〜2057）は1982年PCGの基礎システムに基づいたものである。貸借対照表（2050〜2051）および成果計算書（2052〜2053）の構造は1982年PCGに一致している。

租税一般局は成果計算書の報告式表示を採用した。固定資産（2054）および減価償却累計額（2055）は新たな項目を設けているものの旧書類と同一のものである。貸借対照表計上の引当金（2056）は税務上控除可能か不能かの分類に代えて，新PCGの性質別表示を採用した。すなわち，投資引当金等の法定引当金，退職給付引当金等の危険・費用引当金，減価引当金の3区分

である。

　年度末債権・債務支払期限別明細書（2057）は追加的な会計的性質の明細書である。この内容は1982年PCGの注記・附属明細書における記載事項（第4項）より詳細である。当該情報はINSEEの予測や財務分析にとって非常に有用であり，課税当局側では税務調査のニーズと経営困難企業の財務状況の把握のために役立てられる。

　税務成果の決定（2058）の構造は「Ⅰ加算」，「Ⅱ減算」および「Ⅲ税務成果」の3つの部分から構成される。加算の区分はさらに税務成果からの控除が認められない費用，人的会社の利益における持分部分，特別課税制度および繰延課税に，減算の区分はさらに人的会社の損失における持分部分，過年度課税済みで当期会計上の成果に戻し入れた控除不能の引当金および未払費用，特別課税制度および繰延課税，促進的措置，各種控除に区分され，税務成果の区分において繰越欠損金および繰延減価償却を考慮して税務成果が算出される。

　③　課税当局の対応と企業会計／税務の新たな相違
　1984年3月14日税法デクレは，従前と同様，棚卸資産を独自に定義したが，包装材料に関する会計上の定義との相違は解消されている。これに対して，評価規則は，棚卸資産および自家建設の固定資産の製造原価における金融費用の算入（資産化処理）の可否をめぐり会計上の取り扱いとの新たな相違を生み出した。

　すなわち，1983年調和化法適用デクレ（第7条第2項）および1982年PCG（第Ⅱ編一般会計第1章第1節注記12）によれば，生産サイクルの期間が当年度期間を超えるとき，これら資産の製造に係る資金調達のために当期に生じた金融費用をその製造原価に含めることができるが，税法デクレはこれを認めなかった[11]。

　実務上は，税務上の処理を優先して費用処理を採用するのが一般的であったが，もし企業が会社決算上資産化処理を採用した場合には，会計外調整による修正が必要であった（1984年12月17日税務通達）。

　法的保護のない営業権に関して，商法典の計算規定は最大5年の期間での

償却を課したが，税法は非常に厳格な条件の下での減価引当金の設定を除き償却を認めない（租税一般法，附則Ⅲ38条 sexies）。

長期契約に係る工事進行基準に関しては，1982年PCGは税務当局と異なる会計処理の条件を課した（CNC, 1986, pp. II. 136–II. 137, 租税一般法第38条2 bis）。外貨表示債権・債務の期末換算差額は，これを損益認識しない1982年PCGと損益として課税する税法とでは相違が見られた。これらについては，企業会計上の処理をしたものを会計外調整において税法基準に従い再処理しなければならない。

組織費および研究開発費の償却に関しては，商法典の計算規定は最大5年での償却を要求し，税務の取り扱いも同じであったが，税務上有利なのは即時費用処理である。

数年度配分費用の償却については，1982年PCGは期間を示すことなく一定の費用（かつては「組織費」に計上されていた）を複数年度に分割計上する可能性を付与した。税務では，これら費用は発生した期間に一括計上しなければならない。1984年12月17日税務通達は会計上の数年度配分費用を会計外調整で控除する必要があることを明確にしたが，会計外調整での再処理作業を回避したいならば，企業会計では税務基準に従い一括費用処理が採用される。

以上のとおり，1982年・1983年の会計制度改革は会計と税務の乖離を生み出した。課税当局は，接続性の原則を堅持するものの，すべてを会計基準に合わせなかったからである。

また，会計側で新たな処理基準がオプション的処理として定められ，2つの処理方法（原則とオプション）のうちの1つが税務基準に合致しているものが見られた。この場合，税務基準と相違する処理方法を会社決算で採用すれば，会計外調整において，これを税法基準に従い修正しなければならない。もし，会計外調整での再処理作業を回避したいならば，税法と同一の処理方法を採用すればよい。

税務処理に合致するオプション的処理の付与は，商法やPCGの側が企業の再処理の負担軽減を目的に税務基準を考慮して改正されたものと見ることもできる。この意味で，企業および会計基準に対する税務の影響は大きい。

このように，1982年・1983年の会計制度改革に対する課税当局の対応はケースによって異なり，会計外調整を必要とする相違が新たに生み出されたといえる。

4. 課税利益計算における PCG の一般基準化の影響

最後に，課税利益計算におけるプラン・コンタブル・ジェネラル（PCG）の一般基準化の影響を検討したい。ここでは，PCG の適用範囲の拡大，会計基礎概念の共有化，および PCG へのしばりの発生を取り上げたい。

(1) PCG の適用範囲の拡大

PCG の一般的・漸次的適用を定めた1959年12月28日法律第55条は，会計規制改革および不動産公示制度の適合に係る1998年4月6日法律第98-261号第9条が当該条項を廃止するまで，約40年の長きにわたり PCG の承認に係る経済・財務省令の根拠法律条項となった。

事実，1982年 PCG の承認に係る1982年4月27日経済・財務省令には，参照法律条項として唯一，しかも最上位に，この1959年12月28日法律の第55条が挙げられている。

1959年12月28日法律は商工企業の税務に関係しているので，当該税法の枠組みに基づく1957年 PCG および1982年 PCG の適用対象は商工企業である。1982年 PCG の承認に係る経済・財務省令の第2条は，「企業の会計は，遅くとも1983年12月31日後に開始する年度から，一般会計に関する当該プラン・コンタブル・ジェネラルの規定に従い整備する。」と定めたが，この「企業」は「商工企業」を意味すると見られ，すべての商工企業は PCG の一般的適用を定めた上記第55条の定める枠組みに従い，遅くとも1984年1月1日以後に始まる年度から，任意適用の分析会計を除き，PCG の一般会計の規定に従いその会計を整備しなければならない。

また，1965年税法デクレが，その第3条で商工企業（個人）の商工利益の算定の一般基準として PCG を指定したことは，既述のとおりである。当該

デクレは，商工企業が申告書と同時に提出する義務のある決算関係書類に係る租税一般法第54条の適用条件，定義および評価規則を定めたものである。

法人の商工企業に対する法人税の課税は，法人税特有の規定を除き，個人の商工利益に係る所得税の規定が適用されるので，法人課税上の所得の算定においても，PCGが一般基準となる。

さらに，法人税課税は商工企業のみならず，租税一般法第206条に基づき，協同組合（sociétés coopératives），公施設（établissements publics），財務自律性を有する国の組織，県市町村の組織および営利活動を行うすべてのその他の法人，民事会社（sociétés civiles），非営利社団（association），財団（fondation）にも適用される。

また，租税一般法第72条によれば，農業経営利益（bénéfices de l'exploitation agricole）は，それ特有の規定を除き，商工企業に適用される規定に従い算定する。

すなわち，PCGは，個人の商工利益課税に係る規定を通じて，個人および法人の商工企業のみならず商工企業以外の上記企業にとっても，課税利益計算における一般基準として位置づけられている。

このように，1965年税法デクレによるPCGの一般基準化措置は，課税のさまざまな領域で一般基準として用いられている。このため，税法上，PCGの適用範囲は非常に広い。この意味で，PCGの適用の一般化における税法の役割は極めて大きいといえるのである。

(2) 会計基礎概念の共有化

課税利益計算におけるプラン・コンタブル・ジェネラル（PCG）の一般基準化は，会計と税務での「正規性」，「真実性」および「誠実な概観」概念など会計基礎概念の共有化を促進したと考えられる。

① 正規性および真実性

本書第4章で明らかにしたとおり，正規性は，現行の規則および手続への準拠性を意味しており，真実性とは正規性に係る現行の規則および手続を誠実（善意）に適用することにある。正規性および真実性の概念は商法・会社

法の配当規制に係る伝統的な概念であるが，税務との一体性を基礎に商法・会社法会計と税務で共有されてきた。

　税務における正規性および真実性の考え方は，1965 年税法デクレによる PCG の一般基準化以降，伝統的な正規性および真実性の概念を基礎に，「現行の規則および手続」を PCG の一般会計の規定に求めてきたと見られる。正規・真実な帳簿・決算書は「状況証拠（indice）」の価値以上のものではないが，証明すべき事実の存在を推定させるものとして，課税当局との関係では大きな力を持つ。

　税務裁判においては，帳簿は裁判官の検証の下で正規性の推定を受ける。課税当局はこれに反対できるが，通常，その立証責任は課税当局が負う（De Bissy, 2013, p. 21）。しかし，帳簿が重大な不正規性を伴っており，課税が直接税・売上高税委員会の意見に従っている場合には，その立証責任は納税者に負わされる（租税手続法第 192 条）。

　不正規な（したがって真実でない）帳簿・決算書は，課税当局により「証拠能力のないもの」と判断される（De Bissy, 2013, p. 21）。税務通達によれば，正規に調製された帳簿は，企業のすべての取引を正確に記録し，それを検証するのを可能にする証拠により基礎づけられたものでなければならない（税務通達 BOIBIC-DECLA-30-10-20-50-20140317）。「正規とは帳簿が完全（complète）であるとき，すなわち帳簿が企業の取引の全体を記録し，それから成果を引き出すために必要なすべての証憑書類を伴っているときに正規である。」とされる（同通達）。

　帳簿および決算書の検証を可能ならしめる証拠は，「第三者の発行する証憑書類（pièces justificatives）（購入送り状，領収書，支払証拠書類，受取書簡など），納税者自身の作成する書類（販売送り状のコピー，送付書簡のコピーなど），第三者との間で行われた取引で法的にも物理的にも書類作成ができない取引（個人からの購入，現金小売販売）や棚卸資産の棚卸などの企業内部取引に関する会計帳簿または会計書類に関する詳細な記述」をいう。

　帳簿が不完全であるとき，または正しく記帳されていないとき，帳簿は不正規である。証拠価値がなくなるのは，明らかに「重大な不正規性」の場合である。例えば，帳簿・書類の不在，財産目録の不在，不正確な勘定残高，

繰越高に誤謬が繰り返されていること，取引を日付順に記録していないこと，収支を証拠づける証憑書類の不在，虚偽の送り状，実現した取引の多くが記録されていないこと，などである。

コンセイユ・デタ（最高行政裁判所）の判例によれば，以下の場合が「重大な不正規性」に当たる。すなわち，帳簿に多くの不正確性があり，特に金額の大きい収益が計上されていない（1966年4月18日判決63762号），帳簿が求められる正確性を保証しておらず，特に，証拠書類として取引の明細がない（1966年10月28日判決68658号），帳簿に仕入および売上の全部を記録していない（1972年7月21日判決81156号）などである（税務通達BOI-CF-IOR-10-20-20120912-100）。これら判断の主たる基準となるのが，PCGの一般会計の規定である。

なお，課税当局が「重大な不正規性」を理由に，帳簿・決算書が真実性を欠いたものとしてこの全体を拒否した場合（いわゆる「課税当局による帳簿の拒否」のケース），課税当局は企業が提出した申告を，対審手続に従って更正することができる（租税一般法第55条と租税手続法のL55条）。対審手続（procédure contradictoire）とはすべての利害関係人を対立関与させて行う審理をいう。

不正規かつ真実性を欠き，証拠能力のないものとしての帳簿の拒否は，十分慎重に行われねばならない。帳簿に証拠能力がないと見なすのを可能ならしめる明確かつ重大な理由が存在していることが必要である。帳簿の証拠価値がなくなるほど重大な不正規性ではない場合には，帳簿は拒否されてはならない[12]。

対審手続に基づく更正では，課税当局は納税者に申告書記載事項，課税利益の決定に用いた各主要要素に関して，すべての情報または説明を求めることができる。更正による申告利益の上方修正（増額）は一定の手続に従い理由および金額などの通知を行わなければならない。納税者が当該上方修正を拒否する場合，納税者あるいは課税当局は租税紛争調停機関である直接税・売上高税委員会（県または国）[13]に提訴することができる。

② 「誠実な概観」

本書第4章で明らかにしたとおり、「誠実な概観」の概念はフランスの伝統的な概念ではない。EC会社法指令第4号の国内法化により、フランスの商法・会社法およびPCGに導入されたものである。

しかし、「誠実な概観」の概念は規定上明確に定義されていないことは既述のとおりである。フランスではこの点が問題となった。罪刑法定主義の下では、刑事罰の厳格な解釈の原則から、何が罰則に抵触するのかが明確にされなければならないからである。

A. ドゥ・ビシーによれば (De Bissy, 2013, p. 187)、裁判官は「誠実な概観」とは「決算書の正規性の帰結に過ぎないものである」と考えている。そのため、検証されるべきは正規性の検証であるとされる。納税者は会計規則の無理解を正当化するために「誠実な概観」の概念を頻繁に用いているが、納税者の言い訳の手段になってはならない。

また、裁判官は、「誠実な概観」の概念を用いて会計上の不正規性を正規性に変換することはできないことを頻繁に指摘している。唯一、2001年のコンセイユ・デタの判決 (2001年2月5日判決21136号、アトランティック自動車(株)) が決算書の「誠実な概観」に基づいて会計上の処理を税務上有効なものとしたが、多くの学説はこれを強く批判した (De Bissy, 2013, p. 188)。

これら批判によれば、「誠実な概観は、ある会計規則が経済的な実態を描写するのに不適切であるときにのみ当該会計規則からの背馳を認めるが、いかなるケースにおいても税務上の解決策を正当化するのを認めるものではない」 (De Bissy, 2013, p. 188)。

以上のとおり、税務領域では、「誠実な概観」の概念はほとんど機能していないのが実情である。さらに、税務領域だけでなく会計領域においても、会計と税務の一体性、会計基礎概念の共有などの進展により、「誠実な概観」の概念は機能しにくいといえる。つまり、「誠実な概観」の概念を取り巻く法的・税務的環境自体が当該概念を機能しにくくさせているのである。

なお、会計領域では、「誠実な概観」の概念は1982年PCGにおける特別償却の処理などを除き、主に注記・附属明細書における追加的な情報の提供という形で限定的に機能しているといえる。

また，証券市場における財務・会計情報の観点では，証券監督当局（AMF）の「一般公衆に提供される情報は，正確，明確かつ真実のものでなければならない」（第223-1条）という一般原則の規定から判断され，「誠実な概観」はほとんど問題にされていないとされる（De Bissy, 2013, p. 187）。

　なお，ドゥ・ビシーによれば（De Bissy, 2013, pp. 190-222），会計領域における諸原則について，年度特定，1年制の会計年度，経営継続性，歴史的原価，非相殺，期首貸借対照表の不可侵性，慎重性，会計方法の継続性の諸原則について，前の5つの原則は税務に完全に移入されたが，後の3つの原則は部分的にしか税務に移入されていない。

(3) PCGへのしばりの発生

　課税利益計算は，税法独自の計算規定を除き，接続性の原則の考え方に基づき，一般基準としてのプラン・コンタブル・ジェネラル（PCG）に委ねられる。この意味で，PCGの規定の改正は，税法独自の計算規定に関わるものを除き，すべて直接的に課税利益に影響を与えることになる。

　「接続性の原則」が確立すると，税法側に特段の定めがなければ，課税利益の一般基準としてPCGが尊重されるべきものとなる。しかし，ここで筆者が強調したい点は，「接続性の原則」が，一方では課税当局に対する「しばり」を生み，他方ではPCG自体に対する「しばり」を生みだす点である。

　課税当局に対する「しばり」は，課税当局による恣意的な課税を防ぎ，納税者の保護に大きく資すると見られる。これに対して，PCG自体に対する「しばり」は，PCGにおける課税利益の一般基準としての性格を強めることである。

　例えば，PCGの改正（商法典の計算規定の改正を含む）に対して，課税当局は3つの選択肢を有すると考える。すなわち，ア）何もしない，イ）その影響を遮断する，ウ）PCGの改正自体をコントロールする，である。

　ア）の「何もしない」は，税務側で何のアクションもとらないので，PCGの計算規定の改正は課税利益にストレートに影響を与えることになる。

　課税当局がこの影響を好ましくないと判断するならば，イ）その影響を遮断する，というアクションがとられる。「影響の遮断」は，税法独自の規定

を設けて，PCG の課税利益への影響を遮断することである。

　この場合には，会社決算上の純利益を，会計外調整において，税法独自の規定に従い再計算・再処理することになる。当該作業は前出の会計外調整表上で行われる。したがって，税法独自の計算規定が増えるほど，会計利益と課税利益の乖離が拡大し，税務上の調整に係る事務的負担は大きくなる。これを回避するためには，税法独自の計算規定をなるべく設けず，「接続性の原則」の考え方に基づき，可能な限り PCG に依拠することになる。

　何もしなければ課税利益への影響が生じ，これを遮断すれば企業の事務負担が増大する。まさに二律背反的な状況であるが，そこで，3番目の選択肢が浮上してくる。つまり，課税利益への影響と企業の事務負担の両面から，PCG の策定自体をコントロールするのである。これが，3つ目のウ）PCG の改正自体をコントロールする，である。PCG の改正自体のコントロールとは，課税当局が PCG の策定プロセスに介在し，その意見をこれに反映させて，課税利益への影響と企業の事務負担の両面から，改正を事前にコントロールすることである。

　フランスの課税当局／経済・財務省が長年採用してきた方針は，「接続性の原則」を維持する一方，PCG の設定自体をコントロールすることであると考えられる。事実，後者の点は本書の第2章で明らかにしたとおりである。言い換えれば，政府／経済・財務省が国家会計審議会（CNC）のコントロールにこだわる理由の一つは，PCG の課税利益計算における一般基準としての位置づけから来ている。

　しかし，課税当局が1965年税法デクレによる PCG の一般基準化（包括的遵守義務）措置をとり，その後も「接続性の原則」を堅持してきたことが，PCG の国際化対応の大きな障害となりうる。PCG は常に国内の税務の観点に配慮しなければならないからである[14]。

　フランスの国際化対応が，PCG ではなく，連結会計次元の連結会計基準を中心に行われてきたのは，PCG の課税利益計算の一般基準としての性格が大きく影響しているのである。

[注]
(1) J. シャヴノー（Chaveneau, 1926, pp. 36-45）は，償却方法には定額償却，逓減償却，特別償却等複数の方法があると解説しており，実務では構築物や無形固定資産には定額償却，使用に伴い修繕費が増大する機械装置等には逓減償却が望ましいと注釈している。
(2) この点については，大下（1998, 18-49頁）を参照。
(3) 特別償却制度の起源である1938年5月2日デクレ第33条は，実額課税の企業に対して，経営収益の拡大を狙った固定資産への生産的投資（生産設備の拡張等）や社会的投資（従業員の住居，託児所の建設等）を行った場合に，投資年度の利益額の20％を上限に一時特別償却を認め（Haddou, 1991, p. 57），その際「実際に実施されたもの」という条件を課した。当該デクレにおいて，減価償却費が費用として認められるためには，「工業，商業または開発の各性質の慣行に基づき一般に認められた限度でかつ第39条Aの規定を考慮し第39条Bの規定を留保して企業により実際に実施された」（第39条第1項第2号）ものでなければならない。一般に，各業界の慣行に従った償却期間に基づき，定額法を用いて計算した償却費は，商法典に定める帳簿に減価償却費として記入し，貸借対照表（B/S）上減価償却累計額を計上することが，要件とされる。
(4) このほか，棚卸資産準備金（1951年3月8日デクレ），鉱床再建引当金（1953年2月7日法律），国外中期貸付引当金（1958年12月29日オルドナンスおよび1966年7月7日省令），棚卸資産価格の一定幅の変動に備える価格騰貴引当金（1959年12月28日法律）などがある。
(5) また，1953年度の貸借対照表には，税法規定から生ずる積立金1,016百万フラン，税法に基づく再評価特別積立金16,611百万フラン，必須棚卸資産準備金1,667百万フラン，原材料価格変動準備金44百万フラン，補充更新準備金1,841百万フランが計上され，これらは貸方合計額の39％に達した（大下, 1998, 214頁）。
(6) 在庫の商品，原材料，半製品および製品の評価ベースとして，棚卸日の状況を考慮して当該日の相場での販売価格または見積販売価格から正常販売費および正常利益に相当する価額を控除した価額を用いること，確実な販売価格を持たない半製品については，その完成品の評価額と比較して見積もることを定めている。しかも，減価引当金は設定できないものとする。
(7) 棚卸日の相場での販売価格はこれら商品，原材料および製品の実現可能価額（見積売却価格）であることを明確にしている。
(8) 現行租税一般法（2012年版）の企業利益課税制度の概要を明らかにしておきたい。なお，租税一般法は法（Code）（法律条項），附則（annexes）（行政命令：行政規則，デクレ，省令），租税手続（Livre des Procédures Fiscales：LPF）の3つの部分から構成されている。フランスにおいては，所得に対する税金として，個人に対する「所得税（Impôt sur le revenu）」と法人に対する「法人税（Impôt sur les Sociétés：IS）」がある。所得税は個人の所得を，不動産所得，商工利益，役員報酬，農業経営利益，

給与・年金，非商業利益，有価証券所得等に分類して課税する。

　企業利益に対する課税は商工利益（Bénéfices Industriels et Commerciaux：BIC）に対する所得税と法人税が中心となる。ただし，所得税の商工利益に対する課税は，個人事業だけでなく，合名会社，合資会社等の人的会社にも適用される。フランスでは，人的会社が法人税課税を選択しなければ，持分に応じて社員個人に所得税の商工利益課税が行われる（租税一般法第8条）。法人税は主として株式会社，株式合資会社等の資本的会社に課税されるが，人的会社が法人税課税を選択した場合にも当該会社に課税されることになる。

　現行の租税一般法第209条によれば，法人税の課税利益（bénéfice imposable）は，個人の所得税の商工利益の算定に係る第34条から第45条，第53条Aから第57条および第237条terから第302条septies A bisまでに定める規則に基づき，フランス国内源泉所得のみを考慮して算定される。法人税特有の規定がある場合には当該規定が優先して適用される。第209条の規定は，法人税の課税利益の算定には法人税特有の定めがあるものを除き，所得税の商工利益の算定に係る規則が適用されることを意味する。

　ここで重要な点は，所得税の商工利益課税にせよ法人税課税にせよ，課税利益を決定するために商工利益課税の税務規則が適用される点である。つまり，個人事業，人的会社および資本的会社の課税利益の算定に係る基礎的な計算規則は共通化されているのである。

　商工利益の所得税課税と法人税課税を含む企業利益の課税制度は，課税利益の決定方法の観点から，年間売上高の規模により，ミクロ企業制度（régime des micro-entreprises）と実額利益制度（régime de l'imposition d'après le bénéfice réel）に大きく分けられ，さらに実額利益課税制度は実額普通課税（régime réel normal）と実額簡易課税（régime réel simplifié）の2つに分けられる。なお，売上高に一定率を乗じて利益を見積もり，これに課税する見積課税制度（régime du forfait）は現在では廃止されている。現行の商工利益の課税，ミクロ企業制度，実額利益課税制度，実額簡易課税制度については，大下（2013, 38-44頁）を参照。

(9)　税務当局は会計上の帳簿に計上しないことを条件に，赤字の場合の正常使用期間内での償却繰り延べ（償却の非実施）を容認したことは既述のとおりである。1965年7月12日法律第24条（租税一般法旧第39条B）はこの任意性を大きく変えている。すなわち，企業は赤字・黒字にかかわらず，最低限の償却額として定額法償却額を会計上の帳簿に計上しなければならない。最低償却と損金経理のしばりである。当該義務を充足すれば，赤字期間の償却費は欠損金の5年の繰越期間を超えて繰り延べることができる。

　しかし，実施した償却累計額が定額法償却累計額に満たない場合には，税務上，当該不足部分は費用計上の権利を最終的に失う。会計上の帳簿に計上していない，つまり会計上減価償却を実施しない場合には，当該年度分の償却費の次期以降の取り扱いは会計上償却を実施していた場合に比べて不利なものとなりうる。

このように，当該制度は最低償却のしばりを課すことにより従来の償却の任意性を大きく制限するとともに，赤字年度の償却費の繰り延べのメリットに相違を設け，会計上の帳簿，B/S・P/L への計上を促すものである。詳細については，M. コジアン（Cozian, 1981, pp. 1-3）の計算例を参照（大下, 2013, 62 頁）。

(10) 税務上の減価償却や引当金に係る損金経理（会計上の帳簿，P/L・B/S への計上）の「しばり」は，税務が会計領域に影響を与えるという面だけでなく，会計上の取扱いと税務上の取扱いを一致させるという面も有している。

(11) 現行評価規定については，大下（2013, 57-58 頁）を参照。従来，租税一般法のこれら評価規定は，固定資産および棚卸資産の取得原価の算定における金融費用の取り扱いに関して，PCG の評価規定と大きく相違していた。すなわち，税法はこれら資産の取得原価への金融費用の算入を認めていなかった。この点から，PCG の評価規定とは別に，税法独自の評価規定が必要とされたわけである。しかし，現在の税法の規定（第38条 quinquies, 同条 nonies および undecies）は，2005 年 12 月 28 日デクレ第 2005-1702 号第 1 条による改正を経て，製造原価が「1 年を超える」場合に原価への算入を認める立場に変わっている。ただし，事実上，その適用は建設，航空機製造，造船等の業種に限定される。

(12) なお，費用の正規性の立証責任は常に納税者側に負わされている（De Bissy, 2013, p. 27）。

(13) 県の直接税・売上税委員会は行政裁判所長もしくはその任命したメンバー，または行政控訴裁判所メンバーにより主宰され，納税者の代表 3 名，行政の代表 2 名から構成される。なお，商工利益に関わる場合には納税者の代表の 1 名は専門会計士でなくてはならない（租税一般法第 1651 条）。

(14) 2000 年代以降に行われた PCG の現代化という名の IFRS/IAS へのコンバージェンスに対して，課税当局は，課税利益への影響を遮断することで，結果的に会計利益から課税利益への調整作業を拡大し，事務負担を大きくしたのである。

第6章
連結会計基準の特徴

　既述のとおり，プラン・コンタブル・ジェネラル（PCG）は多方面における利用を想定した「一般的性格の共通基準」として位置づけられてきた。これに対して，連結会計基準は，企業集団に係る連結計算書類の作成のための基準である。本章では，連結会計基準を取り上げ，最初の連結会計基準の成り立ち，作成メンバー，連結会計基準の目的および計算構造の特徴を考察したい。

1. 連結会計先進国の制度・実務の影響

　フランスの連結会計基準は，諸外国，特に米国・英国などのアングロ・サクソン諸国の会計実務の影響を受けてきた。筆者は，最初の連結会計基準である 1968 年国家会計審議会（CNC）連結報告書・勧告書の成り立ちにその根本原因を見出すことができると考えている。そこで，1968 年 CNC 連結報告書・勧告書を取り上げ，その成り立ちを分析してみたい。

（1）　フランスにおける連結会計実務の経験
①　企業の実務
　フランスで最初に公表された連結計算書は，スタンダード・オイルのフランス子会社エッソ・スタンダード SAF が 1950 年に公表したものが最初である（Saint-Pierre, 1969, p. 5187）。フランスの大企業グループによる連結計算書の公表は，さらに遅れて 1966 年に始まる。フランス石油（Compagnie Française

des Pétroles：CFP；現トタル），サン・ゴバンおよびローヌ・プーランクの3つの大企業グループが連結計算書を公表したのが最初である（野村, 1976, 6頁）。

　フランス石油，サン・ゴバンおよびローヌ・プーランクの連結計算書は，国家会計審議会（CNC）のパンフレット「グループ計算書作成の一般的方法に向けて（Pour une méthode générale d'établissement des comptes de groupes）」に従い当初内部で試験的に作成され，数年の試行の後，1966年に1965年度連結計算書として初めて外部に公表されたものである。

　CNCの当該パンフレットは，CNC内の研究グループ（CNC連結研究グループ）が1964年8月に作成したものである。その後，同研究グループはメンバーを拡充し，当時の専門会計士・認許会計士協会（OECCA）や財務アナリスト協会などの連結会計に関する研究を考慮しつつ，最も有効な連結方法の探求という観点から研究を継続した成果が，1968年CNC連結報告書とその重要部分をまとめた勧告書である。当該報告書・勧告書は「グリーン・パンフレット（brochure verte）」と呼ばれ，1985年連結会計法が出現するまでの間，フランスの連結会計に係る方法論の決定版とされた。

　1968年CNC連結報告書・勧告書は，当時の連結会計実務の先進国の経験を研究し，フランスの事情を考慮した上で作成された基準である。同報告書・勧告書は，「外国の現行実務はフランスにそのまま移植できないが，これを可能な限り検討することが必要であった」（CNC, 1973, p. 3），「フランスで実現可能なものを研究するには外国の経験からの教えを用いるのがよいと判断した」（CNC, 1973, p. 17），「外国の実務および法令の研究は，共通の用語を用いることの効用と技術的に使用可能な方法を選択することの必要性を示している」（CNC, 1973, p. 17）ことを明らかにした。

　CNC連結報告書・勧告書が連結会計実務の先進国の経験を研究したのは，当時のフランスに連結会計実務の経験がほとんどなかったからである。既述のとおり，外資系子会社が連結計算書を公表したのが1950年，フランスの3つの大企業グループが連結計算書を公表したのが1966年である。

　1968年CNC連結報告書・勧告書が認めるとおり（CNC, 1973, pp. 17-18, 63），また，R. サン・ピエール（Saint-Pierre, 1969, p. 2）が指摘するとおり，

1968年当時のフランスでは連結会計の実務はごく最近始まったばかりであり，1960年代の半ばまでのフランスにはその経験がほとんどなかったといってよい。1968年CNC連結報告書・勧告書をまとめるにあたり，まず連結研究グループが連結会計先進国の経験に学んだのはこのためである。

1968年CNC連結報告書・勧告書が，「フランスでは連結の経験がなお限られていることから，本勧告は公表後も改定されうる原則を表したものとみなされねばならない」（CNC, 1973, p. 65）と表明したのも，かかる事情からである。

② 連結会計関連の文献

当時，フランスが連結会計実務の経験が浅かったことは，連結会計関連の文献の面からも明らかである。フランスにおける連結会計の専門書は，1954年の『連結貸借対照表——企業集団の計算書（Les bilans consolidés, comptes de groupes d'entreprises）』（F. M. リシャール，A. ヴェイランク）が最初である（Saint-Pierre, 1969, p. 5187）。

図表6-1　フランスの連結会計関連著書・論文（1968年連結報告書・勧告書記載のもの）

出版年	著者	書名・論文
1937	Shwing-Weber-Holman	「連結貸借対照表作成のための基本条件」
1952	Dreyer	「アングロ・サクソン実務における経済的企業集団の貸借対照表および損益計算書」
1954	Richard, Veyrenc	『連結貸借対照表——企業集団の計算書』
	Archvalis	「連結貸借対照表」
	Snozzi	「連結貸借対照表（企業集団の貸借対照表）」
	Fain	「連結会社の連結計算書」
1959	Peauit	『連結貸借対照表および連結成果計算書の技術』
1963	Merme	「連結貸借対照表——役割と作成」
1965	Dupuis	『共同市場における貸借対照表の連結』
	Gubler	「連結貸借対照表，役割と作成」
	Pain-Savanier	「企業集団の計算書の革命的問題に直面して」
	Paquet	「親会社における成果の決定と分配」
1966	Garcin	「共同市場における企業集団化と立法」
	Krieg	「ドイツ会社法の会計規定，株主の情報」
不明	Bertrand	『連結貸借対照表——法的・税務的側面と企業経営』
	Van den Rul	「企業集団計算書の作成の一般的方法に向けて」
	Van den Rul	「経済・社会審議会の財務・信用・税務部会による貸借対照表の連結に関する研究」

（CNC, 1973, pp. 87-88 に基づき筆者作成）

図表6-1は，CNC連結研究グループが参考資料として挙げたフランスの連結会計関連の著書・論文である。これによれば，1937年に連結会計に関する論文が公表されているものの，1960年代前半までに出版されかつ研究グループが参考文献・資料として挙げた連結会計関連の専門書は少ない。

　前出の1954年の専門書の後には，1959年『連結貸借対照表および連結成果計算書の技術』(G. ポーゥィ)，1963年『連結貸借対照表——役割と作成』(G. A. メルム)，1965年『共同市場における貸借対照表の連結』(M. デュピュイ)，『連結貸借対照表——法的・税務的側面と企業経営』(J. ベルトラン) (出版年不明) が見られるだけである。

③　親子会社関係の法的規制

　他方，法的規制の面では，1965年7月12日法律第22条が「世界利益課税制度 (régime du bénéfice mondial)」および「連結課税利益制度 (régime du bénéfice consolidé)」を創設した。伝統的にフランスの企業利益課税制度はテリトリアル方式を採用しており，課税上在外支店・営業所の利益・損失は除外される。これを含めて課税するのが世界利益課税制度であり，この世界利益に国内・国外子会社の利益・損失 (持分部分) を含めて課税するのが連結課税利益制度である (Jadaud, 1970, p. 108)。

　しかし，連結課税利益制度は会計上の連結利益とは直接関係なく，租税一般法 (CGI) に基づく単体の課税利益をベースに計算される (Jadaud, 1970, p. 112)。なお，制度の詳細は1967年9月11日デクレ第67-774号により定められている。

　また，会社法規制に係る1965年11月29日デクレ第65-999号が，株主および一般公衆の情報に関して，「子会社・参加会社明細書」[1]の公表を規定した。その後，商事会社に関する1966年7月24日法律第357条は，子会社および参加会社の状況を明らかにするために，これら会社を有するすべての会社に，その貸借対照表に加えて1967年3月23日デクレ第67-236号の附録に定める様式に従い明細書を作成・添付することを規定した。

　さらに，1967年3月23日デクレ第67-236号第248条は，貸借対照表，一般経営計算書および損益計算書に連結貸借対照表，連結一般経営計算書お

および連結損益計算書を添付できることを定めた。連結計算書類に係る最初の会社法令の規定がこれである。しかし，当該規定は，連結計算書類の作成に係る基準に何ら言及していない。

このように，1960年代の半ばまでのフランスには，連結会計実務の経験はほとんどなかったといってよく，税法・会社法規制の面でも親会社・子会社などに関連した規制への動きは1960年代半ば以降に生じたものである。しかも，1965年創設の税法上の連結課税利益制度は，単体の課税利益をベースとしており，会計上の連結利益とは直接関係しない。

フランスでは企業合併・買収（M&A）などの企業集中が活発でなかったこと，金融持株会社を中心とした水平的統合など企業グループの構造が複雑であったこと，連結上の処理，特に資産の再評価による評価益が課税対象になるのか否か明確でなかったことなどが，連結計算書の公表およびその法的規制の遅れた理由として挙げられている（CNC, 1973, p. 18）。

フランスでは，商法・会社法の法的実体ベースの規制に基づく法会計の考え方が伝統的に強く，商法・会社法に企業グループを体系的に規制する「企業グループ法」が存在しないため，個々の法的実体を超える経済的実体ベースの連結会計の考え方が馴染みにくかったとも考えられる。

子会社・参加会社の明細書の作成義務も，グループの状況をあくまでも法的実体ベースで解明するという従来からの考え方の延長上にあると見られるのである。

(2) 諸外国の連結会計制度・実務の研究
① 連結研究グループの組織と研究課題

1968年CNC連結報告書・勧告書において，第1部「連結方法の研究」はまず「諸外国の実務・法令」の研究から始まる。1968年CNC連結報告書・勧告書に係るCNC連結研究グループの組織図によれば，研究グループは，一般資料委員会，原則委員会および適用委員会の3つの委員会に分けられた（CNC, 1973, p. 81）。

一般資料委員会は，目的と影響の検討および研究上の必要資料の蒐集を担当し，アングロ・サクソン諸国と欧州経済共同体（EEC）諸国の法令・実務

を調査した。

　原則委員会は連結の原則の研究を担当していたが，その中心的課題は経済的同質性と税務問題，および子会社選択（連結範囲）の問題であった。経済的同質性とは，連結企業集団構成企業の個別計算書類の同質性の問題である。税務問題とは個別計算書類における税務目的の処理の修正や再評価損益の課税問題などである。

　適用委員会の担当は，原則を適用する上で生ずる問題の研究である。適用上の中心的課題として，売上高（連結売上高）の定義，少数株主持分の問題，世界利益税制との関係，その他の技術的問題および連結計算書と附属書類の構成と表示の問題が挙げられた。

　すなわち，連結研究グループの研究は，一般資料委員会が調査したアングロ・サクソン諸国およびEEC諸国の法令・実務などを参考に，原則委員会が連結の原則をまとめ，この適用上の問題を適用委員会が検討するという構成であった。

② アングロ・サクソン諸国および欧州経済共同体（EEC）諸国の制度・実務の研究

　CNC連結研究グループがとりわけ参考にした国は，連結会計実務の長い経験を有する米国および英国のアングロ・サクソン諸国，ならびにドイツ，ベルギーおよびオランダの欧州経済共同体（EEC）諸国である。

　研究グループによれば，最初の連結計算書が公表されたのは，米国では20世紀の初めごろ[2]，英国とドイツでは1920年頃，ベルギーでは第二次世界大戦後，そしてオランダでは第一次世界大戦後だったとされる（CNC, 1973, pp. 82-85）。

　また，米国では，1930年以降ニューヨーク証券取引所が，1933年からは証券法（Securities Act）に基づいて証券取引委員会（SEC）が，連結計算書の公表を上場企業に要求していた。英国でも1938年からロンドン証券取引所が連結計算書の公表を求めるようになり，その後1948年会社法（Companies Act）が1929年会社法を引き継ぐ形で当該公表を要求した。ドイツでは1965年9月6日法が連結計算書を規制した（CNC, 1973, pp. 82-83, Saint-

図表6-2 諸外国の連結会計制度・実務(「連結グループの構成」以下の要約)

項目 \ 国	アングロ・サクソン諸国		EEC諸国		
	米国	英国	ドイツ	ベルギー	オランダ
連結グループの構成:活動の性質	歪んだ概観を与えるまたは害する危険のある会社の除外,企業における銀行・保険会社の除外		活動が大きく異なる子会社の除外	経験不十分	ドイツと同じ
従属度	理論上50%;事実上3分の2または80~90%の資本参加による完全支配	実質的な支配(取締役会の支配または株主総会議決権の2分の1の支配)	50%(単一の指揮による)	50%	
重要性	非重要子会社(その純資産がグループの連結純資産の15%を下回る子会社)の除外	取締役会の判断に委ねる	明確な規則なし		
在外子会社の連結	一般に在外子会社の除外	在外子会社一部除外(為替制限,本国配当送金困難,不安定な政治状況)	在外子会社連結可能	原則区別なし	
決算日	親会社決算日(3か月以上相違する子会社の除外)	—	—	—	—
連結プロセス	全部連結(成果,資本金・剰余金におけるグループ外持分区別),純資産に応じた少数資本参加評価の実務慣行普及		全部連結(成果,資本金・剰余金のグループ外持分区別),参加割合での売上高(ベルギー)		
グループ内取引	売上高・利益消去		売上高・利益消去	非消去(ベルギー),資産譲渡利益非消去(オランダ)	
事前の再処理	厳密な適用規則なし;慣行による実務		自由	明確な規則なし	
在外子会社の計算書類の換算	短期資産・負債:決算日レート,固定資産:取得日レート,長期負債:債務発生日レート(グループにとって損失が露見した場合には決算日レート),損益項目:期中平均レート(固定資産減価償却費除く)				
評価額修正	グループ計算書は会計(帳簿)数値に基づいて作成		—	—	実施する場合あり
連結B/S・P/L*	有	有	有	有	有
注記	非連結子会社計算書(米国で重要子会社のみ)と除外理由,グループまたはその会社の特殊性,在外子会社の連結に用いた換算レート,異なる決算日の計算書の調整に関する技術的注記		グループの活動	なし	被連結会社リスト(換算レート表示)

* 連結貸借対照表・損益計算書。図表6-3も同じ。
(CNC, 1973, pp. 82-85に基づき筆者作成)

Pierre, 1969, p. 5187)。

　これら諸外国は，ベルギーを除き，すでに数十年の連結会計実務の経験を有し，米国および英国では法的規制や証券取引所による規制も行われていた。ドイツでは，1965年法律がグループ企業に対して連結計算書の公表を義務づけていた。

　1968年CNC連結報告書・勧告書には，附属資料としてこれら諸外国の連結会計に係る制度・実務が一覧表の形でまとめられている（CNC, 1973, pp. 82-85）。これによれば，CNC連結研究グループによる諸外国の研究は，最初の連結計算書の公表と立法の時期，現行の法規制（対象企業，義務，適用），証券取引所の規制，税法の規制，連結実務の広がり，連結グループの構成（連結の範囲：活動の性質，従属度，重要性，国籍（在外子会社の連結）），決算日，連結プロセス（連結方法），グループ内取引（内部利益の消去），事前の再処理（外貨換算，評価額の修正）および連結計算書の構成・内容に及んでいた。

　上記項目のうち，「最初の連結計算書の公表と立法の時期」から「税法の規制」までは，制度的な側面である。「連結グループの構成」以下は連結の具体的な内容に関するものであり，図表6-2はこれを表示したものである。当該部分の各項目は，序章に示した1968年CNC連結報告書・勧告書の構成・内容にほぼ対応していることがわかる。

（3）　諸外国の制度・実務を参考にした基準づくり

　図表6-3は，CNC連結研究グループが結論的に提示した連結の諸原則を，筆者がまとめたものである。以下，図表6-2と対比しながらその特徴を検討してみよう。

①　グループ構成（連結対象企業）
1）　活動の性質

　まず，活動の性質に関しては，図表6-2の諸外国の例と同様に，グループ全体の経済的同質性の観点から活動の性質に配慮するが，当該配慮は，グループの活動が商工的性質を有するグループについてのみ意味があるとし，この場合には，グループの主要活動またはその付随的な活動と関係のない活

図表6-3　1968年CNC連結報告書・勧告書における諸原則

項　目	原　則
グループ構成：活動の性質	商工的性格のグループでは，グループ全体の主要な活動と同一またはその付随的な活動を行っている従属会社が連結対象となる。
従属度	保有される株式により，親会社が，法律上の支配を行使する会社（子会社，孫会社，多元的参加会社），財務的または経済的な優越的行動を行う会社（グループが議決権の3分の1以上を保有する会社への参加），閉鎖会社（下限が10％である実質的参加）は連結対象となる。
重要性	重要性の点からグループ次元で意味のある性格を有する会社（絶対値では100万フランを上回る売上高と純資産を実現する会社，相対値ではその純資産が親会社の純資産の5％以上である会社）だけが連結対象となる。
在外子会社の連結	外国に所在する会社は国内の会社と同一条件で連結する。ただし，特別な環境の場合（戦争，政府による資産没収など）または実務的な大きな困難（会計プランにおける重大な相違など）の場合は別である。貨幣的不安定性や外国政府による資金凍結，資金の引き揚げの困難性は必ずしも連結の拒否の理由とならない。
連結プロセス	全部連結は子会社，下位子会社および多元的参加会社に，持分法は33％超の参加会社に，比例連結は閉鎖会社に適用する。連結対象企業の考慮すべき部分は，当該企業における親会社グループ持株割合相当部分である。
グループ内取引	グループ内取引は100％消去する。持分法の場合には当該消去は行わない。グループ内取引から生ずる成果がグループ・レベルで未実現である場合，当該金額は当期成果から除去される。
事前の再処理：	連結対象要素の同質化は，在外の従属会社の要素について生ずる困難を考慮し，可能な限り意味のある情報を入手することを目的としなければならない。
在外子会社の計算書類の換算	在外子会社の計算書類は連結決算日の相場で換算し（ただし最終決定でない。検討すべき問題がある），換算差額は連結差額に計上する。不安定な貨幣価値の国に所在する従属会社の固定資産については，取得時の相場に基づいて換算する可能性をグループに認める。
評価額の修正	連結対象項目の再評価は，当局が容認する場合にのみ可能である。潜在的減価はグループ会社の個別次元で会計記入し，潜在的増価は，それが重要性を有しかつ事前に当局の同意を得ているという条件で連結計算書類の次元で計上できる。経済的な観点から，評価や税務規則に基づいた会計処理（減価償却および引当金など）の修正が求められる場合，当該修正は連結計算書類の次元で行い，明瞭な形で注釈を添える。
連結B/S・P/L	有
注　記	連結原則（連結対象企業の選択，連結方法，在外会社の換算方法，棚卸資産の処理，グループ内利益を消去しない場合におけるその説明，連結売上高の定義，上記原則の期間変更，連結対象会社のリスト（主要従属会社に限定可能），非連結対象の連結可能企業のリスト，これらリスト上の企業の変更，国外凍結資金，特殊な連結方法，一定の項目を注釈（のれんの要因，連結差額の著しい変動（特に再評価の実施，減価償却累計または引当金の見直しまたはグループ内譲渡から生ずる場合），持分法適用会社に関する債権・債務の詳細）。

（CNC, 1973, pp. 23-62に基づき筆者作成）

動を行っている従属会社は連結から除外される（CNC, 1973, p. 25）。

　この点に関して，垂直的統合グループでは大きな問題は生じないが，親会社が商工企業である水平的統合グループの場合には，原則として，親会社と同一活動領域の多くの会社の株式を保有する事業銀行または持株会社，割賦販売会社，不動産会社（特に本社屋，工場，倉庫，支店・代理店の所有主である場合），社宅・社員寮の管理会社などを，親会社に連結する（CNC, 1973, p. 24）。

　2）　従属度

　従属度に関しては，図表6-2の諸外国の例と同様に，親会社への従属度（degré de dépendance）の程度を連結対象企業の決定に用いる（CNC, 1973, p. 23）。しかし，具体的な基準は，諸外国の例を参考にしつつも，フランス独自の事情を考慮している。

　従属関係は，親会社の従属会社に対する意思決定権限から生ずる。企業は経営者の意思決定権限の下に運営されるが，この「意思決定権限の単一性（unité du pouvoir de décision）」の考え方を企業集団レベルに適用すると，従属関係は親会社の従属会社に対する意思決定権限から生ずる。企業集団における親会社の意思決定権限の下で，親会社に従属している会社だけが連結される。当該考え方は，1965年9月6日ドイツ法において，コンツェルン（konzern）を特徴づける「支配（domination）」概念に類似するものである（CNC, 1973, p. 23）。

　連結研究グループは，親会社が意思決定権限を持つ会社として以下のものを挙げる。すなわち，

　　・親会社が法律上の支配（contrôle de droit）を行使している会社：株式の保有を通じて，親会社が株主総会の議決権の50％超を保有する会社は，親会社に従属している。つまり，親会社は，株主総会における議決権の過半数の保有により，法律上の権利に基づき，上記会社の経営資源を親会社の経営方針に従い事業活動に用いる提案を株主総会で通すことができるのである。

　商事会社に関する1966年7月24日法律第354条によれば，ある会社が他の会社の資本金の50％を超える部分を保有するとき，当該「他の会社」

は当該「ある会社」の子会社（filiale）と見なされる。また，同法律第355条によれば，ある会社が他の会社の10％以上50％以下の部分を保有するとき，当該「ある会社」は当該「他の会社」に参加（participation）を有しているものとみなされる。

　CNC連結研究グループは，あるグループがその複数のメンバー企業を通じて他の会社の資本金の50％超を保有するとき，当該「他の会社」を「多元的参加会社（participations multiples）」と呼ぶ。

　したがって，親会社が株式の保有により法律上の支配を行使している会社は，子会社，子会社の子会社などの下位子会社（sous-filiales）（孫会社・ひ孫会社など）および多元的参加会社となる。

- 親会社が財務上または経済上の優越的な影響を有する会社：親会社が法律上の支配を行使していなくとも，したがって議決権の過半数を保有していない場合でも，株式の保有を通じて，親会社が財務上または経済上の優越的な影響により，他の会社の支配を可能にしている状況が見られる。

　フランスでは，株式は伝統的に無記名が中心で，しかも一般公衆に広く分散していた。フランス企業は，直接・間接に多くの企業に非常に少ない資本参加を行っていた（CNC, 1973, p. 23）。また，フランス企業における株主総会の形骸化の現象も一般的に見られ，親会社は議決権の50％以下の保有であっても他の会社を支配することが事実上可能な状況が見られた。

　CNC連結研究グループは，当該状況を「事実上の支配（contrôle de fait）」と呼ぶ。しかし，事実上の支配を具体的に定義するのは難しい。そこで，CNC連結研究グループは，株主総会における議決権の保有割合を用いて，当該グループが議決権の3分の1（33.3％）以上を保有する会社は，親会社が財務上または経済上の優越的な影響を有する会社であると定義した。なお，議決権の3分の1は重要事項の拒否権に係る議決権割合であり，フランスでは特別決議阻止比率（minorité de blocage）と呼ばれる。

- 閉鎖会社（sociétés fermées）：閉鎖会社とは，共同事業契約に基づく共同事業体を意味する。当該共同事業契約では，資産の所有や事業活動の成果は各企業グループの持株割合に従う。CNC連結研究グループは，

当該タイプの事業体を「閉鎖会社」と呼び，親会社が法律上の支配を行使していなくとも，共同事業契約に基づき当該会社の連結を正当なものとする（CNC, 1973, p. 24）。しかし，閉鎖会社の特殊な性格を考慮して，ケースによっては議決権の保有比率の下限を10%とする。

以上の持株割合は絶対的なものではなく，ケースによっては一定の裁量が与えられる（CNC, 1973, p. 24）。

3）重要性

重要性の観点から，グループ計算書レベルで重要性の低い会社は連結から除外する。CNC連結研究グループは，米国の例と同様に重要性の判断基準として具体的な数値基準を用い，フランス独自の数値を挙げている。すなわち，その売上高および純資産が100万フラン以下の会社，またはその純資産が親会社の純資産の5%未満である会社は連結から除外する（CNC, 1973, pp. 24-25）。

4）在外子会社の連結

在外子会社に関しては，英国の例と同様に特別な環境（戦争，政府による資産没収など）を考慮し，実務上大きな困難が生ずる場合（会計プランの大きな相違など）を除き，国内会社と同一条件で連結するのを原則とする。不安定な貨幣価値（高インフレーションなど），政府による資金凍結などは，必ずしも連結除外の理由にならない。他方，決算日の相違，活動休止の延長，支払不能・倒産，グループ関係の切断の可能性を理由に，原則と異なる処理をした場合には，適切な注釈が求められる（CNC, 1973, p. 25）。

② 連結プロセス（連結方法）

連結方法に関しては，親会社（société-mère）と従属会社（sociétés dépendantes）との支配従属関係の性格，すなわち意思決定の法的権限を与える程度または優越的な影響を可能にする程度によって，「全部連結（intégration globale）」，「持分法（mise en équivalence）」および「比例連結（intégration proportionnelle）」の各方法が適用される（CNC, 1973, pp. 65-66）。すなわち，

・親会社が法律上の支配を行使している会社の場合，連結は全部連結により行う。

・親会社が優越的な財務上または経済上の影響のみを有する会社には，持分法を適用する。
・閉鎖会社に関わる場合，連結は比例連結により行う。

閉鎖会社とは，既述のとおり，利益共同的グループ（groups communautaires d'intérêt）である共同事業体を意味しており，もし関係グループの一つが当該事業を全部連結するならば，もう一つのグループが持分法を適用したとしても，経済的データの二重計上となる。CNC連結研究グループは，このデータの二重計上の問題を重視し，可能な限り当該問題を回避するために比例連結を採用するのである（CNC, 1973, p. 30）。この点はフランス的な考え方である。

また，CNC連結研究グループは，米国・英国などの諸外国の例を参考に，いわゆる親会社説的考え方を採用している。CNC連結研究グループは，これら国々において一般的である当該考え方を「一般に認められた原則（principe généralement admis）」と表現している。

親会社説的考え方によれば，少数株主が存在する場合，全部連結では連結企業集団純資産における「親会社グループ持分（intérêts du groupe）」と「親会社グループ外持分（intérêts hors groupe）」との区別が重視される。なお，CNC連結研究グループは，「親会社グループ外持分」を「準負債（quasi-dette）」と位置づける（CNC, 1973, p. 28）。

③ グループ内取引および事前の再処理

連結企業集団内の構成企業間の取引は，諸外国の例と同様，連結作業時に消去するのが原則である。ただし，持分法適用会社に係る債権・債務は除外される。

さらに，連結対象要素を可能な限り同質化するために，連結に先立って再処理を行う。フランスでは個別会計次元の計算書類が税法の強い影響を受けているだけに，CNC連結研究グループは事前の再処理を極めて重視する。この点はフランスの事情を色濃く反映するものである。

事前の再処理は形式面と実質面に関わり，形式面は会計実務の多様性の問題，実質面は評価の不均質性（換算と再評価）の問題に関わる。

1) 会計実務の多様性の問題

連結企業集団の各企業が，プラン・コンタブル・ジェネラル（PCG）に従い，共通の会計システムを有する場合には，連結作業は大きく促進される。例えば，親会社と同じ勘定体系や評価方法（減価償却方法など）を子会社が採用する場合である。

しかし，在外子会社の場合，所在国の会計実務の多様性や税法の相違などにより，共通の会計的枠組みの点で大きな困難が生ずる。CNC連結研究グループは，在外子会社データの再処理コストを考慮した上でデータの同質性を確保すべきことを強調している（CNC, 1973, p. 38）。

2) 減価償却および引当金の修正

1965年11月29日デクレ第65-999号は，上場会社に対して法定公告公報（BALO）での貸借対照表（B/S）等の公表義務を定め，それを1965年10月28日デクレ第65-968号の規定に従い作成すべきことを定めた[3]。当該1965年10月28日デクレは実額課税の税務申告に係る税務規則である。

当該規定により，フランスでは一般に，企業の計算書は税務目的のものと同一になる。このため，連結で用いられる個別計算書類には，税務の観点からの減価償却費や引当金が計上されている。CNC連結研究グループは，連結計算書類により提供される情報の質を重視し，個別計算書類における税法の影響を除去するために，連結における事前の再処理を重視するのである。

ただし，1965年11月29日デクレは，第2条第1項および第2項において，1965年10月28日デクレ（第2条の定義，第4～11条の評価規則）の遵守を義務づける一方，「理事会，取締役会または業務執行社員の責任において，会社はその損益計算書の末尾に注釈することを条件として，その他の評価規則を採用することができる。」（大下, 1998, 546頁）と定め，企業に対して，株主・一般公衆の情報の観点から，税務規則と異なる評価規則の採用を認めている。

当該選択を行使した場合，従属会社は，税務目的の計算書類とは異なる個別計算書類を作成・公表することになるが，連結のために採用するのは，当該選択権を行使して公表した計算書である。

3) 評価の不均質性の問題（換算・再評価）

在外子会社の計算書類の換算の問題は重要な検討課題である。CNC連結研究グループは，米国・英国を参考に，連結決算日の為替相場で換算を行うとしたが，これは最終的な決定ではなく，継続的な検討課題とされた。また，従属会社の固定資産については，不安定な通貨の国に所在する場合に取得日の為替相場に基づくことを容認した。

　連結対象要素の再評価は，政府当局がこれを認めている場合にのみ可能である。その場合の潜在的減価はグループ会社の個別会計次元で会計記入し，潜在的増価は，それが重要性を有しかつ事前に当局の同意を得ているという条件で連結会計次元で計上する。

　経済的な観点から税務規則に基づいた会計処理（減価償却および引当金など）や評価の修正が求められる場合，当該修正は連結会計次元で行い，明瞭な形で注釈を添える。

　減価償却または引当金の修正は連結会計レベルで実施される。当該修正はその持分割合につきグループ純資産に影響させる。

④　連結計算書類
1)　連結貸借対照表および連結成果計算書

　連結計算書類の中心は連結貸借対照表および連結成果計算書であるが，米国・英国の例を参考に注記情報を重視する（CNC, 1973, p. 62）。これら計算書のモデルと注記情報の内容は1968年CNC連結報告書・勧告書に提示されている（CNC, 1973, pp. 58, 60）。

　これら計算書類の表示は，国内企業グループと多国籍企業グループとの間で相違しないことが望ましいが，多国籍企業グループにとって，国内企業グループと同じ詳細の度合いを達成するのは困難と見られた。しかしその場合でも，プラン・コンタブル・ジェネラル（PCG）における勘定分類の2桁勘定レベルを目標とする（CNC, 1973, p. 56）。

　連結売上高は，商工的性格の企業グループの場合，グループ外の第三者との間で実現した売上高であり，グループの全部連結会社が実現した売上高である。この場合，グループの主要活動（単数または複数）とこれに付随する活動に関わる製品および商品ならびにサービス提供に係る売上高だけが合算

される。連結決算日は原則として12月31日であり，個別会計次元の決算日と同一である。従属会社の決算日をこれに統一できない場合は，当該日の暫定的状況に基づき連結する。

2) 注記・附属明細書

連結計算書の読解にとって不可欠な情報は，これを注記・附属明細書に公表する。特に，適用した連結諸原則，主要連結対象会社のリストと非連結企業のリスト，連結差額の著しい変動とのれん（survaleur）の要因に関する情報などである（CNC, 1973, pp. 61-62）。

のれんに関しては，CNC連結研究グループは，子会社株式の取得年度に認識すること，その計算の基礎として役立った要素の価値が変化する限りにおいて償却しなければならないこと，遅くとものれんの要因がなくなる時にはゼロにしなければならないこと，のれんの見積りに係る主観性のリスクを有効に評価するために明確かつ分析的な情報を提供しなければならないこと，を強調している（CNC, 1973, p. 55）。

以上が，CNC連結研究グループが結論的に提示した連結の諸原則の要点である。フランスにおける最初の連結会計基準である1968年CNC連結報告書・勧告書は，フランスの事情を考慮した上で，アングロ・サクソン諸国，EEC諸国の経験，特に米国および英国の制度・実務を参考にまとめられたものであることがわかる[4]。この点は，CNC連結研究グループ自身も認めるところである（CNC, 1973, p. 17）。

ここで筆者が強調したいことは，最初の連結会計基準がフランスの連結会計実務の中から帰納的に集約されたものではない点である。つまり，連結会計実務の経験が不足していたことから，諸外国，特に米国および英国の制度・実務を参考にせざるをえなかったのである。このような最初の成り立ちの事情が，連結会計基準がアングロ・サクソン諸国の会計の影響を受けやすいことの原因になっていると考えられるのである。

また，CNC連結研究グループが事前の再処理を重視している点は，フランスの事情を色濃く反映するものである。すなわち，同研究グループは，事前の再処理において，税務の影響を除去するという意味で，経済的な観点から個別計算書類の修正が必要と判断される場合，これを連結会計次元で行う

という考え方を提示したのだが，この点は重要である。経営者が経済的な観点から必要であると判断する場合には，個別会計次元で用いた方法と異なる方法を連結会計次元で採用できる余地を与えるものとなるからである。

2. 連結会計基準の作成における会計専門家主導

次に，1957年CNCシステム（これについては序章および第2章を参照）の下，最初の連結会計基準である1968年CNC連結報告書・勧告書が，大企業の連結会計の専門家，しかもCNC外部の専門家により作成されたことを，明らかにしたい。

(1) CNC連結研究グループの構成

CNC連結研究グループの連結会計基準案は，1967年6月12日のCNC総会による審議・承認を経て，1968年3月20日付の経済・財務大臣の省令により正式に承認されている。

連結会計は，高度に専門的な会計技法である。連結会計の専門的知識がなければ，連結貸借対照表・連結損益計算書の作成プロセスやこれら決算書の仕組みを理解するのは難しい。しかも，連結次元の会計情報は，証券市場向けの株主・投資者に対する情報提供を目的とする。当然，連結会計基準の作成は，連結会計や証券市場の情報に精通した会計実務専門家が主導することになると見られる。

連結研究グループのメンバーの人選は，専門会計士・認許会計士協会（OECCA）の会長，企業研究・資金調達委員会における計算書類の連結グループ（ローゼンバウム主宰）および財務アナリスト協会の合意の下で行われた（CNC, 1973, p. 7）。OECCA，企業研究・資金調達委員会および財務アナリスト協会は，当時，連結に関する研究を進めていたからである。

① 国家会計審議会（CNC）幹部による統括

図表6-4は，CNC連結研究グループの人的構成である。当該研究グルー

図表6-4 1968年CNC連結報告書・勧告書に係る連結研究グループの構成（24名）

構　成	人数	内　訳
議　長	1	CNC副会長・ペシネー－サン・ゴバン化学の管理・財務担当部長*
総括報告担当者	2	事務局長*，CNC報告担当者
報告担当者	21	企業経理関係者(9名)：ペシネー・グループ(3名)，フランス石油(3名)，エッソ・スタンダード(1名)，サン・ゴバン(1名)，シムカ(1名)
		会計士(5名)
		国際的監査事務所関係者(1名)：プライス・ウォーターハウス
		民間団体関係者(4名)：パリ財務連盟，ドイツ会計士協会事務局長，東部信託組合，全国経営者評議会(CNPF)
		政府機関・組織関係者(2名)：国立統計経済研究所，経済・財務省租税資料局

＊　CNC委員
(CNC, 1973, p. 78に基づき筆者作成)

プはカイエ（原資料にファーストネームの記載なし。以下同じ）を議長とする。カイエは，当時，CNC副会長（企業経理幹部）の職にあったが，フランス企業のペシネー－サン・ゴバン化学の管理・財務担当部長でもある。

当該連結研究グループ・メンバーは，議長1名，総括報告担当者2名，報告担当者21名の合計24名から構成されていた（CNC, 1973, p. 78）。総括報告担当者の1人はCNC事務局長，もう1人はCNCの報告担当者でもある。したがって，CNCの執行部のメンバーが議長と総括報告担当者の一人に入り，当該研究グループを統括した。

② 外部の企業経理関係者・会計士の動員

CNC連結研究グループは，企業経理関係者および会計士などの会計専門家を中心に，外部からの多数の人的資源に支えられている。すなわち，グループ・メンバー（報告担当者）21名の内訳を見ると，企業経理関係者9名，会計士5名，国際的監査事務所関係者（プライス・ウォーターハウス）1名，民間団体関係者4名，政府機関・組織関係者2名から構成されている。

政府機関・組織関係者および民間団体関係者として，国立統計経済研究所，経済・財務省および全国経営者評議会（CNPF）の関係者が入っている。前

2者はCNCの代表制委員を，CNPFは推薦制委員を出しているが，当該関係者はCNCの委員ではない。

CNC連結研究グループのメンバー構成は極めて特徴的である。すなわち，議長およびプライス・ウォーターハウスの1名を含めて，企業の経理関係者と会計士の合計が16名となり，全体の3分の2を占めていた。彼らは当時の連結の実務に精通した会計の実務専門家であると見られる。

企業の経理関係者9名は，ペシネー・グループ3名，フランス石油3名，エッソ・スタンダード1名，サン・ゴバン1名およびシムカ1名である。フランス石油（現トタル社）とサン・ゴバンは，フランス企業として1966年に初めて連結計算書を外部に公表した企業グループである。エッソ・スタンダードは外資系企業であるが，フランスで最初に連結計算書を公表した企業である。

ペシネー関係者3名とフランス石油関係者3名で，企業関係者の3分の2を占めている。なお，議長のカイエはペシネー・グループなので，ペシネー関係者は4名に上った。

フランス石油の3名の中の一人，R. パン－サバニエは，既述のCNC「グループ計算書作成の一般的方法に向けて」（1964年8月）の責任者であり，会計士5名の中の一人であるローゼンバウム（会計士・東部信託組合）は，「企業研究・資金調達委員会」における「計算書類の連結」グループの中心的人物である（CNC, 1973, p. 8）。国際的監査事務所はプライス・ウォーターハウスであり，同関係者は特にアングロ・サクソン諸国の連結会計関連資料の蒐集に貢献した（CNC, 1973, p. 17）。

③ 民間の外部専門家の動員

民間団体関係者は，パリ財務連盟，ドイツ会計士協会事務局長，東部信託組合および全国経営者評議会（CNPF）の関係者各1名，合計4名である。パリ財務連盟のボー（財務アナリスト協会）は，ヨーロッパ財務アナリスト協会連盟が1962～1963年にすでに連結の研究に取り組んでいた経緯から，情報蒐集に貢献した（CNC, 1973, p. 17）。ドイツ会計士協会事務局長と全国経営者評議会関係者は，ドイツの1965年9月6日法律に関する報告を行っ

た (CNC, 1973, p. 17)。

④　政府／経済・財務省と統計機関の参加

　政府機関・組織は国立統計経済研究所と経済・財務省租税資料局である。国立統計経済研究所（INSEE）のJ. ブータンは，社会会計（国民所得会計）の専門家であるが，ブータンの参加は，既述のとおり，連結次元の計算構造におけるマクロ経済指向と密接に関係している。マクロ経済指向のプラン・コンタブル・ジェネラル（PCG）の勘定分類をベースに，連結固有の勘定科目を追加的に設定して，個別計算書から連結計算書を作成できる仕組みになっているからである。経済・財務省租税資料局の関係者が参加しているのは課税の問題があるからである。

　当該研究グループは３つの小委員会から構成された。すなわち，財務アナリスト協会のボーを委員長とする「一般資料委員会」は一般的方向づけと文献調査，ペシネー金属のバルトゥを委員長とする「原則委員会」は原則の研究，フランス石油のパン－サバニエを委員長とする「適用委員会」は適用の問題を担当した。

　報告担当者21名はこの３つの小委員会に所属し，作業を行ったが，特に各小委員長をサポートした者として，8名の名前が挙がっている（CNC. 1973, p. 8）。その所属先は，INSEE（ブータン），経済・財務省租税資料局，フランス石油（2名），ペシネー（2名），会計士・東部信託組合（ローゼンバウム），サン・ゴバン（1名）である。

(2)　外部の会計専門家主導

　以上の分析から，フランスにおける最初の連結会計基準（1968年CNC報告書・勧告書）は，公的部門の参加が見られるものの，CNC外部の企業経理関係者，とりわけペシネーとフランス石油などの企業の連結担当者および会計士が中心となって作成したものであることわかる。企業経理関係者と会計士（国際的監査事務所関係者を含む）がCNC連結研究グループのメンバー全体の66.7％を占め，そのほとんどがCNC外部の人材である。

　すなわち，CNC連結研究グループは，関係組織・機関・団体の代表制お

よび推薦母体による推薦制といったCNCの組織構成上の考え方ではなく，大企業経理幹部の議長を中心に当時最も連結会計実務に精通していた人材をCNC外部から動員して編成されたものである[5]。

このように，連結研究グループは専門性の観点から連結実務に詳しい人材をCNC外部から動員したことが明らかとなる。もちろん，研究グループの作成した基準案は，CNCの総会で審議・承認される必要があるわけであるが，基準案はその作成プロセスにおいて，実質的に外部の会計専門家（企業の連結担当者と会計士）主導で作成されたといってよい。当時のフランスにとって，連結会計は，実務経験の乏しいかつ高度な会計の領域であり，連結会計基準は連結の理論と実務に精通した会計実務専門家が中心にならないと作成できないという事情があったものと見られる。

CNC連結研究グループにおける政府／経済・財務省の関与も弱い。企業会計のみならず税務会計，公会計，社会会計など，さまざまな領域の共通基準・一般基準として用いられるPCGと異なり，連結会計基準は証券市場の株主・投資者向けの情報という限られた領域にのみ関わるからである。

以上のとおり，CNC連結研究グループはメンバーとして24名，協力者として54名，合計78名を動員したが，そのうちCNCの関係者は11名，CNCの委員は執行部も含めてわずか5名（議長，総括報告担当者および3名の協力者（副会長と2名の委員））に過ぎない。当時のフランスでは，連結会計実務の経験が乏しく，CNCの委員に連結に精通した人材が少なかったことを物語るものである。

また，委員には関係組織・団体や推薦母体の代表的な意味合いがあることから，これら関係者の関与は，この段階では協力者の形にとどめている。

3. 株主・第三者に対する情報提供の目的

連結会計基準はいかなる目的の会計情報に係る基準なのか。この点について，フランスの連結会計基準では，唯一1968年CNC連結報告書・勧告書だけが明確に述べている。そこで，次にこれを取り上げ，連結会計基準がい

かなる目的の会計情報に係る基準なのかを検討したい。

(1) 1968年CNC連結報告書・勧告書における連結の目的

1968年CNC連結報告書・勧告書によれば，連結の目的は「企業グループの株主および第三者に対して正しいまたは少なくとも意味のある情報を提供すること」（CNC, 1973, p. 65）である。また，「外部的情報に向けられた本研究は，株主および第三者のために公表できる連結書類の作成と表示に関するものである」ことが明確にされている（CNC, 1973, p. 11）。

すなわち，連結の目的は企業グループの株主および第三者への情報の提供であり，CNC連結研究グループは外部的な情報利用者としての株主・第三者に向けて公表される連結書類の作成・公表に関する研究を行うものである。

ここから，1968年CNC連結報告書・勧告書は，株主および第三者に対する情報提供を目的とした連結計算書類の作成・公表のための基準であるといえる。この情報利用者としての「株主・第三者」の措定と「情報提供目的」が，連結会計基準としての1968年CNC連結報告書・勧告書の重要な特徴である。

ここで，「株主」とは「グループの株主（actionnaires des groupes）」とされる。この「グループ」が一般的な意味でのグループ，つまり単に企業集団を意味するならば，同報告書・勧告書が，親会社の株主だけでなく，子会社の少数株主をも含めたグループ全体の株主という広い観点に立っていることになる。しかし，当該報告書の「用語の定義」は，グループを「連結企業集団における親会社の持分に相当する部分」と定義しており，これに従えば，「親会社の持分に相当する部分の株主」となる。この場合には，「親会社の株主」の観点ということになる。

もし後者の意味であれば，"actionnaires de la société mère"「親会社の株主」と表現すると思われることから，筆者は前者の意味であると考えているが，いずれにせよここで重要な点は，「株主」への情報提供にある。

問題は「第三者（tiers）」の意味である。1957年PCGの勘定分類に「第三者」の用語が見られる。すなわち，クラス4「第三者勘定（comptes de tiers）」がこれである。当該クラスは，一部を除き，債権・債務を記録する

勘定であることから（CNC, 1965, p. 79），第三者とは債権者・債務者を意味するものとなる。しかし，一般に，株主と併記される場合の債権者は "créanciers" という語を用いるのが普通である。

法令用語辞典（Cornu, 1990, p. 806）によれば，第三者とは「法的状況に関係のないすべての者」とされ，債権者・債務者とはまったく別の意味になる。筆者は，「第三者」の用語は後者の意味で用いられていると考える。すなわち，「第三者」は法的状況にはないすべての者を表し，非常に広い意味を持つ。この場合，「第三者」は，株主以外の法的状況にないさまざまな利用者となるが，筆者は，「株主および第三者」として，法的状況にある現在の「株主」と「第三者」を並列的に表現することで，本来非常に広い意味を持つ「第三者」は，「いまだ法的状況にない株主」＝「潜在的な株主」＝「一般的な投資者」の意味に解釈されると考える。

このような「第三者＝投資者」という解釈は，証券市場における投資家保護の観点から連結計算書の役割が大きくなるとともに，当然のことと受け取られてきたと見られる。証券取引委員会（Commission des Opérations de Bourse：COB）は，上場企業に対して，1971年7月以降に提出する「情報ノート」（日本の有価証券届出書に相当）に連結計算書類の記載を義務づけ，上場企業の連結計算書類の公表促進と内容の改善に取り組んだ（大下，1998，386-388頁，448-449頁参照）。これにより，連結会計基準は証券市場向けの株主および投資者に対する情報の提供を強く指向するものになった。

以上のとおり，1968年CNC連結報告書・勧告書における連結の目的は「株主および第三者」への情報提供にある。情報の利用者として外部の株主・第三者を指定し，それに対する情報提供の目的に限定している点が重要である。しかも，「株主および第三者」に対する情報提供は，証券市場の拡大とともに「株主および投資者」を中心とした利用者にフォーカスするものとなる。

連結会計基準は連結のための基準なので，連結会計基準は株主および第三者（投資者）に対する情報提供を目的とした基準ということになる。この点が連結会計基準とPCGの重要な相違点である。

このような相違があるのは，第1章で明らかにしたとおり，PCGが一般

的性格の共通基準として，企業の経営者，従業員，株主，投資者および債権者のみならず，非営利組織，農業関係者，教育関係者，国家・地方自治体の課税・公会計関係当局，政府統計機関さらには労働法の従業員利益参加制度関連の労働組合・労働行政関係機関などを会計基準の重要な利害関係者として位置づけているからである。このようなアプローチは，PCGの策定に係るCNCの組織にも反映されている。

(2) 個別次元の会計情報の機能
① 利害関係者の権利・義務確定の機能

フランスでは，さまざまな企業利害関係者の保護の観点から，伝統的に商法・会社法，税法あるいは労働法などが会計を規制してきた。商法・会社法は債権者・株主の保護，税法は公権力による課税と納税者の保護などの目的から企業の個別次元の会計を規制してきた。また，労働法は従業員の利益保護の目的から，会計データに基づいた利益参加制度を設けている。

個別計算書類の情報（個別次元の会計情報）は，利益や資産・負債・資本の状況の適正な算定・表示を通じて，上記の法的規制の目的達成に貢献してきた。株主，課税当局，従業員は企業の利益に対する分配の権利（droits au partage des bénéfices）を，貸付金・売掛債権等の債権者は債権の回収と財産に対する債権担保の権利を有する。企業側から見れば，これら権利は義務となる。個別次元の会計情報は企業をめぐる法的な権利・義務の確定に直接的に関わる。

個別会計次元の成果計算書上の利益は，株主にとっての配当可能な利益（商法・会社法の規制），課税当局にとっての課税利益（税法の規制），従業員にとっての利益参加額（労働法の規制）[6]の算定に，また，貸借対照表上の資産・負債・資本の状況は，債権者にとっての債権担保の評価（商法・会社法の規制）に直接繋がっている。

利益額あるいは会計データに基づいた指標（例えば付加価値額や純資産額）の金額いかんが，配当可能利益，課税利益，従業員利益参加額，あるいは債権担保の評価額に直接影響を与えることになる。フランスでは，当該法的影響を，「法的帰結（conséquences juridiques）をともなう」と表現する。つま

り，個別次元の会計情報は，法規制と結びつくことで直接的な法的帰結をともなうものとなっているのである。

さまざまな法律は，プラン・コンタブル・ジェネラル（PCG）を，個別次元の会計の細則を定める基準として位置づけてきたので，PCGがどのような計算のルールを定めるかにより，配当可能利益，課税利益，従業員参加額，あるいは債権担保の評価額が変わってくるのである。

直接的な法的帰結をともなう個別会計次元においては，会計情報の比較可能性や検証可能性に加えて，会計システム自体の安定性や信頼性，有効な内部統制に基づく会計的評価の慎重性が重視される（CNC, 1994a, p. 5）。とりわけ，利益分配の側面では，過去から現時点までの一定期間の事業活動の結果に係る利益分配であるので，過去の活動結果の評価における客観性が重視される。このため，期末における強制低価評価と未実現評価損益の非対称的取り扱い（未実現の評価損は認識するが未実現評価益は認識しない）に係る慎重性の原則や客観的評価に係る取得原価基準などの原則・基準が重視されてきた。

② 情報提供機能
1） マクロの国民所得会計（社会会計）への情報提供

個別次元の会計情報は情報的な価値の側面を有する。当該側面では，会計情報は直接的な法の帰結を伴わなければ，情報的な価値のみを持つ。フランスでは，まず，個別次元の会計情報は，政府・統計機関への情報提供の機能を重視してきた。この点については，すでに第1章において，PCGが一貫してマクロの国民所得会計（社会会計）との接続を重視してきたこと，その計算構造はマクロ経済指向的であることを明らかにした。

フランスの会計標準化は，PCGを共通基準として，これと整合性を確保した個別基準をできる限り多くの領域に適用していくものである。これにより，標準化された経済主体の個別次元の会計データが，課税システムを介してまたは公会計から直接的に，マクロの社会会計の諸勘定に集計される。

組織・事業体の個別次元の会計が，税務会計を介してまたは公会計を通じて，社会会計に接続する仕組み，これがフランスの会計システムの特徴であ

る。そのシステムの中核を担っているのが，会計標準化の主たる手段であるPCGである。

このようなフランスのシステムにおいては，個別次元の会計情報は，政府・官庁，国立統計経済研究所などの政府・統計機関，フランス銀行，経済・統計研究者などにより，経済情報（information économique）のデータ・ソースとして重視されてきた。

政府・統計機関などへの情報提供目的では，会計情報は，比較可能性，客観性，マクロ経済指標との連関性・集計可能性などが重視される（CNC, 1994a, p. 5）。PCGが勘定分類や用語を厳密に定義し，マクロ経済指向的な計算構造の採用により生産高，付加価値，粗経営余剰などのマクロ経済指標・概念との連関性を確保しているのは，これらの点を重視しているからである。

2) 証券市場向けの株主・投資者に対する情報提供

会計情報の情報的価値のもう一つの側面が，証券市場向けの株主・投資者に対する情報提供の側面である。上場会社の株主（現在株主）および投資者（潜在的な株主）の投資意思決定上必要とされる財務情報（information financière）の重要性は，証券市場の発展と伴に大きく増大してきた。

株主・投資者に対する情報提供においては，会計情報の利用者として，現在の株主以上に潜在的な株主，つまり投資者が重視される。投資者による会計情報の利用には，特有の問題が存在するからである。すなわち，投資者は，明確に定義された権利を持つ情報利用者ではない（CNC, 1994a, p. 5）。投資者は潜在的な株主であり，将来，投資により株主になる可能性を有するに過ぎない。特定の企業の株式を購入（投資）して実際に株主になるまでは，潜在的な株主としての投資者は，当該企業と直接的な繋がりを持っておらず，企業が一般に公表する情報に依存するしかない。そこで，企業をして適切な情報を提供させることにより，投資者を保護しなければならないという考え方が生ずる。ディスクロージャー規制による「投資者保護」の考え方がこれである。

証券市場向けの情報は，株主・投資者の投資意思決定にとって有用な情報でなければならない。この投資意思決定有用性が株主・投資者に対する情報

の最も重要な特徴である。一般に，株主・投資者の投資意思決定にとって有用な情報は，企業の将来価値の予測を可能にする情報である（CNC, 1994a, p. 5）。

投資者は，将来の価値が高まると予測される企業の証券を購入（投資）し，将来の価値が低下すると予測される企業の手持ちの証券を売却する。このような投資意思決定は，主に公表財務情報に基づいて行われる。公表財務情報の中心は会計情報である。つまり，会計情報は企業の将来価値の予測に資するものであることが求められるのである。ここに，会計情報の将来指向的な側面がある。

将来指向的な会計情報において，将来キャッシュ・フローの予測など，将来事象に係る人的判断（見積り的要素）を会計計算にいかに取り込むのか，また，これをいかに制度的にコントロールして，株主・投資者への情報提供の目的と利害関係者の権利・義務確定の目的とを両立させるのか。これらの点は，フランスにおける会計の大きな課題であり続けている。

(3) 株主・投資者の情報の充実と会計基準の分化
① 連結会計情報の充実と個別次元の会計情報との分離

株主・投資者向けの情報をいかに充実させるのかという問題は，証券市場の発展とともに重要な課題となった。フランスにおいて，証券市場における株主・投資者向けの情報の充実に大きな役割を果たしてきたのが，連結次元の会計情報である。

個別次元の会計情報は，一方では直接的な法的帰結を伴うからであり，他方ではマクロ経済データとの接続の問題があるからである。また，企業活動の集団化と親会社の純粋持株会社化，企業活動の国際化，国際資本市場における連結会計情報とアングロ・サクソン的会計実務のディファクト・スタンダード化などに対処するためである。すなわち，連結計算書類の情報（連結次元の会計情報）は，個別計算書類の情報（個別次元の会計情報）と異なり情報的な価値のみに限定され，フランスでは，連結次元の会計情報は直接的な法的帰結を伴わない情報として，制度的に社会に組み込まれてきたからである。

既述のとおり，会社法上，連結計算書類に係る最初の規定は1967年3月23日デクレ第248条であるが，同条は個別計算書類に連結計算書類を添付できる旨の規定に過ぎなかった。連結計算書類の情報が，会社法上の配当可能利益，税法上の課税利益あるいは労働法上の従業員利益参加額などの利益分配に係る権利の確定に直接関わることは原則としてなかった[7]。つまり，連結次元の会計情報は基本的に情報として公表されてきたに過ぎないのである。

　連結計算書類は，個別計算書類をベースに「追加的な修正」を加えて作成される。この「追加的な修正」のプロセス，特に前述の個別計算書類の「事前の再処理」の中で，連結会計基準は，株主・投資者に対する有用な情報の提供の観点から，個別次元の会計基準では採用できない会計処理や表示様式などを用いることを容認する。しかも，これら会計処理や表示様式などは国際的な実務，つまりアングロ・サクソン諸国の実務に調和している。このように，連結次元の会計情報が個別次元の会計情報と切り離される形で，証券市場向けの情報として充実が図られてきたのである。

　② 「誠実な概観」概念の導入と情報利用者指向性の高まり

　連結会計基準における情報利用者指向性は，英国流の「真実かつ公正な概観」に相当する「誠実な概観」の概念と結びつきやすい。EC会社法指令第4号の国内法化に係る1983年調和化法とその適用デクレが英国流の「真実かつ公正な概観（true and fair view）」概念をフランス語の「誠実な概観（image fidèle）」として商法典の会計規定に導入したこと，1982年PCGはこれに先行して同一概念を導入していたこと，当該概念の導入の影響として高度な専門的判断が重要になり利用者指向性を強めることは，第4章で明らかにした。筆者は，連結会計基準における「誠実な概観」の導入は，連結会計次元において，個別会計次元以上に高度な専門的判断の重要性と利用者指向性を高めるものと考える。

　1985年に，連結計算書類に関する1983年6月13日EC会社法指令第7号（83/349/EEC）の国内法化を目的として，「一定の商事会社および公企業の連結計算書類に関する1985年1月3日法律」第85-11号（一般に「連結会

計法」と呼ばれる）とその適用に係る1986年2月17日デクレ第86-221号が，1966年商事会社法とその適用に係る1967年3月23日デクレに連結会計規定を導入した。これら規定の中に，「誠実な概観」の概念に係る規定がある。なお，1966年商事会社法およびその1967年適用デクレの連結会計規定は，商法典L233-16条からL233-28条およびR233-3条からR233-16条に統合されている。

　商法典L233-21条第1項は，「連結計算書類は，正規かつ真実なものでなければならず，連結に含まれる企業により構成される全体の財産，財務状況および成果の誠実な概観を提供しなければならない。」と定め，「誠実な概観」の概念を導入した。当該規定は，個別計算書類に係る商法典L123-14条第1項と同一の規定である。「誠実な概観」の概念が有効に機能するためには，会計情報の目的を明確に意識した上で，企業幹部や監査人が，どのような利用者によって情報が求められているのか，その情報ニーズは何か，それを充足するためにはいかなる情報が必要とされるのかなどに関して，常に高度な専門的判断を行うことが求められる。

　また，企業活動がグローバル化する中で，外国の株主・投資者の情報ニーズに応えていく必要性が生ずる。国際的な企業は，国際資本市場で一般に求められる情報の提供，国際的に一般に受け入れられている会計処理方法・表示様式などの採用を検討しなければならなくなる。その場合，一般に，米国・英国といったアングロ・サクソン諸国の会計基準や国際会計基準に基づく連結中心の会計情報がグローバル・スタンダードなので，それらをとりいれる必要がある。

　このような情報利用者指向性は，法的帰結を伴いかつ種々の制約のある個別次元の会計情報より，株主・投資者の情報的価値のみに限定された連結会計情報において，より一層強まるものと見られる。連結会計情報に係る連結会計基準はもともと情報利用者指向的であり，「誠実な概観」の概念は，個別次元の会計情報に係る会計基準に比べて，連結会計次元で情報利用者指向性を一層追求する方向で機能するものと思われるからである。このように，連結会計基準における情報利用者の措定と強い情報利用者指向性は，一般的性格の共通基準としてのPCGと比べた場合に特徴的な点である。

4. 計算構造のマクロ経済指向性

(1) マクロ経済指向の計算構造

第1章で明らかにしたとおり、フランスのプラン・コンタブル・ジェネラル（PCG）はマクロの国民所得会計（社会会計）との接続を重視し、その計算構造は一貫してマクロ経済指向的である。すなわち、PCGの計算構造は、生産高、付加価値、粗経営余剰などのマクロ経済指標との連関性を確保するものとなっている。筆者は、フランスの連結会計基準は、計算構造面ではPCGと同じマクロ経済指向的な特徴を有していると考える。

① 1968年CNC連結報告書・勧告書における連結成果計算書のモデル

図表6-5は、1968年CNC連結報告書・勧告書の提示する連結成果計算書のモデルである。これによれば、1968年CNC連結報告書・勧告書の連結成果計算書は、1957年PCGの一般経営計算書と損益計算書を統合した一計算書方式を採用しているものの、その計算構造は1957年PCGと同一の構造であることがわかる。

すなわち、貸方の収益では、連結企業集団全体の当期生産高、借方では、連結企業集団全体の当期中間財・サービスの消費高の算定が可能であり、当期生産高と当期中間財・サービスの消費高の差額から付加価値、付加価値から人件費と租税公課を控除して粗経営余剰が算定される仕組みである。1957年PCG（費用・収益の性質別分類に基づいた勘定分類および計算書表示項目）との整合性が図られているのである。

これにより、個別会計次元の計算書から追加的な処理を加えてスムーズに連結成果計算書を作成することが可能になる。そのために必要な勘定科目がPCGの勘定分類の体系に追加して設けられている。

CNC連結研究グループは、企業集団レベルあるいは活動別の付加価値の分析を重視する（CNC, 1973, p. 59）。個別企業単位での生産高、付加価値、粗経営余剰などの算定・分析を企業集団レベルでも行うのである。企業集団の生産高や付加価値の算定・分析の重視は、企業集団を一つの生産活動体と

図表 6-5　1968 年 CNC 連結報告書・勧告書における連結成果計算書のモデル

費　用		活動別		収　益		活動別	
期首棚卸高		×	×	期末棚卸高		×	×
仕入高		×	×	主たる活動および付随的活動：			
人件費		×	×	製品売上高		×	×
租税公課[1]		×	×	サービス売上高		×	×
外部作業・供給品・サービス		×	×	売上高合計（税込）		×	×
各種経営費用		×	×	控除：売上税		×	×
財務費用		×	×	売上高合計（税抜）		×	×
減価償却費		×	×	第二次的活動：			
引当金繰入		×	×	・・・／・・・		×	×
				グループ内固定資産自家生産高		×	×
経営利益		×	×	経営損失		×	×
経営損失			×	経営利益			×
臨時損失			×	臨時利益			×
所得税			×				
連結成果（利益）			×	連結成果（損失）			×
グループ外持分			×	グループ外持分			×
グループ持分			×	グループ持分			×
(1) 売上税を除く。							

（CNC, 1973, p. 60）

捉える考え方に繋がるように思われる。すなわち，企業集団全体の観点からの計算・分析である。

　親会社 P，子会社 S_1 および S_2 を構成企業とする企業集団を例にとると，子会社 S_1 がグループ外の A 社から原材料を 100 円仕入れ，これを加工して同一グループの S_2 社に 150 円で販売する。S_2 社はこれをさらに加工して親会社 P に 200 円で販売する。親会社 P 社はこれを組み立て最終製品にしてグループ外の B 社に 300 円で販売したとする。

　企業集団構成企業について，各企業の付加価値は，S_1 社が 50 円，S_2 社が 50 円，P 社が 100 となるが，これを企業集団単位で見てみると，P 企業集団単位の付加価値は 200 円（300 円 − 100 円）となる。これは各構成企業の付加価値の合計 200 円（50 円 + 50 円 + 100 円）に一致する。つまり，生産高，付加価値などのマクロ経済概念を連結企業集団次元に適用すると，親会社の視点ではなく，企業集団自体の視点が前面に出てくるものと考えられる。

② 1986年PCG連結会計原則の連結成果計算書モデル

図表6-6は1986年PCG連結会計原則における連結成果計算書のモデルである。

これによれば，1982年PCGの成果計算書が経営損益，経常損益および臨時損益の3区分を採用したことにともない，連結成果計算書のモデルにも同様の区分変更が見られるが，その基本的構造は1968年CNC連結報告書・勧告書の連結成果計算書の構造と同じものである。すなわち，費用・収益の性質別分類に基づいたマクロ経済指向の計算構造である。

1986年PCG連結会計原則は1982年PCGの一般会計に収容されており，計算構造面で，個別会計次元と連結会計次元との全体的な整合性が確保されている。なお，この計算構造上の特徴は，PCGから連結会計原則が分離された1999年連結会計規則以降も堅持されている。

図表6-6　1986年PCG連結会計原則の連結成果計算書モデル（性質別分類）

	N年度	N-1年度
売上高		
その他の経営収益		
当期仕入消費高		
人件費		
その他の経営費用		
租税公課		
減価償却費・引当金繰入		
経営成果		
財務収益		
財務費用		
換算差額		
財務成果		
全部連結・比例連結企業の経常成果		
臨時収益・臨時費用		
所得税		
全部連結・比例連結企業の純成果		
持分法適用企業の成果における持分部分		
連結企業集団の純成果		
少数株主持分		
親企業に帰属する成果		

（CNC, 1986, p. II 167）

③　財務的観点からの投資利益計算

1968年CNC連結報告書・勧告書で示された資本連結の仕組みによれば，連結は親会社における子会社株式（投資勘定）を子会社の資産・負債（純資産）における親会社持分部分と置き換えることにある（CNC, 1973, p. 28）。親会社による子会社の株式の取得は，すでに事業展開している会社の支配を取得することであるので，自ら事業資産を用意して事業展開するのと同じであるという意味で事業投資である。当初の取得時で，子会社株式の取得額がその時点の純資産の評価額における持分額を上回る場合には，無形価値の存在を想定しこれを，のれんとして認識する。

子会社株式の取得により，当該子会社における過去の利益の蓄積（利益剰余金）分を含めた資本のうちの親会社持分部分は，親会社が投資した部分と考えられる。この時点で，それまでの利益剰余金を含む資本の親会社持分部分は投下資本に転換すると考えられる。その結果，取得後に子会社に生じた利益の親会社持分部分は投下資本に対する成果であり，これだけが，連結貸借対照表上，親会社の利益剰余金に加算される。投資額とその成果である取得後の子会社剰余金の比較を通じて，事業投資の成否が判断される。

なお，1968年CNC連結報告書・勧告書は，連結貸借対照表上の子会社「剰余金（réserve）」には「連結差額（différence de consolidation）」という用語を用い，これを区別する。「剰余金」という用語は法令上厳密に定義された用語であり，グループが法的な存在でないことがその理由である。

以上のとおり，連結には，親会社による投資利益計算の考え方がベースにあり，この考え方は連結会計基準の計算構造にも反映されている。その意味で，連結は基本的には親会社によるミクロ財務的な観点からの投資利益計算であるといえる。なお，このミクロ財務的な投資利益計算は，投資家が行う計算と同型である。

しかし，フランスの連結会計基準はPCGとの整合性を確保する形で，マクロ経済指向的な計算構造を採用してきた。マクロ経済的な生産高・付加価値の概念との連関性を確保し，費用の性質別分類をベースとする計算構造である。この結果，フランスの連結会計基準の計算構造が，一方では企業集団自体の生産高・付加価値の計算というマクロ経済指向的観点，他方では連結

本来の親会社による投資利益計算というミクロ財務的観点，の2つの観点を内包する複合的構造になっていると考えられる。

(2) 成果計算書の表示形式の連単分離

図表6-7は1968年CNC連結報告書・勧告書における連結貸借対照表のモデルである。1957年PCGの貸借対照表のモデルをベースに，「グループ純資産 (situation nette du groupe)」と「グループ外持分 (intérêts hors groupe)」を区別して表示し，最終的に両者を合計して連結企業集団自体の純資産を表示している。連結企業集団自体の純資産の表示は，1986年PCG連結会計原則においても採用されている。

連結貸借対照表は，ストックの面から企業集団の生産高や付加価値を実現するために用いられた固定資産の状況およびその資金調達の状況を，企業集団単位で明らかにすることができる。企業集団レベルで，生産活動を支える資金の状況とその資金の調達源泉を明らかにすることには大きな意義がある。

しかし，連結成果計算書のフロー面ではマクロ経済指向の計算構造の基礎である性質別分類は，株主・投資者から期待される情報を，はたして十分に提供できるのだろうか。既述のとおり，CNC連結研究グループは，性質別分類が企業集団レベルあるいは活動別の生産高・付加価値の分析の基礎として役立つものと考えたが，特にアングロ・サクソン諸国の投資家が，性質別分類に基づいたマクロ経済指向の損益計算書の情報で満足できるのだろうか。

アングロ・サクソン諸国では，機能別分類の損益計算書が一般に公表されている。売上高・売上原価，サービス提供高・提供原価，売上総利益，販売費および一般管理費，営業利益，経常利益，純利益などを用いた分析により，生産活動，販売活動，一般管理活動，財務活動などの面から，機能別に企業活動の収益性や効率性を分析することが可能となる。

上記の疑問は，1970年代以降，ロンドンやニューヨークの証券取引所などへの上場を計画する企業が出てくると，あるいは国際的に事業を展開する企業が多くなってくると，フランス企業にとって現実的な課題となる。1970年代以降，一部のフランス企業グループが1968年CNC連結報告書・勧告書のモデルを採用せず，国外の投資者になじみの深い機能別分類に基づいた

図表6-7　1968年CNC連結報告書・勧告書における連結貸借対照表のモデル

借　方			貸　方		
組織費	×		自己資本	×	
控除　償却累計額	×		剰余金	×	
			連結差額[(1)]	×	
固定資産	×		成果におけるグループ持分	×	
控除　減価償却累計額	×		グループ純資産		×
		×	グループ外持分：		×
のれん		×	連結成果における持分	×	
参加有価証券：		×	連結純資産における持分	×	
持分法適用有価証券	×		企業集団全体の純資産		×
その他の参加有価証券	×		引当金		×
その他の投資有価証券	×		長期・中期負債：		
			社債		×
棚卸資産	×		その他の借入金		×
当座資産：			短期負債：		
得意先債権	×		仕入先債務		×
その他の資産	×		その他の債務		×
財務的勘定	×		財務的勘定		×
	×				×
オフ・バランス契約	×		オフ・バランス契約		×
(1) その意味に従い「加算」または「減算」。過年度の差額と当期変動額の2つに分解可能。					

（CNC, 1973, p. 58）

連結損益計算書を公表してきた背景として，このような課題の存在を挙げることができる。

　そこで，1985年連結会計法および1986年PCG連結会計原則は，性質別分類の成果計算書に加えて，アングロ・サクソン諸国などに一般に見られる機能別分類の成果計算書の採用をオプションとして容認した。しかし，これにより，個別会計次元の成果計算書は性質別分類方式のみである一方，連結会計次元の成果計算書は性質別分類と機能別分類の2つの方式が採用可能な状況になったのである。

［注］
(1)　子会社・参加会社明細書の例（サン・ゴバン社）については，大下（2007, 21頁）を参照。

(2) 19世紀末からとの指摘もある。例えば，B. ジャドー（Jadaud, 1970, p. 35）を参照。
(3) それまで1867年会社法には計算書の作成基準に係る規定がなかった。この点については，本書第4章を参照。
(4) 1968年CNC連結報告書・勧告書の附属資料には，これら諸外国の連結に係る制度・実務を研究する上で参考にした著書・論文がまとめられている。これによれば，フランス語の文献が28，英語の文献が7，ドイツ語の文献が11，オランダ語の文献が7であった。ほとんどは1960年代に入って出版された著書・論文である。また，英語文献は米国と英国の文献が半々であり，特に，在外子会社の換算，内部利益の消去，未実現損益などの問題に関する文献が取り上げられている。ドイツ語文献は1965年新会社法におけるコンツェルン規制や連結規定に関する論文，また，オランダ語文献は監査，為替換算，企業グループの管理・組織の問題に関する論文が中心である。

　これら文献リストから，特にどのような点が重要な検討課題とされたのかを窺うことができる。在外子会社の換算，企業グループ内の取引，期末の評価などに係る未実現損益の処理，法的規制との関係，監査，企業グループの管理体制などの問題がこれである。この中で，直接，連結会計上の会計処理に関わる問題は，在外子会社の換算，企業グループ内の取引，期末の評価などに係る未実現損益の処理である。これら会計問題を，連結会計実務の最も長い歴史を有する米国と英国の文献を中心に研究したことが推測される。

(5) 当該研究グループは，正式メンバーである報告担当者21名のほかに，その2.5倍以上の協力者をCNC外から大量に動員し，民間，政府機関を問わずさまざまなところから協力を得ていた。すなわち，企業関係者15名（ペシネー2名，サン・ゴバン2名，エッソ・スタンダード，ローヌ・プーランク，ポンタ・ムッソン，CGE，フィリップ，デジョンキェール，ロレーヌ－エスコー，パリユニオン銀行，ロスチャイルド銀行，インドシナ銀行，クレディ・リヨネ各1名），政府・行政機関関係者12名（産業省，クレディ・ナショナル監察官，会計院主任評定官，設備・生産性計画一般委員会，国立統計経済研究所，セーヌ大審裁判所副裁判長，経済・財務省国庫局長，会計院部長，フランス銀行，破棄院検事，預金供託金庫貸借対照表センター，経済・財務省租税資料局長），会計士8名，民間団体関係者5名（パリ証券仲買人協会副事務長，全国株式組織会社協会（ANSA），会計学会，OECCA会長，金属職業会議所），その他5名（パリ大学法学・経済学部教授2名，弁護士，エンジニア，石油探査事務所各1名），CNC関係者9名（名誉会長，副会長，委員2名，その他），合計54名がこれである（CNC, 1973, pp. 78-79）。

　協力者は，企業関係者，会計士，CNC関係者，会計研究者などの会計の専門家が中心であるが，政府・行政機関の関係者も多く入っている。ここに見られる政府・行政機関は多くが代表制委員の資格を持つ機関であるが，研究グループの作業レベルでは，正式メンバーとしてではなく，協力者として意見を表明したものと見られる。

(6) 労働法（L3324-1条）に定める従業員利益参加額は，税引後純利益－自己資本×0.05の金額に付加価値に占める労務費総額の割合を乗じて算出される金額の50％を参加特別積立金として積み立てる制度である。税引後純利益－自己資本×0.05の金額は，資本に対するリターンを5％と想定し，これを税引後利益から控除した金額から，労働サービスに対する追加的なリターンを算定するという考え方である。なお，制度の詳細については，野村（1990, 440-453頁）を参照。

(7) なお，商法・会社法上，連結計算書類に関する株主総会による審議・決定の義務は，2001年5月15日法律第2001-420号（現行商法典L225-100条）により導入されている。また，従業員の利益参加の協約は，業績の悪い子会社の場合には参加額を付与できないこともあり，個別企業ごとではなく連結次元で結ぶことが可能である。

第7章
連結会計基準の適用とその特徴

　本章では，連結会計基準の適用とその特徴を取り上げる。連結会計基準と商法・会社法の連結会計規制との関係，個別計算書類の再処理および1970年代以降のフランス企業における国際的基準の採用の実態を明らかにしたい。

1. 連結会計基準の適用と商法・会社法

(1) 1968年CNC連結報告書・勧告書の適用
　当該報告書・勧告書は1968年3月20日付経済・財務省令により承認されたとはいえ，あくまでも法的強制力のない勧告にすぎない。1980年代半ば以前のフランスでは，連結会計基準に関する法的強制力のある基準は存在せず，経済・財務省が承認する国家会計審議会（CNC）の報告書・勧告書としての基準が存在するだけであった。
　図表7-1は，1970年代から1980年代に，フランスの上場企業時価総額上位150社のうち，連結計算書類を公表した企業が，その作成上どのような連結会計基準に準拠したのかを示したものである[1]。これによれば，多くの企業は1968年CNC連結報告書・勧告書に従っていることがわかる。
　1968年CNC連結報告書・勧告書自体は単なる勧告にすぎないが，証券取引委員会（COB）が1971年以降その適用を上場会社に指示したから，このようになったと考えられる。すなわち，COBは，1971年7月以降，情報ノート（日本の有価証券届出書に相当）に連結計算書類を添付することを要求し，その作成基準として1968年CNC連結報告書・勧告書を用いるよう指示し

図表 7-1　上場会社における連結会計基準

連結会計基準	1976 年	1977 年	1979 年	1981 年
1968 年 CNC 連結報告書・勧告書	70	73	83	68
国際会計基準（IAS）	2	5	5	5
米国会計基準（US-GAAP）	8	10	9	7
詳細不明	35	29	32	39
合　計	115	117	129	119

（OECCA, 1979, p. 85, 1984, p. 94 より筆者作成）

た。この COB の指導により，多くの上場会社は CNC の連結報告書・勧告書に準拠して連結計算書類を作成したのである。

　ただ，その適用は強制ではない。COB は，1968 年 CNC 連結報告書・勧告書以外の基準の使用を否定しなかった。別の基準を用いる場合には注釈においてその理由を説明することを義務づけただけである。COB はこのような形で，1968 年 CNC 連結報告書・勧告書以外の基準の使用を事実上容認したのである（COB, 1971a, pp. 108-109）。事実，図表 7-1 は，上場企業の中に国際会計基準（IAS）や米国会計基準（US-GAAP）を採用する企業が十数社存在していたことを示している。

　さらに，1980 年代に入ると，COB は，従うべき基準について何ら要求しなくなった。準拠した基準が何なのかを明確にし，場合により一部の適用除外について説明することを求めただけである[2]。

　既述のとおり，連結計算書類自体は 1966 年商事会社法とその適用に係る 1967 年 3 月 23 日デクレに規定があり，会社法上の制度である。ただし，年次計算書類（個別計算書類）に添付できる旨の規定があったのみである。連結計算書類の作成基準としては，経済・財務省令が承認した 1968 年 CNC 報告書・勧告書が存在するものの，これは単なる勧告にすぎない。そこで，1968 年に創設された COB が上場会社に連結計算書類の作成を義務づけた際に，CNC の同報告書・勧告書の適用を指導したのである。

　このように，1970 年代から 1980 年代前半には，会社法上の任意書類としての連結計算書類，経済・財務省令の承認した法的強制力のない報告書・勧

告書,証券監督機関による連結計算書類の義務づけに際する同報告書・勧告書の適用の指導[3],ならびに国外の基準の事実上の使用容認といった規制環境の中で,上場企業は 1968 年 CNC 報告書・勧告書,IAS または US-GAAP などに従い連結計算書類を作成してきたのである。

(2) 1985 年連結会計法

① 強い法的強制力を持つ連結会計法の創設とその適用範囲

1985 年には,連結計算書類に関する 1983 年 6 月 13 日 EC 会社法指令第 7 号 (83/349/EEC) の国内法化を目的として,「一定の商事会社および公企業の連結計算書類に関する 1985 年 1 月 3 日法律」(第 85-11 号) とその適用に係る 1986 年 2 月 17 日デクレ (第 86-221 号) が,1966 年商事会社法とその適用に係る 1967 年 3 月 23 日デクレに,連結会計規定を導入した。

1985 年 1 月 3 日法律とその適用に係る 1986 年 2 月 17 日デクレは,一般に「連結会計法」と呼ばれた。なお,1966 年商事会社法およびその 1967 年適用デクレの連結会計規定は,商法典 L 233-16 条から L 233-28 条および R 233-3 条から R 233-16 条に統合されている。

商法典 L 233-16 条から L 233-28 条 (旧 1966 年商事会社法第 357-1 条から第 357-11 条) には,以下の規定が定められている。

- 連結計算書類の作成義務と支配の定義 (L 233-16 条)
- 連結免除 (L 233-17 条)
- 支配のタイプと連結方法 (L 233-18 条)
- 連結禁止・除外 (L 233-19 条)
- 連結計算書類の構成 (連結貸借対照表,連結成果計算書および連結注記・附属明細書) と内容 (L 233-20 条)
- 連結計算書類の正規性および真実性,ならびに企業の財産,財務状況および成果の「誠実な概観」の提供 (L 233-21 条第 1 項),「誠実な概観」の観点からの注記・附属明細書における追加的な情報の提供 (同条第 2 項)
- 商法典に定める年次計算書類の会計原則・評価規則に基づく連結計算書類の作成および同質的評価方法・連結再処理 (L 233-22 条)

- 一定の条件でコンセイユ・デタのデクレ（後に会計規制委員会（CRC）規則，さらに会計基準庁（ANC）規則に改正）に定める評価規則の使用可能性（L 233-23 条）
- 国際会計基準の適用（L 233-24 条）（当該規定は 1985 年当初にはなく，1998 年 4 月 6 日法律第 98-261 号第 6 条により創設）
- 連結決算日（L 233-25 条）
- 連結経営報告書の内容（L 233-26 条）
- 会計監査人への提出（L 233-27 条）
- 連結計算書類の監査（L 233-28 条）（公表義務のない企業がこれを公表する場合の監査）

また，連結計算書類の作成に係る具体的な処理に関して，商法典 R 233-3 条から R 233-16 条（旧 1966 年商事会社法の適用に係る 1967 年 3 月 23 日デクレ）に以下の規定が定められている。

- 連結方法：全部連結，比例連結，持分法（R 233-3 条）
- 全部連結・比例連結・持分法による成果計算書の成果（R 233-4 条）
- 第一回連結差額の処理（R 233-5 条）
- 被連結会社における親会社株式・投資有価証券・一時所有有価証券の処理（R 233-6 条）
- 連結売上高の定義（R 233-7 条）
- 連結の再処理（R 233-8 条）
- 為替換算差額の処理（R 233-9 条）
- 評価規則（R 233-10 条）（商法典が定めていない評価規則）
- 貸借対照表の表示形式（勘定式・報告式）と義務的記載項目（R 233-11 条）
- 成果計算書の義務的記載項目と収益・費用の性質別分類・機能別分類（R 233-12 条）
- 繰延税金の処理（R 233-13 条）
- 注記・附属明細書の義務的記載事項（R 233-14 条）
- 連結計算書類の作成・公表義務の免除（R 233-15 条）
- 連結免除の数値規準（R 233-16 条）

連結会計法の規定はそれ自体が法令条項であり，強い法的強制力を持つものである。これにより，排他的にまたは共同して他の企業を支配する商事会社は，一定の条件を満たす非上場会社を除き，監査を受けた連結計算書類を作成・公表しなければならない。

　なお，上場会社に対しては，すでに「投資の発展と貯蓄の保護に関する1983年1月3日法律第83-1号」第27条（旧1966年商事会社法第357-1条）が，連結計算書類を年次計算書類に添付することを義務づけていた（大下，1998，388頁）。また，連結計算書類の監査に関しては，1983年調和化法第6条Ⅳ（旧1966年商事会社法第228条）および調和化法適用デクレ第39条（旧1966年商事会社法適用デクレ第193条）が，附属書類として連結計算書類を年次計算書類に添付する場合に，原則としてその監査証明を付することをすべての商事会社に義務づけていた。

　商事会社法の連結計算書類に関する義務は，企業の困難および調停的解決に係る1984年3月1日法律第84-148号第13条により，商工活動を行う一定規模以上の公企業（entreprises publiques）にも適用される。したがって，商事会社法の連結会計規定は，一定の非上場会社を除き，すべての商事会社と商工活動を行う公企業に適用される。

② 「誠実な概観」の提供とオプションの容認

　これら連結会計規定は，商事会社の企業グループに特有の会計義務を定め，種々の支配のタイプの定義と連結方法，連結計算書類（連結貸借対照表，連結成果計算書および連結注記・附属明細書）の構造と内容を法定し，連結計算書類が正規かつ真実であり，連結企業集団全体の財産，財務状況および成果の「誠実な概観」を提供することを求めている。

　「誠実な概観」概念の導入による利用者指向性の高まりについては，第4章および第6章で明らかにしたとおりである。連結会計次元における株主・投資者に対する情報提供目的と強い利用者指向性の結びつきは，連結会計法に個別会計次元と切り離された形でのさまざまなオプションを生み出した。フランスにおける「誠実な概観」の概念は，連結会計次元でこのような形で機能してきたのである。

連結計算書類は，年次計算書類に連結特有の修正を施して，商法典に定められた年次計算書類の作成に係る会計諸原則および評価規則に従い作成するのが，原則である。

　すなわち，「L 233-23 条の規定を留保して，連結計算書類は，年次計算書類に比較して連結計算書類に特有の特徴から生ずる不可欠な調整を考慮して，商法典の会計諸原則および評価規則に従い作成するものとする。」（旧 1966 年商事会社法第 357-7 条，現商法典 L 233-22 条第 1 項）。また，連結計算書類の資産および負債の要素，費用および収益の要素は，同質的な方法に従いこれを評価する（商法典 L 233-22 条第 2 項）。

　しかし，当該商法典 L 233-22 条は原則の例外を認めている。これが上記「一定の条件でコンセイユ・デタのデクレ（後に会計規制委員会（CRC）規則，さらに会計基準庁（ANC）規則に改正）に定める評価規則の使用可能性」の規定である。

　また，商法典 R 233-12 条は，連結計算書類の作成上，収益・費用の機能別分類方式をオプションとして容認している。これが上記「成果計算書の義務的記載項目と収益・費用の性質別分類・機能別分類」の規定である。

　さらに，1998 年に創設された商法典 L 233-24 条は，国際会計基準を適用する企業に対して，上記商法典 L 233-18 条から L 233-23 条への準拠義務自体を免除している。これが上記「国際会計基準の適用（L 233-24 条)」である。

　これら連結会計次元のオプション創設の背景には，フランスの国際的企業が米国・英国などのアングロ・サクソン諸国の会計実務を連結会計上採用してきた現実がある。

③　D 248-8 条オプション

　まず，L 233-23 条は，連結注記・附属明細書に理由を説明することを条件に，価格の変動または取替価値の考慮，後入先出法を用いた代替性資産の評価，および商法典 L 123-18 条から L 123-21 条に定める以外の評価方法の採用を可能にする評価規則を用いることを容認した。

　つまり，連結会計次元では，商法典規定の個別の年次計算書類に係る評価

方法（L 123-18 条～L 123-21 条）以外の評価方法を商法典自体が認めたのである。当該規定を受けて，商法典 R 233-10 条は，9 つのオプション的会計処理方法を列挙している。これが，上記「評価規則（R 233-10 条）」（商法典が定めていない評価規則）である。商法典 R 233-10 条は旧 1967 年 3 月 23 日適用デクレ第 248-8 条の規定を引き継いだものなので，筆者は 9 つのオプション的会計処理方法を「D 248-8 条オプション」と呼ぶ。

9 つのオプション的会計方法とは，1）指数修正歴史的原価法の適用，2）取替価値法の適用，3）後入先出法の適用，4）棚卸資産製造の資金調達のための借入金利息の原価算入，5）ファイナンス・リース契約のオン・バランス処理，6）ファイナンス・リース契約により顧客の利用に委ねている資産の除外，7）個別会計で貸借対照表に計上した換算差額の連結会計における損益計上，8）特定の借入資金の自己資本計上，9）特定の評価方法の使用，である（大下, 2002a, 185-189 頁）。

上述のオプションの一部は，EC 会社法指令第 7 号第 29 条第 2 項(a)の国別選択権を行使したものであり，しかも EC 会社法指令第 4 号が国別選択権として認めている諸方法である。すなわち，指数修正歴史的原価法（EC 会社法指令第 4 号第 33 条第 1 項(b)），取替価値法（同指令同号第 33 条第 1 項(a)），後入先出法（同指令同号第 40 条第 1 項），棚卸資産製造の資金調達のための借入金利息の原価算入（同指令同号第 39 条第 2 項）および特定の評価方法の使用（同指令同号第 60 条）である。

また，これら以外，すなわちリース契約（または類似の契約）の資本化（オン・バランス処理），リース契約により顧客の利用に委ねている資産の除外，個別会計で計上した換算差額の連結会計における損益計上および特定の借入資金の自己資本計上については，EC 会社法指令第 4 号に具体的な定めがないものである。

商法典 L 233-23 条とその適用に係る R 233-10 条は，EC 会社法指令第 7 号の第 29 条第 2 項に定める選択権を行使したものであるが，1970 年代から 1980 年代にフランスの国際的企業が採用していた会計方法を，商法・会社法規制の枠組みの中で個別計算書類に係る会計方法と切り離して，連結計算書類の作成上法的に容認したものである。

いくつかの国際的企業は，利用者指向的に国外の投資者，証券規制当局あるいは証券取引所が要求する会計情報を意識して，国際的に受け入れられている実務を採用してきた。しかし，「D 248-8 条オプション」は，フランスの会計システムにおいて，個別会計次元と連結会計次元の評価規則の分離をもたらすものとなった。

④　収益・費用の機能別分類方法のオプション

次に，連結会計法は，連結計算書類の作成上，収益・費用の分類方法に関して，機能別分類方式をオプションとして容認している。商法典 R 233-12 条第 2 項によれば，「収益および費用はその性質または用途に従い分類される。それらは勘定式または報告式で表示する。」とされる。この場合の「用途（destination）」とはいわゆる「機能別」のことである。

個別次元の成果計算書は性質別分類方式のみが定められているが（商法典 R 123-193 条），商法典 R 233-12 条第 2 項は，性質別分類方式に加えて，連結次元で機能別分類方式をオプションとして認めるものである。

機能別分類は 1970 年代から 1980 年代に一部のフランス企業が採用していた方式であり，国際的に一般に受け入れられている表示形式である。国際的企業は国外の利用者を念頭において当該方式を連結会計次元で採用してきたのである。

商法典 R 123-193 条は，機能別分類方式を商法・会社法の枠組みの中にオプションとして法的に位置づけるものである。しかし，連結成果計算書のフォームに係る機能別分類方式のオプションは，成果計算書の表示形式において，個別会計次元と連結会計次元の表示形式の分離をもたらすものとなった。

⑤　商法・会社法会計規制と国家会計審議会の標準化作業とのリンケージ

1985 年の連結会計法では，1983 年調和化法と同様に，商法・会社法会計規制と国家会計審議会の標準化作業との間に限定的ながら一定のリンケージが図られた。

すなわち，「連結計算書類は，国家会計審議会の意見聴取の上コンセイ

ユ・デタのデクレが定める方式に従いこれを作成し公表する。当該デクレは特に貸借対照表および成果計算書の要素の分類ならびに注記・附属明細書の記載事項を決定する。」(1985年1月3日法律第2条，1966年商事会社法第357-5条，商法典L233-20条)。

前出の「連結計算書類の構成（連結貸借対照表，連結成果計算書および連結注記・附属明細書）と内容（L233-20条）」の規定である。当該規定は，特に連結貸借対照表および連結成果計算書の要素の分類ならびに連結注記・附属明細書の記載事項は，商法典ではなく，国家会計審議会（CNC）の意見を聴取した上，コンセイユ・デタのデクレがこれを定めるとした。

CNCの意見聴取義務を定めた点が重要である。商法・会社法の会計規制にCNCが関与することを，商法・会社法の側から法的に定めたからである。商法・会社法会計規制とCNCの標準化作業との法令上のリンケージである。

(3) 1986年PCG連結会計原則

1986年には，上記1985年1月3日法律とその適用デクレを考慮した上で，1982年プラン・コンタブル・ジェネラル（PCG）に連結会計原則「第Ⅳ章 計算書類の連結：方法論」が追加された。

PCGは，当該連結会計原則が前出1985年1月3日法律とその適用デクレ（連結会計法）の連結会計規定に一致していると表明している（CNC, 1986, p. II. 140）。なお，改訂PCGは1986年12月9日経済・財務・民営化省令により正式に承認されている。

1986年PCG連結会計原則の内容は本書序章の図表0-4に示すとおりである。PCGの連結会計原則の特徴は，連結上の会計技術的内容を中心としている点である。例えば，第1節「連結の方法」では，全部連結，比例連結および持分法の技術的定義が行われているが，連結の範囲には言及せず，連結会計法の規定に委ねる形になっていた。

PCGの連結会計原則は，上記「連結会計法」と整合的であり，法的効力の強い1985年1月3日法律が連結の義務や範囲などの重要事項を中心に定め，省令が承認するPCGはこれを補う形で技術的・具体的な連結処理の原則を定めた。この役割分担は個別会計次元より徹底されているが[4]，PCG

の連結会計原則の適用に係る法的効力はPCGの一般会計本体とは異なるものと見られる。

　すなわち，個別会計次元では，税務法令の1959年12月28日法律第55条がPCGの一般的・漸次的適用を定めた。これに対応して，前出1965年10月28日デクレが実額利益課税制度における課税利益算定の一般基準としてPCGを指定した。そして，1982年PCGの承認に係る省令が，遅くとも1984年1月1日以後に始まる年度から，すべての商工企業に対して1982年PCGの一般会計の規定に従いその会計を整備することを義務づけた。この場合，PCGの適用の法的根拠は税務関係法令である。

　これに対して，1986年にPCGに追加された連結会計原則は第Ⅱ編「一般会計」に収容されたものの，税務上，当該連結会計原則を一般基準とする課税の制度的仕組みは存在しない。既述のとおり，連結納税制度はあるが，これは会計士の連結利益をベースとするものではない。そのため，PCG連結会計原則の適用上の法的基礎は極めて薄弱である。

　PCGの一般会計における連結会計原則とそれ以外の規定部分との間には，同じPCGの一般会計の中にありながら，その適用の法的基礎の面で両者には大きな違いがあったと考える。

　1970年代から1980年代前半に引き続き，1980年代後半から1990年代においても，一部のフランス企業では，連結計算書類の作成基準として米国会計基準（US-GAAP）や国際会計基準（IAS）などの国際的会計基準が多様な形で使用されていたが，それは1986年PCG連結会計原則のかかる法的効力上の特徴が当該実務に影響していたからであると考えられるのである。

2. 連結上の再処理と「同質性の原則」

　商法・会社法上，D 248-8条オプションの創設の背景には1970年代からのフランスの国際的企業の実務がある。企業集団の連結計算書類は，その構成企業の個別計算書類をベースにこれを再処理して作成される。国際的基準に対応した処理方法の採用は連結上の再処理と深く関わっている。フランス

には，日本の「親会社・子会社間の会計処理の統一」に係る一般原則に相当するものとして「同質性の原則（principe d'homogénéité）」がある。「同質性の原則」は連結会計上の原則として個別計算書類の再処理を求めてきた。

そこで，個別計算書類の再処理の問題を取り上げ，これが国際的基準の採用とどのように関わっているのかを明らかにした上で，フランス企業による国際的基準の採用の実態を取り上げたい。

(1) 1968年CNC連結報告書・勧告書と同質性の再処理

フランスにおいて，「同質性の原則」に基づく個別計算書類の再処理に初めて公式に言及したのは，1968年国家会計審議会（CNC）連結報告書・勧告書である。当該報告書・勧告書において，CNCは可能な限り連結対象項目の「同質性」を確保するために，企業集団構成企業の個別計算書類を再処理する必要性を強調した（CNC, 1973, p. 37）。

すなわち，企業集団の各企業の会計実務に多様性が見られる場合，特に会計に対する税法の影響が異なる外国に多くの在外子会社を有する多国籍企業の場合には，同質性の確保は重要なものとなる。ただし，同質性の確保を目的とする再処理は，当該作業の困難およびコスト等を勘案して，「可能な限り意味のある情報を得ることを目的とするものでなければならない」（CNC, 1973, p. 38）。

また，同質性の再処理に関連して，連結時における当該再処理作業を軽減する手段として，事前に企業集団レベルでの標準化した会計方針の採用など，各社共通の会計的枠組み（共通の表示・勘定分類の枠組みまたは共通の評価規則）を設定しておくことの必要性を強調する（CNC, 1973, p. 38）。

さらに，企業集団構成企業の個別計算書類における減価償却および引当金等の計算が税務規則に基づきかつ経済的に正当化されないものである場合，1968年CNC連結報告書・勧告書は，「経済的に意味のある情報」の観点からこの税務目的の計算を修正する必要性を強調し，減価償却および引当金の計算に限定されるとはいえ，連結計算書類における税法の影響の除去と経済的観点を重視した会計情報の重要性に言及した（CNC, 1973, p. 40）。

(2) 1985年連結会計法と同質性の再処理

フランスにおいて,「同質性の原則」に基づく個別計算書類の再処理を最初に法的に義務づけたのはEC会社法指令第7号の国内法化に係る1985年1月3日法律第85-11号（連結会計法）である。

商法典L233-22条（1985年連結会計法第2条により新設された旧1966年商事会社法第357-7条）第1項は,商法典（L123-18条〜L123-21条）に定めのない評価方法の使用を認める商法典L233-23条（旧第357-8条／D248-8条オプション）の規定を除外して,連結計算書類は,年次計算書類（個別計算書類）に比較して連結計算書類特有の特徴から生ずる「必要不可欠な修正（aménagements indispensables)」を考慮して,年次計算書類に係る商法典の会計原則および評価規則（L123-18条〜L123-21条）に従い作成すると定めている。

また,商法典L233-22条（旧357-7条）第2項は,「連結計算書類に含まれる資産・負債項目および費用・収益項目は同質的な方法（méthodes homogènes）に従い評価する」ことを定めている。当該商法典L233-22条の規定を受けて,商法典R233-8条（旧1966年商事会社法の適用に係る旧1967年3月23日デクレ第248-6条（1985年1月3日法律の適用に係る1986年2月17日デクレ第86-221号第1条により設置））は,連結上,a) 連結のために採用した分類プランに従って全部連結対象企業の資産・負債項目および費用・収益項目を分類すること,b) 連結のために採用した評価方法に従い連結対象企業の資産・負債項目および費用・収益項目を評価すること,c) 税法の適用だけのために行われた会計処理,とりわけ投資助成金,法定引当金（税法上の引当金）および固定資産の減価償却の計算書類に対する影響を除去することを,義務づけた。

このa)およびb)の分類方法・評価方法に関する再処理は,全部連結あるいは持分法等の連結方法のいかんを問わず,同質性の観点から,連結会計上採用した分類方法・評価方法に従い,企業集団構成企業の各個別計算書類を再処理することを義務づけたものである。

なお,同質性の再処理は,重要性の観点から,重要性の乏しいものについてはこれを省くことが認められる（商法典L233-22条（旧1966年商事会社法

第357-7条)第2項,商法典R233-8条(旧1967年3月23日適用デクレ第248-6条)第3項,1986年PCG連結会計原則第230項)。

(3) 1986年PCG連結会計原則と「同質性の原則」
① 「同質性の原則」の明示

同質性の再処理に関して,これを「同質性の原則」として明示したのは,1986年PCG連結会計原則である。その第23項「同質性と評価規則・方法の選択」において,次のとおり当該原則を規定した。

「連結計算書類の作成時に遵守すべき同質性の原則は,資産・負債項目および費用・収益項目ならびに注記・附属明細書で提供される情報の全体の評価と表示に関わる。当該原則は,連結会計次元で採用される評価および分類の規則・方法を定める連結の会計方針が定義されていることを前提とする。この場合に行われる選択は,連結全体に最も適合した同質的規則・方法を採用することを可能ならしめなければならない。当該原則の適用は,連結対象企業の帳簿記入のために適用されるならば促進される。しかし,特有の制約が,一定の連結対象企業をして,連結の会計方針の定める規則と異なる規則をその個別計算書類の作成のために採用させることがありうる。その連結に先立って,再処理(評価規則・方法の相違の場合)または再分類(表示規則の相違の場合)を通じて,修正が個別計算書類の一定の項目にもたらされねばならない。」(CNC, 1986, p. II. 147)。

特に,「同質性の原則」が,評価方法だけでなく表示方法にも関わるものであること,この連結会計上の評価・分類の規則・方法を定める「連結の会計方針」の策定を前提とすることが強調されている。フランスでは,この連結計算書類作成上の評価および分類の規則・方法の全体を「連結のプラン・コンタブル(plan comptable de consolidation)」と呼ぶが,本章ではこれを「連結の会計方針」と呼ぶ。

さらに,連結会計原則の第230項によれば,1) 同質性の再処理,2) 税法の適用だけのために行われた会計処理の影響の除去を目的とする再処理,および3) 再処理に伴う繰延税金の処理は,義務的再処理(retraitements obligatoires)である(CNC, 1986, pp. II. 147-II. 148)。

税務目的だけの会計処理の再処理（前出1967年3月23日デクレ第248-6条cおよび1986年PCG連結会計原則第230項2）は，もっぱら税法の恩恵を受けるためだけに行った会計処理を連結上除去することを義務づけたものであるが，ローカルな税法の影響を除去することによって同質的な会計情報を確保できるという意味では，同質性の観点からの再処理にも関わるものである。

② 「同質性の原則」の定義
　「同質性の原則」は会計処理の「統一（unification）」を意味するものではない。1986年PCG連結会計原則第230項は，次のとおり，「同質性の原則」の意味を明らかにした。
　「複数の連結対象企業において，ある状況が同じような形で現れる場合には，同質的な評価規則の適用が必要である。これに対して，一定の企業が特有の経済的特徴を示す経済部門または地域で活動を行っている場合には，同質的な評価規則の適用は制限されうる。一定の場合，会計規則の観点から，連結対象企業の全体によって行われる活動の特有の性質を評価することが困難であることがある。連結の会計方針の定める評価・分類の規則・方法の選択は，種々の活動についてただ一つの受け入れ可能な方法とするのか（この場合には同質性が優先される），異なる方法を並用するのか（この場合には適合性が優先される）。
　いずれの場合でも，当該選択には正当な理由がなければならず，方法の継続性の原則が遵守されねばならない。同一性質の資産につき，地域的に義務づけられた規則が連結で採用した減価償却計画と異なるとき，とりわけ減価償却に関する税法の影響は除去される。連結の会計方針の策定は，プラン・コンタブル・ジェネラル（PCG）の規定を適用して個別計算書類の作成のために定義した償却計画を変更する機会ではありえない（ただし，調和化を図る場合はこの限りではない）。」（CNC, 1986, p. II. 148）。
　以上のとおり，同一環境下で行われた同一性質の取引等に対しては同一の方法を適用するのが原則であるが，企業集団が特有の性質の活動または地域を有する場合，その特有の性質に最も適合する表示・評価方法等を適用することがありうるものと考えられている。

また，特有な性質を識別するのが難しい場合には，一つの方法で統一するのかあるいは異なる方法を併用するのかは経営者の判断に委ねるが，いずれにおいても正当な理由を明らかにする必要がある。「同質性の原則」はこのような意味として捉えられねばならない。

　例えば，企業集団内に製造会社および金融・保険会社を有する場合，金融・保険活動に特有の評価規則は，連結計算書類においてもそのまま維持される。あるいは，高インフレーション地域に在外子会社を有する場合には，当該子会社の個別計算書類はこれに特別な処理を施した上で連結することなどである[5]。

　また，同一性質の資産の減価償却について，ある国の規則が税法の影響により連結上の償却計算と異なるとき，当該影響は除去されねばならない。一般に，連結の会計方針の設定は，フランスの国内会計規則（PCGの規定）に基づく個別計算書類の償却計画を変更する機会ではありえないとされているが，企業集団内において償却計算の調和化を図る場合はこの限りではないとされる。

　なお，1999年連結会計規則においても，1985連結会計法（1985年1月3日法律）および1986年PCG連結会計原則の「同質性の原則」は引き継がれている（II「連結規則」の全部連結における第201項「評価と表示の方法」）。

3．「同質性の原則」と連結の会計方針の策定

(1)　連結の会計方針の策定と会計方法の選択

　「同質性の原則」は，連結会計次元で適用される評価・分類の規則および方法，すなわち「連結の会計方針」を定めておくことを前提とするものである。連結計算書類は，この連結の会計方針の定める会計処理の原則・手続および表示方法に従って作成される。

　既述のとおり，連結の会計方針の設定の必要性は，すでに1968年CNC連結報告書・勧告書により言及されていた。また，前出商法典R233-8条（旧1967年3月23日デクレ第248-6条）は，「連結のために採用した分類プラ

ン」,「連結のために採用した評価方法」と表現して,連結の会計方針の採用に言及した。

また,前出の1986年PCG連結会計原則は,その「同質性と評価規則・方法の選択」(第23項)において,同質性の原則は「連結会計次元で採用される評価および分類の規則・方法を定める連結の会計方針が定義されていることを前提とする。」と表現して,連結の会計方針の策定を同質性の原則の前提としていることを明確にした。

連結の会計方針の策定にあたっては,企業集団の経済的実態に最も適合した同質的な規則・方法が採用されるべきである。既述のとおり,フランスには連結会計次元で選択可能な評価方法および表示方法のオプションが存在している。「D 248-8条オプション」,「収益・費用の機能別分類方法のオプション」がこれである。これら連結会計次元のオプションは多くが米国・英国などのアングロ・サクソン諸国の会計実務に対応したものである。

また,個別会計次元で,棚卸資産および一時所有有価証券の原価配分,長期請負契約,棚卸資産の製造に係る借入金の利息,製造固定資産に係る借入金の利息,組織費(創立費・開業費),応用研究費・開発費,社債発行差金,増資費用,退職給付契約など,商法典の個別計算書類の作成に係る処理方法に関して,原則的処理に加えてオプション的処理が存在している(大下,2001a, 48-53頁)。しかも,1982年PCGにも同様の規定が設けられた。これら個別会計次元のオプションも多くがアングロ・サクソン諸国の会計実務に対応したものである。

連結の会計方針が各構成企業の個別会計上採用された評価方法等と異なるときには,連結会計上同質性を確保するために,連結の会計方針に従い各個別計算書類を再処理することが必要となる。連結会計上採用する評価および分類の方法は,親会社の評価方法・分類方法を用いる場合もあれば,これと異なる方法を採用する場合もある。

1967年3月23日デクレ第248-6条(現行商法典R 233-8条)は,この点に関して,「連結のために採用した」との表現を用い,親会社の評価方法・分類方法によることを必ずしも指示していない。また,前出1966年商事会社法第357-7条(現行商法典L 233-22条)第1項の規定は,連結計算書類が,

親会社の個別計算書類に適用した評価方法ではなく，個別計算書類に係る商法典の第12～15条（現行商法典L 123-18条～L 123-21条）の評価規則に従って作成されることを明確にしている。

これら規定の導入の基礎となったEC会社法指令第7号第29条第3項によれば，連結上採用する評価方法と連結対象企業の個別会計上の方法が異なる場合には，連結上採用する方法に従って新たに再処理しなくてはならない。

また，同条第2項aによれば，連結計算書類を作成する企業，すなわち親企業は，それ自身の個別計算書類に適用したのと同じ評価方法を適用しなければならないが，EC加盟国はEC会社法指令第4号に定める他の評価方法を連結計算書類に適用することを容認または要求することができる（選択権）とした。フランスの1966年商事会社法第357-7条（現行商法典L 233-22条）第1項の規定は，当該選択権を行使して，親企業の個別計算書類に適用した評価方法と同じ方法を適用することを義務づけなかったのである。

したがって，連結の会計方針の策定における評価および分類の方法の選択に関して，次の2つの状況が考えられる。すなわち，(a) 親企業の個別計算書類に係る会計方針（評価方法・分類方法）と同一のものを連結の会計方針として採用する場合，および (b) 親企業の個別計算書類に係る会計方針と異なるものを連結の会計方針として採用する場合（ある子会社の会計方針を連結の会計方針として採用する場合も含む）である。

いずれの場合でも，連結のために採用される評価方法は商法典の第12～15条（現行商法典L 123-18条～L 123-21条）の評価規則に従ったものでなければならない。フランスでは，個別計算書類において採用された評価方法は連結時に変更してはならない。これが原則ではあるが，1) 連結企業集団次元で評価方法の同質性を確保する必要性，2) 税務最適化を優先して個別計算書類で用いられなかった会計方法の復活，および 3) 国際的会計基準に従い連結計算書類を作成したいという意向，の3つの理由に基づく変更は認められるものとされた（Raffegeau *et al.*, 1989, p. 137）。

なお，連結の会計方針への変更は，企業集団構成企業の個別計算書類を再処理することになるが，上記理由による変更の場合，個別決算の決算確定手続のやり直しは求められない。

(2) 連結の会計方針の選択・適用と国際的会計実務への対応

　連結会計上，親会社と異なる会計方針を連結の会計方針として採用し，これを連結計算書類の作成段階に適用する場合，国際的実務（主として米・英等アングロ・サクソン諸国の会計実務）との調和を重視して，連結の会計方針として米国会計基準（US-GAAP）あるいは国際会計基準（IAS）といった国際的会計基準を採用することも考えられる。既述のとおり，1967年3月23日デクレ第248-6条（現行商法典R233-8条）は「連結のために採用した」と表現するにとどまっている。

　事実，フランス企業の中には，すでに1970年代より当時の規制の枠内で，国際的実務との調和を重視して米国会計基準（US-GAAP）または国際会計基準（IAS）に対応した連結計算書類を作成する企業が見られた。

　フランスの会計と国際的な会計基準あるいは実務を比較した場合，後者の最も大きな特徴は法的観点より経済的観点を重視する点にある。また，会計と税務が分離したシステムを採用しているアングロ・サクソン諸国では，税法の影響はヨーロッパ大陸諸国に比べてはるかに小さい。しかも，国際会計基準（IAS）は税法等との制度的関係を必ずしも考慮するものではない。

　国際的基準との相違点のうち，最も大きなものとして挙げられるのが，ファイナンス・リース取引のオン・バランス処理，外貨表示債権・債務の換算差額の損益計上，税効果会計に基づく繰延税金などの処理である。

　フランスでは，法的観点を重視した個別会計次元では，これら会計処理は採用不可能なものと考えられた。しかし，連結会計では事実上採用可能なものとされ，1970年代より米国会計基準（US-GAAP）または国際会計基準（IAS）対応の連結計算書類を作成してきた企業は，これら処理を取り入れた連結の会計方針を採用した。

　1980年代に入り商法典に計算書類の作成に係る詳細な計算規定が設けられると，連結計算書類の作成は，個別計算書類の作成に係る商法典の第12～15条（現行商法典L123-18条～L123-21条）の計算規定に従うことが義務づけられた。その結果，経済的観点を重視した国際的基準の上記処理は，商法典のこれら規定に抵触する可能性が生じた。

　1980年代後半に入り，商事会社法が商法典に定めのない評価方法を連結

上追加的に容認し（「D 248-8条オプション」），また税効果会計の適用を義務づけたことは既述のとおりであるが，当該措置は，1970年代から国際的基準を採用している企業にとって，引き続き同様の会計実務を実践するのを可能にするものであった。

当該オプションを行使した場合，連結の会計方針は，税効果会計に加えて，個別会計では採用困難なファイナンス・リースの資本化処理あるいは外貨表示債権・債務の換算差額の損益計上等の処理を含むものとなる。これら処理を内容とする連結の会計方針は，当時の国際的基準あるいは実務との主要な相違点を解消することを可能にした。

しかし国際的会計基準の改変が進展した結果，国際的基準の採用において，法令規定に抵触する可能性のある部分を除外して適用したり，あるいは恣意的に一部を除外して適用するという状況が生じた。特に，連結のれんを中心とした無形資産の処理に関してこのような傾向が見られた。

4. フランス企業による国際的会計実務への対応

(1) 国際的会計基準の採用企業

1970年代から1990年代半ばのフランス企業の年次報告書に基づいて，フランス企業の事例を分析してみたい。ここで取り上げるフランス企業は13企業グループである。その内訳は以下のとおりである。すなわち，

- 1970年代にすでに米国会計基準（US-GAAP）または国際会計基準（IAS）等の国際的基準対応の連結計算書類を公表していた企業7社；エール・リキッド（化学），ダノン（旧BSN）（食品），カルフール（小売），ラファルジュ（セメント），プジョー（自動車），ローヌ・プーランク（後のサノフィ・アベンティス）（化学）およびサン・ゴバン（ガラス）。
- 1980年代に入って国際的基準対応の連結計算書類を公表していた企業2社：ルイ・ヴィトン・モエエネシー（LVMH）（高級アルコール飲料・皮革製品）およびトタル（石油）。
- 国際的基準への準拠または配慮に言及していない連結計算書類を公表し

た企業のうちフランスを代表する国際的企業3社（分離後は5社）；高級化粧品ブランドの有力企業であるロレアル（化粧品），フランス新幹線（TGV）等ハイテク分野の有力企業であるコンパニー・ジェネラル・デ・レクトリシテ（CGE）（高速鉄道車輌・通信）（後にアルカテル・アルストム社を経てアルカテル社とアルストム社に分離），および1853年創設の水資源関連総合事業会社であるコンパニー・ジェネラル・デ・ゾー（以下「デ・ゾー」と呼ぶ）（現ベオリア・アンビロヌマンおよびビベンディに分離後いずれもCAC 40構成の上場企業）。

この12社（2社の分離後は14社）に，1970年代から国際的基準対応の連結計算書類を公表していたが2000年代に外国企業からの買収により消滅したペシネー（旧PUK）（非鉄金属）を加えた13社である。同社は一時期，米国会計基準のみならずIAS 3号（「連結財務諸表」）にも対応しているとする連結計算書類を公表した企業である。なお，以上の13企業はパリ証券取引所の最重要株価指数「CAC 40」を構成する企業であった。

「1970年代から1990年代半ば」に期間を限定する理由は，1971年の証券取引委員会（COB）による資金公募企業への連結計算書類の作成・提出の義務づけ以降，連結計算書類の作成・公表が一般化したこと，1996年よりフランスの大規模な会計制度改革が実施され1998年に国際会計基準の適用が法的に容認されたことから，その前までの期間を対象としたからである。

図表7-2は前出13企業グループを一覧表にまとめたものである。1970年代から，フランスの企業にとって国際的基準は大部分が米国会計基準（US-GAAP）である。これに1980年代からは国際会計基準（IAS）が加わった。

ここで，米国会計基準に準拠していると記述した企業の連結の会計方針を「米国基準対応型」，国際会計基準に準拠していると記述した企業の連結の会計方針を「IAS対応型」，英国会計基準に準拠していると記述した企業の連結の会計方針を「英国基準対応型」と呼ぶことにする（以下これらのタイプを総称して「国際的基準対応型」と呼ぶ）。これに対して，これら国際的基準への準拠または配慮に言及していない企業の連結の会計方針を「仏基準型」と呼ぶことにする。

図表 7-2　フランス企業の連結の会計方針（1970 年代～1990 年代半ば）

企業グループ	採用された連結の会計方針の特徴
エール・リキッド*	準米国基準対応型
ダノン（旧 BSN）*	米国基準対応型（一部除外）
カルフール	米国基準対応型（一部除外）
CGE（アルカテル・アルストム）*	仏基準型
デ・ゾー*	仏基準型
ラファルジュ	英国基準対応型（一部除外）（1972 年～），後に IAS 対応型（1989 年～）
ロレアル	仏基準型
LVMH（ルイ・ヴィトン・モエエネシー）	仏基準型，後に米国基準対応型（1984 年～），IAS 対応型（1987 年～）
ペシネー（PUK）*	仏基準型，後に米国基準・IAS 3 号対応型（1977 年～），米国基準対応型（1995 年～）
プジョー	仏基準型，後に米国基準対応型（1979 年～）
ローヌ・プーランク	米国基準対応型（1973 年～）
サン・ゴバン*	米国基準対応型（1970～1984 年），後に IAS 対応型（1985 年～）
トタル	仏基準型，後に IAS 対応型（1988 年～），米国基準対応型（1991 年～）

＊親会社が純粋持株会社。
（各企業の年次報告書に基づき筆者作成）

　いずれのタイプも基本的には仏法令・基準の枠内にある。すなわち，1957 年 PCG，1968 年 CNC 連結報告書・勧告書，1985 年連結会計法およびその適用デクレ，ならびに 1982 年 PCG および 1986 年 PCG 連結会計原則である。

　例えば，「連結計算書類は，以下の注記に含まれている若干の特殊性をともなってはいるが，国家会計審議会の報告書で定義された原則の枠内で作成されている。グループの国際的な活動に鑑みて，種々の子会社の財務諸表は，次の点を除いて，連結計算書類が米国で一般に認められた会計原則に一致するように再処理されている」（ダノン，1977 年度の年次報告書，p. 23）の記述から，仏会計基準（1968 年 CNC 連結報告書・勧告書）の枠内で米国基準に対応すべく連結時に再処理したことが明らかにされている。このケースが「米

国基準対応型」の例である。

　なお，エール・リキッドの場合，「エール・リキッドとその連結対象子会社が従う会計原則はフランスで一般に用いられている会計原則であり，外貨換算の未実現損益が繰り延べられ引当金に直接加減されその結果純利益には影響しない点を除き，一般に認められた米国会計原則に従うことにより決定される純利益と大きく相違していない。当該損益が営業成果に含まれたならば，税および少数株主持分控除後の純利益は522万フラン減少する」(1977年度の年次報告書附属連結財務諸表, p. 18) と記述され，1978年度には，「エール・リキッド・グループが従う会計原則は国際的企業グループにより一般に用いられている会計原則であり，次のとおり要約される。連結純利益の表示金額は，外貨換算の未実現損益が繰り延べられ引当金に直接加減されその結果純利益には影響しない点を除き，一般に認められた米国会計原則に従うことにより決定される純利益と大きく相違していない」(1978年度の年次報告書附属連結財務諸表, p. 12) と記述された。1995年度の年次報告書でも同様に曖昧な表現が見られるが，「米国基準への対応」を意識したものであることから，「米国基準対応型」に準ずるという意味で「準米国基準対応型」と分類した[6]。

　また，国際的基準対応といっても，国際的基準への準拠は必ずしも完全準拠ではない。既述のとおり，国際的基準対応の企業の中には，当該国際的基準を一部除外して適用する企業が見られた。エール・リキッド，ダノン，カルフール，ラファルジュ，LVMH，ペシネー，プジョー，ローヌ・プーランク，サン・ゴバンおよびトタルの年次報告書から，一部除外事項として記載されたものをまとめたのが図表7-3である。

　これによれば，一部除外事項として，外貨換算（高インフレ国所在の子会社の換算，外貨表示債権・債務の換算差額の損益計上等），連結のれん（償却の有無・償却期間，利益剰余金からの控除等），商標・ブランド等の無形資産（連結のれんからの分離の有無・償却），繰延税金，退職給付，セグメント情報，従業員ストック・オプション，固定資産の建設に係る利息の処理，開発費（費用／資本化処理），サービス部門の連結（持分法の適用），一株当たり利益の算定等の処理が挙げられる。

図表 7-3　国際的基準の採用と一部除外事項（1970 年代〜1990 年代半ば）

国際的基準採用企業	主要な除外事項
エール・リキッド	外貨換算の処理，連結のれんの処理，固定資産建設に係る利息の処理
ダノン	外貨表示債権・債務の換算，退職給付費用の償却，従業員ストック・オプションの処理，商標の処理（ブランドの非償却）
カルフール	サービス部門の連結，アルゼンチン・ブラジル等南米の子会社の財務諸表の換算
ラファルジュ	連結のれんの処理，繰延税金の処理，一株当たり利益の算定
LVMH	連結のれんの処理
ペシネー	セグメント情報，退職給付の処理
プジョー	退職給付の処理，開発費（既存製品の改良研究費）
ローヌ・プーランク	除外に関する記述なし
サン・ゴバン	連結のれんの償却期間
トタル	除外に関する詳細なし

（各企業の年次報告書に基づき筆者作成）

(2)　国際的基準の採用理由と再処理
①　国際的基準の採用理由

　米国会計基準（US-GAAP）または国際会計基準（IAS）対応の連結の会計方針を採用する理由としては，ダノン，ペシネーおよびプジョーは企業集団の活動の国際的な性質を挙げている。例えば，ペシネーは，注記に次のような記述を行っている。なお，同社は 1995 年に米国預託証券の形でニューヨーク証券取引所に上場している。

・「グループの国際的な活動に鑑みて，さらに 1976 年 3 月 11 日付国際会計基準 3 号および米国で一般に認められた会計原則に従っている」（ペシネー，1977 年度の年次報告書附属財務書類，p. 23）。

　ダノンも同様の記述を行っていることは，既述のとおりである。それ以外の理由としては，ラファルジュは 1972 年度からロンドン証券取引所上場にあわせて，英国基準対応の連結計算書類を作成したことを明らかにしている。その他の企業は国際的基準の採用理由に言及していない。

　図表 7-4 は 1980 年代における 13 企業グループの外国証券取引所上場の

図表 7-4　13 企業グループの外国証券取引所上場（1980 年代）

企業グループ		1980 年	1988 年
国際的基準採用企業	エール・リキッド	—	<u>Se</u>, Fr
	ダノン（旧BSN）	Br	<u>Lo</u>, <u>Se</u>, Br, Ba, Ge, Zu
	カルフール	—	<u>Se</u>, Mu
	ラファルジュ	<u>Lo</u>, Du, Fr,	<u>Lo</u>, <u>Se</u>, Fr, Mo
	LVMH	Br	<u>Se</u>, Br, Mu
	ペシネー（PUK）	Br, Am, Du, Fr, Ha, Ba, Ge, Zu	<u>Se</u>
	プジョー	Br	<u>Se</u>, Br, Mu
	ローヌ・プーランク	—	<u>Se</u>, Fr, <u>Na</u>
	サン・ゴバン	<u>Lo</u>, Br, Am, Du, Fr, Ba, Ge, Zu	<u>Lo</u>, <u>Se</u>, Br, Am, Fr, Ba, Ge, Zu
	トタル	<u>Lo</u>, To	<u>Lo</u>, <u>Se</u>
仏基準	CGE	Br, Ba, Ge, Zu, Am	<u>Se</u>, Br, Ba, Ge, Zu, Am, Fr, To
	デ・ゾー	—	<u>Se</u>
	ロレアル	—	Mu

Lo：ロンドン，Se：英国 SEAQ インターナショナル，Br：ブリュッセル，Am：アムステルダム，Du：デュッセルドルフ，Fr：フランクフルト，Ha：ハンブルク，Mu：ミュンヘン，Ba：バーゼル，Ge：ジュネーブ，Zu：チューリヒ，To：東京，Ny：ニューヨーク，Na：米国ナスダック，Mo：カナダ・モントリオール。なお，<u>Lo</u>, <u>Se</u>, <u>Na</u> の下線はアングロ・サクソン諸国の取引所を表している。
（COB, 1990a および各企業の年次報告書に基づき筆者作成）

状況をまとめたものである。これによれば，ヨーロッパの取引所を中心に上場していたことがわかる。証券取引委員会（COB）のデータによれば，1980年当時，トタルとパリバの東京市場上場を除き，フランス企業の上場は欧州諸国（英国，ベルギー，オランダ，ドイツ，スイス）の取引所に限られていた。

　1980 年当時，まさにアングロ・サクソン諸国における主要取引所である英国のロンドン証券取引所に上場していたフランス企業は，コンパニー・バンケール（金融），パリバ（金融），スエズ（金融），フランス商業銀行（金融），ラファルジュ，サン・ゴバン，トタルの 7 社であった。金融 4 社を除く 3 社は筆者が国際的基準対応型として挙げた企業である。なお，トタルは，当時仏基準型であったが，1988 年度より国際的基準対応型に移行している。

また 1988 年当時，同じくロンドン証券取引所に上場していたフランス企業は 6 社，英国 SEAQ インターナショナルに上場していたフランス企業は 29 社に上り，図表 7-4 に示すとおり国際的基準対応型の企業はすべてこの中に含まれていた。
　このように，図表 7-4 に示す国際的基準採用 10 社の英国市場への上場とアングロ・サクソン的会計実務への対応は，関連性を有しているように思われる。なお，CGE は英国 SEAQ インターナショナルに上場しており，さらに後に米国預託証券の形でニューヨーク証券取引所にも上場したが，同社の年次報告書における連結の会計方針は一貫して仏基準準拠（仏基準型）の旨を記述するのみであった。

　② 再処理の実施
　ダノン，ラファルジュ，LVMH，ペシネー，プジョー，ローヌ・プーランク，サン・ゴバンおよびトタルの 8 社は，連結時に個別計算書類を再処理した上で連結作業を実施した旨を明確に記述している。例えば，プジョーとサン・ゴバンの年次報告書には次の記述が見られた。
- 「各国の現行会計規則に従い作成されたグループの各企業の財務諸表は，米国で一般に認められかつ以下の 1a～1i に記述した会計原則と調和させるために再処理されている」（プジョー，1982 年度の年次報告書附属財務書類，p. 9）。「グループの企業の個別財務諸表は所在国の現行会計規則に従い作成されており，同質性の理由から，連結される前に再処理されている」（プジョー，1984 年度の年次報告書附属財務書類，p. 9）。
- 「グループの諸会社の財務諸表は，これら原則に一致させるために，連結に先立って再処理されている」（サン・ゴバン，1977 年度の年次報告書附属財務書類，p. 33）。

　エール・リキッドは，「個別計算書類の再処理」あるいは「連結から生ずる調整」という項目において，内部取引，連結のれん，法定引当金または積立金に類似の引当金，繰延税金，在外会社の財務諸表の換算の 5 項目に関して再処理の内容を説明し，法定引当金または積立金に類似の引当金について，これら税務上の引当金の変動分を戻し入れたことを明らかにした（例えば，

1979年度の年次報告書附属の連結計算書類，p.7)。これら引当金は，価格騰貴引当金，投資引当金，新規研究・事業引当金等に関わっている。

また，カルフールの場合，「連結の再処理」の項目において，再処理の項目とその金額を表示した（カルフール，1995年度の年次報告書附属の連結計算書類，p.18)。カルフールは，連結対象企業の個別利益の合計額から出発して，これに各再処理の金額を加減して連結純利益に至る過程を示し，同質性の再処理項目として減価償却方法および税法上の法定引当金を挙げている。同質性の再処理の連結利益に対する影響は，連結特有の再処理に比較すると必ずしも大きくないが，例えば1995年度の減価償却の再計算による利益の増加額は個別利益の5％，連結純利益の6％に相当し，無視しえない影響を与えている。カルフール社の連結注記・附属明細書によれば，連結計算書類上の有形固定資産の減価償却はすべて定額法に基づき計算されており，個別計算書類上，定率法等を採用している場合には，連結計算書類上，定額法により再計算されたことになる。

以上の国際的基準採用企業に対して，仏基準型企業のCGE（後のアルカテル・アルストム）では，外貨換算，内部取引の消去等連結特有の再処理以外，再処理に関する記述が見られず，減価償却の計算は企業集団構成企業の個別会計上の償却計算を修正することなくそのまま用いられている。

これに対して，デ・ゾーは，「子会社の個別計算書類は，本グループ内で評価方法を同質的にするために必要ある場合には再処理されている」（コンパニー・ジェネラル・デゾー，1995年度年次報告書附属の財務報告書，p.14）とあるように，連結の会計方針を連結時に連結対象子会社に適用している。

さらに，ロレアルは次の記述から明らかなように，仏会計基準であるプラン・コンタブル・ジェネラル（PCG）の枠内で連結の会計方針を策定し，これを個別会計段階から適用している。

- 「グループの諸会社の計算書類はプラン・コンタブル・ジェネラルにより定められ，かつ本グループの会計規準により明確にされた規則に従って作成されている。連結計算書類は1985年1月3日法律とその1986年2月17日適用デクレに従って作成されている。例外的にいくつかの規則が地域的に適用できない場合，また連結貸借対照表にオペレーショ

ナルな性質を保持するために，計算書類に対する影響に比較して不釣り合いな再処理コストが生じることを考慮して，関連する金額は再処理されていない」（ロレアル，1995年度の年次報告書附属の連結計算書類，p. 7）。

例外的であるとはいえ地域により連結の会計方針が適用できない場合には，連結時に当該方針に従いその個別計算書類を再処理しなくてはならないが，同社の場合，重要性の考え方に基づき再処理することなくそのまま連結している。

(3) 貸借対照表・損益計算書の表示形式および分類方法と連単分離

図表7-5は13社の1977年度，1982年度および1995年度の年次報告書に基づき，各社の採用する貸借対照表および損益計算書の表示・分類方法をまとめたものである。

1982年度は，1982年PCG施行前の年度であり，当該PCGの影響を受けていないのでこの年度を取り上げた。1970年代についてはその5年前の1977年度を取り上げた。また，1995年度は，1982年PCGの施行後10年以上を経過し，既述のとおり大規模な会計制度改革直前の年度である。

① 貸借対照表および損益計算書の表示形式

これによれば，貸借対照表（B/S）の表示形式は連結上報告式を採用した一部の企業を除き，ほぼ勘定式（図表ではAと表示）が採用されていた。すなわち，個別B/S（親会社のB/S）はすべての企業，いずれの年度においても勘定式であり，連結B/Sは報告式（図表ではRと表示）を選択する企業も一部で見られた。

損益計算書（P/L）の表示形式については，個別P/L（親会社P/L）が1977年度および1982年度においてほぼ勘定式であったが，報告式を選択する企業も見られた。1995年度になると報告式が増加した。これに対して，連結P/Lはほぼ報告式であり，特に1995年度にはすべて報告式であった。

② P/Lにおける分類方法

損益計算書（P/L）における費用・収益の分類方法については，個別P/L

図表7-5 フランス企業グループの貸借対照表(B/S)・損益計算書(P/L)の表示・分類方法

企業グループ	①	② B/Sの表示形式						③ P/Lの表示形式／分類方法					
		1977年度		1982年度		1995年度		1977年度		1982年度		1995年度	
		個別	連結	個別	連結	個別	連結	個別	連結	個別	連結	個別	連結
エール・リキッド	Us	—	A	—	A	—	A	—	R/F	—	R/F	—	R/F
ダノン	US	A	A	A	A	A¹⁾	A	A/C	R/F	A/C	R/F	R/C	R/F
カルフール	US	A	A	A	A	R	A	A/C	R/F	A/C	R/F	A/C	R/F
CGE	FR	A	A	A	A	—	—	A/C	R/F	A/C	R/F	—	—
デ・ゾー	FR	A	A	A	A	A	A	A/C	R/C	A/C	R/C	R/C	R/C
ラファルジュ	UK	A	R	A	A	A	A	A/C	R/C	A/C	R/C	R/C	R/F
ロレアル	FR	A	A	A	A	A	A	A/C	R/C	A/C	R/C	A/C	R/C
LVMH	FR	A	A	A	A	—	A	A/C	R/C	A/C	R/C	A/C	R/F
ペシネー	U/I	A	R	A	R	A	A	R/C	R/F	R/C	R/F	R/C	R/F
プジョー	FR	A	A	A	A	A	A	A/C	R/F	A/C	R/F	A/C	R/F
ローヌ・プーランク	US	A	R	A	R	A¹⁾	R	A/C	R/F	A/C	R/F	A/F	R/F
サン・ゴバン	US	A	A	A	A	A	A	A/C	R/F	A/C	R/F	A/F	R/F
トタル	FR	A	A	A	A	A¹⁾	A	A/C	R/F	A/C	R/F	A/F	R/F

・①：1977年度における各企業の連結の会計方針の特徴。US：米国基準（US-GAAP）対応型，Us：準米国基準対応型，IA：国際会計基準（IAS）対応型，UK：英国基準（UK-GAAP）対応型，FR：仏基準型，U/I：米国基準・IAS 3号対応型。なお，ラファルジュ，LVMH，ペシネー，プジョー，サン・ゴバンおよびトタルの6社に見られる「UK」「FR」「U/I」「US」のイタリック表示は後に会計方針の特徴を変更していることを意味し，1982年度について，プジョーはUS（米国基準対応型）であり，1995年度について，ラファルジュ，LVMHおよびサン・ゴバンの3社はIA（IAS対応型），ペシネー，プジョーおよびトタルの3社はUS（米国基準対応型）となっている。
・貸借対照表および損益計算書の表示形式に関して，「A」：勘定式，「R」：報告式，「—」：記載なし。また，損益計算書の費用・収益の分類方法に関して，「C」：性質別分類，「F」：機能別分類。なお，「個別」は親会社の個別B/S・P/Lを意味し，「C」の下線は性質別分類で付加価値を表示していること，「1）」は貸借対照表および損益計算書を要約形式で表示していることを意味する。カルフールは英文の決算書も表示しており，これに基づいた。1977年度および1982年度当時，ダノンの社名はBSN，LVMH（ルイ・ヴィトン・モエエネシー）はモエエネシー社，ペシネーはペシネー・ユジーヌ・キュルマン（PUK）社。
（各社の年次報告書に基づき筆者作成）

（親会社P/L）上，1977年度および1982年度において，13社すべてが性質別分類（図表ではCと表示）を採用した。当時の会計基準である1957年PCGは，費用・収益の分類方法に関して，社会会計との接続を重視してマクロ経済指標である付加価値の算定を可能にする性質別分類を採用していた。

費用・収益の性質別分類方法によれば，例えば，従業員の賃金・給与は，

P/L 上すべて人件費として分類・表示される[7]。また，売上高に対応する売上原価は表示されない。国際的に一般に受け入れられている分類方法はアングロ・サクソン諸国の会計実務に見られる機能別分類方法である。当該方法は人件費を製造原価と販売費・一般管理費とに分け，売上高に対応する売上原価を表示することから，性質別分類とは大きく異なるものである。

　国際的な実務に対応するためには，連結 P/L では機能別分類方法（図表ではFと表示）を採用しなければならない。図表7-5によれば，1977年度において，連結時に，7社が分類方法を個別 P/L 上の性質別分類から機能別分類に変更した。7社のうち5社は国際的基準対応型の企業であり，2社（CGE およびトタル）は仏基準型であった。結果として，連結 P/L 上8社が機能別分類方法を採用した。

　連結 P/L 上では5社，すなわちデ・ゾー，ラファルジュ，ロレアル，LVMH（1982年度まではモエエネシー），プジョーが，性質別分類方法を採用した。このうちラファルジュを除く4社は仏基準型であった。したがって，ラファルジュを除き，国際的な会計基準対応型の企業は親会社個別 P/L 上の性質別分類を連結 P/L 上では機能別分類に変更し，個別会計上の収益・費用の分類を連結上組み替えている。

　1982年度になると，親会社個別 P/L は1977年度と同様にすべて性質別分類であったが，連結上，1977年度に性質別分類方法を採用していたプジョーが機能別分類に変更し，デ・ゾー，ラファルジュ，ロレアル，LVMH を除く9社が機能別分類を採用した。プジョーは1979年度に連結の会計方針を仏基準型から米国基準対応型に変更している。

　さらに，1995年度の連結 P/L の分類方法は，仏基準型企業のデ・ゾーとロレアル以外では機能別分類方法が採用されている。国際的な会計基準対応型企業の連結 P/L はすべてが機能別分類である。しかし個別会計上，機能別分類を採用する企業が増えているものの依然として性質別分類を採用する企業が見られた。これら企業では個別会計上の分類方法と連結上の分類方法が異なるという，分類方法における連単分離の現象が生じており，連結時に，個別会計上の性質別分類を連結上の機能別分類に再分類する必要があった。

(4) 会計処理の方法と連単分離

13企業の連結の会計方針における会計処理の方法に関して，同質性の再処理の状況および国際的な基準・実務への対応の状況を，1977年度，1982年度および1995年度についてまとめたものが，図表7-6～図表7-8である。

① 同質性の再処理

同質性の再処理に関しては，固定資産の減価償却と税法上の法定引当金を取り上げた。いずれも税法の影響が大きく，1985年連結会計法によりその除去が義務づけられたものである。当該義務づけ前の1977度および1982年度においては，国際的基準対応型の企業はすべて再処理を実施している。具体的には，減価償却に関して，個別会計上定率法等を使用している場合，連結上ではすべて定額法に統一し再計算している。経済的観点から，一般に定額法が最も適切であると考えられている。また，個別会計上の税法の法定引当金は連結上すべて除去された。

これに対して，仏基準型の企業は，トタルを除き，個別計算書類のこれら金額をそのまま連結上用いる傾向が見られた。しかし，1982年度にはトタル以外の仏基準型の企業でも同質性の再処理を一部実施しており，当該再処理の義務づけ以降は，図表7-8が示すとおり，すべての企業が同質性の再処理を実施している。

② 国際的な基準・実務への対応

国際的な基準・実務への対応に関して，ここでは，連結のれん，外貨換算，税効果，リース，固定資産の建設に係る利息費用，退職給付コストの処理を取り上げた。

1970年代から1990年代前半の期間において，フランスの会計実務と米国・英国等のアングロ・サクソン諸国の会計実務を比較した場合，これら処理が主たる相違の源泉となったからである。連結のれんについては，償却の有無・償却期間等が主要な相違点となった。米国会計原則審議会（APB）意見書第17号「企業結合」（1970年）が最大40年での償却を定め，国際会計基準（IAS）第22号「企業結合」（1983年）が「その有効期間にわたる組織

的基準に基づく償却」，1993年改訂第22号が最大5年，1998年改訂第22号が原則20年以内での償却を定めていた。

13企業は図表7-6〜図表7-8が示すとおり，規則的償却，非償却，剰余金からの控除など極めて多様な処理を行った。さらに，フランスでは，償却する場合の償却期間の上限が定められていない。このため，米国基準対応型の場合，40年を上限にさまざまな期間を採用していた。また，ロレアルのように，連結のれんを償却しない企業も見られた。

フランスの個別会計次元では，当該問題は法的保護のない「営業権」の償却問題として議論されており，必ずしも償却義務が明確でない。したがって，

図表7-6 フランス企業グループの連結の会計方針における会計処理方法（1977年度）

企業グループ	①	②同質性の再処理		③国際的基準・実務への対応					
		償却	引当金	のれん	換算	税効果	リース	利息	退職
エール・リキッド	Us	○	○	40年	長期×	○	×	×	—
ダノン	US	○	○	40年	長期×	○	○	—	△
カルフール	US	○	○	20年	長期×	○	○	—	—
CGE	FR	×	×	計上	長期×	×	×	—	—
デ・ゾー	FR	×	×	計上	長期×	×	×	—	—
ラファルジュ	UK	×	×	剰余金	—	○	×	○	—
ロレアル	FR	×	×	非償却	長期×	○	×	—	—
LVMH	FR	×	×	—	長期×	×	×	—	—
ペシネー	U/I	○	○	40年	長期×	○	—	—	—
プジョー	FR	×	×	計上	長期×	○	×	—	×
ローヌ・プーランク	US	○	○	20年	○	×	×	○	△
サン・ゴバン	US	○	○	25年	○	○	—	—	△
トタル	FR	○	○	20年	○	×	○	—	—

・LVMH（ルイ・ヴィトン・モエエネシー）は当時モエエネシー。CGEおよびプジョーは1976年度年次報告書を用いた。
・①：連結の会計方針の特徴。US：米国基準（US-GAAP）対応型，Us：準米国基準対応型，IA：国際会計基準（IAS）対応型，UK：英国基準対応型，FR：仏基準型，U/I：米国基準・IAS3号対応型。
・償却：減価償却方法の定額法への統一，引当金：税務上の引当金の消去，のれん：連結のれんの償却（この場合償却年数）・非償却・剰余金からの控除・計上（詳細不明），換算：外貨表示債権・債務の換算差額の損益計上，税効果：税効果会計の適用，リース：ファイナンス・リースの資本化処理，利息：固定資産の建設に係る利息費用の原価算入，退職：退職給付コストの認識（全部引当・一部引当）。なお，表中の「○」は実施，「△」は一部実施，「×」は実施していないこと，「—」は言及されていないことを意味する。
（各社の年次報告書に基づき筆者作成）

図表 7-7　フランス企業グループの連結の会計方針における会計処理方法（1982年度）

企業グループ	①	②同質性の再処理		③国際的実務への対応					
		償却	引当金	のれん	換算	税効果	リース	利息	退職
エール・リキッド	Us	○	○	40年	長期×	○	×	×	—
ダノン	US	○	○	40年	長期×	○	○	○	△
カルフール	US	○	○	20年	長期×	○	○	—	—
CGE	FR	×	○	—	長期×	×	×	○	—
デ・ゾー	FR	×	×	20年	長期×	×	×	○	—
ラファルジュ	UK	○	○	剰余金	—	○	×	○	—
ロレアル	FR	×	×	非償却	×	○	×	—	—
LVMH	FR	×	○	—	長期×	○	×	○	—
ペシネー	U/I	○	○	40年	○	○	—	○	△
プジョー	US	○	○	20年	○	○	○	○	×
ローヌ・プーランク	US	○	○	20年	○	○	○	○	△
サン・ゴバン	US	○	○	25年	○	○	—	○	△
トタル	FR	○	○	20年	○	○	×	—	—

エール・リキッドは1983年度，LVMH（モエエネシー）は1981年度の年次報告書。
（各社の年次報告書に基づき筆者作成）

図表 7-8　フランス企業グループの連結の会計方針における会計処理方法（1995年度）

企業グループ	①	②同質性の再処理		③国際的実務への対応					
		償却	引当金	のれん	換算	税効果	リース	利息	退職
エール・リキッド	Us	○	○	40年	○	○	×	○	△
ダノン	US	○	○	40年	○	○	○	○	○
カルフール	US	○	○	20年	○	○	○	—	○
CGE	FR	○	○	20年	○	○	○	○	○
デ・ゾー	FR	○	○	40/20年	×	○	×	—	△
ラファルジュ	IA	○	○	40年	○	○	○	○	○
ロレアル	FR	○	○	20年	×	○	×	—	△
LVMH	IA	○	○	40年	○	○	○	○	○
ペシネー	US	○	○	40年	○	○	○	○	○
プジョー	US	○	○	20年	○	○	○	○	△
ローヌ・プーランク	US	○	○	40年	○	○	○	○	△
サン・ゴバン	IA	○	○	40年	○	○	○	○	○
トタル	US	○	○	30年	○	○	○	○	△

（各社の年次報告書に基づき筆者作成）

個別会計上営業権を償却せず，連結上国際的基準に従い連結のれんを償却すると，個別会計上の処理と連結会計上の処理が相違するという事態が起こりうる。

外貨換算については，外貨表示債権・債務の処理が主要な相違点となった。米国財務会計基準書（SFAS）第8号「外貨建取引および外貨表示財務諸表の換算会計」(1975年) および第52号「外貨換算」(1981年) ならびに国際会計基準第23号「外国為替レート変動の影響の会計処理」(1983年・1993年改訂) は，期末相場による換算差額を損益計上するのに対して，フランスでは1982年PCGの施行前までは短期債権・債務の換算差額のみ臨時損益に計上し，1982年PCG以降は基本的に未実現のものとしてすべてB/S調整勘定に計上していた。

図表7-6～図表7-8が示すとおり，1977年度および1982年度において，米国基準対応型企業であっても，当該差額を「○：すべて損益計上」，「長期×：長期のものは損益に計上しない」，「×：すべて損益に計上しない」など，その処理は多様であった。これに対して，1995年度では，1986年2月17日デクレのD 248-8条オプションが連結会計上での損益計上を法的に容認したことから，仏基準型のデ・ゾーとロレアルを除き，当該オプションを実施する形で換算差額の損益計上を実施した。この場合，個別会計上の処理と連結会計上の処理が相違することになる。

税効果およびリースは，歴史的にフランスの実務と米国・英国等のアングロ・サクソン諸国の会計実務との相違の中でも典型的なものである。税効果については，米国APB意見書第11号「法人所得税の会計」(1967年)，米国財務会計基準書（SFAS）第96号「法人所得税の会計」(1987年)，第109号 (1992年)，国際会計基準（IAS）第12号「法人所得税の会計」(1979年・1996年改訂) は，財務会計と税務会計との間に発生した期間差異または一時差異に対して税効果の認識を定めてきたが，フランスでその認識が義務づけられたのは1985年連結会計法からである。

しかし，図表7-6～図表7-8が示すとおり，国際的基準対応型企業は，1970年代にすでに，税効果会計を適用していた。これに対して，仏基準型企業は，1977年度および1982年度において，トタルを除き，税効果会計を

実施していない。1995年度の状況に見られるとおり，1986年2月17日デクレ以降，連結上で税効果会計が義務づけられたが，個別計算書類は一般に税効果を認識しない。したがって，連結計算書類において税効果を認識すれば，個別会計上の処理と連結会計上の処理が相違することになる。

リースについては，米国APB意見書第5号「借手の財務諸表におけるリースの報告」(1964年)，財務会計基準書 (SFAS) 第13号「リースの会計処理」(1976年)，国際会計基準 (IAS) 第17号「リースの会計処理」(1982年・1997年改訂) がファイナンス・リースの資本化処理を定めてきたが，フランスは，財産性の原則の観点から，所有権を有しない当該契約対象の資産を自己のものとして計上することを禁止してきた。

図表7-6～図表7-8が示すとおり，リースに関しては1977年度および1982年度において，すべての国際的基準対応企業が資本化処理を実施しているわけではない。また，仏基準型企業はどれもこれを実施していない。これに対して，1995年度では，1986年2月17日デクレのD248-8条オプションが連結会計上ファイナンス・リースの資本化処理を法的に容認したことから，準米国基準対応型のエール・リキッドおよび仏基準型のデ・ゾーとロレアルを除き，リースの資本化処理を実施している。個別会計上は賃貸借処理を行い連結上では資本化処理を行うと，個別会計上の処理と連結会計上の処理が相違することになる。

固定資産の建設に係る利息費用については，米国財務会計基準書 (SFAS) 第34号「利息費用の資産化」(1979年)，国際会計基準 (IAS) 第23号「借入費用」(1982年・1993年改訂) が一定資産の購入等に要する利息費用の資産化処理を求めてきたが，フランスには1983年調和化法適用デクレが当該資産化処理を選択的処理として容認するまで処理の指針がなかった。

図表7-6～図表7-8が示すとおり，資産化処理を実施している企業は，1977年度には一部の企業に限られたが，1982年度には国際的基準対応型の企業の多くが資産化を実施し，1995年度には，国際的基準対応型の企業は，記載のないカルフールを除きすべて実施している。

フランスでは，固定資産の建設に係る利息費用は個別計算書類上も資産化処理が可能であるが，税法上資産化を認めていなかったことから期間費用処

理が一般的とされ，連結上資産化処理を実施すると，個別会計上の処理と連結会計上の処理が相違することになる。

最後に，退職給付コストについては，米国 APB 意見書第 8 号「年金費用の会計処理」(1966 年)，財務会計基準書（SFAS）第 87 号「雇用主による年金の会計処理」(1985 年)，国際会計基準（IAS）第 19 号「雇用主の財務諸表における退職給付の会計」(1983 年・1993 年改訂）は，従業員の勤務により発生した退職給付コストの認識・全部引当を求めてきたが，フランスでは，1983 年調和化法の引当金規定により「全部引当」，「一部引当」あるいは「引当なし」といった多様な処理が可能と考えられてきた。

図表 7-6～図表 7-8 が示すとおり国際的基準対応型か仏基準型かに関係なく，1977 年度および 1982 年度において，退職給付コストを全額または一部引き当てた企業は一部の企業に限られ，米国基準対応型の企業でも引当に関する記載のない企業が見られた。1995 年度ではすべての企業が何らかの引当を実施したが，すべてが全額計上したわけではない。

以上，国際的な基準・実務への対応に関して，連結のれん，外貨換算，税効果，リース，固定資産の建設に係る利息費用および退職給付コストの処理を見てきた。1977 年度および 1982 年度においては，「国際的基準への対応」とひとくちに言っても，連結の会計方針として採用された会計処理方法は企業により選択的であり，極めて多様な会計方針の内容であったといえる。

これに対して 1995 年度になると，連結のれん等の処理を除けば国際的基準対応の会計処理方法の標準化に著しい改善が見られた。しかし，のれん，外貨換算，税効果およびリースの処理では，個別会計上の処理と異なる処理が連結会計上実施されることになり，結果的に会計処理方法の連単分離が大きく進展した。

［注］
(1) 当該データは，専門会計士・認許会計士協会（OECCA）の実施した調査によるものであるが，筆者の調査では，ラファルジュは英国会計基準（UK-GAAP）を用いている。同社は 1972 年 10 月からロンドン証券取引所に上場しており，同取引所に英国基準に従った連結財務諸表を提出してきた。ただ，同社の年次報告書には，「国家会計審議会（CNC）の定義する連結基礎に忠実でありつつ（adhering），かつ英国で一

般に認められている会計原則，特に連結基礎に従い（conforming）」（例えば，同社の1975年の年次報告書附属資料「財務諸表」，p. 16）とあることから考えると OECCA の実施した調査は，1986年 CNC 連結報告書・勧告書に従ったものとして同社を分類しているものと推察される。

(2) この点に関して，COB は1983年度の年次報告書において，1971年7月以来，連結計算書類の公表は増加したが，必ずしも質の改善を伴っていないこと，1968年 CNC 連結報告書・勧告書はフランス企業が用いる連結の方法に実質的な調和化をもたらさなかったことを指摘し，その理由として，いつくかの重要な点（特にのれんおよび外貨表示計算書類の換算）について，1968年 CNC 連絡報告書・勧告書は明確な処理基準を示していないこと，さらに，勧告された方法は国際的に一般に認められている方法とあまりにも相違していたことを挙げている。しかも，COB は，会社グループの特徴がそれ自体異なるならば，連結計算書類の作成方法の多様性は必ずしも非難されるべきものではないこと，重要なのは，連結計算書類の読者が計算書類で採用された方法が何かを知ることができることであること，を強調している。COB は，1971年7月以降，フランス企業は自社の連結計算書類の読者に必要な情報を提供していないこと，しばしば明確にすることなく「国際的な方法」や1968年 CNC 連結報告書・勧告書を用いていること，しかも一部を除外して適用していることを確認している。そして，フランスのこのような現状は，「組織された多様性（pluralité organisée）というよりは混乱した不均質性（hétérogénéité confuse）に似ている」と表現した（COB, 1984, p. 46）。

(3) 例えば，大下（1998, 386-389頁）を参照。

(4) 個別会計次元については，本書第4章を参照。

(5) 1995年度を例に挙げると，コンパニー・ジェネラル・デゾーの場合，グループ内の評価方法を同質化するために子会社の個別計算書類を再処理しているが，水道事業，暖房供給事業，建設・土木事業および不動産事業について異なる評価方法が用いられている。例えば，建設・土木事業に関しては，収益の認識基準として工事進行基準を採用している。付帯工事については，当該工事の性質や短い工期によりよく適合することを理由に，工事完成基準を採用している。また，水道および暖房供給事業では，一般に工事期間が短いことを考慮して，工事完成基準を採用している。このように，各事業の性質を考慮して，それに最も適合した方法が用いられている。

　また，ラファルジュの場合，在外子会社の計算書類の換算において，高インフレ国に所在する会社をそれ以外の地域に所在する会社から区別して異なる取り扱いをしている。すなわち，在外会社の計算書類は決算日レート法（資産・負債項目は決算日の為替レート，損益計算書項目は期中平均為替レート）で換算している。換算差額は直接純資産に計上している。これに対して，高インフレ国に所在する会社については上記方法の例外として，固定資産，投資有価証券，棚卸資産および成果計算書におけるそれらの相手勘定項目は再評価前の当初の価額で維持され，取引日の為替レートで換算されている。

サン・ゴバンでは，在外会社の計算書類は決算日レート法で換算し，高インフレ国（3年間の累積インフレ率が100％以上の国）に所在する会社の固定資産と投資有価証券は，これら国々の法律により認められた再評価額で計上している。当該再評価益におけるグループ持分は，関係する税金を控除した後に自己資本の「換算差異」項目に計上されている。成果計算書項目は期中平均レートで換算されるが，高インフレ国所在の会社の財務費用・収益からインフレの影響が除去されている。

　上記の会社においては，高インフレ国に所在する会社の計算書類の換算に関して，それ以外の地域に所在する会社と区別して換算処理が行われている。その方が，全体としてよりよくグループの概観を提供できると考えられているのである。だだし，いかなる方法を用いれば「誠実な概観」の観点から最も適切であるかの判断は，会社により異なっている。

(6)　「国際的企業グループにより一般に用いられている会計原則」との表現は1995年度においても用いられている。すなわち，「エール・リキッドとその連結対象子会社が従う会計原則は国際的企業グループにより一般に用いられている会計原則であり，かつフランス会計法に従っている。純利益と株主持分の金額は，特に1994年における留保利益からののれんの控除を除き，米国において一般に認められた会計原則に基づく金額と大きく相違していない。米国会計原則が適用されていたならば，株主持分は1995年12月31日時点で，1,066百万フランだけ増加する（1994年12月31日時点では1,094百万フラン）」（1995年度の年次報告書，p. 32）。

(7)　例えば，ロレアルの1995年度連結損益計算書は1982年PCGの様式に従い次のような項目を表示した。経営成果までの項目を示すと，税抜売上高，製品棚卸高，固定資産自家建設高，生産高，購入高，棚卸資産増減額，外部費用，中間消費高，付加価値，租税公課，人件費，引当金の繰入・戻入，減価償却費，特許権・ブランド使用料，その他の営業費用・収益，経営成果，となった（1995年度の年次報告書附属連結計算書類，p. 4）。

第8章

リース会計の標準化と連単分離

　フランスにおけるリース会計は，基本的に法的観点に基づきすべてのリース取引に賃貸借処理を行うのを原則とするが，連結計算書類の作成上，経済的観点から資本化処理を容認している。本章では，フランスにおけるリース会計の基本的考え方を検討し，1990年代半ば頃までには，企業の連結会計次元の実践が先行して，リース取引の処理を国際的会計実務と調和させてきたことを明らかにしたい。

1. リース取引の会計処理方法

(1) 法的アプローチ

　会計上，法的観点を優先すれば，購入選択権の行使などによる所有権移転前では，使用者側企業は単なる賃借人と見なされ，リース取引は通常の「賃貸借取引」に準じて会計処理される。つまり，一元的な賃貸借処理により，支払リース料が費用として計上されることになる。

　使用者側企業は所有権を持たないリース物件を自己の資産として貸借対照表に計上することはできない。リース物件は，その所有権がリース会社にあることから，リース会社の貸借対照表に計上され，減価償却される。

　フランスにおけるリース会計はこの法的アプローチを採用しており，リースをオペレーティング・リースとファイナンス・リースに分類することなく，法的観点からすべてのリース取引を一元的に「賃貸借処理」する。また，税法上も当該観点が採用され，使用者側企業の支払リース料が課税所得計算上

の損金となる。リース企業においては，受取リース料は益金として課税所得をなし，リース物件の償却費が損金として課税所得から控除される。

(2) 経済的アプローチ

会計上，経済的観点を優先するならば，リース取引におけるファイナンス・リースは通常の売買取引に準じて「資本化処理」される。ファイナンス・リースは，経済実質的には資金の借入によるリース物件の「売買取引」に類似したものと考えられるからである。つまり，リース取引は資本化処理されるファイナンス・リース取引と賃貸借処理されるそれ以外のリース取引に分類され，これに2つの会計処理方法を適用する。

ファイナンス・リースにおける資本化処理では，リース物件は当初から使用者側企業の資産として貸借対照表に計上され，同時に当該資産の資金調達のための借入にともなう負債が計上される。

支払リース料はリース物件の賃借料としてではなく，借入金の金利費用部分および元金返済部分と考えられ，両者に分けて処理される。また，使用者側企業はその貸借対照表に計上したリース資産を減価償却する。

この経済的アプローチは，米国では1977年財務会計基準書（SFAS）第13号から採用されており，さらに国際会計基準（IAS）第17号（1982年・1997年改訂）あるいは日本のリース取引会計基準（1993年・2007年改訂）においても採用されてきた。フランスでは，リースに係る当該アプローチは「アングロ・サクソン的」と見られている（Toliopoulos, 1987, p. 56）。

2. フランスにおけるリース会計規制

フランスにおけるリース取引の歴史は1962年に遡るとされる。1950年代にすでに米国・英国等で一般に実施されていた「リーシング」と呼ばれる動産・不動産投資の資金調達方式を導入したものである。その後1966年からは，リース取引に関する開示規制が始まっている。また，1973年11月29日省令により，「リーシング」という英語名称に代えて，「クレディ・バイユ

(crédit-bail)」というフランス語名称の使用が義務づけられている。

(1) リース業を営む企業に関する1966年7月2日法律の開示規制

1966年7月2日法律第66-455号（1967年9月28日オルドナンス第67-837号および1983年11月29日デクレにより一部改正）は，当該法律の定義する「リース」業を営む企業に対して，動産・不動産リース取引に関する情報を第三者に開示する義務を課した。

① リースの法律上の定義

1966年7月2日法律第1条（1967年9月28日オルドナンス第67-837号第1条により改正）によれば，同法律に定めるリース取引とは次のものをいう。

1) これら取引がその名称のいかんにかかわらず，賃借料として行われる支払の少なくとも一部を考慮して取り決められた価額により当該資産の全部または一部を取得できる可能性を賃借人（locataire）に付与するとき，機械設備の所有者であり続ける企業により賃貸のために購入された機械設備の賃貸借（location）取引。
2) これら取引がその名称のいかんにかかわらず，売却の片務契約の実行に係る譲渡により，賃貸建物が建設された土地の所有権の直接的または間接的な取得により，賃貸人所有の土地に建設された構築物の完全所有権の移転により，遅くともリース期間満了までに，賃借人をして賃貸財の全部または一部の所有者ならしめるとき，企業により購入またはその計算で建設された職業上の使用の不動産を当該企業が賃貸に供する取引。

1)に定める取引は動産リース，2)の取引は不動産リースである。この定義から，リース取引はリース料の支払によるリース物件（動産・不動産）の賃貸借と，少なくとも部分的に支払リース料を考慮して取り決められる価額の支払による当該リース物件の譲渡のオプション，の2つの要素に分解される（de la Villeguérin, 1989, p. 374）。このように法律上の定義からは，リース取引が基本的に物件の譲渡可能性を伴った「賃貸借取引」と捉えられていることがわかる。

② リース情報の開示

　この1966年7月2日法律によるリース情報の開示内容は，1972年7月4日デクレ第72-665号により定められた。当該デクレよれば，リース契約の当事者とリース物件に関する情報は，商事裁判所もしくは商事裁決の大審裁判所の書記課（動産リースの場合），または抵当権事務所（不動産リースの場合）で公示されねばならない（第2条，第10条）。

　リース契約の当事者とリース物件に関する情報に影響を与える変更があれば，これも追加的に公示される（第4条）。公示の手続がデクレに定める条件で履行されない場合，リース企業は，それが所有権を保持するリース物件の権利につき債権者に対抗できない。

　さらに，1983年調和化法（4月30日法律）の適用に係る調和化法適用デクレ（1983年11月29日デクレ第83-1020号）第53条は，リース取引に関して公表される情報を会計面から大きく拡充した。貸借対照表および成果計算書の注記・附属明細書において，リース取引に関する会計情報の開示を義務づけたのである。

　1983年調和化法適用デクレ第53条は，リース取引の情報に関して，企業を，簡易注記・附属明細書制度の適用を受けない商事会社と，簡易注記・附属明細書制度の適用を受ける法人・自然人の2つに区分してリース取引の情報を規定している。

　まず，簡易注記・附属明細書制度の適用を受けない商事会社は，リース取引に関して，1）契約締結時のリース物件の価額，2）当期使用料および過年度使用料累計額，3）企業がこれら資産を取得していたならば計上したであろう当期減価償却費および過年度減価償却累計額，4）今後支払うべき使用料および契約に定めたこれら資産の残存購入価額の決算日における評価額を，注記・附属明細書に記載しなければならない。

　これに対して，簡易注記・附属明細書制度の適用を受けるその他の法人および自然人（商人の資格を有する者）は，その成果計算書において，動産リースと不動産リースとを区別して，リース取引に係る契約の履行に対応する賃借料を別々に明らかにしなければならない。さらに，これら法人・自然人は，注記・附属明細書において，決算日に，動産リース取引と不動産リース

取引を区別して，1つないし複数のリース契約で定めた義務を今後履行することによりなお負担すべき使用料の総額を評価する。

この 1983 年デクレによる注記・附属明細書のリース会計情報の拡充は，リース取引に関わる企業の貸借対照表の財務分析において，第三者をして当該取引の再処理を可能ならしめるものである。

以上のとおり，フランスのリース取引に関する会計規制は，情報面の拡充，とりわけ年次計算書類の注記・附属明細書における会計情報の拡充という形で展開されてきた。これには，リース取引の会計処理が法的観点を優先し，法的アプローチから「賃貸借処理」を採用してきたことがその背景にある。

(2) 1982 年 PCG のリース会計規定

フランスにおけるリース会計処理の基準を明確にしたのは，1982 年プラン・コンタブル・ジェネラル（PCG）である。1982 年 PCG は第Ⅲ章「特別規定」の第Ⅲ節「特定の取引に関する規定」の 4.「リースによる資産の利用」において，以下の会計処理を規定している（CNC, 1986, pp. Ⅱ. 130–Ⅱ. 131, 中村ほか, 1984, 177-178 頁。なおリース会計規定は 1986 年に一部改正されている）。

固定資産の資金調達方法としてのリースは，その資産の使用者に対して，一方において使用権を与え，他方において契約の終了時か事前に定めた期末時かのいずれかにおいて契約価額の支払により当該資産を取得する可能性を与える。資産の所有者となる前に当該資産の使用者によって支払われる額は「使用料」または「賃借料」と称される。

① リース資産の使用者側の会計処理
1) この資産は，その使用者が購入オプションを行使しないかぎり使用者側企業の資産に計上してはならない。
2) 成果計算書では，使用期間中に使用者側が負担した額は経営費用をなす。使用料または賃借料は，612「リース料」勘定の借方に記入する。基礎システムの勘定プランでは，さらに下位勘定として，6122「動産リース」と 6125「不動産リース」が規定されており，基礎システムの成

果計算書では，動産リースのリース料と不動産リースのリース料が別個に明らかにされる。

　同様の義務は，簡易注記・附属明細書制度の適用企業（個人・法人）にも見られる。これは，リース契約の賃借料を，動産リースの使用料と不動産リースの使用料に区別する義務を課したリース取引の公示に関するデクレの適用から生じている。

3) 年度末に，「財産の状況 (situation patrimoniale)」の確定のために，経過期間中の未払使用料または未払賃借料は，関連する第三者勘定に記入しなければならない（下位勘定401「仕入・購入先——財貨用役」または408「仕入・購入先——送り状未着」のいずれかに記入）。必要ある場合，決算日後の使用期間に関わる「使用料」または「賃借料」は，それが関わりを持つ期間に関係づけられる（486「前払費用」）。

4) 使用者が購入選択権を行使して資産の所有者となるときは，この固定資産を貸借対照表の借方側に，当初価値の決定に係る規則に従い確定される金額で計上しなければならない。

② 第三者の情報

　この会計処理基準のほかに，さらに「第三者の情報」として，注記・附属明細書のリース会計情報に関する前出1983年調和化法適用デクレ第53条の規定と同じ規定が設けられている。当該部分は，1986年におけるPCGの一部改訂時に改正されたものであり，1983年調和化法適用デクレの規定にあわせて，年次計算書類の注記・附属明細書におけるリース会計情報を拡充した。

　以上の第Ⅲ章「特別規定」のほかに，リース物件の使用者側の成果計算書（基礎システム）において，「その他の購入高および外部費用」の注釈として，同計算書の末尾に動産リース料×××，不動産リース料×××，の記載が見られる。

　以上のとおり，1982年PCGは，リースの会計処理として「賃貸借処理」によることを明確にした。さらに成果計算書において動産リースと不動産リースに区別してリース料を表示し，注記・附属明細書に詳細なリース会計情

報を記載して，会計情報面を拡充した。次に，フランスにおいて，リース会計に関して法的アプローチが採用された理由を検討してみよう。

3. 法的アプローチと財産性の原則

(1) 伝統的な法的権利・義務確定のための会計

本書の第6章で明らかにしたとおり，フランスの会計は，法的枠組みの中で，企業の権利・義務の確定に役立つ会計をその中心に据えてきた。歴史的には，商人間の紛争時の証拠としての会計帳簿の利用から始まり，株主への配当可能利益の算定，株主有限責任制からの債権者保護と支払能力の評価・債権担保保全，企業破産の規制，課税利益計算，従業員の利益参加などにおける会計の制度的利用がこれである。

これら会計の利用は商法・会社法，税法，労働法等の法的規制の対象となり，会計は正規に，つまり規則に従い行われることが求められてきた。

このような法的枠組みの中で，株主，債権者，国家，従業員等の利害関係者の法的権利・義務の確定において，「企業の財産と成果に対する権利を認識し数量化すること」(Milot, 1997, pp. 41-42) が会計に課せられた最重要課題とされてきた。利益配当，借入金の返済，納税あるいは従業員の成果分配の基礎となる分配可能利益や支払能力の評価・債権担保の保全といった社会的要請に応えるためである。

すなわち，会計が法的制度に組み込まれた状況では，一定の会計処理は直接的に一定の法的帰結を惹起するまたはその可能性があり，そこでは，法的に最も安定した状態で形成される財産権の裏づけのある成果が重視されてきた。フランスのリース会計において，法的アプローチが採用されてきた理由がここにある。

(2) 根本的・実践的原則としての「財産性の原則」

本書第4章で明らかにしたとおり，商法・会社法の会計規定およびプラン・コンタブル・ジェネラル (PCG) は，計算書類が「財産」，「財務状況」

および「成果」について「誠実な概観」を提供しなければならないと規定して，企業の財政状態および経営成績と並んで，あるいはそれ以上に「財産」の描写を重視してきた。

　1983年調和化法第2条-1（現行商法典L 123-12条）によれば，商人の資格を有するすべての個人および法人は，その企業の財産に影響する変動について会計記録を行わなければならない。さらに，「年次計算書類は正規かつ真実なものでなければならず，企業の財産，財務状況および成果の誠実な概観を提供しなければならない。」（現行商法典L 123-14条）。

　また，1982年PCGによれば，「一般会計は財産の積極・消極の状況および期間成果を定期的に明らかにする。」（CNC, 1986, p.Ⅶ）。資産は「企業にとって正の経済的価値を有する財産の要素をなす。」（CNC, 1986, p. I. 19）。負債は「企業にとって負の経済的価値を有する財産の要素をなす。」（CNC, 1986, p. I. 36）。さらに，「一般会計は企業財産に影響を与えるすべての取引を記録することを目的とする。」（p. Ⅱ. 2）。「総合書類は情報の受け手が企業の財産，財務状況および成果について行う判断に影響を与える一切の事実を開示しなければならない。」とされる。

　B. レイボ・チュリロは，フランス会計のフレームワークの根本的原則として，「財産性の原則」の存在を指摘している（Raybaud-Turrillo, 1997, p. 2）。また，A. ヴィアンディエは，「権利でないものはその存在の実態のいかんを問わず会計法の外にある。ここから根本的な実践原則『貸借対照表の財産性の原則』が引き出される」（Viandier, 1984, p. 396）として，「貸借対照表の財産性」の実践的原則が存在していることを指摘した。

　さらに，B. コラスは「フランスの非明示的概念フレームワークは，財産性が支配的であると主張することができる。……（中略）個別計算書類の標準化と規制が財産の概念になお依然としてより強く拘束されているとしても，EC会社法指令第7号により強く影響を受けたグループ計算書類の標準化と規制は，計算書類の伝統的な財産性のフレームワークから抜け出るための種々の可能性を作成者に対して付与している」（Colasse, 2000, p. 81）と述べ，非明示的な概念的フレームワークとして「財産性の原則」の存在を指摘している。

(3) リース会計の法的アプローチと財産性の原則

この根本的・実践的原則としての財産性の原則は，貸借対照表の概念的内容，特に資産の内容に大きな影響を及ぼしてきた。すなわち，フランスにおいて，資産として貸借対照表に計上されるには，「財産性」を有することが条件とされるのである。

「財産性」の概念の定義は上記会計規定では明確にされておらず，民法および商法の間で概念共有されていると見られる。「財産性」の法的概念によれば，貸借対照表の資産は基本的に「財産権」を表すものとなる。財産権は有体財産権と無体財産権により構成される。有体財産権は物に係わる権利であり，所有権が典型である。無体財産権は物に係わらない権利であり，特許権・商標権等の知的所有権と債権等の人的権利よりなる。フランスの民法学者によれば，財産に対して最も完全な権利を行使するのは当該財産の所有権者であると考えられ，「所有権」が最も重視されている (Messina, 1998, p. 8)。

この「財産性」の法的概念によれば，貸借対照表上の資産は，基本的に財産権を表すものに限定されることになる。既述のとおり，フランスでは，法的アプローチからリース物件はすべて賃貸借処理される。使用者側企業が所有権のないリース物件を資本化処理（オン・バランス）できないのは，この「財産性の原則」が機能しているからである。

ヴィアンディエは，以下のとおり財産性の原則とリース取引の会計処理の関係に言及している。すなわち，「貸借対照表の財産性の原則により，商品，原材料，より一般的には企業がその所有者である財だけを貸借対照表に計上できる。……（中略）……それは会計の第一の機能－法的機能－，証拠および企業の財産状況に関する情報の様式に基づいている。……（中略）……そのような原則から引き出される影響は無視できないものとなっており，このことは次の質問とその答えを見ればわかる。リース契約の対象となる財－動産・不動産－は，使用者側企業の資産に計上できるであろうか。もちろんできない。その理由は，この企業がその所有者と見なされないからである。また，例えば，使用者側企業において，契約期間満了まで利用するサービスの資本化価値の貸借対照表計上を目的とした提案は経済的論理に合致するとしても，法的実態をうまく表現できない。それら提案は拒絶されねばならない。

……（中略）……会計は，企業にとり権利と義務を生み出す取引の存在を表現させるだけであり，したがってこれら権利と義務の性質，範囲，期間に影響する出来事を客観的な（真実な）形で考慮しなければならない」(Viandier, 1984, p. 396)。

このように，フランスにおけるリース会計が法的アプローチを採用してきた最大の理由は，貸借対照表の「財産性の原則」という法的かつ概念的なフレームワークが存在しているからである。当該原則は権利・義務の確定のための会計という「会計の目的」と密接に関連している。

4. 連結計算書類における経済的アプローチの導入

(1) アングロ・サクソン的会計思考と経済的実質優先

IAS第17号によれば，取引およびその他の経済的事象は，法的形式ではなくその性質と財務の実態に応じて会計処理され表示されねばならない。リース取引の場合，使用者側は法的にはリース物件の所有権の名義を取得しない。

しかし，ファイナンス・リース取引の経済的実態は，リース物件の市場価値にその資金調達コストを加えたものにほぼ等しい金額をリース契約期間にわたり支払うという契約の対価として，使用者側がリース物件の有効年数にわたりその使用から生ずる経済的便益に対する権利を獲得する取引である。つまり，リース会社は金融会社と見なされ，ファイナンス・リース資産は通常の事業投資と見なされるのである。

ファイナンス・リースは，リース会社に代わって，使用者側企業が資産の所有に結びついたすべての「リスク」を負い「便益」を享受する条件が付された契約である。

所有に結びついた「リスク」とは，とりわけ機械装置などリース物件の不完全な働きまたは予想を下回る収益性，陳腐化，使用者側における活動水準の低下に結びついた低利用，保険により負担されない損失または損害などである。使用者側企業は，途中解約不能な契約によりこれらリスクを負担する

一方，リース物件の使用により生ずる便益（将来純キャッシュ・フロー）をすべて享受する。

　以上の性質を有するリース取引はファイナンス・リースと呼ばれ，本質的に金融的な取引として固定資産購入のための資金調達方法と考えられる。そこで，使用者側企業は法的な「所有権」の有無にかかわらず，基本的にリース物件を自己の資産として計上すると同時に金融負債を計上するのである。

　ファイナンス・リース取引が使用者側企業の貸借対照表に反映されないとすれば，当該企業の実際の事業活動に係る経済的資源および義務は過小評価され，その結果財務比率が歪められることになる。経済的観点を優先した資本化処理は当該問題を解消するものと考えられている。

　もっとも，リース会計のアングロ・サクソン的思考は，ファイナンス・リース契約において，使用者側が契約条項を遵守する限りリース企業をしてその譲渡権を行使するのを妨げる点に着目するものである。つまり，譲渡権が停止されているので，リース物件を使用する権利だけが本質的なものとなる。この点で，アングロ・サクソン的思考もある意味法的であるといえよう。

(2)　フランスにおける連結計算書類の役割と経済的アプローチの導入

　本書の第6章で明らかにしたとおり，フランスにおける連結会計制度は，株主・投資者に対する財務情報の提供という観点から整備されてきた。企業活動のボーダーレス・グローバル化にともなって，フランス企業においても国際資本市場の投資家の標準的な情報ニーズに応えていく必要性がますます増大した。すなわち，フランスの大企業グループは，将来キャッシュフローの予測を可能ならしめる「経済的実態（réalité économique）」の開示に関して，資本市場から強いプレッシャーを受けてきた。

　そこで，フランスでは，企業グループの作成する連結計算書類において，経済的観点を重視した会計処理が容認されてきたことは既述のとおりである（本書第7章を参照）。

　また，投資家の情報ニーズに応えるべく経済的観点を重視する国際会計基準との調和化を，企業グループの作成する連結計算書類のレベルで図ってきた。個別計算書類と異なり，連結計算書類は配当規制や課税所得計算等との

関連性を有しないからである。

　連結計算書類の作成上，個別計算書類に係る法的制約を超えて企業グループの「経済的実態」をよりよく追求できるように，個別会計では認められない会計処理方法が商事会社法によりオプションの形で認められている。リース会計では，企業グループの連結計算書類の作成上オプションの形で経済的アプローチが容認され，資本化処理が可能となっている。本書の第7章で取り上げた「D 248-8条オプション」がこれである。

　すなわち，1985年連結会計法の適用に係る1986年デクレ（1986年2月17日デクレ第86-221号）第1条（1967年3月23日デクレ第248-8条に収容）のe)によれば，リース契約により使用しているリース物件は，連結会計上，使用者側企業がその物件の所有者であるかのように見なして，所有固定資産として資本化処理することができる。

　また，同条のf)によれば，将来の譲渡の実現が合理的に保障されるという条件で，リース会社等がもはやこれらリース物件の所有者でないかのように（売却されたものとして）貸借対照表の資産から除外することができる。

(3) 1986年PCG連結会計原則におけるリース会計処理

　上記連結会計法適用デクレ（1986年2月17日デクレ）のリース会計に関するオプションの規定を受けて，1986年プラン・コンタブル・ジェネラル（PCG）連結会計原則がリースの会計処理を示している。

① 1986年PCG連結会計原則

　1986年PCG連結会計原則（PCGの第Ⅳ章「計算書類の連結：方法論」）の第2節「連結規則」，231「選択的再処理」の2311「ファイナンス・リースおよび類似の契約」によれば，リース会計の処理は以下のように行われる（CNC, 1986, pp. Ⅱ. 148-Ⅱ. 149）。

1) 使用者側企業における会計処理
a. 保有期間中の会計処理
　リース契約または類似の条項をともなう契約の枠内で企業が使用している物件は，借入により取得されたかのごとく処理できる。この場合，順次以下

のように行わねばならない。

・これら物件を貸借対照表借方の固定資産に計上する。
・契約が物件の価額を明瞭に定め，元本（物件の価額）の返済額と資金調達に結びついた利息とに分けられた詳細な支払表を示しているとき，固定資産化すべき価額は契約に定められた物件の価額に一致する。
・契約が物件の価額を定めていないときには，固定資産勘定に計上すべき金額は賃借物件の公正価値（juste valeur）である。
・貸方には，これら物件の資金調達のために約定による借入を表す金融債務を会計処理する。
・これら物件を固定資産として処理する。これには，そのことが惹起するすべての会計上の影響の記録がともなう。

また，金融費用と債務の漸次的返済の認識により賃貸借費用を消去するために，個別計算書類は再処理される。契約の対象物件は償却プランに従い償却される。一時差異は繰延税金の会計処理を生み出す。

b．契約中断の場合の会計処理

リースの再処理から生ずる要素（固定資産の純帳簿価額，残存債務，繰延税金）は清算される。これら種々の要素から生ずる純額および契約移転の場合に認識される収益は成果計算書に計上される。

c．注記・附属明細書において提供すべき情報

注記・附属明細書には，リース物件の固定資産範疇別金額，これら物件の減価償却方法，貸借対照表に計上された負債額（これには1年以上および5年以上の部分の情報を伴う）を記載する。

2）賃貸側企業における会計処理

リース契約または類似の条項を伴う契約は，利子付貸付として賃貸側企業により処理できる。賃貸側企業が賃貸物件の製造業者または流通業者であるとき，当該取引は信用での販売と同一視される。この場合，以下の規則が遵守される。

a．会計処理：行うべき再処理は以下のとおりである。
・貸借対照表の借方に計上されているリース物件の価額を除去する。
・貸付金を記録するために連結計算書類において親企業により適用された

表示の規則に従い，金融債権（または製造業者もしくは流通業者により同意された契約に係わるときには営業債権）の金額を計上する。
・成果計算書に計上された減価償却費と賃貸料を除去する。
・賃貸料は，リース企業の同意した投資およびサービスの対価である金融収益を伴う，投下資金の漸次的返済と見なす。製造業者または流通業者における契約の場合，さらにリース物件の販売収益とその売上原価を成果計算書で認識する。

リースまたは類似の取引の再処理の際に認識される一時差異は，繰延税金に記録しなければならない。

b. 注記・附属明細書において提供すべき情報

1年以上および5年以上の債権を区別した貸付金額，場合により賃貸物件の保証なし残存価額，収益を会計処理するために選択した方法を記載する。

1986年PCG連結会計原則が定めるリース会計の処理は以上である。1986年PCG連結会計原則は，リース取引を売買取引に準じて「資本化処理」できることを明らかにしている。しかし，米国会計基準または国際会計基準と異なり，資本化処理されるリース取引が定義されていないことに注意しなければならない。

「賃貸借－資金調達（location-financement）」契約は，ファイナンス・リース契約を意味していると見られるが[1]，いかなるリース契約が「賃貸借－資金調達」契約なのかが明確にされていない。また，ファイナンス・リース取引の資本化処理が義務ではなく容認である点にも注意する必要がある。資本化処理の選択はあくまでも企業サイドに委ねられている。

なお，以上の1986年PCG連結会計原則のリース契約の処理は1999年連結会計規則に引き継がれ，資本化処理が「優先的（préférentielle）」方法と規定されている[2]。

(4) 連結計算書類における「財産性の原則」の後退

以上見てきたように，1986年連結会計法適用デクレ（D 248-8条オプション）および1986年PCG連結会計原則は，法的アプローチに加えて経済的アプローチを容認し，連結計算書類の作成上，資本化処理を採用できることを

明らかにしている。したがって，企業はこのオプションを選択すれば，ファイナンス・リース取引を資本化処理することができる。

　1985年連結会計法（1985年1月3日法律第85-11号）第2条（商法典L233-21条に収容）によれば，「連結計算書類は，正規かつ真実なものでなければならず，連結に含まれる企業により構成される全体の財産，財務状況および成果の誠実な概観を提供しなければならない。」として，個別計算書類と同様に連結計算書類においても「財産性」が強調されている。

　しかし，リース取引に関して，所有権のないリース物件の使用者側企業の連結貸借対照表への法令による計上容認は，連結計算書類における財産性の原則の後退を表すものと考えられる。

　連結計算書類の役割は，個別計算書類の役割と大きく異なり，主として情報提供の側面から展開されてきたことがその背景にあるが，根本的・実践的原則としての財産性の原則が，個別会計次元と連結会計次元とで異なる「連単分離」の形で運用される結果となった。この背景には，国際的会計実務に調和した1970年代からのフランス企業の実務がある。

5. フランス企業におけるリースの会計実務

(1) 連結計算書類における資本化処理

　図表8-1は第7章で取り上げた企業グループのリース契約の処理をまとめたものである。これによれば，リースに関するD 248-8条オプションが設置される前の1970年代～1980年代前半から，一部の企業は，個別計算書類上の賃貸借処理を再処理して[3]，連結計算書類では資本化処理を実施してきたことが明らかである。

　ダノン，カルフール，ラファルジュ，LVMH（当時はモエエネシー），プジョー，ローヌ・プーランクの各社がこれである。法令で容認される前から，事実上，リース取引の資本化処理が行われていたことがわかる。

　この背景には，2つの要素が影響している。1つは，これら企業が一部除外ながら米国会計基準，国際会計基準または英国基準に対応した連結計算書

図表 8-1　フランス企業グループのファイナンス・リースの処理（1970年代～1990年代半ば）

企業グループ	個別計算書類	連結計算書類
エール・リキッド	オフ・バランス契約	オフ・バランス契約
ダノン	オフ・バランス契約	資本化処理*
カルフール	オフ・バランス契約	資本化処理*
CGE	オフ・バランス契約	資本化処理（D 248-8条）**
デ・ゾー	オフ・バランス契約	オフ・バランス契約
ラファルジュ	オフ・バランス契約	オフ・バランス契約 のちに資本化処理*
ロレアル	オフ・バランス契約	オフ・バランス契約
LVMH	オフ・バランス契約	オフ・バランス契約（～1983年） 後に資本化処理*（1984年～）
ペシネー	記載なし	記載なし。後に資本化処理
プジョー	オフ・バランス契約	1982年より資本化処理*
ローヌ・プーランク	オフ・バランス契約	1982年より資本化処理*
サン・ゴバン	記載なし	記載なし 1995年に資本化処理の記載
トタル	オフ・バランス契約	オフ・バランス契約（～1987年） 後に資本化処理（1988年～）

・オフ・バランス契約：賃貸借処理（場合によりリース負債額の情報を貸借対照表脚注または注記・附属明細書に記載）。
・カルフールの資本化処理では，賃貸借処理から資本化処理への再処理による影響額を明示。
＊1986年デクレのD 248-8条オプションの規定出現前からすでに資本化処理を実施。
＊＊1986年デクレのD 248-8条オプションの規定出現後にオプションを実施して資本化処理。
（各社の年次報告書に基づき筆者作成）

類を作成していた点である。しかも，証券取引委員会（COB）はこれら基準の採用を事実上容認してきた。

　これら企業は，米国会計基準，国際会計基準もしくは英国会計基準に言及し，「……と一致して（en accord avec）」または「……と調和して（en harmonie avec）」という表現を用いて，自社の連結計算書類が国際的基準・国際的実務に対応したものであることを強調した。

　1980年代半ばまでは，フランスにおいて連結計算書類に係る法的規制が

ほとんどなく，1968年CNC連結報告書・勧告書には，リースの処理に言及した規定がなかった。このため，国際的基準の採用の形でリースの資本化処理が実施された。これが2つ目の要素である

例えば，米国基準を採用していたカルフールは，次のとおり資本化処理を行っている。すなわち，

「リース固定資産は資本化され，定額法に基づき償却されている。したがって，関連する債務が長期負債に計上されている」（1975年度年次報告書，p. 10）。

「リース契約の対象となっている固定資産はその原価で資産に計上され，定額法に基づき償却されている。これに関連して生ずる債務が負債に計上されている」（1977年度年次報告書，p. 13）。

「1978年12月31日に，リースで取得した固定資産の純額は52百万フランであり，対応する債務は47.5百万フランである。1978年度において，再処理は成果に対して0.2百万フランのプラスの影響がある」（1978年度年次報告書，p. 10）。

さらに，LVMH（モエエネシー）は，1984年度の連結計算書類において，「ファイナンス・リースまたは長期賃貸借の形態で取得された資産は将来の賃借料の現在価値に基づき固定資産化されている」（1984年度年次報告書，p. 31）として資本化処理を実施した。また，1986年度の連結計算書類において「キャピタル・リース契約の下で取得された資産は将来使用料の現在価値に基づいて計上している」（1986年度年次報告書，p. 36）として資本化処理を行い，1987〜1991年のリース負債の明細を附属明細書で表示した。

(2) 財産性の原則の運用上の特徴

リースに関するD 248-8条オプションの設置後は，仏基準のみに準拠しながら当該オプションの実施により資本化処理を行う企業が見られた。CGEのケースがこれである。

また，リースの資本化処理が法令で容認されることにより，1970年代あるいは1980年代前半から資本化処理を実施していた企業は，米国会計基準あるいは国際会計基準に従った資本化処理が，D 248-8条オプションの設置

によりそのまま法的にも有効なものとなった。

　フランス大企業グループ90社を対象としたプライス・ウォーターハウスの調査によれば，1995年度連結計算書類の作成上，リースの資本化処理を行った企業は約50社に上った（Price Waterhouse, 1997, pp. 331-334）。他方，国際会計基準または米国会計基準対応の連結計算書類を作成した企業が35社あり，これから，上位90企業グループのうち，40社程度は仏基準のみに準拠して個別計算書類と同様の「賃貸借処理」を行い，15社（50社マイナス35社）程度は仏基準のみに準拠しながら，連結計算書類では個別計算書類と異なり「資本化処理」を選択したと見られる。

　例えば，ミシュランは，仏基準のみに準拠していながら，「長期リース契約の工業上の資産は原価で貸借対照表に表示され，通常のグループ方針に従い償却している。対応するリース負債は貸借対照表上負債に表示されている」（1995年度年次報告書）として，資本化処理を選択した。

　また，CGE（アルカテル・アルストム）も同様に，「リース契約または長期賃貸借契約によりファイナンスされ取得の性質を示している物件は資本化している」（1995年度年次報告書, p. 72）。

　以上のとおり，1970年代から，あるいは1980年代前半から，一部の大企業は，連結計算書類において，個別計算書類上の賃貸借処理を再処理して資本化処理を実施してきた。この後，1980年代半ばにD 248-8条オプションが創設され，リースに関する資本化処理は法令上容認された。

　このように，フランスにおけるリース会計は，法的アプローチを採用する個別会計次元と経済的アプローチを導入する連結会計次元で，異なる考え方の下連単分離の形で展開されてきた。そこには，国際的会計実務に調和した企業の実践が先行して資本化処理を採用してきた事実がある。

［注］
(1)　すでに1989年の文献に "financement-location" の英文訳として "capital lease" という用語が用いられている（Raffegeau *et al*., 1989, p. 184）。
(2)　この点については，大下（2004, 67-68頁）を参照。
(3)　資本化処理に係る連結会計上の再処理とその影響については，一般に，賃貸借処理から資本化処理への移行は支払リース料の消去による利益増加と減価償却費の計上

による利益減少を生み出し，費用の期間配分パターンを変える結果，リース期間前半の利益を減少させ，後半の利益を増大させることになる。利用者側企業の財務リスクの上昇や定率法償却の採用はこの増減幅をさらに拡大する（Saada, 1996, pp. 77-83）。このように，企業グループは，連結会計上の資本化処理の任意性を利用して期間利益を変えることができる。D 248-8 条オプションは，結果的にこの可能性を生み出すものとなっている。

第9章
外貨換算会計の標準化と連単分離

　本章では，フランスにおける外貨換算会計を取り上げ，リース会計と同様に1990年代半ば頃までには，企業の実践が先行して，連単分離の形で国際的会計実務と調和した会計処理方法が連結会計次元で採用されてきたことを明らかにしたい。

1. フランスにおける外貨換算会計方法の変遷

　個別計算書類に係る外貨換算会計方法は外貨建取引および支店等の計算書類の換算方法に関わっており，プラン・コンタブル・ジェネラル（PCG）の中で，「為替相場の変動に影響を受ける資産および負債」と「在外支店の貸借対照表」（以上1957年PCG），あるいは「外貨変動の影響を受ける資産項目および負債項目の評価」（1982年PCG）として規定された。

　これに対して，連結会計基準における外貨換算会計方法は，「在外子会社の計算書類の換算方法」に関するものであり，1968年国家会計審議会（CNC）連結報告書・勧告書あるいは1986年PCG連結会計原則の中で定められた。

　図表9-1はフランスにおける個別会計次元および連結会計次元の外貨換算会計方法の変遷をまとめたものである。個別会計次元における本店の外貨建取引および在外支店等の資産・負債の換算は，1957年PCGの「流動・非流動法」に始まり，その後，1979年CNCの意見書第16号[1]を経て，1982年PCGの「貨幣・非貨幣法」へと移行した。

図表 9-1　フランスにおける外貨換算会計方法の変遷

外貨建取引と在外支店等の資産・負債の換算		在外子会社の計算書類の換算	
・1957 年 PCG	流動・非流動法(1)	・1968 年 CNC 連結報告書・勧告書	決算日レート法
・1982 年 PCG	貨幣・非貨幣法	・1986 年 PCG 連結会計原則(2)	①貨幣・非貨幣法 ②決算日レート法

(1) 棚卸資産は取引日の為替相場に基づく換算価額の加重平均額または当該年度の平均為替相場を用いる。
(2) ①または②の併用方式。なお，①の方法は「歴史的レート法」と呼ばれた。
(筆者作成)

これに対して，連結計算書類における在外子会社の計算書類の換算は，1968 年 CNC 報告書・勧告書の「決算日レート法」から始まり，その後，1978 年 CNC 報告書案等を経て，1986 年 PCG 連結会計原則における「貨幣・非貨幣法／決算日レート法」併用方式に移行した。しかし，1970 年代以降，実質的には「貨幣・非貨幣法」と「決算日レート法」のどちらの方法とも採用可能であったと見られる[2]。

2. 個別計算書類に係る外貨換算会計方法

(1) 1957 年 PCG における外貨換算会計

フランスにおける外貨換算会計の基準としては，1957 年 PCG にまで遡ることができる。1957 年 PCG は「為替相場の変動に影響を受ける資産および負債」と「在外支店の貸借対照表」に区分して外貨換算の取り扱いを定めた（CNC, 1965, pp. 145-146）。

① 1957 年 PCG における外貨換算会計処理の概要
1) 為替相場の変動に影響を受ける資産および負債の換算処理
a. 固定資産
外国にある固定資産は取引日の為替相場に基づく換算価額を用いる。償却および必要ある場合の減価引当金もこの価額を用いる。為替相場の変動から

生ずる利得（または損失）は，資産項目から当該固定資産を除去するときに勘定番号（以下同）874「臨時損益」勘定に記入する。

　b．長期貸付金・借入金

　外国通貨による1年を超える貸付金および借入金は，固定資産の場合と同様に取引日の為替相場に基づく換算価額を用いる。当該外国通貨の為替相場が下落する場合の貸付金について，また為替相場が騰貴する場合の借入金について，その帳簿価額と棚卸日現在の為替相場に基づく換算価額との差額に相当する引当金を設けて，貸付金の場合は259「貸付金減価引当金」勘定に，借入金の場合は1557「為替差損引当金」勘定にそれぞれ記入する。

　c．投資有価証券および一時所有有価証券

　外国相場のみを有する外貨表示の有価証券は，外国の相場によるとともに一定日（取引日）の為替相場に基づいてフランに換算する。

　d．棚卸資産

　外国にある商品，原材料，製品などの棚卸資産は，仕入日または受取日の為替相場に基づく換算価額の加重平均額または当該年度の平均為替相場を用いて年度末にフランに換算する。棚卸資産の棚卸日現在の為替相場に基づく換算価額が取得価額に達しない場合は減価引当金を設ける。

　e．第三者勘定および財務勘定

　外貨表示の現金預金・その他即時換金性資産および債権・債務（長期貸付金・借入金を除く）は，貸借対照表日に最も近い公定為替相場に基づいて評価する。その結果生ずる増価または減価は8744「為替差損益（différences de change）」勘定（臨時損益）に記入する。また回収不能の金額は「貸倒引当金」勘定に記入する。

　2）在外支店等の貸借対照表の換算処理

　独立会計単位である事業所または支店が外国にある場合，これらの資産および負債は上記規定を参考にしてフランに換算し，本店の貸借対照表に合算する。

② 1957年PCGにおける外貨換算会計処理の特徴と慎重性の原則
  1) 外貨建取引の換算方法
　まず，本店の外貨建取引に関して，1957年PCGは取引発生時の処理と決算時の処理を明確に区分していない。しかし，固定資産，長期貸付金・借入金等の取り扱いに見られるとおり，取引発生時の会計処理は，当該発生時の為替相場を用いてフランに換算することが明らかである。
　また，決算時においては，外貨表示の現金預金，その他即時換金性資産および短期債権・債務は，期末の為替相場を用いて換算し，その結果生ずる換算差額（未実現）は臨時損益として損益計算書に計上する。
　為替相場が安定的であれば，期末時点で未実現のものであっても次年度にその金額で実現すると見られるからである。外国にある棚卸資産は，取引発生時の為替相場に基づく換算価額の加重平均額または当該年度の平均為替相場を用いて年度末に換算するが，期末の為替相場に基づく換算価額が当該取得原価を下回る場合には減価引当を行う。
　これに対して，外国にある固定資産，支払期限が1年を超える外貨表示長期貸付金・借入金（長期債権・債務）および外国相場のみを有する外貨表示の有価証券は，取引日の為替相場を適用して換算した帳簿価額をそのまま決算時に用いる。したがって，債権・債務に関して，1957年PCGはこれを長期か短期かにより区別し，長期項目に対して取引日の相場で換算した金額をそのまま用い，短期項目に対しては決算日の相場を適用して換算した価額を貸借対照表価額として用いる。
　決算時における固定資産，長期貸付金・借入金等の取り扱いから，1957年PCGは，外貨建取引について，基本的には「流動・非流動法」を採用していたといえる。
  2) 在外支店等の貸借対照表の換算方法
　在外支店・営業所の換算方法も，本店の外貨建取引の基準に準じていることから，基本的には「流動・非流動法」であった。
  3) 長期債権・債務の処理と慎重性の原則
　外国通貨の為替相場が下落する場合の長期貸付金について，および当該為替相場が騰貴する場合の長期借入金については，その帳簿価額と決算時の為

替相場に基づく換算価額との差額（未実現の潜在的為替損失）に相当する引当金を設ける。当該処理は，長期貸付金・借入金について，潜在的為替利得を認識せず，潜在的為替損失のみを引当金繰入の形で認識するものである。

この特徴は，フランスの伝統的な基礎的会計原則である「慎重性の原則」[3]が反映されたものであると考えられる。「慎重性の原則」によれば，企業の財産および成果を損なうおそれのある現在の不確実性を将来に持ち越す危険を回避するという観点から，未実現の潜在的減価・損失は引当金の形で認識する一方，未実現の潜在的増価・利得はその認識を一切禁止する。

このように，「慎重性の原則」に基づく長期債権・債務の処理を1957年PCGの外貨換算会計処理の特徴として指摘できる。

③ 1957年PCGにおける外貨換算会計処理の問題点

1957年PCGの換算方法は，1970年代に入って為替相場が固定相場制から変動相場制へ移行すると，種々の批判の対象となった（CNC, 1979, pp. 25-26）。

期末における経済的実態（réalité économique）開示の観点から，短期と長期に区別することなくすべての貸付金・借入金を決算日の為替相場により換算し評価することが必要であるという点，為替相場の安定性を前提とした長期貸付金・借入金を除く債権・債務項目に係る未実現の換算差額の損益計上を廃止すべきであるという点，および長期貸付金・借入金に係る潜在的為替損失に対する引当金の設定は，大きく変動する可能性のある為替相場を考慮すれば保守的に過ぎ，企業の財産および実際の財務状況（situation financière réelle）に関する十分な概観を提供しないといった点が指摘された（CNC, 1982, p. 116）。

これら批判を受けて，国家会計審議会（CNC）は1977年に外貨表示債権・債務の換算処理に関する改訂作業に着手した。この作業の成果は，1979年意見書第16号「決算日における外貨表示債権・債務の会計処理」を経て1982年PCGの外貨換算会計規定に反映された。

(2) 1982年PCGにおける外貨換算会計
① 1982年PCGの外貨換算会計規定の概要

1957年PCGの改訂に係る1982年PCGは，第Ⅱ編「一般会計」の第1章「評価方法および成果決定に関する規則」のB「一般規則の適用」の中のc「外貨変動の影響を受ける資産項目および負債項目の評価」において，以下の外貨換算会計処理を規定した（CNC, 1986, pp. II. 155–II. 157）。

1) 有形または無形固定資産

外国通貨で表示された固定資産の流入原価は，取引日の相場で国内通貨に換算する。償却累計額，および必要ある場合の減価引当金はこの価額に基づいて計上する。

2) 債権および債務

外貨建債権・債務は，最終の為替相場に基づいて国内通貨に換算し記帳する。決算日の換算率を適用したために，国内通貨による従来の帳簿価値が修正される場合には，換算差額は将来の調整を予期して経過勘定の「調整勘定（compte de régularisation）」に記入する。すなわち，その差額が潜在的損失に相当する場合には，貸借対照表の資産の部勘定番号476「借方換算差額」，その差額が潜在的利得に相当する場合には，貸借対照表の負債の部勘定番号477「貸方換算差額」に記入する。

為替ヘッジにより相殺した潜在的損失または利得を，貸借対照表上，この経過勘定のもとに明記する。潜在的利得は成果として計上しない。これに対して，潜在的損失は危険（為替損失）引当金の設定をともなう。

次のイ〜ホのように，潜在的損失の額に相当する引当金の設定が企業の財産，財務状況あるいは成果の誠実な概観を提供可能ならしめない場合，企業は必要な調整を行う。

　イ．外国通貨により行われた取引について，企業が為替相場の変動の影響をヘッジするための平行取引を行う場合には，引当金はヘッジされないリスクの限度までしか設定できない。

　ロ．潜在的損失が生じた外貨建借入金が，当該借入金と同じ外貨を貨幣単位とする国にある固定資産の取得またはその固定資産を表象する有価証券の取得に充当された場合には，原則として当該借入金に関わる潜在的

損失の総額に相当する引当金は設定しない。
　ハ．条件が十分に類似している取引について，潜在的損失・利得が為替相場の全体的ポジションと一致すると考えられる場合には，引当金繰入額は損失の利得に対する超過額に限定することができる。
　ニ．外貨建借入金に関わる財務費用が，もし当該借入金が国内通貨で契約されていた場合に負担したであろう金額よりも小さい場合には，引当金年度繰入額は，この計算費用と実際に負担した費用との差額に限定することができる。
　ホ．潜在的損失が数会計年度に影響するような取引に関わる場合には，企業はその妥当性を証明すべき方法によりこの損失を期間配分することができる。

　換算方法は脚注に明記し，正当な理由がある場合以外変更できない。決算日におけるすべての換算差額は注記・附属明細書に記載しなければならない。

　3) 資本参加，資本参加以外の長期所有有価証券および一時所有有価証券
　外貨建有価証券で，外国にしか上場されていないものの価額の国内通貨への換算はそれぞれの取引日の為替相場により行う。

　4) 棚卸資産
　外国に保有している外貨建棚卸資産は，期末に，商品，調達品および製品の種類ごとに，当該項目の購入日または入庫日に適用される相場の加重平均値に相当する相場により国内通貨に換算する。この計算方法の適用が困難な場合には，企業は，他の方法を，それが成果に著しい影響を与えない限り，使用することができる。減価引当金は，棚卸日の価額がその日の為替相場による流入価額よりも低い場合に設定する。

　5) 現金預金その他の即時換金性資産
　決算日に存在する外貨建現金預金または即時換金性資産は，直近の為替相場に基づいて国内通貨に換算する。その際に生じた換算差額は当期成果として計上する。

　以上が1982年PCGにおける外貨換算会計規定の概要である。「2) 債権および債務」の部分は，1979年CNC意見書第16号の内容をそのまま取り入れたものである（大下, 2003a, 98-99頁参照）。

② 1982年PCGの特徴
1) 外貨建取引および在外支店等の貸借対照表の換算方法

　図表9-2は，本店の外貨建取引および支店等の貸借対照表の換算処理に関して，1957年PCGと1982年PCGの取り扱いを比較したものである。これによれば，換算方法が1957年PCGの「流動・非流動法」から1982年PCGの「貨幣・非貨幣法」に移行したことがわかる。その主要変更点は，貨幣項目の換算とその処理である。

　まず，1982年PCGは貨幣項目のすべてを期末為替相場で換算し，債権・債務以外の貨幣項目に係る換算差額は「財務損益」として成果計算書に計上する。貨幣項目の期末為替相場での換算はこれら項目の期末再評価に類似し，これから生ずる換算差額は「貨幣購買力損益」と見られる(4)。

　固定為替相場制の下で「臨時損益」と考えた1957年PCGと異なり，1982年PCGは変動為替相場制の下，企業経営は為替差損益が生ずるのを常態として行われており，その為替のマネジメントの良し悪しと海外取引・活動の期末実態を表示するという考え方により，この換算差額を極めて実現性の高い「財務損益」として計上するものである。

　これに対して，債権・債務に関しては，1982年PCGにおいて，長期貸付金・借入金に対する取引日相場の適用を廃止し，これを債権・債務にひと括りにして決算日の相場を適用した上で，換算差額は貸借対照表勘定の「調整

図表9-2　外貨換算会計方法——1957年PCGと1982年PCGの比較

1957年PCG			1982年PCG		
外貨表示資産・負債	為替相場	換算差額の処理	外貨表示資産・負債	為替相場	換算差額の処理
長期貸付金・借入金	取引日	—(1)	債権・債務	決算日	B/S調整勘定(1)
第三者勘定・財務勘定	決算日	P/L臨時損益	現金預金・即時換金性	決算日	P/L財務損益
固定資産	取引日	—	固定資産		同左
有価証券	取引日	—	有価証券		同左
棚卸資産	平均値(2)	—	棚卸資産		同左

(1) 潜在的損失の場合，危険引当金を設定。
(2) 仕入日の相場に基づく換算価値の加重平均値または当該年度の平均為替相場。なお，「第三者勘定」は長期貸付金・借入金を除く債権・債務，「財務勘定」は一時所有有価証券を除く当座資産を意味する。有価証券は資本参加証券，資本参加証券以外の長期所有有価証券および一時所有有価証券からなる。
(筆者作成)

勘定」を用いて損益計上を回避する。これにより，1982 年 PCG は債権・債務に係る換算差額（未実現）の損益としての計上を，実現損益となる最終的な決済時点まで計上延期するのである。ただし，未実現の潜在的為替損失には引当金を設定する。

2) 債権・債務の期末の経済的実態開示の要請と慎重性の原則の両立

外貨表示債権・債務に対する決算日相場の適用による換算と換算差額の貸借対照表（B/S）調整勘定による処理は，変動相場制の下での債権・債務の期末再評価による一般購買力の表示を重視するとともに，フランスの伝統的な「慎重性の原則」に配慮したものである。これにより，債権・債務の期末の経済的実態開示の要請と慎重性の原則の両立が図られている。

しかし，1982 年 PCG の外貨換算会計方法は，当時の米国会計基準 SFAS 第 52 号（1981 年）および国際会計基準 IAS 第 21 号（1983 年）と比較して当該未実現利益計上回避の点で相違していた。米国基準や国際会計基準は当該差額を損益計上するのである。

なお，1982 年 PCG は，潜在的為替損失に対する引当の際に，当該設定が企業の財産，財務状況あるいは成果の誠実な概観の提供を可能ならしめない場合には，慎重性が過度にならないよう，本節(2)①2)で挙げたイ～ホのように引当額を制限・調整している。

特に，潜在的為替損失が複数の会計年度に影響するような取引に関わる場合には，この未実現損失を一定期間に配分することを認めている（ホのケース）。この意味で，慎重性の原則の適用は「誠実な概観」の観点から制約を受けているといえる。

3. 連結計算書類に係る外貨換算会計方法

(1) 在外子会社の計算書類の換算に係る 1968 年 CNC 連結報告書・勧告書

① 1968 年 CNC 連結報告書・勧告書の換算処理の概要

在外子会社の計算書類の換算に関する国家会計審議会（CNC）の最初の公

式見解は，1968年CNC連結報告書・勧告書である。当該報告書・勧告書は，「事前の再処理」の項目において，「通貨換算はグループ計算書類の決算日の為替相場で行われる。しかしながら，検討すべき問題がなお残っているので，いかなる最終的決定の対象にもなっていない」とし，暫定的ながら決算日の為替相場での一括換算の方法，つまり「決算日レート法」を採用した（CNC, 1973, p. 66）。

また，当該報告書・勧告書は，「企業グループは，取得日の為替相場に基づき元の状態でその価値を算定することにより，通貨の不安定な国に所在する子会社の固定資産を安定通貨で連結することができる」として，通貨が不安定な国における固定資産を取引日の相場で換算することを容認した。

② 1968年CNC連結報告書・勧告書の特徴

1968年CNC連結報告書・勧告書において，外貨換算の結果生ずる換算差額は，連結貸借対照表上「連結差額」勘定（剰余金）に含めて表示される。在外子会社の計算書類の決算日為替レートによる一括換算は，基本的には期末における全項目の再評価に類似したものとなる。

そこで，在外子会社所在国の通貨に対してフラン価値の低下が見られる場合には，当該低下分だけ在外子会社のフラン表示純資産額は多くなるが，このような純資産の増加分は，連結時において，連結貸借対照表貸方資本項目の「連結差額」勘定に表示される。この「連結差額」勘定に含められる換算差額は，一種の「再評価積立金」に相当するものと見ることができる。

これに対して，フラン価値の上昇が見られる場合には，当該上昇分だけ在外子会社のフラン表示純資産額は少なくなり，この純資産の減少分は連結貸借対照表借方「連結差額」勘定に表示される。この場合の換算差額は「再評価積立金」のマイナス分と理解される。

このように，外国通貨に対するフラン価値の変動から生ずる被連結在外子会社純資産の増減は，いわば各勘定を評価替えしたことの結果によりもたらされたものとして，一種の再評価積立金として考えることができる。この純資産の増減分は，連結差額に含めて処理するのである（野村，1976, 113頁）。

当該方法は収益力表示を重視するという配慮に基づくものと考えられるが，

期末再評価，特に評価増が，取得原価主義の観点から批判される。また，既述のとおり，1957年PCGが「流動・非流動法」を採用していたので，在外支店の貸借対照表（B/S）の換算方法と在外子会社のB/Sの換算方法は相違していた。

　国家会計審議会（CNC）は，1968年連結報告書・勧告書の改訂に係る1975年の改正草案および1978年11月「貸借対照表および成果計算書の連結に関する報告書案（Projet de rapport sur la consolidation des bilans et des résultats）」[5]の公表を経て，1986年PCG連結会計原則の中で，在外子会社の計算書類の換算方法を改訂した。

　これにより，在外子会社の計算書類の換算方法は，1968年CNC連結報告書・勧告書の「決算日レート法」から，1978年CNC報告書案の原則「貨幣・非貨幣法」（決算日レート法容認）を経て，1986年PCG連結会計原則の「貨幣・非貨幣法／決算日レート法」の併用方式に移行した。

(2) 在外子会社の計算書類の換算に係る1986年PCG連結会計原則の換算方法

① 1986年PCG連結会計原則の外貨換算会計処理の概要

　1986年PCG連結会計原則は，その26「在外企業の計算書類の換算」（convertion des comptes d'entreprises étrangères）において，貨幣・非貨幣法（同原則では「歴史的レート法（méthode du cours historique）」と呼ばれる）と決算日レート法（méthode du cours de clôture）の2つの方法を並列的に規定した。また，高インフレーション国所在の在外会社については特殊な方法が適用される。

　1986年PCG連結会計原則は2つの換算方法を規定した上で，どのような場合にいずれの方法がより適切かを示した。すなわち，「歴史的レート法」は在外子会社がフランス国内の親会社・子会社の活動の延長と見られる場合により適切な方法とされた。これに対して，「決算日レート法」は在外子会社が経済・財務的にフランス国内の親会社・子会社の活動から独立していると見られる場合により適切な方法であるとされた。

　この1986年PCG連結会計原則の換算方法の考え方は，米国会計基準

SFAS 第 52 号（1981 年）および国際会計基準 IAS 第 21 号（1983 年）における「テンポラル法」と決算日レート法の併用システム（米国会計基準の機能通貨アプローチ，IAS の状況アプローチ）に対応したものである。

② 歴史的レート法の特徴

歴史的レート法によれば（1986 年 PCG 連結会計原則第 261 項），非貨幣項目は当該資産の企業財産への流入日である取引日の（歴史的）相場で換算される。自己資本も同様に換算される。

これに対して，貨幣項目は決算日の相場で換算される。収益・費用項目は原則として認識日（発生日）の為替相場で換算される。実際には一定期間（月次，四半期，半期，年次）の平均相場が用いられる。減価償却費および引当金繰入は関連資産に係る取引日相場で換算される。

換算差額の処理に関しては，貨幣項目の換算から生ずる部分は財務損益として損益計上される。損益項目の換算差額も同様に損益計上される。しかし，長期債権・債務に係る換算差額部分については，関係する債権・債務の返済期間を超えない期間にわたり繰り延べることができる。

図表 9-3 は，仏基準（1986 年 PCG 連結会計原則）の歴史的レート法と国際会計基準（IAS 第 21 号）および米国会計基準（SFAS 第 52 号）を比較したものである。PCG は原価で計上されている非貨幣項目と期末の価値で計上されている非貨幣項目とを区別していないが，仏企業が期末価値で計上された非貨幣項目を国際的基準に従って決算日レートで換算することは可能であると見られた（Raffegeau *et al.*, 1989, p. 244）。

また，PCG は貨幣項目と非貨幣項目との区分基準を明確にしていないので，国際的基準に従った区分が可能と見られる。IAS および米国会計基準の方法はいわゆる「テンポラル法」と呼ばれる方法であり，フランスでは「原価・価値法（méthode des coûts et valeurs）」と呼ばれる。さらに，長期債権・債務の換算差額の繰延計上のオプションは仏基準の特徴である。

以上のとおり若干の違いが見られるものの，仏基準はこれら国際的基準に調和したものであった。このため，フランス企業は，非自律的とされる在外子会社に歴史的レート法を適用することにより，自国基準に準拠しながら国

図表9-3 仏基準（PCG）の歴史的レート法とIAS（第21号）・米国会計基準（SFAS第52号）との比較

基　準	PCG（1986年）	IAS 21（1983年）	SFAS 52（1981年）
企業の性質	非自律的企業に適合	非自律的企業	非自律的企業
B/S項目の換算	為替相場	為替相場	為替相場
・貨幣項目	決算日	決算日	決算日
・非貨幣項目（原価で計上）	取引日	取引日	取引日
・非貨幣項目（引当等により期末価値で計上）	―[1]	決算日	決算日
P/L項目の換算	原則：取引日・発生日　実務：平均（減価償却と引当金繰入を除く)[2]		
換算差額の処理	損益または繰延[3]	損益または繰延[3]	損　益

(1) PCGは原価で計上されている非貨幣項目と期末価値で計上されている非貨幣項目を区別していない。
(2) 減価償却と引当金繰入は関係資産の換算相場を用いる。
(3) 損益は「財務損益」として処理。なお，PCGとIASは長期貨幣項目の換算から生ずる差異の返済期間にわたる繰延計上を認めているが，IASの改正案では当該可能性の除去案が出ていた。

（出所：Raffegeau *et al*., 1989, p. 244）

際的な基準にも対応可能であったことがわかる。

③　決算日レート法の特徴

　決算日レート法によれば（1986年PCG連結会計原則第262項），資産・負債の全項目は決算日の相場で換算される。自己資本（成果を除く）は取引日の相場で換算される。収益・費用項目（減価償却費および引当金繰入を含む）は決算日の相場で換算される。しかし，期中平均レートが適切な場合にはこれを適用できる。換算から生ずる換算差額は「自己資本」（親会社持分部分）と「少数株主持分」に分けて計上される。

　図表9-4は，決算日レート法について，仏基準，IAS第21号およびSFAS第52号を比較したものである。これによれば，選択肢に若干の違いが見られるものの，仏基準はこれら国際的基準に調和したものである。フランス企業は，自律的とされる在外子会社に決算日レート法を適用することに

図表 9-4　仏基準（PCG）の決算日レート法と IAS（第 21 号）・米国会計基準（SFAS 第 52 号）との比較

基　　準	PCG（1986 年）	IAS 21（1983 年）	SFAS 52（1981 年）
企業の性質	自律的企業に適合	自律的企業	自律的企業
項目の換算	為替相場	為替相場	為替相場
・すべての資産・負債	決算日	決算日	決算日
・自己資本	取引日	取引日	取引日
・損益	決算日または平均	決算日または平均[1]	平均
換算差額の処理			
・期首純資産に係る差額	自己資本	自己資本	自己資本
・損益に係る差額	自己資本	自己資本または損益[1]	自己資本

(1) 除去案が提案されていた。
(出所：Raffegeau *et al*., 1989, p. 222)

より，自国基準に準拠しながら国際的な基準にも対応可能であったことがわかる。

なお，高インフレーション国所在の企業の換算に関しては，1986 年 PCG 連結会計原則は 2 つの方法を規定している（第 263 項）。すなわち，取引実現時のフラン価値で評価された投資原価のままで計上する方法と，一般物価変動指数により再処理した後に決算日のレートで換算する方法である。

後者の方法はインフレーションの影響を考慮した上で，期末時点の貨幣購買力で評価された在外企業の純資産を，当該時点のフランと外国通貨との交換レートに基づいてフランに換算する方法である。なお，1986 年 PCG 連結会計原則はどの程度のインフレーションが高インフレーションにあたるのかを明確にしていないので，国際的基準の定義に従うことが可能であったと見られる。

(3)　外貨表示債権・債務の換算差額に係る D 248-8 条オプション

① 外貨表示債権・債務の換算差額の連結計算書類における損益計上の容認

本書第 7 章で明らかにしたとおり，D 248-8 条オプションは，個別会計次元で使用できない連結会計次元特有の評価方法をオプションとして導入した。

D 248-8 条オプションの g)によれば,「連結企業の年次計算書類作成上,フラン通貨へのその他の通貨表示の債権および債務の換算から生ずる借方または貸方の差異は,連結成果計算書に計上することができる。」と規定して,個別計算書類上貸借対照表調整勘定で処理済みの外貨表示債権・債務の換算差額を,連結計算書類上損益として成果計算書に計上することを容認した。

既述のとおり,在外子会社の計算書類の換算に関して,1986 年 PCG 連結会計原則の外貨換算会計処理方法は,当時の米国会計基準や国際会計基準等の国際的基準に調和するものであった。他方,個別計算書類に係る 1982 年 PCG の外貨換算会計処理方法は,外貨表示債権・債務の換算に関して,これら国際的基準と相違していた。

しかし,連結計算書類の作成上,外貨表示債権・債務の換算差額の損益計上を容認する D 248-8 条オプションの g)を行使することにより,外貨表示債権・債務の換算に関する国際的な相違を連結会計次元で解消させることが可能となる。他方,このことは,フランスにおいて同一の会計事象に対して,個別計算書類上の処理を連結会計次元において変えることになる。

② 連結計算書類における慎重性の原則の後退

図表 9-5 に示すとおり,慎重性の原則の考え方は,1957 年 PCG においては,長期の債権・債務の換算を取引日の相場で行うが,期末に潜在的為替損失が発生している場合には,決算日の相場を用いて換算し,その換算価額と簿価の差額に相当する金額を引き当てるという処理に現れている。

図表 9-5 外貨表示債権・債務の換算差額の処理と慎重性の原則

基準 項目		1957 年 PCG	1968 年 CNC 連結報告書・勧告書	1982 年 PCG	D 248-8 条 g)	1986 年 PCG 連結会計原則	
						歴史的レート法	決算日レート法
外貨表示債権債務	短期	臨時損益	貸借対照表(B/S)連結差額(自己資本)	B/S 調整勘定(潜在的損失の引当処理・長期のものの期間配分容認)	損益計上	財務損益(長期のものの返済期間内での繰延容認)	B/S 換算調整勘定(自己資本)
	長期	—(潜在的損失の引当処理)					

(筆者作成)

これに対して，在外子会社の計算書類の換算に係る1968年CNC連結報告書・勧告書においては，期末の経済的実態開示の観点からすべての資産・負債を決算日の相場を用いて換算し，その換算価額と簿価の差額に相当する金額を貸借対照表（B/S）上連結差額（再評価積立金的性質）として処理する。ここでは，慎重性の原則の考え方は表に出てこない。

　さらに，1982年PCGにおいては，期末の経済的実態開示の観点からすべての債権・債務を決算日の相場を用いて換算するが，一方ではその換算差額をB/S上調整勘定として処理して損益計上しない点，他方では期末に潜在的為替損失が発生している場合には当該金額を引き当てるという点，の2点に慎重性の原則の考え方が強く表れている。

　これに対して，1986年連結会計法適用デクレのD 248-8条オプションのg）は，上記B/S調整勘定で処理した未実現利得を連結計算書類の作成上未実現でありながら損益処理に変更することを容認している。ここでは，個別会計次元の慎重性の原則の考え方が大幅に後退している。

　さらに，在外子会社の計算書類の換算に係る1986年PCG連結会計原則の歴史的レート法においてはその換算差額をすべて損益計算書（P/L）財務損益として計上し，未実現利得の損益計上を行う。この点でも，連結計算書類における慎重性の原則の後退現象を指摘できる。連結会計次元では，むしろ長期の潜在的損失の数期間の繰延べ等に見られるように，「誠実な概観」の考え方が強調される。

　このように，個別会計次元における外貨表示債権・債務の換算差額のB/S調整勘定での処理および潜在的為替損失のみに対する引当処理は，一方では期末の経済的実態の表示，他方では慎重性の原則の配慮という要請に同時に応えるものである。また，資産の性質を決める財産性の原則にも関係するものであった。

　個別会計次元では，分配可能利益算定という基本的目的の下で伝統的な慎重性の原則が全面的に機能し，未実現の損失は引当金の形で認識するものの，未実現利益は損益としての計上を禁止する。また，財産性の観点においても，債権の換算に係る未実現為替利得は，いかなる確定的債権をも表すものではないとして実現時点まで認識しない。

これに対して，基本的に配当規制に関わらない連結計算書類では，期末の経済的実態の開示あるいは国際的基準との調和の要請が優先され，D 248-8条オプションのg)が当該換算差額の損益計上の道を開いた。また，在外子会社の計算書類の換算においては，歴史的レート法は外貨表示債権・債務の換算差額を財務損益として損益計上する。
　これらの処理により，連結会計次元において慎重性の原則の後退現象が生じ，伝統的に最も重要な会計原則の一つであった慎重性の原則が，個別会計次元と連結会計次元とでは異なる形で運用される結果となった。また，財産性の原則に関しても，同様の傾向を指摘できる。

4. フランス企業における換算処理

(1) 連結計算書類における換算方法

　図表9-6は，第7章で取り上げたフランス企業グループについて，1970年代から1990年代半ばの期間における在外子会社の計算書類の換算方法と1986年連結会計法適用デクレ以後のD 248-8条オプションのg)の行使の状況を示したものである。なお，流動・非流動法あるいは貨幣・非貨幣法において，外貨表示債権・債務の換算差額の繰延処理を実施した場合，米国基準対応企業においては，当該基準の一部適用除外事項になった。図表9-6はこれを「適用除外」とし，その有無を示している。
　これによれば，まず，各企業の採用した在外子会社の計算書類の換算方法は，企業，時期によってまちまちであるが，しだいに決算日レート法に収斂していったことがわかる。
　専門会計士・認許会計士協会（OECCA）が定期的に実施していた上場企業150社の実態調査でも，同様の傾向が指摘されている。例えば，1978年版および1981年版では，貸借対照表項目の換算において，決算日レート法を採用した企業が83%（1976年），76%（1977年），70%（1979年），75%（1981年）と7割以上に上り，適用上の困難をともなうと見られる貨幣・非貨幣法の採用企業は9%（1976年），13%（1977年），8%（1979年），15%

図表 9-6　フランスの企業グループの外貨換算方法（1970年代～1990年代半ば）

企業グループ[1]	在外子会社の計算書類の換算方法	債権・債務の換算差額の繰延（決算日レート法を除く）	適用除外	D 248-8 条 g)の行使
エール・リキッド	流動・非流動法→決算日レート法	○（換算差額は引当金計上）	○	○
ダノン	貨幣・非貨幣法→1982 年より機能通貨アプローチ	○（1981 年まで長期のもの）	○	○
カルフール	流動・非流動法→決算日レート法[2]	○（正味換算利得は引当処理）	○	○
CGE	決算日レート法	×	―	○
デ・ゾー	決算日レート法	×	―	×
ラファルジュ	決算日レート法[2]	×	×	×
ロレアル	決算日レート法	×	―	×
LVMH	決算日レート法	×	×	○
ペシネー	貨幣・非貨幣法→1982 年より決算日レート法	○1981 年まで長期債権・債務	○	○（1984年～）
プジョー	決算日レート法	×	○	○
ローヌ・プーランク	決算日レート法[2]→1976 年よりテンポラル法→1982 年より決算日レート法	○（1974 年まで正味換算利得）	×	○
サン・ゴバン	決算日レート法[3]	×	×	○
トタル	決算日レート法[4]	×	○	○

(1) 採用した連結の会計方針のタイプについては，第 7 章図表 7-2 を参照。
(2) 固定資産は取引日レートを適用。
(3) 1980 年まで固定資産と資本参加証券は取引日レートを適用。
(4) 1981 年まで換算差額のうち非貨幣性資産（固定資産と投資有価証券）のものは自己資本に計上し，貨幣性資産のものは損益計上。D 248-8 条オプションの行使後は，債権・債務の潜在的利得の損益計上（損失は個別基準により引き当て計上されている）。
（各社の年次報告書に基づき筆者作成）

(1981 年) と非常に少なかった (OECCA, 1979, pp. 103-104, 1984, pp. 117-118)。

また，流動・非流動法の採用企業も同様に 2 ％（1976 年），6 ％（1977 年），17％（1979 年），5 ％（1981 年）と非常に少なかった。さらに，1986 年のデータによれば，決算日レート法の採用企業が 80％ 以上に上ったことが指摘されている（ATH, 1987, p. 133）。損益項目の換算については，6 割以上の企業が決算日レートを採用していたが，平均レートの適用が増加した。

さらに，換算差額の処理に関しては，5 割以上が損益処理を行っているが，自己資本に計上した企業も 3 割以上存在した。これに対して，11％ の企業

が貨幣・非貨幣法を採用し、これら企業はすべて換算差額を損益処理した。当該処理は1986年PCG連結会計原則における換算会計に合致したものである。

(2) D248-8条オプションの行使と潜在的為替利得の繰延処理

図表9-6によれば、1986年連結会計法適用デクレ以後のD248-8条オプションのg)の行使については、仏基準型のデ・ゾーおよびロレアルを除き、すべての企業が行使していた。特に、ペシネーは、当該規定ができる2年前の1984年度からすでに同様の処理（損益計上）を実施していた。また、ロレアルの連結貸借対照表のみに、個別計算書類で計上された外貨表示債権・債務の換算処理に係る「調整勘定」が見られた。

さらに、流動・非流動法あるいは貨幣・非貨幣法を採用した場合の潜在的為替利得の繰延処理については、一部の企業が実施しており、その企業が米国会計基準対応の連結計算書類を作成した企業である場合、この繰延処理は実施企業において米国会計基準の一部適用除外事項となっていた。

例えば、カルフールの1979年度の場合、慎重性の観点から、潜在的換算損失を損益計上する一方、換算利得は利益から除外し、これが米国基準の一部適用除外事項となった。

また、ペシネー（PUK）の1976年度の場合、「外貨表示長・中期債権・債務（グループ各社の計算書類で確認されるものと計算書類の連結時にフラン換算により現れるもの）に係る為替利得・損失は、為替変動引当金繰入により繰り延べられ、15年つまりグループの長期借入の平均年数にわたり償却されている。これら措置は、CNCのドクトリンに従ったものであり、貸借対照表の非貨幣項目（特に固定資産）の再評価がなければ、未実現為替損失・利得の介在により成果の意義に影響を与えないことを可能にする。したがって、長期債権・債務に係る為替差額および換算差額を、発生した当期の損益として計上することを定めた現行米国会計基準（1975年10月のFASB第8号）の適用を行わなかった」（1976年度年次報告書の「計算書類および注釈」、p. 18）。

さらに、ローヌ・プーランクの1973年度の場合、「フランス会社の外貨建取引および外国会社の固定資産以外の項目は年度末に決算日レートでフラン

ス・フランに換算している。換算利得と損失を相殺して，正味の損失が生じた場合には経営費用に計上し，利得が生じた場合には，貸借対照表の貸方に計上して繰り延べている」(1973年度「連結財務データ」, p. 6)。

　ここから，国際的基準対応の企業であっても，潜在的為替利得の損益計上に関しては，その未実現性に配慮して，実務上，慎重な処理を実施する企業が見られたことがわかる。

[注]
(1)　1979年1月16日付国家会計審議会意見書第16号「決算日における外貨表示債権・債務の会計処理（Comptabilisation des créances et des dettes libellées en monnaies étrangères à la date de l'arrêté des comptes)」。同意見書は「貨幣・非貨幣法」を採用し，その内容はほぼそのまま1982年PCGに採用された。詳細については，大下（2003a, 98-102頁）を参照されたい。
(2)　1970年に，国家会計審議会（CNC）と企業財務研究委員会（CEFE）の共同研究グループは，決算日レート法を勧奨する一方，場合によりその他の代替的な方法として貨幣・非貨幣法の容認を提案する意見を表明した（野村, 1976, 115頁）。また，CNCは，1975年の改正草案を経て1978年11月「貸借対照表および成果計算書の連結に関する報告書案（Projet de rapport sur la consolidation des bilans et des résultats)」を公表した。当該報告書案は1968年CNC連結報告書・勧告書の改訂に係るものであり，そこでの換算方法は，当時の米国基準などの国際的基準との調和を考慮して，「貨幣・非貨幣法」を採用したが，「決算日レート法」も容認していた。
(3)　「慎重性の原則」が会計基準に明確に規定されたのは1982年PCGからである。1957年PCGには一般原則が明確にされていなかったが，事実上，「慎重性の原則」は存在していたものと見られる。
(4)　フランスの経済成長率は1959～1973年に平均5.5%を記録し，輸入はたえず増大する傾向にある一方，高率のインフレーション（フラン価値の低下）が進行した。1969年8月に11.1%のフラン切り下げを発表したが，この切り下げの効果は1970年代の高インフレにより失われていった。1974～1980年の年平均インフレ率は11.2%を記録した。同期間の西ドイツの平均が4.5%であったことを考えれば，フランスのインフレ率がいかに高い水準にあったかがわかる。
(5)　1978年CNC連結会計報告書案の内容は，大下（2003b, 19-20頁）を参照されたい。

第 10 章

税効果会計の標準化と連単分離

　本章では，税効果会計を取り上げ，連結会計次元の税効果会計は個別会計次元と切り離され，国際会計基準と調和した形でオン・バランス処理を採用してきたこと，および繰延税金資産の計上を厳しく制限してきたことを，明らかにしたい。

1. フランスにおける税効果会計の変遷

(1) 税効果会計の適用方式と会計方法

　一般に，税効果会計の適用方式としては，まず，「オフ・バランス情報」による方式が考えられる。当該方式は，税効果に関する情報を注記・附属明細書等で提供することに限定する方式である。

　これに対して，税効果を繰延税金資産または繰延税金負債として貸借対照表に計上し，関連情報を注記・附属明細書等で提供する「オン・バランス処理」による方式がある。

　他方，税効果の認識・測定の方法（本章では「税効果会計の方法」と呼ぶ）には，損益計算書アプローチに基づく「繰延法」および「損益計算書負債法」（P/L負債法），ならびに貸借対照表アプローチに基づく「貸借対照表負債法」（B/S負債法）がある。

　まず，税効果の差異の把握方法（税効果の認識）に関して，損益計算書アプローチと貸借対照表アプローチがある。損益計算書アプローチは，「期間差異（différences temporaires）」と呼ばれる会計利益と課税利益との差異に基

づき税効果を認識する。当該アプローチは，期間差異が発生した当期の損益計算書における税引前利益と税金費用との期間対応に重点を置いたものである。

これに対して，貸借対照表アプローチは，「一時差異（différences temporelles）」と呼ばれる財務会計上の資産・負債の価額と税務会計上の資産・負債の価額との差異に基づき繰延税金を認識する。税務上の資産・負債の価額と財務会計上の資産・負債の価額との差異は，会社財産からの資産の流出時または負債の決済時に会計利益と課税利益との間に差異を生み出す。当該アプローチは将来のキャッシュ・フローの予測を重視し，将来の税額の増加または減少を表す金額を繰延税金負債または繰延税金資産として貸借対照表に計上するものである。

すべての期間差異は一時差異であるが，一時差異は期間差異より範囲が広い。例えば，日本におけるその他有価証券の評価差額金のように，時価評価にともない損益計算書を経由しないで直接純資産に計上される項目（税務会計は原価評価）は，損益計算書アプローチの期間差異からは把握できず，貸借対照表アプローチの一時差異によって初めて把握可能となる。

次に，把握された期間差異または一時差異に対して，いかなる税率を乗じて税金額を算定するのかという税効果の測定の観点からは，主要な方法として「繰延法」，「損益計算書負債法」および「貸借対照表負債法」がある。「繰延法」と「損益計算書負債法」の2つの方法は損益計算書アプローチの期間差異に基づく方法であるが，前者の方法が当該年度末の税法・税率を用い，その後に税率等が改正されてもその変化を反映させない方法であるのに対して，後者の方法はその後の税率等の改正を反映させて再計算する方法である。

フランスでは，「繰延法」は「定額繰延法（méthode du report fixe）」と呼ばれ，「損益計算書負債法」は「変額繰延法（méthode du report variable）」と呼ばれる。

これに対して，「貸借対照表負債法」は貸借対照表アプローチの一時差異に基づき，税率改正等を反映させて再計算する方法である。

(2) 税効果会計の変遷
① 税効果会計の適用方式

税効果会計はフランス固有の会計手法ではなく，1960年代末から1980年代に導入されたアングロ・サクソン的会計手法である。フランスでは一般に会計実務は税務規則に従った会計処理が行われる傾向があり，財務会計と税務会計の間での繰延税金を生み出す差異は小さいと見られてきた（Bussac, 1983, p. 126）。

また，フランスでは，従来から，個別計算書類における所得税の処理に関しては，国家に対する租税債務の確定した年度要支払額が計上されるべきものと考えられていた。図表10-1は1990年代半ばまでのフランスにおける税効果会計の制度化，適用方式およびその会計方法の変遷をまとめたものである。

これによれば，フランスにおいて，税金の処理に初めて公式に言及したのは，1968年の国家会計審議会（CNC）連結報告書・勧告書であった。当該報告書・勧告書は，連結計算書類の作成において，内部取引の消去に係る税金の再処理（税効果のオン・バランス処理）に言及した。

その後，連結会計次元では，1985年連結会計法（1月3日法律第85-11号）

図表10-1　フランスにおける税効果会計の変遷（1990年代前半まで）

法令・勧告書・意見書等	個別計算書類	連結計算書類
	適用方式（税効果会計の方法）	適用方式（税効果会計の方法）
1968年CNC連結報告書・勧告書	―	オン・バランス処理（言及なし）
1971年COB勧告書	税金関連の情報（言及なし）	―
1982年PCG	オフ・バランス情報（言及なし）	―
1983年調和化法適用デクレ	オフ・バランス情報（言及なし）	―
1986年連結会計法適用デクレ	―	オン・バランス処理（言及なし）
1986年PCG連結会計原則	―	オン・バランス処理（繰延法とP/L負債法）
1987年OECCA勧告書	オン・バランス処理（P/L負債法）	オン・バランス処理（P/L負債法）
1990年CNC文書第91号	―	オン・バランス処理（繰延法とP/L負債法（望ましい方法））

（筆者作成）

による連結会計の法制度化にともない，1986年連結会計法適用デクレ（1986年2月17日デクレ第86-221号）が税効果会計のオン・バランス処理を定めた。さらに，1986年PCG連結会計原則もオン・バランス処理を定めた。したがって，連結計算書類に対する税効果会計の適用は常にオン・バランス処理の形で行われた。

これに対して，個別会計次元では，1971年の証券取引委員会（COB）の勧告書が上場企業における税効果関連の情報に言及した初めての公式見解である。その後，1982年プラン・コンタブル・ジェネラル（PCG）と1983年調和化法（1983年4月30日法律第83-353号）の適用デクレ（1983年11月29日デクレ第83-1020号）が，個別計算書類において税効果会計を制度的に導入した。しかし，これらは一貫してオフ・バランス情報の形での適用であった。個別計算書類におけるオン・バランス処理を勧告したのは1987年の専門会計士・認許会計士協会（OECCA）勧告書であった。

② 税効果会計の方法

税効果会計の方法に関して，具体的な方法を示したのは，1986年PCG連結会計原則である。この中では，繰延法および損益計算書負債法（P/L負債法）の2つの方法が示され，いずれを選択するかは企業の判断に委ねられた。

その後，1987年OECCA勧告書はP/L負債法を唯一の方法として勧告したが，CNCはその1990年の文書第91号において，PCG連結会計原則における繰延法およびP/L負債法の併用システムを維持しながら，P/L負債法を望ましい方法と位置づけた。

以上のように，個別計算書類における税効果会計の制度化は，一貫してオフ・バランス情報としてのものであり，また，具体的な方法については示されなかった。唯一，1987年OECCA勧告書がP/L負債法でのオン・バランス処理を勧告しただけであった。

これに対して，連結計算書類における税効果会計の適用は，当初は内部取引の消去に係るものに限定されていたとはいえ，1960年代末からオン・バランス処理によるものであった。また，具体的な方法としては1980年代半ばより，P/L負債法を望ましい方法としつつも，繰延法とP/L負債法の併

用システムが採用・維持されてきた。

2. 個別計算書類における税効果会計の導入

(1) オフ・バランス情報による制度化
① 1971年COB勧告書
　証券取引委員会（COB）は，上場会社に対する勧告書「通常株主総会時の情報」（1971年12月）において，株主・投資者の情報ニーズの観点から「一定の貸方項目の潜在的な税負担」および「会計利益と課税利益との乖離の説明とその税額の計算」に関する情報を，決算書本体ではなくその補足情報，つまりオフ・バランス情報として提供すべきことを勧告した（大下，1998，404，515頁）。

　この場合の「一定の貸方項目の潜在的な税負担」とは，税法上の法定引当金の設定と将来の義務的戻入等にともなう潜在的な税負担に関するものである。

② 1982年PCG
　1980年代に入ると，1982年PCGが，EC会社法指令第4号の国内法化に係る1983年調和化法および同法適用デクレの措置を先取りした形で，オフ・バランス情報による税効果会計を導入した。

　1982年PCGは，個別計算書類における所得税に関して，1）経常利益と特別利益との間での所得税総額の振り分け（貸借対照表および成果計算書に関する情報の補足第17項），2）税務上の軽減措置を得る目的で会計原則に定める評価方法から離脱する場合の成果に対する影響額（当該評価が将来の租税費用に無視しえない影響を及ぼす場合に記載が必要となる）（第19項），3）収益または費用に関する税制度上の処理と会計上の処理との間における時間的差異から生ずる「繰延税金の債務および債権（dettes et créances d'impôts différés）」の額（第20項）を，注記・附属明細書に記載すべき情報として定めた（CNC, 1986, p. II. 75, 中村ほか訳，1984，140頁）。

③ 1983年調和化法適用デクレ

その後，1983年調和化法適用デクレ（11月29日デクレ）が，個別計算書類において，オフ・バランス情報の形で税効果会計を法制度化した。同デクレ第24条第24号は，「収益または費用に関する税制度上の処理と会計上の処理との間における時間的差異から生ずる将来租税債務の増加・減少の記載，およびその実現が偶発的で金額が異常に多額の場合のそれら金額」を，注記・附属明細書に記載すべきことを義務づけた。

上記の規定はEC会社法指令第4号の規定を受けたものであるが，EC会社法指令第4号第43条第1項(11)は，「当該金額はまた適切な見出しをともなう別個の項目のもとで，累計額として貸借対照表に開示することができる。」として，オン・バランス処理を加盟国の選択権として認めていた。しかし，フランスは当該選択権を行使しなかった。

(2) 1987年OECCA勧告書におけるオン・バランス処理

1987年2月に，専門会計士・認許会計士協会（OECCA）の高等審議会は，税効果会計に関する勧告書（1.20）「所得税の会計」を公表した（OECCA, 1987, pp. 10-12）。当該勧告書は2年間にわたる研究の成果であり，法的強制力を有しないものの，そのポイントは個別計算書類におけるオン・バランス処理を勧告した点，国際的な会計基準に調和した税効果会計の方法を勧告した点の2点にある。OECCAは，当時の制度下でも個別計算書類におけるオン・バランス処理は可能であり，場合によってはオン・バランス処理すべきであると考えていたのである。

税効果会計の方法については，慎重性の原則の観点から繰延法を排除し（Mémento Pratique Francis Lefebvre, 1995, p. 778），損益計算書アプローチに基づくP/L負債法の採用を勧告した（OECCA, 1987, pp. 10-12）。同一年度に解消が見込まれる借方繰延税金と貸方繰延税金はこれを相殺し，繰延税金貸方純残高（繰延税金負債）は繰延税金費用××／繰延税金引当金××，の処理により引当金（危険・費用引当金）を設定するものとした。

これに対して，繰延税金借方純残高（繰延税金資産）については，期間差異と繰越欠損金とを区別し，期間差異から生ずる繰延税金資産は，慎重性の

観点からのみ貸借対照表に計上でき，繰越欠損金から生ずる純繰延税金資産は例外的な形でのみ計上を認めた。

いかなる条件が整えば慎重であるのかは明らかでないが，繰延税金資産の計上は，慎重性の観点から問題がない場合にのみ計上でき，また，繰越欠損金の税効果は原則的には計上禁止されていると解される。借方純残高は，繰延税金（借方調整勘定）××／繰延税金収益××，の処理を行う。以上の繰延税金借方純残高の取り扱いは，年次（個別）計算書類と連結計算書類とで同一である。また，注記・附属明細書には，繰延税金資産と繰延税金負債との相殺，税務上の繰越欠損金に関する情報等の提供が求められた（大下, 2000a, 48-50頁）。

3. 個別計算書類におけるオン・バランス処理の可能性

(1) 商法典の会計規定

1983年調和化法により，商法典には個別計算書類の評価方法関連規定として，第12条現行商法典L 123-18条に取得原価基準，第13条現行商法典L 123-19条に総額主義と期首貸借対照表不変性，第14条現行商法典L 123-20条に慎重性の原則，第15条現行商法典L 123-21条に実現基準の規定が設けられた。税効果会計のオン・バランス処理に関しては，特に第14条と第15条が重要である。

第14条では「年次計算書類は慎重性の原則を遵守しなければならない。」，第15条では「年次計算書類には決算日において実現している利益のみを計上することができる。」と定められた。また，第9条第2項によれば「成果計算書は，収入または支出の日にとらわれず，当期の収益および費用を記載する。」とされた。1982年PCGにも同様の規定が導入された。

損益計算書アプローチに基づく税効果会計のオン・バランス処理は，商法典の第9条第2項の「費用収益対応の原則」から正当化されるが，一定の期間差異の場合には，第14条の慎重性の原則と第15条の実現基準から見て問題なしとはいえない。

期間差異の生ずるケースとしては，①会計上未計上だが税務上損金算入された費用，②会計上未計上だが税務上益金算入された収益，③会計上計上済みだが税務上損金未算入の費用，および④会計上計上済みだが税務上益金未算入の収益，の4つのケースがある[1]。

(2)　期間差異を生ずる4つのケースとオン・バランス処理の可能性
①　会計上未計上だが税務上損金算入された費用
　この場合の費用は，会計上未計上であるが，税務上は損金算入されて実際に税金を減らしている。つまり，税務上，当該費用の課税は当期にすでに実現ずみであるといえる。この実際に減少した税金部分を将来における当該費用の会計上の計上（会計利益への算入による利益減額）に対応させて，会計上，当期の税金減少から将来の税金減少になるように当該税金減少額を繰り延べる。そのため，会計上は，繰延税金費用××／繰延税金負債××，のオン・バランス処理をして，P/L上の当期の税額を増加させ，B/S上繰延税金負債を計上するのである。

　このように，会計上は未計上だが税務上は損金算入した費用のケースにオン・バランス処理を行うのは，商法典第9条第2項に定める費用収益対応の原則の観点から可能であると見られる（Mémento Pratique Francis Lefebvre, 1990, p. 770）。このケースの主要な例として，繰延費用，割当費用，固定資産または棚卸資産の原価に算入されない財務費用などが挙げられる[2]。

②　会計上未計上だが税務上益金算入された収益
　この場合の収益は，会計上未計上であるが，税務上は益金算入されて実際に税金を増やしている。つまり，税務上，当該収益の課税は当期にすでに実現ずみであるといえる。この実際に増加した税金部分を将来における当該収益の会計上の計上（会計利益への算入による利益増額）に対応させて，会計上，当期の税金増加から将来の税金増加になるように当該税金増加額を繰り延べる。そのため，会計上は，繰延税金資産××／繰延税金収益××，のオン・バランス処理をして，P/L上の当期の税額を減少させ，B/S上繰延税金資産を計上するのである。

このように，会計上は未計上だが税務上は益金算入した収益のケースにオン・バランス処理を行うのは，繰延費用等の費用の繰延べと同様に，商法典第9条第2項に定める費用収益対応の原則の観点から可能であると見られる（Mémento Pratique Francis Lefebvre, 1990, p. 770）。このケースの主要な例として，潜在的換算利得などが挙げられる[3]。

③　会計上計上済みだが税務上損金未算入の費用

　この場合の費用は，会計上費用に計上されているが，税務上は損金未算入である。実際に税金を減らすのは，将来に税務上損金算入される年度である。そこで，費用収益対応の原則の観点から，当該費用の将来の損金算入による税金減少額を費用計上済みの当期の会計上の利益に対応させるために，繰延税金資産××／繰延税金収益××，のオン・バランス処理をしてP/L上の当期の税額を減少させるとともに，B/S上繰延税金資産を計上するのである。当該繰延税金資産は当該費用の将来の損金算入による税金減少の効果を資産として認識したものとなる。

　しかしこの場合，税務上，当該費用の課税は当期末時点では未実現であるといえる。しかも，税務上将来の年度に当該費用が損金算入されて実際に税金を減らすか否かは，当該将来年度に十分な黒字の利益があるという条件付きである。そのため，将来の税金を減らす効果を当期末時点で繰延税金資産として認識することは，未実現の収益を認識することと同一になる。この点が，商法典第15条に定める実現基準および第14条の慎重性の原則の観点から議論となる。

　このケースの主要な例として，税務上非容認の退職給付引当金およびその他の引当金，旧制度の有給休暇引当金，従業員参加額，繰り延べられたと見なされる減価償却費部分，長期譲渡損失（長期譲渡益から減少させる可能性が高い場合）等が挙げられる[4]。税務上の繰越欠損金もこれら期間差異と同様に取り扱われる。

④　会計上計上済みだが税務上益金未算入の収益

　この場合の収益は，会計上収益に計上されているが，税務上は益金未算入

である。実際に税金を増やすのは，将来に税務上益金算入される年度である。そこで，費用収益対応の原則の観点から，当該収益の将来の益金算入による税金増加額を収益計上済みの当期の会計上の利益に対応させるために，繰延税金費用××／繰延税金負債××，のオン・バランス処理をしてP/L上の当期の税額を増加させるとともに，B/S上繰延税金負債を計上するのである。当該繰延税金負債は当該収益の将来の益金算入による税金増加の効果を負債として認識したものとなる。

しかしこの場合も③のケースと同様，税務上，当該収益の課税は当期末時点では未実現である。税務上将来の年度で当該収益が益金算入されて，実際に税金を増やすかどうかは，当該将来年度が少なくとも当該益金を加算すると黒字になるという条件付きである。したがって，③のケースと同様の問題が生ずるが，このケースでは，このような潜在的な税金の増加（将来のリスク・費用）に備えることは，商法典第14条の慎重性の原則の観点から支持されると思われる。むしろ，当該原則からはオン・バランス処理が望ましいといえる。このケースの主要な例としては，課税延期された譲渡増価・合併増価，長期請負工事に係る工事進行基準による部分的利益，投資助成金等が挙げられる[5]。

(3) 繰延税金資産の計上可能性

以上の検討結果を表にまとめたものが図表10-2である。期間差異を生み出しうる①〜④の4つのケースのうち，③のケースを除き，個別・連結にかかわらず，費用収益対応の考え方と慎重性の原則から税効果会計のオン・バランス処理は可能であると思われる。見解が分かれるのは③のケースである。

図表10-2 期間差異の生ずる4つのケースとB/S計上の可能性

ケース	課税関係	費用収益対応	実現基準	慎重性の原則	B/S計上の可否
① （費用）	課税済（当期税金減少）	○	—	—	○
② （収益）	課税済（当期税金増加）	○	—	—	○
③ （費用）	課税未済（将来税金減少）	○	×	×	×
④ （収益）	課税未済（将来税金増加）	○	×	○	○

（筆者作成）

当該ケースにおける繰延税金資産××／繰延税金収益××のオン・バランス処理は，未実現の税効果（未実現収益）を当期に認識し繰延税金資産を計上する処理なので，商法典第15条の実現基準に抵触する可能性があると考えられる。また，第14条の慎重性の原則の観点からも批判される。特に，税務上の繰越欠損金の税効果に係る繰延税金資産の計上は，将来の税金を減らす可能性に大きな疑義が見られ，無条件に容認すべきではないと考えられた。

　他方，当時のフランスには，税務上の欠損金に関して，繰戻制度（租税一般法第220条 quinquies）と繰越制度があり，これを活用すると，税務上の欠損金は過去3年度に遡って非分配・課税済み利益から減算することができるとともに，将来5年度にわたって課税所得から控除することができた。この点を考慮すれば，オン・バランスも不可能な処理ではない（Mémento Pratique Francis Lefebvre, 1990, p. 771）。

　前出のEC会社法指令第4号は計上選択権を付与していたが，フランスはこれを行使せず，オフ・バランス情報による制度化にとどまったが，商法典に定める実現基準および慎重性の原則への抵触の可能性が大きく影響したことは，明らかである。

　また，1987年OECCA勧告書では，個別計算書類における税効果会計のオン・バランス処理が勧告されたが，この抵触の懸念は，繰延税金資産の厳格な計上制限，繰越欠損金に係る繰延税金資産の計上原則禁止といった点にも表れている。一般には，1987年OECCA勧告書の公表以降，個別計算書類における税効果会計のオン・バランス処理は企業の任意で実施可能であると考えられた。しかし，実際に実施する企業は極めて少なく（Mémento Pratique Francis Lefebvre, 2008, p. 1134），ダノン（旧BSN）等一部の企業に限られていた。

4. 連結計算書類における税効果会計の導入

(1) オン・バランス処理による制度化

連結計算書類における税効果会計は，当初からオン・バランス処理によるものであった。以下，連結計算書類における税効果会計の制度的変遷を見てみたい。

① 1968年CNC連結報告書・勧告書

1968年CNC連結報告書・勧告書は，連結計算書類における内部取引の消去に関連して税金の再処理に言及した（CNC, 1973, p. 45）。同報告書・勧告書には，内部取引の消去に係る再処理にともない，調整勘定××／税金××，または税金××／引当金（将来税金）××，のオン・バランス処理が示された（CNC, 1973, pp. 48-49）。これら税効果に関する情報は，注記情報としても提供される（CNC, 1973, p. 61）。

② 連結会計法の適用に係る1986年2月17日デクレ

税効果会計の全面適用とそのオン・バランス処理を定めたのは，1986年連結会計法適用デクレ（1986年2月17日デクレ）である。当該デクレ第1条（1967年3月23日デクレ第248-11条に収容）は，以下の1)～3)から生ずる繰延税金は連結貸借対照表および連結成果計算書に計上されると規定し，連結会計上，オン・バランス処理の形での税効果会計の適用を義務づけた。

1) 収益・費用の会計上の認識時と次期以降での課税利益へのその算入時との間の期間差異。
2) デクレ第248-6条に課せられる調整と除去，同条c)に定める再処理および同デクレ第248-8条に定める評価規則の適用により生ずる再処理。
3) 将来の課税利益を減少させる可能性が高い（probable）限りにおける連結対象企業の欠損金の繰越。

税務上の繰越欠損金は，それが将来の課税利益を減少させる可能性が高い

限りにおいて税効果を認識することが強調された。したがって，当該可能性の高くない場合には，繰延税金資産の計上は認められない。

さらに，同デクレ第1条（1967年3月23日デクレ第248-12条に収容）は，連結計算書類の注記・附属明細書に記載すべき情報として，「連結貸借対照表および連結成果計算書に別々に表示されていない場合の繰延税金の額および当期中における当該金額の変動に関する情報」（第15号）を定めた。これら一連の規定は，連結計算書類に係るEC会社法指令第7号により導入されたものである。

③ 1986年PCG連結会計原則

1） 繰延法と損益計算書負債法の併用

1986年PCG連結会計原則の第25項「繰延税金（impôsitions différées）」によれば，税効果の認識・測定方法に関して，損益計算書アプローチに基づく「繰延法」と「損益計算書負債法」の2つの方法が提示された。企業はこの2つの方法のうちいずれか1つの方法を選択することができるが，採用した方法は連結企業に統一的・継続的に適用され，注記・附属明細書に記載される（大下, 2000a, 46-48頁）。

2） 税務上の繰越欠損金

税務上の繰越欠損金の税効果は，それが将来の課税利益を減少させる可能性が高いときに限って，これを計上することができる。この可能性は，繰延税金の金額の大きさとそれらの控除可能性の時間的な制限を考慮して評価されねばならない。

「控除の可能性が高い」という性質は慎重に評価されねばならない。慎重性は，とりわけ税務上の欠損金から生ずる繰延税金がしかるべき限度まで繰延税金負債から控除できるとき，これら欠損金がまったく例外的であり非反復的な損失から生ずるとき，将来企業が利益の状況にあるという非常に強い確実性（très forte probabilité）が存在するときに確保される。可能性の評価は，予測計算書に基づき欠損金の繰越期間（5年）を考慮して，これを慎重に行わねばならない。

3） 繰延税務状況の検討

借方繰延税金と貸方繰延税金は，一般に，同一の税率で計算されかつ短期的に解消するものの間で各企業レベルで相殺できる。また，企業が税務上赤字である場合，純繰延税金残高は，当該企業が将来黒字になることが予想される限りにおいてのみ連結貸借対照表に計上できる。

4) 連結計算書類における繰延税金の表示

繰延税金の借方残高（繰延税金資産）または貸方残高（繰延税金負債）は，税金の費用または控除と同様に，重要性のある場合には貸借対照表および成果計算書上別個に表示される。繰延税金の貸方残高は税金引当金に直接充当される。

以上の繰延法と損益計算書負債法の併用システムは，1979年国際会計基準（IAS）第12号「法人税等の会計（accounting for taxes on income）」に調和したものである。また，前出1986年連結会計法適用デクレの規定と同様に，税務上の繰越欠損金に係る税効果の認識に対して非常に慎重な姿勢を示しており，繰延税金負債が存在する場合にはこれから控除すること，欠損金がまったく例外的・非反復的な性質のものであること，近い将来業績が好転して利益を生ずるという非常に強い確実性があるという諸条件を課して，繰延税金資産の計上を大きく制限した。

④ 1990年CNC文書第91号における税効果会計の方法

1990年に，国家会計審議会（CNC）の連結計算書類委員会（Commission des comptes consolidés）は，1986年PCG連結会計原則の改正作業の中で，繰延税金に関する文書第91号「連結計算書類の方法論に関する検討報告書——繰延税金」（CNC, 1990b）を公表した。

この1990年CNC文書の提示する税効果会計の方法は基本的には前出1986年PCG連結会計原則における税効果会計の方法を基礎としている（大下, 2000b, 45-49頁）。

1) 一般原則

1990年CNC文書第91号では，まず，繰延税金資産の純残高は将来の課税利益を減少させることによりその回収可能性が予想しうる場合にのみ計上され，繰延税金負債純残高は関係企業が税務上赤字でありかつその将来の課

税利益からの減額の可能性が低い多額の税務上の繰越欠損金を有する場合には認識しないことができるという一般原則が示された。

2) 併用システムの維持と損益計算書負債法の優先

1990 年 CNC 文書第 91 号は，1986 年 PCG 連結会計原則の併用システムを維持した上で，損益計算書負債法を優先的方法と位置づけた。

3) 税務上の繰越欠損金

税務上の繰越欠損金の税効果については，将来の課税利益を減少させる「可能性が高い」ときに限って，あるいは繰延税金負債からの控除がその期間を考慮して可能であるときにのみ税効果を認識できる。これは 1986 年 PCG 連結会計原則の取り扱いと同様である。

「可能性が高い」という性質は，「極めて慎重（extrême prudence）」に評価しなければならず，1986 年 PCG 連結会計原則の「慎重に（avec prudence）」という表現をさらに強めている。この慎重性は，欠損金がまったく例外的かつ非反復的な損失から生ずるとき，企業が「非常に短期的（très court terme）」に利益の状況になるという「非常に強い確実性（très forte probabilité）」が存在するときに確保され，回収可能性の短期的性質がより一層強調された。

4) 連結計算書類における繰延税金の表示

1990 年 CNC 文書は 1986 年 PCG 連結会計原則の取り扱いに加えて，繰延税金に関して注記・附属明細書において提供すべき情報として，連結において繰延税金の会計処理のために用いた方法（繰延法，損益計算書負債法など），繰延税金引当金の変動額，当期税金費用および繰延税金費用の額，繰延税金額の計算上考慮されなかった繰越欠損金の残高と変動額および繰越しの可能性の情報を明確にした。

このように，1990 年 CNC 文書第 91 号は 1986 年 PCG 連結会計原則の繰延法・損益計算書負債法併用システムを維持しながら，損益計算書負債法を優先的方法とすることで，1987 年 OECCA 勧告書との整合性を確保し，1979 年 IAS 第 12 号にも調和していた。つまり，連結会計次元の税効果会計は国際的な基準との調和をも視野に入れたものだったのである。

(2) オン・バランス処理の法的位置づけとD 248-8 条オプション

以上のとおり，連結会計次元では，1968 年 CNC 連結報告書・勧告書が内部取引の消去に係る税効果の処理を示して以降，常にオン・バランス処理が行われてきた。一般に，連結計算書類は，個別計算書類とは異なり，分配可能利益算定の側面に係る法的・税務的制約を離れて，第一義的に株主・投資者にとっての投資情報の観点から企業の経済的実態を明らかにする役割を課せられているからである。

既述のとおり，EC 会社法指令第 4 号は個別計算書類におけるオン・バランス処理の選択権を規定していた。また，EC 会社法指令第 7 号は連結計算書類におけるオン・バランス処理を義務づけた。フランスは，当該 EC 会社法指令第 7 号の国内法化に際して，連結計算書類において個別会計次元とは異なる形で税効果会計を制度化した。

EC 会社法指令第 7 号の国内法化に係る 1986 年連結会計法適用デクレ第 1 条により設置された D 248-8 条オプション（1967 年 3 月 23 日デクレ第 248-8 条に規定）は，連結計算書類作成上追加的に使用できる評価方法を容認した。

すなわち，既述のとおり，D 248-8 条オプションは個別計算書類の作成に係る商法典第 12 条から第 15 条までの評価規定にかかわりなく，ファイナンス・リース取引のオン・バランス処理や外貨表示債権・債務の換算差額の損益計上など，個別会計次元では認められない処理を連結計算書類の作成上可能な処理として容認している。したがって，リース取引のオン・バランス処理等の D 248-8 条オプションは，個別計算書類上は認められないが，連結計算書類上選択すれば実施可能な処理である。

連結会計次元の税効果会計のオン・バランス処理（1967 年 3 月 23 日デクレ第 248-11 条に規定）は D 248-8 条オプションとしての処理ではない。したがって，連結会計次元の税効果会計のオン・バランス処理は本書の第 8 章および第 9 章で取り上げたリース取引の資本化処理および外貨表示債権・債務の換算差額の損益計上とは法的位置づけが異なり，個別会計次元では認められない処理ではないと解される。

5. 連結計算書類における繰延税金資産の計上制限

(1) 繰延税金資産の計上の厳格な制限

　連結計算書類は商法典の第12条から第15条に定める会計規定に従い作成することとされており，連結会計次元の税効果会計のオン・バランス処理はこれら商法典の規定に抵触するものではないと考えられる。このことは，個別会計次元のオン・バランス処理も可能であることを意味する。

　しかし，前述のとおり，繰延税金資産の計上は商法典第15条の実現基準および第14条の慎重性の原則の観点から慎重に判断されており，個別計算書類における税効果会計は，オフ・バランス情報の形での制度化にとどまっている。この問題は，連結計算書類のオン・バランス処理における繰延税金資産の計上制限にも反映されている。すなわち，当該資産の計上を「実現の可能性が極めて高い」ものに限定している点である。

　連結計算書類において，オン・バランス処理に基づく税効果会計の制度化は，ケースによっては商法典第15条の実現基準の緩和的適用に帰結するおそれがある。フランスでは，繰延税金資産の計上を実現可能性の高いものに限定し，可能性の評価を慎重に行うことで当該問題の発生を回避しようとした。すなわち，繰延税金資産の計上を厳しく制限することで，実現の可能性が極めて高いものと考えられるのである。この点を繰延税金資産・負債の計上スタンスの面から具体的に見てみたい。

(2) 期間差異に係る繰延税金資産・負債の計上スタンス

　図表10-3は期間差異に係る繰延税金資産・負債の計上スタンスを，1979年IAS第12号を基準に比較したものである。

　1979年IAS第12号によれば，税効果会計はすべての期間差異に対して適用されなければならない（IASC, 1979, par. 43）。ただし，特定の期間差異が将来の相当の期間内（少なくとも3年間）に解消しないと判断される合理的根拠がある場合には，当該期間差異に係る税効果を除外することができる（IASC, 1979, par. 43）。

図表 10-3　期間差異に係る繰延税金資産・負債の計上スタンスの比較

	その実現が合理的に予期できる期間差異		相当の期間に解消しない合理的根拠がある期間差異	
	繰延税金資産	繰延税金負債	繰延税金資産	繰延税金負債
1986 年 PCG 連結会計原則	△	○	×	×
1987 年 OECCA 勧告書	△	○	×	△
1990 年 CNC 文書第 91 号	△	○	×	△
1979 年 IAS 第 12 号	○	○	△	△

○：計上強制，△：計上許容，×：計上禁止
(筆者作成)

　つまり 1979 年 IAS 第 12 号は，この一定の場合に繰延税金資産・負債を認識してもしなくてもよいが (計上許容)，その実現が合理的に予期できる場合には必ず計上しなければならず (計上強制)，原則は計上強制とする一方，他方では，計上しなくてもよい一定の条件を示すというスタンスをとっている。

　これに対して，フランスでは，繰延税金資産の純残高は，当該期間差異の解消により将来の課税利益を減少させる可能性が高い場合にのみ計上可能であり (計上許容)，その可能性が高くない場合には計上できない (計上禁止) と解される。つまり，原則は計上禁止とし，計上できる一定の条件を示すという 1979 年 IAS 第 12 号とは逆のスタンスをとっている。これにより，フランスは，繰延税金資産の計上に極めて慎重な姿勢をとっていたことがわかる。

　また，1990 年 CNC 文書第 91 号の場合，繰延税金負債の純残高は関係企業が税務上赤字でありかつその将来の課税利益を減少させる可能性が低い多額の税務上の繰越欠損金を有する場合には，認識しないことができるし認識することもできる (計上許容)。つまり，1990 年 CNC 文書第 91 号は，繰延税金資産と繰延税金負債とで計上スタンスを変えており，後者に比べて前者の計上を制限しているのが明らかである。

(3) 税務上の繰越欠損金に係る繰延税金資産の計上スタンス

図表 10-4 は，税務上の繰越欠損金に係る繰延税金資産の計上スタンスを図表 10-3 と同様に比較したものである。

1979 年 IAS 第 12 号によれば，税務上の繰越欠損金に係る税効果は，一定の場合を除き，それが実現する事業年度まで純利益の計算に算入してはならない（IASC, 1979, par. 47）。しかし，繰越欠損金の効果が実現するのに必要な将来の課税利益が十分に見込まれることが合理的に疑問の余地がない場合には，純利益の計算に含めることができる（IASC, 1979, par. 48）。上記の条件が満たされない場合には，繰延税金貸方純残高を限度に含めることができる。その場合の繰延税金の貸方残高は，当該繰越欠損金の税務上の効果が有効に使用されうる期間内に解消される，または解消されうるものでなければならない（IASC, 1979, par. 49）。

フランスにおいては，税務上の繰越欠損金に係る繰延税金資産は法令（1986 年 2 月 17 日デクレ）により計上が厳しく制限されており，1979 年 IAS 第 12 号と同様，慎重な計上スタンスをとっている。つまり，いずれも原則は禁止とし，計上可能な一定の条件を示すというスタンスを採用していたのである。

図表 10-4　税務上の繰越欠損金に係る繰延税金資産の計上スタンスの比較

	税務上の繰越欠損金に係る繰延税金資産		
	効果実現に必要な将来の課税利益が十分に見込まれることが合理的に疑問の余地がない	繰延税金負債残高に相当する額でかつ有効使用期間内に解消できるもの	それ以外のもの
1986 年 PCG 連結会計原則	△	△	×
1987 年 OECCA 勧告書	△	△	×
1990 年 CNC 文書第 91 号	△	△	×
1979 年 IAS 第 12 号	△	△	×

○：計上強制，△：計上許容，×：計上禁止
（筆者作成）

6. フランス企業グループにおける税効果会計の実務

(1) 企業における税効果会計の実務

図表 10-5 は,本書第 7 章で取り上げたフランス企業 13 グループについて,1970 年代から 1990 年代半ばの期間における税効果会計の実践の状況を示したものである。

① 個別計算書類における実践

図表 10-5 によれば,個別計算書類における税効果会計は,ダノン(旧 BSN)を除き,オフ・バランス処理であったことがわかる。唯一,ダノンは,

図表 10-5 フランス企業グループの税効果会計の処理(1970 年代~1990 年代半ば)

企業グループ	オン・バランス処理		繰延税金の計上	
	個別計算書類	連結計算書類	資　産	負　債
エール・リキッド	×	○	×	○(長期)
ダノン	○	○	×	○(長期)
カルフール	×	○	○(短期)1978 年~	○(長期)
CGE	×	○	○(短期)	○(表示不明)
デ・ゾー	×	○	×	○(表示不明)
ラファルジュ	×	○	×	○(長期)
ロレアル	×	○	×	○(表示不明)
LVMH	×	○	○(短期)1987 年~	○(長期)
ペシネー	×	○	×	○(長期)
プジョー	×	○	×	○(長期)
ローヌ・プーランク	×	○	○(短期)1973 年~	○(長期)
サン・ゴバン	×	○	×	○(長期)
トタル	×	○	×	○(長期)

「オン・バランス処理」における○:実施,×:非実施,「繰延税金の計上」における○:計上,×:非計上。CGE の繰延税金資産の計上年度は不明。
(各社の年次報告書に基づき筆者作成)

1970年代後半から，個別計算書類におけるオン・バランス処理を実施してきた。ただし，同社の場合，繰延税金負債を危険・費用引当金に計上したものであり，繰延税金資産の計上はない。

ダノンの1977年の個別貸借対照表の注記に繰延税金負債に関する記述が見られ，設備助成金に係る繰延税金および連結納税制度の適用による繰延税金に備えるため，繰延税金負債を繰延税金引当金として危険・費用引当金に含めて計上したことを明らかにしている（1977年度年次報告書，p. 28）。国・地方自治体等からの投資助成金は課税を繰り延べる措置をとっており，受取時にこれをいったん資本項目に含めるが，その後の年度において，当該助成金を用いて取得した固定資産が償却されるのに応じて，利益に戻し入れなければならない。また，連結納税制度の承認を得た場合，在外子会社の課税利益はフランスの税法に従って再計算される。

さらに，ダノンの1989年の個別決算の場合，「潜在的税務状況」が示され，個別貸借対照表の注記に繰延税金負債に関する記述が見られる。

② 連結計算書類における実践
1) 期間差異に係る繰延税金資産・負債の計上

図表10-5によれば，連結計算書類における税効果会計はすべてオン・バランス処理されたことがわかる。期間差異を生ずる主要原因としては，税務上の加速償却（特別償却），その他の法定引当金（価格騰貴引当金・在外企業設置引当金等），投資助成金，有給休暇引当金，内部取引の消去等の連結上の再処理等が挙げられる。

特別償却の場合，当該償却額は財務会計上正当な償却費とは判断されないが，税務上は損金計上される。財務会計上，法定引当金繰入（臨時費用）×× ／特別償却累計額（自己資本）××の処理を行い，特別償却累計額は将来的に利益に戻し入れなければならない。また，価格騰貴引当金等の税法規定の法定引当金は，法定引当金繰入（臨時費用）××／法定引当金（自己資本）××の処理を行い，将来的に利益に戻し入れる。

繰延税金の計上については，繰延税金資産はカルフール，CGE，LVMHおよびローヌ・プーランクの4企業グループが計上しており，繰延税金負債

は13企業グループすべてにおいて計上された。繰延税金資産残高と繰延税金負債残高が相殺されると，後者の金額が前者を上回ったことから，多くのケースで繰延税金負債純残高が生じた。これらを相殺しない場合には，繰延税金が資産側と負債側双方に表示された。いずれにおいても，繰延税金資産はすべて短期項目，繰延税金負債は長期項目として計上された。

繰延税金資産は借方「調整勘定」または独立した「繰延税金」勘定で計上され，繰延税金負債は「危険・費用引当金」の中に含めて計上されるか，貸方「繰延税金」勘定で計上された。

2) 税務上の繰越欠損金に係る繰延税金資産の計上

税務上の繰越欠損金に係る税効果については，一切認識しない企業（ロレアルおよびデ・ゾー）もあれば，赤字の場合には認識しない企業（サン・ゴバン）や回収可能性の高いものに限定して認識しこれを繰延税金負債から控除した企業（ペシネー，プジョー，ローヌ・プーランク等）もあり，その取り扱いはまちまちであった。全体としては，繰越欠損金に係る繰延税金資産を繰延税金負債から直接控除したケースが多い。

例えば，プジョーの1982年度の連結決算によれば，税務上の繰越欠損金に係る潜在的な税金節約は，これら欠損金の繰越期間にわたり期限の到来する繰延税金負債からその金額まで減額されている。1982年度にこのようにして認識された節約額は137千フランに上った（プジョー，1982年度年次報告書附属財務書類，p. 14）。

また，税務上の繰越欠損金の繰越期限を示すケースも見られた。例えば，LVMH（モエネシー）の1984年度の連結決算によれば，将来の課税利益を減算させるために利用できる一定の子会社の税務上の繰越欠損金は47,641千フランであり，1985年12月31日までは72千フラン，1986年12月31日までは2,496千フラン，1989年12月31日までは45,073千フランが繰越可能であった（モエネシー，1984年度年次報告書附属財務書類，p. 33）。

(2) 繰延税金資産の計上状況と実現概念の運用における連単分離

以上のとおり，図表10-5の企業グループの個別計算書類における税効果会計は，1企業を除き，すべてオフ・バランスであった。一般に，個別計算

書類における税効果のオン・バランス処理は極めて例外的な処理であり，この特徴はフランスにおいて一般に指摘されている（Mémento Pratique Francis Lefebvre, 2008, p. 1134)。

　唯一オン・バランス処理を実施していた企業はダノンである。しかし，同社の繰延税金は，負債の計上に限定されていた。繰延税金負債のオン・バランス処理は，慎重性の原則の観点から受け入れ可能な処理である。したがって，フランス企業の個別計算書類における繰延税金資産の計上は極めて稀であり，その計上が行われても例外的なものと位置づけられる。

　これに対して，13企業グループの連結計算書類における税効果会計はすべてオン・バランス処理であった。一般に，連結計算書類においては，当該処理が一般的な処理である。

　連結計算書類における繰延税金の計上に関しては，13企業グループすべてが繰延税金負債を計上していた。これは，フランス企業において一般的に見られる現象であり，フランス税法上の優遇措置，具体的には税法上の特別償却制度や各種引当金制度が多額の繰延税金負債を生み出す要因になっている。

　これに対して，連結計算書類における繰延税金資産の計上は13企業グループのうち4グループに限定された。この点から見れば，連結会計次元での繰延税金資産の計上は決して多くはないものの，極めて例外的なケースというわけでもない。しかも，ローヌ・プーランクは1973年度の連結決算から，カルフールは1978年度から繰延税金資産を計上していた。

　これらの連結計算書類における税効果会計の実践と繰延税金資産の計上状況からは，繰延税金資産の回収可能性を慎重に評価し，かつ短期のものが大部分とはいえ，事実上，実現可能性の高い未実現の収益（繰延税金収益）をオン・バランス処理する実践が見られたことがわかる。

　個別会計次元のオン・バランス処理は，事実上可能であるとされるが，実施する企業は極めて稀であり，繰延税金資産の計上は極めて例外的である。

　これに対して，連結会計次元のオン・バランス処理は，法制度上義務づけられたが，繰延税金資産の計上は極めて制限されている。しかし，事実上，繰延税金資産の計上は極めて例外的というわけではない。ここに，連結会計

次元における実現概念の拡張的適用を指摘することができる。このように，フランスにおける税効果会計は連単分離の形で標準化されてきたのである。

[注]
(1) これらついては，Mémento Pratique Francis Lefebvre（1990, pp. 770-774）および de la Villeguérin（1989, pp. 611-623）を参照。なお，「永久差異」は除外される。例えば，次のものが挙げられる。すなわち，レジャーとしての狩猟・釣りに係る費用およびレジャー用別荘・ヨット・ボート，観光用車両税などの税務上控除不能な租税公課，在外施設の損失，罰科金，公益の慈善団体への寄付・助成の限度超過額，社員の当座勘定の超過利息，観光用車両の取得価額に適用可能な税務限度額の超過額に対応する減価償却費部分，のれんの減価償却費。

(2) 繰延費用（charges différées）とは，その収益総額が判明している特殊な取引に関する費用で，当該年度中に記録されたが，将来の特定の製品に属すると見なされるものである（CNC, 1986, p. I. 23, 中村ほか訳, 1984, 15頁）。例えば，試運転費用，鉱床探査費，新製品または新製品群に結びついた広告費などがある。また，期間配分費用（charges étalées）には施設移転費，進出先選択の調査費用，主要な改良費または工場再組織費などがある。これら詳細は，Mémento Pratique Francis Lefebvre（1990, pp. 652-653）を参照。

さらに，会計上，固定資産の製造期間に係るものに限るという条件で，企業が自ら製造した固定資産の製造原価にその製造に係る借入資本の利息費用を含めることができ，同様の可能性は棚卸資産（個別会計では製造循環が営業年度を超過する場合に限定）に対しても認められている（1983年11月29日デクレ第7条2°およびCNC, 1986, pp. II. 6, II. 8, 中村ほか訳, 1984, 80, 88-89頁参照）。これに対して，税務上このような処理は認められない（旧租税一般法 A. III 第38条 nonies）。

(3) 外貨変動の影響を受ける資産項目・負債項目に関して，外貨表示の有形・無形固定資産は取引日の相場で，債権・債務は直近の為替相場に基づいて国内通貨に換算される。この場合の換算差額は，将来の調整を予期して経過勘定に次のように記入する。その差額が潜在的利得に相当する場合には，貸借対照表の負債の部（477「換算差額——貸方」勘定）に計上する。潜在的利得は成果として計上しない。これに対して，潜在的損失には危険（為替差損）引当金の設定をともなう（CNC, 1986, pp. II. 12-II. 14, 中村ほか訳, 1984, 86-88頁参照）。すなわち，会計上，外貨建債権・債務の年度末為替相場による換算の結果生ずる換算差額は，潜在的損失・利得と把握され，将来決済が行われるときに，実現損失・利得として処理されるのである。これに対して，税務上，換算差額は当該年度の課税利益に算入される（租税一般法第38条第4項）。詳細は，Mémento Pratique Francis Lefebvre（1990, pp. 534-536）を参照。なお，潜在的損失の場合，財務会計上の計算はこれに対して危険（為替差損）引当金の設定を伴うことから，結果的に税務会計上の計算と同一になる。

(4) 企業成長成果従業員参加額は，従業員が実際に働いたことにかかる当期成果決定の一要素である。それゆえ，会計上は従業員の権利の生じた年度の終了時点でこの参加額を確定すべきとされる。当該参加額はその存在の確実な負債であり，金額を十分正確に決定でき，未払費用の形態で確認される。通常，翌年度の株主総会の承認により当該負債は参加「特別積立金」項目に振り替えられる（CNC, 1986, pp. II. 128-130, 中村ほか訳, 1984, 175-177頁参照）。税務上，費用として控除可能になるのはこの時点であるため，参加額の計上に関して，会計上の認識と税務上の認識には一時的な乖離が生ずる（租税一般法第237条 bis A-II）。また，短期増価（2年未満の保有固定資産の譲渡により発生）の課税については，法人は選択により3年間に分割して課税を受けることができる（租税一般法第39条 quaterdecies-1）。

有給休暇に係る旧税制度においては，有給休暇手当はそれが実際に支払われた年度においてのみ税務上控除可能であった。なお，1987年12月31日に終了する年度から税務上も原則として会計処理した年度の費用として控除可能となった（租税一般法第39条第1項1° bis）（野村, 1990, 321-322頁を参照）。

また，税務上各年度末に，固定資産の取得または建設以降実施した減価償却額は，定額法に従い計算されかつ正常な使用期間に配分された減価償却の累計額を下回ることができない。当該義務に従っていない場合，企業はこのように繰り延べられた減価償却部分を控除する権利を失う。しかし欠損年度に正規に会計記入され繰り延べられたと見なされる減価償却（amortissements régulièrement comptabilisés mais réputés différés）は第39条第1項2°に定める減価償却と同じ資格で費用に算入される（租税一般法第39条B）。つまり，次期以降の成果（繰越欠損金および正常な減価償却費を控除した後の成果）から無期限で（繰越欠損金の5年の繰越制限と関係なく）控除される。これを繰り延べられた減価償却費部分という。

さらに，税務上，長期譲渡減価は2年以上保有していた非償却資産の譲渡により生ずるものであり，同一年度の長期譲渡増価控除後の純長期譲渡減価は以降の10年間に生ずる純長期譲渡増価から控除できる（租税一般法第39条 quodecies, terdecies, quaterdecies, quindecies）。

(5) 租税一般法第38条2 bis に基づき，税務上工事利益は工事完成基準により課税される。また，法律上の会社合併・分割・資産の一部出資（会社分割に類似するが分割当事会社がその一部の分割後存続する取引）については，再評価して資産を移転した場合に，税務上当該取引時の課税を免除する優遇制度がある（租税一般法第210条）。ただし，これは課税の延期を図るものであり，償却資産はその後の減価償却過程を通じて課税され，非償却資産であれば将来の譲渡時に一時的に免除されていた評価益部分も含めて課税されることになる。評価益の再投資により取得した資産の譲渡も同じ趣旨である。すなわち，将来，当該資産の譲渡が行われるかどうかはその時点では不明である。

第11章
連結のれん会計の標準化

　本章では連結のれんの会計処理を取り上げ，その処理方法がフランス特有の考え方の下で展開されたこと，1990年代までには国際的基準に近づくものの依然として多様な処理が見られたこと，さらに無形固定資産の処理という新たな課題が生じたことを，明らかにしたい。

1. フランスにおける連結のれんの処理方法の変遷

(1) 連結のれんの処理方法
　連結範囲への最初の組み入れの時点で，親会社の子会社に対する「株式投資勘定」とこれに対応する子会社の「資本勘定」は相殺消去される。これを資本連結と呼ぶが，そのさいに差額が生ずる場合がある。当該相殺差額（本章では以下「資本連結差額」と呼ぶ）から生ずる連結のれんは，歴史的に日本では「連結調整勘定」あるいは「のれん」と呼ばれ，フランスでは「連結差額（différence de consolidation）」，「第一回連結差額（différence de première consolidation）」あるいは「取得差額（écarts d'acquisition）」と呼ばれてきた。
　まず，フランスにおいて，資本連結差額あるいは連結のれんの処理に関してどのような点が議論となったのかを概観してみたい。

① 資本連結差額の分解と識別可能資産・負債への割当て
1) 原則法と簡便法
　子会社株式価額と子会社純資産額（グループ持分額）との相殺処理を行う

資本連結において，資本連結差額を識別可能「評価差額」とそれ以外の「連結のれん」に分解するのか，分解しないで簡便に「連結のれん」として一括処理するのかに関して，本章では，前者の処理を「原則法」，後者の処理を「簡便法」と呼ぶ。

原則法の場合，評価差額に係る再評価は親会社持分に相当する部分に限定するのか，少数株主持分部分も含めた全体に係わるのかに関して，2つの方法がある。一般に，前者は「部分時価評価法」，後者は「全面時価評価法」と呼ばれる。また，計上する連結のれんは，親会社が取得した持分部分に限定するのか，少数株主持分部分に係るのれんも計上するのかに関して，2つの考え方がある。一般に，前者は「買入のれん説」，後者は「全部のれん説」と呼ばれる。

2) 無形固定資産の分離・計上

資本連結差額の分解処理において，商標・ブランドなどの識別可能無形要素を分離し，これを無形固定資産として認識・計上できるのか否か，また，これが可能な場合，いかなる無形要素をどのような条件で無形資産として分離・計上できるのかという問題がある。当該問題は無形資産の一般的計上問題にも関係する。

3) 事業再構築引当金等の危険・費用引当金の分離・計上

資本連結差額の分解処理において，評価差額の一部を事業再構築引当金等として危険・費用引当金に分離・計上できるのか否かという問題がある。例えば，取得側企業で取得に係る統合プログラムが策定され，被取得企業の大幅な事業再編，リストラ等が予定されている場合，これらリストラ費用を取得原価の構成要素として，つまり危険・費用引当金として個別化して計上できるか否かが，議論となった。

② 分離無形固定資産および連結のれんの計上後の取り扱い

1) 分離無形固定資産の償却問題

資本連結差額の分解処理において，識別可能無形要素を無形固定資産として分離・計上する処理を是認するならば，当該部分のその後の処理が問題となる。分離無形固定資産は償却性のものか否か，この点が個別計算書類にお

ける無形資産の一般的取り扱いも含めて極めて重要な論点となった。

2) 連結のれんの処理——正ののれんの処理方法

連結のれんの最も適切な処理はいかなる処理か，この点が大きな論点となる。

正ののれんの処理に関しては，連結貸借対照表（連結 B/S）上これを維持するのかまたは除去するのかで意見が二分される。前者を維持説，後者を除去説と呼ぶことにする。維持説では，のれんはその価値が減少しない限り基本的に取得時の取得価額で連結 B/S 上維持される。個別に識別された無形固定資産と同様，もし毎年，のれんの価値を検証できる場合には，「減価償却（規則的償却）は適切な処理方法ではない」，「償却期間が恣意的に定められる」等を理由に，連結 B/S 上からの除去を不要と考えるものである（Delesalle, 1992, pp. 7-8）。

これに対して，除去説では，一定の方法に基づき連結 B/S 上の資産の部から除去される。将来利益の資本化額としてののれんの性質あるいは自己創設のれんの非計上との整合性が除去説の根拠である（Delesalle, 1992, pp. 7-8）。前者は，のれん部分を，取得者がその取得から合理的に期待した予想利益であると考え，こうした期待利益の実際の実現は資本化された形態での資産の維持を否定すると捉えるので，期待利益の実現の程度に応じてのれんを除去するのが適切な処理となる。また，期待利益が実現しないことがわかった時点で，即時の除去を検討すべきことになる。

後者の根拠は自己創設のれんの処理との整合性を重視するものである。すなわち，正常に活動している企業はいわゆるのれんを生み出すが，自己創設のれんは制度的に計上を認められない。連結のれんは取得時にこの自己創設のれんが表に出てきたものであるが，償却しないと取得後の追加的な投資による自己創設のれんを計上することに実質的に等しい。この点から，連結 B/S から連結のれんを何らかの方法で除去すべきであると考える。

除去説における除去の方法に関しては，複数の方法が考えられる。いずれの処理方法を採用するかにより，財政状態および経営成績に対する影響は大きく異なる。除去が即時か一定期間か，損益計算書を経由するか否かにより，イ）一定期間にわたる規則的償却，ロ）自己資本（剰余金）に一定期間分割

計上，ハ）費用に即時全額計上，ニ）自己資本（剰余金）に即時全額計上の4つの除去方法が考えられる。ロ）とニ）の方法は損益計算書を経由しない方法である。

　イ）　一定期間にわたる規則的償却

　規則的償却は，損益計算書を経由して，一定期間にわたってのれんを除去する方式である。当該方法は費用収益対応の原則の点から説明される。つまり，投資に固有のコストは当該投資予想期間にわたり，投資収益と対応させるために期間配分されねばならないという考え方が基礎にある。

　ロ）　自己資本に一定期間分割計上

　当該方法は，のれんを一定期間にわたり自己資本に計上する方法である。イ）の方法と異なり損益計算書を経由しないので，期間利益への影響を回避することができるが，自己資本に分割計上することの理論的根拠は十分なものではない。

　ハ）　費用に即時全額計上

　当該方法は，損益計算書を経由して，のれんを一時に全額償却する方法である。この方法と次のニ）の方法は，即時全額除去の方法である。即時除去方式の考え方によれば，のれんは取得コストを表しており，そのために即時に除去されねばならない。自己資本に対するこれら2つの方法の影響は同じであるが，ハ）の方法は償却年度の利益に大きな影響を及ぼす可能性がある。

　ニ）　自己資本に即時全額計上

　当該方法は，のれんを一時に全額自己資本計上する方法である。ハ）の方法と異なり損益計算書を経由しないので，期間利益への影響を回避することができる。

　3）　連結のれんの処理——負ののれんの処理方法

　正ののれんの処理と同様に考えられる。この場合，利益への戻入れ，自己資本への加算，あるいは非貨幣性資産から減額する方法が考えられる。非貨幣性資産減額法は，資産の簿価が減額される結果，償却資産の場合には減額された減価償却費を通じて，非償却資産の場合には将来の減額された売却原価を通じて，利益に計上されることになる。

(2) 連結のれんの処理方法の変遷

図表 11-1 は，1960 年代から 1990 年代半ばのフランスにおける資本連結差額あるいは連結のれんの処理方法の変遷をまとめたものである。これによれば，資本連結差額の分解と識別可能資産・負債への割当処理は，1968 年 CNC 連結報告書・勧告書を除き，評価差額とそれ以外の連結のれんに分解する「原則法」と，分解できない場合の「簡便法」の容認という形で展開さ

図表 11-1　フランスにおける資本連結差額の処理の変遷

資本連結差額					
呼　称	分　解			処　理	
1968 年国家会計審議会（CNC）連結報告書・勧告書					
連結差額[1]	分解なし		正の連結差額	超過価値	固定資産計上（償却）
				連結差額	自己資本計上（減額）
			負の連結差額	連結差額	自己資本計上（加算）
1978 年 CNC 連結会計報告書案					
第一回連結差額[1]	分解実施（原則法)		再評価差額（全面時価評価法）		該当する資産へ割当て
			残　額	正の場合	取得プレミアム	B/S 上維持（償却なし）
				負の場合	危険引当金	B/S 上維持（利益に戻入れなし）
	分解なし[2]（簡便法)		取得差額	正の取得差額	固定資産計上，一定期間で償却
				負の取得差額	一定期間で利益戻入れ
1986 年 PCG 連結会計原則					
第一回連結差額[1]	分解実施（原則法)		評価差額（全面時価評価法）		該当する資産へ割当て
			識別可能要素を分離・計上		無形資産（固有の減価の方法）
			残　額	正の場合	取得差額	（原則）無形固定資産計上（償却）
						（例外）自己資本から控除
				負の場合		（原則）危険・費用引当金設定（利益に戻入れ）
						（例外）自己資本に加算
	分解なし[2]（簡便法)		取得差額	正の取得差額	（原則）無形固定資産計上（償却）
					（例外）自己資本から控除
				負の取得差額	（原則）危険・費用引当金設定（利益に戻入れ）
					（例外）自己資本に加算

1) 連結差額および第一回連結差額は，いずれも「子会社株式価額－子会社簿価純資産額（グループ持分）」の差額であり，したがって，子会社純資産額は簿価ベースである。
2) 1978 年 CNC 連結会計報告書案および 1986 年 PCG 連結会計原則における「簡便法」の採用は分解が実施不可能な場合に容認。
（各基準に基づき筆者作成）

れたことがわかる。

　子会社純資産の再評価差額に関しては，簿価をとる1968年CNC連結報告書・勧告書を除き，実務を考慮して全面時価評価法が採用されたが，部分時価評価法も事実上認められた。連結のれんの認識については，のれんが資本連結差額の分解処理から計上されることから，いずれも買入のれん説的処理であった。

　当該分解における無形要素の分離・計上については，1986年PCG連結会計原則が初めて識別可能要素を分離し無形資産として計上できることに言及した。

　連結のれんの計上後の処理に関しては，正ののれんの処理方法，負ののれんの処理方法いずれにおいても可能な処理の選択肢は拡大してきたことがわかる。正ののれんの処理については，除去説から一部維持説への移行が検討されたが，1986年PCG連結会計原則は除去説を採用した。

　除去説における除去方法に関しては，一定期間にわたる規則的償却が原則であったことがわかる。規則的償却の償却期間は常に「何年」という形で示されなかった。この点はフランスの大きな特徴である。なお，1986年PCG連結会計原則では例外的処理として，自己資本への即時全額計上の処理も認められた。フランスでは，企業再編時に生じた「のれん」の合併プレミアムからの即時控除処理が推奨されたが，自己資本への即時全額計上は当該処理との整合性を重視したものである。

　負ののれんの処理方法に関しては，1978年CNC連結会計報告書案および1986年PCG連結会計原則では，まず，正ののれんからの減額処理を行い，残額がある場合には危険・費用引当金として計上し一定期間に利益に戻し入れる方法を中心に展開された。また，1986年PCG連結会計原則は即時全額自己資本計上の処理を例外的方法として容認したことがわかる。

　以下では，フランスにおいて連結のれんに係る会計処理方法がいかに展開されたかを検討したい。

2. フランスにおける連結のれんの処理方法の展開

(1) 1968年CNC連結報告書・勧告書における連結のれんの処理

1968年CNC連結報告書・勧告書では，親会社貸借対照表（B/S）計上の子会社株式の純帳簿価額とそれら株式に対応する子会社簿価純資産価額（グループ持分部分）との差額は「連結差額（différence de consolidation）」と呼ばれる（CNC, 1973, pp. 53-56）。

子会社純資産価額は簿価ベースである。同報告書・勧告書の「事前の再処理」では，慎重性の原則を適用して，可能性の高い未実現の損失（潜在的減価）はこれを減価引当金の形で考慮するのに対して，可能性の高い未実現の利益（潜在的増価）は原則として考慮しないことが明確に示されている（CNC, 1973, pp. 40-41）。つまり，1968年CNC連結報告書・勧告書は，事前の再処理において，子会社の資産の上方的再評価を行わない。したがって，資本連結には簿価ベースの子会社純資産価額が用いられる。

連結差額は子会社株式価額が子会社純資産価額を上回る場合に借方に生ずる。借方「連結差額」は主として子会社純資産の過小評価の場合に観察することができるとし，当該過小評価が子会社における潜在的増価の存在にある場合，借方に追加的な項目を創設して過小評価を修正すべきであるとする。

潜在的増価は資産の評価差額（資産の含み益）と無形要素に分けられるが，1968年CNC連結報告書・勧告書ではこれを分解することなく一括して「超過価値（survaleur）」として計上する（CNC, 1973, p. 54）。超過価値は償却するが，その償却方法・期間は明確にされていない。なお，無形価値の認識は子会社の個別会計次元では禁止されていることから，1968年CNC報告書・勧告書は無形価値を連結会計次元で計上する上で一定の条件を課した（CNC, 1973, p. 55）。すなわち，

1) 超過価値の認識は被連結会社の株式の取得年度に行われる。
2) 超過価値は少なくともその計算の基礎として役立った要素の価値が変化する限りにおいて，減じられねばならない。
3) 超過価値は遅くとも潜在的増価の保有要素の実現時に消滅しなければ

ならない。
4) 連結決算書における超過価値はその見積りの主観性を回避できないとしても、当該主観性の限界を有効に評価可能にするために、十分明確かつ分析的な情報を公表しなければならない。

これに対して、子会社株式価額が子会社簿価純資産額を下回る場合には、当該差額は貸方連結差額となる。貸方連結差額の発生原因としては、子会社株式価額を実質価値よりも安く取得したことによる過小評価または子会社簿価純資産額の過大評価が挙げられ、連結によりこの過小評価または過大評価が修正される。子会社株式を安く取得したことを原因とする連結差額は当期に一括して自己資本に加算される。

子会社簿価純資産額の過大評価を原因とする連結差額は多くが過去の減価引当金の不在または計上不足にあると考えられ、これらは連結の事前の再処理において修正されることから、当該原因を理由とする連結差額が発生することはないとしている。

さらに、子会社簿価純資産額は親会社の決算日時点のものが用いられる。すなわち、1968年CNC連結報告書・勧告書は「親会社決算日方式」を採用している。これに対して、当時の米英などのアングロ・サクソン諸国の連結会計実務は、一般に支配獲得日の純資産額を用いる「支配獲得日方式」であった。

参考までに、1968年CNC連結報告書・勧告書に従って「親会社決算日方式」を採用したロレアルを取り上げてみよう。同社の1973年度の連結貸借対照表の注記では、借方計上の連結差額の性質について、以下のように説明している。

「当該項目は被連結会社株式の取得価額と当期利益処分前の12月31日時点のその純帳簿価額（資本金、剰余金および特別引当金）との間から生ずる正または負の差額を表している。正の連結差額は、多くの場合、子会社株式の取得価額が、固定資産の評価差額あるいは貸借対照表に計上されていない商標・ブランドおよび無形価値等の潜在的増価を考慮しているという事実から生じたものである」（1973年度の年次報告書、p. 28）。

しかし、資本連結に係る子会社の純資産部分が親会社決算日のものである

ことから，連結差額にはその後の支配獲得後子会社剰余金が含まれることになる。この点が1968年CNC報告書・勧告書の問題点として指摘された（Yogananthan *et al.*, 1975, pp. 14-19）。

また，超過価値の計上には一定の条件を課しており，計上した超過価値の処理については償却による除去説を採用するものの，償却方法・期間は明らかにしなかった[1]。

(2) 1978年CNC連結会計報告書案における連結のれんの処理

国家会計審議会（CNC）は，1978年11月に，「貸借対照表および成果計算書の連結に関する報告書案（Projet de rapport sur la consolidation des bilans et des résultats)」（以下「1978年CNC連結会計報告書案」と呼ぶ）を公表した（CNC, 1979, pp. 61-80）。当該報告書案は1968年CNC連結報告書・勧告書の改訂に係るものである。

1978年CNC連結会計報告書案は，1968年CNC連結報告書・勧告書公表以来の10年間の経験に基づき，1968年CNC連結報告書・勧告書の問題点の改善を図ったものであり，他方では1980年代の会社法による連結計算書類の一般制度化に備えたものである。また，1978年CNC連結会計報告書案は連結計算書類に係るEC会社法指令第7号案の作業および国際会計基準（IAS）第3号をも考慮に入れたものであった（CNC, 1979, p. 28）。

① 「第一回連結差額」概念の登場と支配獲得日以後の子会社剰余金の区別

1978年CNC連結会計報告書案は「連結差額」および「超過価値」の概念を廃止し，新たに「第一回連結差額（différence de première consolidation）」概念を採用した。

1968年CNC年連結報告書・勧告書では，資本連結に係る子会社の純資産部分は親会社決算日のものであり，支配獲得日の純資産部分ではない。これに対して，1978年CNC連結会計報告書案における子会社の純資産部分は親会社決算日のものから支配獲得日の純資産部分に変わった。これにより，第一回連結差額は，支配獲得日の子会社株式の取得原価と，当該時点の子会社純帳簿価額における親会社持分部分との差額となる（CNC, 1979, p. 70）。

連結計算書類に係る EC 会社法指令第 7 号は,「親会社決算日方式」と「支配獲得日方式」を規定していたが（同指令第 19 条），原案理由書で支配獲得日方式への支持を表明していた[(2)]。1978 年 CNC 連結会計報告書案における支配獲得日方式への転換はこれにそったものでもある。また，既述のとおり，アングロ・サクソン諸国を中心とする国際的実務は一般に支配獲得日方式であった。

これにより,「第一回連結差額」と「支配獲得日以後の子会社剰余金」の区別が可能となり（CNC, 1979, p. 71），支配獲得日以後の子会社剰余金の変動が明確に把握される。

② 第一回連結差額の原因分析と該当資産への割当て

第一回連結差額は，支配獲得日における特定資産の「再評価差額」と，特定資産に割り当てることができない「残額」から構成される（CNC, 1979, p. 70）。特定資産に割り当てることができない残額は「連結のれん」に相当するものであり，次のように処理される。すなわち，

- プラス値の場合；当該残額は株式を取得するために支払われたプレミアムとされ，これを「投資有価証券取得プレミアム（prime d'acquisition des titres de participation）」と呼ぶ。
- マイナス値の場合；当該残額は投資有価証券取得プレミアムから減額するか，それがなければ危険引当金を設定する。

また，第一回連結差額がこのように構成要素に割り当てできないときは，プラス値，マイナス値にかかわらず，簡便にその全額を「投資有価証券取得差額（écarts d'acquisition des titres de participation）」という借方項目に計上することが認められる。

子会社 B/S 上の資産に係る「再評価差額」は，通常，固定資産や，場合により負債にも関わっている。固定資産の再評価差額は，その過小評価による増価であり，主に慎重性の原則の適用あるいは税務上の加速償却の実施に起因する。他方，負債の再評価差額は，特に法定引当金および危険・費用引当金による負債の過大計上に起因するものである（CNC, 1979, p. 70）。

投資有価証券取得プレミアムは，子会社の支配獲得により得られるメリッ

トの対価として支払われたものである。経済的メリットには、ライバル会社の排除、調達・販路の確保、生産条件の改善、国外への拡大等が考えられていた（CNC, 1979, p. 70）。

全部連結の場合、固定資産の再評価はその全体価額に関わり、再評価差額は親会社持分と少数株主持分に振り分けられる。取得プレミアムは親会社だけに関わる（CNC, 1979, p. 70）。したがって、1978年CNC連結会計報告書案は資産・負債の評価に関して「全面時価評価法」を、のれんの認識に関しては「買入のれん説」を採用していた。

③ 第一回連結差額のその後の取り扱い

第一回連結差額が再評価差額と取得プレミアムに振り分けられ、再評価差額は該当する資産に割り当てられる場合、その後の償却計算は当該再評価額をベースに行われる。これに対して、取得プレミアムは償却されずに連結B/Sで維持される。ただし、特別の環境により減価引当金の設定が例外的に認められる（CNC, 1979, p. 71）。価値減少の場合の減損処理をともなう維持説である。

子会社の支配獲得により得られる経済的メリットが存在する限り、取得プレミアムは維持されるべきとの考え方である。この点で、連結のれんの償却を行う当時の米国会計基準あるいは国際会計基準とは相違が見られた。EC会社法指令第7号案は、のれんの処理に従い最大5年以内に償却することを原則とし、正当な理由がある場合にはそれよりも長い期間（極限的には無限）での償却を容認するものであった（同指令案第16条）。

第一回連結差額を再評価差額と取得プレミアムとに振り分けるのが難しい場合、簡便法による正の取得差額は、子会社が保有している固定資産の平均使用期間に対応する合理的な期間にわたりこれを償却する。

この場合の取得差額の性質は固定資産の評価額とのれん等を含む混合的なものと考えられるが、1978年CNC連結会計報告書案はいずれの要素も固定資産群の減失とともにその価値を減少していくとの考えの下、平均利用期間にわたりこれを償却するという除去説をとった。この点は、1968年CNC連結報告書・勧告書と同様の考え方であるが、取得プレミアムに係る維持説と

は整合的でない。負の取得差額はこれを同一期間にわたり利益に計上する（CNC, 1979, p. 71）。

簡便法の場合の取得差額の償却は，1968年CNC報告書・勧告書と同様，その年数を定めていない。しかし，1978年CNC連結会計報告書案はその理由を示し，取得差額の構成要素の多様性を理由に挙げている。例えば，流通業では当該差額は子会社により創出された営業権，製造業では投資価値の修正，特許権，事業の収益性などが要素になると考えられたからである。

このため，各企業の実態に即して処理ができるよう，採用すべき償却方式の決定を親会社の経営者に委ねた方が適切であると考えられた。その場合，当該方式に関する詳細な情報は注記・附属明細書で与えられねばならない（CNC, 1979, p. 71）。なお，EC会社法指令第7号案では，振り分け不能の取得差額は5年以内の償却となっていた（同指令第16条）。

以上見たように，1978年CNC連結会計報告書案は，支配獲得時に認識される第一回連結差額概念の採用，その原因分析と該当資産への割当て，第一回連結差額と支配獲得後の子会社剰余金との区別などを特徴としており，1968年CNC連結報告書・勧告書の問題点を改善するものであった。

また，第一回連結差額から再評価差額を除いた残額（取得プレミアムまたは危険引当金）については，償却または利益の戻入れを実施せず，連結B/S上維持される。この点は，EC会社法指令第7号案の許容範囲内であったが，米国会計基準あるいは国際会計基準の取り扱いと相違するものであった。

さらに，第一回連結差額を再評価差額と取得プレミアムとに振り分けるのが難しい場合には，全額を「取得差額」として処理するという簡便法が認められていた。その場合，取得プレミアムに係る維持説と異なり除去説的処理を行う一方，正の取得差額の償却または負の取得差額の利益戻入れの期間を明示せず，その決定を経営者の判断に委ねた。

(3) 1986年PCG連結会計原則における連結のれんの処理

フランスでは，EC会社法指令第7号（連結計算書類）の国内法化に係る1985年1月3日法律（連結会計法）およびその適用のための1986年2月17日デクレ（連結会計法適用デクレ）により，一定規模以上の商事会社に対し

て，連結計算書類の作成・公表が義務づけられた。1986年PCG連結会計原則はこの一般制度化された連結計算書類の作成基準となるものである。

1986年PCG連結会計原則における資本連結は，基本的には1978年CNC連結会計報告書案を取り入れたものである。以下，この点を検討してみたい。

① 「第一回連結差額」概念の採用

1986年PCG連結会計原則は1978年CNC連結会計報告書案の「第一回連結差額」概念を取り入れている。すなわち，子会社が連結範囲に入った時点の子会社株式の取得原価と当該子会社の自己資本における親会社持分部分との間に確認される差額は「第一回連結差額」と呼ばれる（CNC, 1986, p. II. 143）。なお，当該概念は上記連結会計法適用デクレ（1986年2月17日デクレ）にも規定されている（旧1967年デクレ第248-3条，現行商法典R 233-5条）。

支配獲得時点の第一回連結差額概念の採用により，連結決算日に作成される連結B/Sにおいて，支配獲得後の子会社剰余金の変動が明確に把握される（CNC, 1986, p. II. 146）。

② 識別可能評価差額・無形固定資産と取得差額への分解

第一回連結差額は，「評価差額（écarts d'évaluation）」と「取得差額（écarts d'acquisition）」に分解される（CNC, 1986, p. II. 144）。用語に違いが見られるものの，考え方は1978年CNC連結会計報告書案と同じであり，また，EC会社法指令第7号にそったものでもある（同指令第19条）。上記連結会計法適用デクレもまた，第一回連結差額が連結B/S上の適切な項目に配分されることを規定した（旧1967年デクレ第248-3条，現行商法典R 233-5条）。

評価差額は一定の識別可能要素に割り当てられる。この場合の識別可能要素は特に無形資産を含むことができる（CNC, 1986, p. II. 144）。再評価に伴う自己資本の増加部分は，親会社持分と少数株主持分に振り分けられる（CNC, 1986, p. II. 144脚注）。取得差額は特定の識別可能資産に割り当てることのできない残額である。

取得差額がプラス値の場合，それは子会社株式を取得するために支払われたプレミアムに相当しており，B/S上資産に計上される（CNC, 1986, p. II.

144)。取得差額がマイナス値の場合，危険引当金に近いものであり，危険・費用引当金として負債に計上される。ただし，負の取得差額が危険・費用引当金として B/S に計上されるのは例外的な場合とされ，負の取得差額は，正の取得差額が存在する限り，これから減額するものとされる（CNC, 1986, p. II. 144)。

第一回連結差額がこれら要素に分解できない場合には，簡便法により，全額を「取得差額」として計上することが認められる（CNC, 1986, p. II. 144)。

1978 年 CNC 連結会計報告書案と同様，取得差額の認識については，「買入のれん説」が採用されている（CNC, 1986, p. II. 145)。資産の再評価については，「全部連結の場合，その資産の再評価はその全体的価額に関わることができる。当該再評価から生ずる差額は親会社持分と少数株主持分に振り分けられる」（CNC, 1986, p. II. 145）と定められ，「全面時価評価法」の採用が容認される一方，「部分時価評価法」の使用も排除されていない。

③ 識別可能評価差額・無形固定資産および取得差額の取り扱い

識別可能な評価差額は，割り当てられた資産に適用される規則に従い，償却または減価引当の対象となる（CNC, 1986, p. II. 145)。当該処理は 1986 年連結会計法適用デクレにも規定されている（旧 1967 年デクレ第 248-3 条，現行商法典 R 233-5 条）。また，識別可能無形要素を無形固定資産として分離・計上した場合，当該無形資産はそれ固有の減価の方法に従うものとされ（CNC, 1986, p. II. 144 脚注)，必ずしも規則的償却を考えているわけではない。

取得差額については，それがプラス値の場合，償却計画に従い例外なく償却される。償却期間は定められておらず，その決定は経営者に委ねられた。その際，償却期間は取得時に考慮した前提あるいは定めた目標をできる限り合理的に反映しなければならない。特殊な事情がある場合にのみ，償却計画に基づく償却に加えて，減価引当金が設定される（CNC, 1986, p. II. 146)。

取得差額がマイナス値の場合，予想され確認済みの子会社の低収益性を補填するために，あるいは支配獲得時に予想され損益として認識された費用または割当不能評価減価を補うために，危険引当金の利益への戻入れが行われる。また，危険引当金の戻入計画に従い，損益計算書に計上されることもあ

る。戻入れの方式に関する詳細は，注記・附属明細書に開示されなければならない（CNC, 1986, p. II. 146）。

例外的なケースとして，取得差額を自己資本に計上することができるが，この場合，注記・附属明細書に正当な理由を開示しなければならない（CNC, 1986, p. II. 144）。当該例外的処理は，1986年連結会計法適用デクレにも規定された（旧1967年デクレ第248-3条，現商法典R233-5条）。

以上の取得差額の処理は，EC会社法指令第7号（1983年）の枠内にある。償却期間については，同指令では「のれん」の取り扱いに従い，最大5年以内の償却が原則であるが，正当な理由がある場合にはそれより長い期間（極限的には無限）での償却が許容されている（EC会社法指令第7号第30条）。

また，自己資本計上処理は，EC会社法指令第7号により国別選択権として規定されたものであるが（第30条），米国基準あるいは国際会計基準とは相違するものである。当該処理は連結差額の形で一括して自己資本に計上する処理と同一の結果になることから，1968年CNC連結報告書・勧告書の処理に類似しているといえる。

1986年PCG連結会計原則の取り扱いを1978年CNC連結会計報告書案と比較してみると，第一回連結差額の分解過程での識別可能無形要素の分離・計上可能性を示したこと，および識別可能評価差額・無形固定資産部分を除いた残りの取得差額（連結のれん）の処理においてオプションを増やしたことを，その特徴として指摘できる。1986年PCG連結会計原則が，脚注の形ながら，識別可能無形要素の分離・計上の可能性とその非償却性に言及した点は極めて重要である。フランスでは，これを契機に無形固定資産の会計処理の議論が展開されたと考えられるからである。

取得差額の処理に関しては，1978年CNC連結会計報告書案では，原則的処理における残額（のれん）の処理が維持説（「償却しない」，「利益戻入れしない」）であったのに対して，1986年PCG連結会計原則は除去説（「償却実施」，「利益に戻入れ」）に変わっている。つまり，1986年PCG連結会計原則は処理方法を大きく変更し，国際的基準との調和が確保された形になった。

さらに，1986年2月17日デクレ（旧1967年デクレ第248-3条，現商法典R233-5条）は，EC会社法指令第7号の国別選択権を行使して，自己資本に計

上するという例外的処理を容認しており，1986年PCG連結会計原則でもこれを採用した結果，原則的処理において可能な処理のオプションが増えている。しかも，1978年CNC連結会計報告書案と同様，償却期間または戻入れ期間は定められておらず，その決定を経営者の判断に委ねた。

1986年PCG連結会計原則は，その構成要素が多様であるがゆえに，当該取得差額の明確な償却期間が事前に決定できないことを強調している（CNC, 1986, p. II. 146）。例えば，流通分野では，当該取得差額は被連結会社の創造した営業権の価値を表している可能性があり，他方，製造業では，一般に，投資の価値の修正，特許権，企業の収益性に結びついた要素を含んでいるものと見られた。以上のことから，1986年PCG連結会計原則は実態に即した合理的な償却方式を採用できるよう，その決定を連結企業の経営者に委ねたのである。

このため，1986年PCG連結会計原則においては，米国会計基準（40年以内）あるいは国際会計基準（有効期間，1995年から5年・最大20年）における償却期間の採用が可能となっている。しかも，EC会社法指令第7号では，償却期間は「のれん」の取り扱いに従い，最大5年以内の償却が原則であるが，正当な理由がある場合にはそれより長い期間での償却が許容されている。

また，簡便法による処理方法では，1978年CNC連結会計報告書案の処理に加えて，例外的ながらも自己資本への計上処理が容認されており，これについても選択肢が増え，原則的方法における取得差額の処理方法と同一のものになっている。

このように，のれんに相当する部分について可能な処理方法が複数認められ，経営者にとって選択の幅がさらに広がる結果となった。のれんの処理に関する判断を経営者に委ねる方式はフランスの大きな特徴である。

3. のれんの処理に関する国際比較

(1) 正ののれん

図表11-2は，正ののれん（フランスの場合「正の取得差額」）の処理に関

図表 11-2　正ののれんの処理（1990 年時点での国際比較）

会計処理方法	フランス	第 7 号指令	IAS	米国	日本
資産計上—償却	○	○	○	○	○
償却期間の上限	なし	5 年（例外あり）	有効期間（5 年，最大 20 年）	40 年	20 年
自己資本(剰余金)計上	○（例外）	○（選択権）	×	×	×

フランスは 1982 年 PCG 連結会計原則（1986 年）第Ⅱ節 2101, 2102（pp. II. 144-145）。第 7 号指令は EC 会社法指令第 7 号「連結計算書類」（1983 年）第 30 条。なお，償却期間は最大 5 年以内であるが，正当な理由がある場合にはそれより長い期間（当該資産の耐用年数を超えない範囲）での償却を許容（EC 会社法指令第 4 号第 37 条第 2 項）。IAS（国際会計基準）は IAS 第 22 号「企業結合」（1983 年），カッコ内は改訂に係る公開草案第 32 号（1990 年 6 月）。公開草案第 32 号のこの取り扱いは改訂 IAS 第 22 号「企業結合」（1993 年）（par. 42）として確定（1995 年から施行）。米国は会計原則審議会（APB）意見書第 17 号「無形資産」（1970 年）。日本では，商法上営業権の償却は 5 年以内，「連結調整勘定」の償却は原則 20 年以内。
（筆者作成）

して，1990 年時点での仏基準（1986 年 PCG 連結会計原則），国際会計基準（IAS），EC 会社法指令第 7 号（1983 年），米国会計基準および日本基準を比較したものである。

　これによれば，いずれの基準も除去説を採用し，一定期間にわたり償却する方法を採用していたことがわかる。償却期間の上限は最大 5 年から 40 年まで多様である。国際的に見ても，フランスは償却期間の上限を定めない極めて独特なアプローチを採用していたことがわかる。

　また，自己資本（剰余金）計上処理については，フランスは EC 会社法指令第 7 号の国別選択権（第 30 条）を行使して例外的処理ながらこれを容認しており，この点でも IAS，米国および日本とは異なる。なお，自己資本計上処理は，英国標準会計実務書（SSAP）第 22 号（1984 年 12 月）が優先的方法としていた処理であった。フランスでは，ロンドン証券取引所に上場していたラファルジュが当該処理を採用した。

　フランスの個別会計次元でののれんの処理に関しては，1982 年 PCG が勘定計画において「営業権（fonds commercial）」勘定（CNC, 1986, p. I. 66）を設定し，これを「貸借対照表において個別の評価および会計処理の対象とならず，企業活動の潜在的能力の維持または発展に役立つ，賃借権を含む無形

の諸要素により構成される。」(CNC, 1986, p. I. 31) と定義して，それが「一定の価値を付与する法的保護を必ずしも受けるものではない」(CNC, 1986, p. II. 28) ことを示したが，営業権勘定の使用の条件・方式を明確にしたわけではない。

個別計算書類における無形固定資産の会計処理は，関係要素の永続性を保障する法的保護の有無により異なるものとされた。すなわち，法的保護がある場合，偶発的減価が生じたときに引当金（減価引当金）を通じてこれを認識する一方，規則的償却は行わないものとされた。

これに対して，法的保護がない場合，特に営業権についてはいかなる規則も償却義務を規定していないので，この処理をめぐって論争が存在した[3]。唯一の基準となる条項は EC 会社法指令第 4 号（第 34 条-1a と第 37 条-2）であり，それは，最大 5 年の期間での営業権の償却を規定するが（除去・償却説），期間が当該資産の使用期間を超えないこと，注記・附属明細書で正当な理由が記載されることを条件に，5 年を超える期間（場合により究極的には無限）を認める選択権を加盟諸国に付与した。EC 理事会は，営業権が賃借権や商号のように特別の法的保護を受ける要素に関わるものでないことを明確にした。

(2) 負ののれん

図表 11-3 は，負ののれん（フランスの場合「負の取得差額」）の処理を比較したものである。これによれば，いずれの基準も除去説を採用し，一定期間にわたり利益に戻し入れる方法を採用していたことがわかる。ただし，フランスでは正の取得差額がある限り，負の取得差額はこれと相殺するものとされた。

また，IAS，米国などでは非貨幣性資産からの減額処理も見られた。非貨幣性資産からの減額処理法は，非貨幣性資産の公正価値の割合に応じて当該資産の価額を減額し，それでも負の取得差額が残る場合には，繰延利益として規則的に利益に戻し入れる方法である。戻入れ期間は一様でない。自己資本（剰余金）計上処理については，フランスは例外的処理ながら容認しており，この点でも IAS，米国および日本とは異なっていた。

図表 11-3　負ののれんの処理（1990 年時点での国際比較）

会計処理方法	フランス	第 7 号指令	IAS	米国	日本
非貨幣性資産からの減額	×	×	○	○	×
繰延利益・一定期間利益戻入れ	○	○	○（5 年, 最大 20 年）	○（最大 40 年）	○（最大 20 年）
自己資本（剰余金）計上	○（例外）	言及なし	×	×	×

フランスは 1982 年 PCG 連結会計原則（1986 年）第 II 節 2101, 2102（pp. II. 144–145）。第 7 号指令は EC 会社法指令第 7 号「連結計算書類」（1983 年）第 31 条。IAS（国際会計基準）は IAS 第 22 号「企業結合」（1983 年），カッコ内は改訂に係る公開草案第 32 号（1990 年 6 月）。公開草案第 32 号のこの取り扱いは改訂 IAS 第 22 号「企業結合」（1993 年）（pars. 49, 51）として確定。米国は APB 意見書第 16 号「企業結合」（1970 年）。日本では，負の「連結調整勘定」は 20 年以内。
（筆者作成）

4. フランス企業グループにおける連結のれんの処理

(1) 連結のれんの処理の実務

① 原則法と簡便法

図表 11-4 は，本書第 7 章で取り上げたフランス企業グループ 13 社の 1970 年代から 1990 年代半ばにおける連結のれんの処理をまとめたものである。これによれば，資本連結差額の処理に関して，当初，10 企業グループが簡便法を採用していたが，1990 年代にはすべて原則法または再評価法に収斂したことがわかる[4]。

② 無形固定資産の分離・計上

無形固定資産の分離・計上に関しては，1986 年 PCG 連結会計原則を受けて，1987 年度からこれを計上する企業が見られた。LVMH（ルイ・ヴィトン・モエネシー）がこれである。その後，1989 年度からダノン，デ・ゾー，ラファルジュおよびロレアルの 4 社が，1993 年度からは CGE がこれを実施している。

図表 11-4 に示すとおり，無形要素を分離・計上したことが明確な企業は，13 企業のうち，ダノン（旧 BSN），カルフール，CGE（アルカテル・アルストム），デ・ゾー，ラファルジュ，ロレアル，LVMH，ペシネー，ローヌ・プ

図表 11-4　フランス企業グループの連結のれんの処理（1970年代〜1990年代半ば）

企業グループ	原則法・簡便法	無形資産の分離計上（計上年度）	正ののれんの処理	
			定額法償却（旧処理）／償却年数	
エール・リキッド	簡便法→再評価法[1]	×	○	最大40年
ダノン	簡便法→原則法	○（1989年〜）	○	最大40年
カルフール	簡便法→原則法	○	○	20年
CGE	簡便法→原則法	○（1993年〜）	○	（非償却）20年
デ・ゾー	簡便法→原則法	○（1989年〜）	○	20年→40年/20年
ラファルジュ	原則法→再評価法	○（1989年〜）	○	（剰余金処理）最大40年
ロレアル[2]	簡便法→原則法	○（1989年〜）	○	（非償却）最大20年
LVMH[3]	原則法→再評価法	○（1987年〜）	○	（自己資本処理）最大40年
ペシネー	原則法	○	○	10年→最大40年[5]
プジョー[4]	簡便法→原則法	×	○	（自己資本処理）最大20年
ローヌ・プーランク	簡便法→原則法	○	○	最大30年→20年→40年[6]
サン・ゴバン	簡便法→原則法	○	○	最大20年→25年→40年[7]
トタル	簡便法→原則法	×	○	（自己資本・非償却）最大20年→10年→最大30年[8]

1)「再評価法」とは，再評価額ベースの子会社純資産を用いて資本連結を行う方法をいう。当該方法は「原則法」と同じ結果になるが，原則法と異なり第一回連結差額が把握されず，再評価の中で識別可能評価差額および無形資産が分離される。
2) 1977年度に「親会社決算日方式」から「支配獲得日方式」に転換。
3) 1984年度から「支配獲得日方式」に転換。同年度からのれんの定額償却採用。
4) 1977年度から「支配獲得日方式」に転換。
5) 1973年度から40年に変更。
6) 1976年度から最大20年に変更。
7) 1971年度から25年に，1990年から最大40年に変更（場合により25年）。
8) 自己資本計上処理から非償却へ，さらに1975年度に非償却から定額償却（20年）へ変更し，1991年度からは償却期間を最大30年に変更している。
（各社の年次報告書に基づき筆者作成）

ーランク，サン・ゴバンの10企業グループである。

図表11-5は，1995年度について，分離・計上された無形資産の内容をまとめたものである。これによれば，商標・ブランド，市場シェア，営業権，顧客名簿，映画・類似の権利が挙げられ，このうち商標・ブランドを計上する企業が最も多く，このほかにも市場シェアおよび営業権を複数の企業が計上している。市場シェアは取得差額（連結のれん）とは別個に識別可能であると考えられている。なお，一般に商標・ブランドは法的保護を受けるのに対して，市場シェアと営業権はいずれも法的保護を受けない。例えば，ロレ

図表 11-5　フランス企業グループの無形資産の計上（1995 年度）

企業グループ	分離・計上無形固定資産			計上後の処理	
	無形資産の内容	認識条件	評価方法	償却	減損
ダノン（旧 BSN）	商標・ブランド	広告費支出により永続的に維持される多額のもの，法的に保護されるもの	知名度と利益への貢献度	×	○
カルフール	営業権	詳細不明	詳細不明	○	○
CGE（アルカテル・アルストム）	商標・ブランド	記載なし	将来予想営業利益	×	○
デ・ゾー	商標・ブランド，市場シェア，営業権	十分明確・客観的かつ価値の変化を把握できる評価の可能性	商業上の地位，粗経営余剰	×	○
ラファルジュ	商標・ブランド，市場シェア	十分正確かつ客観的な方法による評価の可能性	平均的収益性に基づく客観的方法	×	○
ロレアル	商標・ブランド，市場シェア，顧客名簿	価値変動の継続的把握可能性	売上高の変動と収益性に基づく総合的方法	×	○
	映画・類似の権利			○	○
LVMH（ルイ・ヴィトン・モエ エネシー）	商標・ブランド	確立した知名度，個別識別可能性，効用の検証可能性	税引後純利益または総利益の資本化額，収入に対する倍数またはこれらの組み合わせ	×	○
ペシネー（PUK）	詳細不明	公正価値評価可能性	記載なし	記載なし	
ローヌ・プーランク	商標・ブランド	詳細不明	詳細不明	○	×
サン・ゴバン	営業権，商標・ブランド	詳細不明	詳細不明	○	×

　CGE：当時の社名はアルカテル・アルストム。なお，ロレアルは商標・ブランド，市場シェア，顧客名簿，映画・類似の権利および分離不能の無形資産をまとめて「営業権」として表示。「粗経営余剰」とは付加価値に営業助成金を加え租税公課と人件費を控除したものである。
（各社の 1995 年度年次報告書に基づき筆者作成）

アルは化粧品等の分野でランコム，ロレアル，ランバン，マリ・クレールなど有名商標・ブランドを数多く保有している。LVMH グループが資産化した最も重要な商標・ブランドは，パルファン・クリスチャン・ディオール，ジバンシィ，ケンゾー，クリスチャン・ラクロワ，ポムリ，ヴーヴ・クリコ，トリビューン，アンベスティール（新聞）などである。これら商標・ブランドは子会社株式の取得価額と当該会社純資産簿価との差額の大部分を占めた。

③ のれんの処理

のれんの処理に関しては,当初,定額法償却,非償却,剰余金控除,自己資本計上等多様な処理が見られたが,1990年代には定額法償却に収斂したことがわかる。償却年数については,のれんの処理の多様性と同様,10年,20年,25年,30年,40年と多様であったが,1990年代には30年のトタルを除けば,40年または20年に収斂した。

最終的に40年を採用した企業はエール・リキッド,ダノン,ラファルジュ,LVMH,ペシネー,ローヌ・プーランクおよびサン・ゴバンであり,20年を採用した企業はカルフール,CGE,ロレアル,プジョーであった。デ・ゾーは40年と20年の両方を採用した。デ・ゾーの場合,契約の平均期間と更新率を考慮してサービス部門から生ずる連結のれんは40年,サービス部門以外の部門(主として工事)から生ずる連結のれんは20年で償却した(同社1995年度の年次報告書,p.18)。

これを各企業の連結会計基準の性質との関連で見れば,図表11-6に示すとおり,米国会計基準(US-GAAP)対応企業はすべて上限40年の範囲内にあるのに対して,国際会計基準(IAS)対応企業はすべて20年の上限を超えている。このため,これら企業は連結のれんの償却に関して,証券取引委員会(COB)の承認を得て,IAS(第22号)を適用除外したことを注釈している。

また,仏基準企業のCGE,デ・ゾーおよびロレアルは,仏基準に償却年数の定めがないものの,いずれも40年または20年を採用しており,米国会計基準または国際会計基準に対応した年数を採用した。

図表11-6 1995年度における13企業の連結会計基準の性質と採用償却年数

償却年数	米国会計基準対応企業	IAS対応企業	仏基準企業
40年	エール・リキッド,ダノン,ペシネー,ローヌ・プーランク	ラファルジュ,LVMH,サン・ゴバン	デ・ゾー
30年	トタル		
20年	カルフール,プジョー		CGE,デ・ゾー,ロレアル

償却年数の上限については,米国会計基準は40年,IASは5年(最大20年),仏基準は規定なし。
(各企業の年次報告書に基づき筆者作成)

(2) 連結総資産に占める無形固定資産の割合の増大

① 連結 B/S における無形固定資産の高い割合

図表 11-7 は，フランス 13 企業グループの個別 B/S と連結 B/S について，1977 年度，1982 年度および 1995 年度の各グループの総資産に占める無形固定資産の割合を示したものである。

これによれば，連結 B/S 上の無形固定資産の割合は 1990 年代に入って大きく増大したことがわかる。例えば，最も高い割合として，1977 年度ではロレアルおよび LVMH の 2 社，1982 年度ではこれにダノンを加えた 3 社が 5～10％の間にあった。

1995 年度になると 30％以上がダノンおよびロレアルの 2 社，20～30％

図表 11-7 フランス 13 企業グループの無形固定資産の割合（％）（無形固定資産純額÷総資産額×100％）

企業グループ	1977 年度			1982 年度			1995 年度		
	個別 B/S	連結 B/S	①	個別 B/S	連結 B/S	①	個別 B/S	連結 B/S	①
エール・リキッド	0	3.1(2.9)	Us	0	3.4(3.3)	Us	—	7.1(6.3)	Us
ダノン（旧 BSN）	1.4	3.4(0.9)	US	1.1	5.3(1.7)	US	0.01	33.7(20)	US
カルフール	3.4	2.4(1.6)	US	1.9	1.9(1.3)	US	0.01	8.9(7.2)	US
CGE（アルカテル・アルストム）	0	0.3(0.3)	FR	0	0.4(—)	FR	—	13.1(12.6)	FR
デ・ゾー	0.05	2.8(2.8)	FR	0.01	2.7(—)	FR	2.8	12.1(7.3)	FR
ラファルジュ	0.01	0.03(0)	UK	0.01	0.04(0)	UK	—	20.1(10.5)	IA
ロレアル	2.1	9.5(6.9)	FR	1.1	7.1(4.8)	FR	—	32.4(0.3)	FR
LVMH（ルイ・ヴィトン・モエエネシー）	0.01	9.8(8.4)	FR	0	5.8(3.9)	FR	—	14.7(7)	IA
ペシネー（PUK）	0.1	0.4(−0.2)	U/I	0.02	−0.2(−0.2)	U/I	—	19.5(15.7)	US
プジョー	0	0.3(—)	FR	0	1.7(—)	US	—	2.9(2.9)	US
ローヌ・プーランク	0.004	0.7	US	—	0.7	US	—	28.7(24.8)	US
サン・ゴバン	0.04	2(1.6)	US	0.03	0.6(0.4)	US	0.02	12.3(11)	IA
トタル	0.04	1.3	FR	0.002	1.3(0.6)	FR	0.16	5.8(4.2)	US

「—」：データなし。連結 B/S の（ ）内の数値は総資産に占める連結のれん（純額）の割合。ダノンの 1995 年度個別 B/S の数値は 1989 年度の数値（参考）であり，プジョーの 1995 年度のデータは 1998 年度の数値。①は各企業の連結の会計方針の特徴を示しており，第 7 章図表 7-6～図表 7-8 の注記を参照。ラファルジュの 1977・1982 年度におけるのれんは剰余金からの一括控除のため計上されていない。
（各企業の年次報告書に基づき筆者作成）

がラファルジュおよびローヌ・プーランクの2社，10〜20%がCGE，デ・ゾー，LVMH，ペシネーおよびサン・ゴバンの5社，5〜10%がエール・リキッド，カルフールおよびトタルの3社であり，5%を下回ったのはプジョーのみであった。

連結B/S上の無形資産（純額）は「連結のれん」と「その他の無形固定資産」（営業権，商標・ブランド，賃借権，特許権，ソフトウエア，ライセンス等）からなる。1995年度において，ダノン，LVMHおよびローヌ・プーランクは商標・ブランド，ラファルジュとロレアルは商標・ブランドおよび市場シェアを分離・計上しており，その割合はダノンが12.3%，LVMHが7.7%，ローヌ・プーランク3.9%，ラファルジュ8.6%，ロレアルが29.5%に達した。

② 親会社個別B/Sにおける無形固定資産の低い割合

親会社個別B/S上の無形固定資産の割合はいずれの年度においても極めて小さいことがわかる。最大値は1977年度におけるカルフールの3.4%，次に1995年度におけるデ・ゾーの2.8%である。カルフールの無形固定資産は営業権，デ・ゾーの場合は水資源に係る自治体施設利用権である。3年度を比較しても，無形資産の比重の低さは変わらない。

個別B/Sと連結B/Sを比較してみると，総資産における無形固定資産の割合に大きな違いがあることがわかる。連結会計次元における無形固定資産の会計処理の重要性は，個別会計次元におけるその重要性に比べてはるかに大きいものであったことが理解される。

図表11-8は1993〜2002年度までの10年間の連結総資産に占める無形固定資産・連結のれんの平均値を示したものである。これによれば，ダノン，ロレアル，ローヌ・プーランクの3企業グループにおいては，連結総資産の約3分の1を無形固定資産が占めている。また，LVMH，ラファルジュ，デ・ゾーにおける無形資産の割合は20%を超えていた。1990年代にこれら企業では，資産の無形資産化が急速に進展したことがわかる。

また，ロレアル，ダノン，LVMHの場合，無形資産の平均値とのれんの平均値の差が10%を超えており，連結のれん以外の無形価値が大きく増大

図表 11-8 1993〜2002 年度の連結総資産に占める無形固定資産・連結のれんの割合の平均値

企業グループ	無形固定資産の平均値	連結のれんの平均値
エール・リキッド	7.4%	6.3%
ダノン（旧 BSN）	35.5	23
カルフール	16.8	17.1
CGE（アルカテル・アルストム）	15.5	14.9
デ・ゾー	20.9	13.0
ラファルジュ	22.8	14.5
ロレアル	34.4	2.2
LVMH（ルイ・ヴィトン・モエエネシー）	25.9	14.1
ペシネー（PUK）	17.1	14.5
プジョー	3.6	3.3
ローヌ・プーランク（アベンティス）	32.5	28.2
サン・ゴバン	17.9	14.5
トタル	5.9	—

無形資産はのれん（取得差額）を含む。10 年間の平均値は各年度の値を単純平均したもの。
（各企業の年次報告書のデータから筆者作成）

したことが明らかである。特に，ロレアルでは，連結総資産の34.4%を占める無形固定資産の大部分は連結のれん以外の無形価値であり，同グループが資本連結時に識別可能無形固定資産を分離して別個に連結 B/S に計上していたことがその背景にある。このように，1990 年代において，企業によっては連結のれんの比重の低下，それ以外の無形固定資産の比重の増大という現象が見られたのである。

第一回連結時に分離・計上した無形固定資産の処理は 1990 年代の活発な企業買収により生じた巨額の第一回連結差額から識別可能無形要素を分離し，当該無形要素を規則的償却ではなく減損処理の対象とするのである。当該分離により規則的償却の対象となる残余としての取得差額（連結のれん）の金額が大幅に減額されて，償却による純利益への影響が小さくなっている。また，当該償却費の P/L 上の表示を特別損益段階とする企業も見られ，この場合業績利益への影響が回避される。

しかも，取得差額（連結のれん）の償却期間は最大40年と長期にわたる企業が多く，このことは，国際会計基準（IAS）対応型企業がそろってIAS第22号ののれんの償却期間（最大20年）に係る規定のみを適用除外し，ラファルジュ，LVMHおよびサン・ゴバンの3企業が最大40年の償却期間を採用したことからも明らかである。

　第一回連結差額の処理は1990年代において原則法または再評価法の処理に収斂したものの，取得差額（連結のれん）の処理は依然として多様な状態にあり，しかも第一回連結時に分離される巨額の無形固定資産の処理問題という新たな課題が生じた。このように，個別会計次元と切り離される形で，連結会計次元で無形固定資産の会計が重要な課題となったのである[5]。

［注］
(1)　フランス専門会計士・認許会計士協会（OECCA）の1976年および1977年の調査によれば，フランス上場企業150社のうち連結差額を計上した企業は1976年が94社，1977年が98社，これに対して計上しなかった企業はそれぞれ21社と19社であった。また，超過価値（のれん）を計上した企業は1976年が68社，1977年が72社，計上しなかった企業はそれぞれ47社と45社であった（OECCA, 1978, p. 91）。

(2)　EC会社法指令第7号案（Proposition d'une Septième directive sur la base de l'article 54, paragraphe 3 point g）du traité CEE concernant les comptes du groupe）の「原案理由書（Exposé des motifs）」第12条の議論を参照（*Bulletin des Communautés Européennes*, Supplément, 9/76）。なお，EC会社法指令第7号案は1976年に公表され，1983年に確定・公表されている（EC, 1983, pp. 81-97）。

(3)　この点については，大下（2008b, 3-4頁）を参照。

(4)　処理の詳細については，大下（2008a, 10-20頁）および大下（2009a, 1-30頁）を参照。なお，「原則法」の例として，例えば，ラファルジュは次のように記述している。すなわち，「子会社・関連会社における投資原価が取得日の純資産持分部分を上回る部分の会計処理は，それがのれんを表しているのか識別可能な固定資産を表しているのかによって異なる。当該超過部分が有形・無形固定資産の価額の過小表示を表しているものについては，適切な資産勘定に割り当てられ，通常の方法で償却される。当該超過部分がのれんを表しているものについては，資産として貸借対照表に含めるのではなく，取得年度の剰余金から控除される。グループ会社による事業吸収から生ずるのれんは，同様に処理されている」（ラファルジュ，1975年度年次報告書添付の財務諸表，p. 17）。

　　また，ペシネー（旧社名ペシネー・ユジーヌ・キュルマン（PUK）から1983年度に社名変更）は次のように記述している。すなわち，「のれんは，資産および負債の

特定の項目に正確に割り当てることができない一般的性質のものだけである。これらのれんは，定額償却されている。償却期間は，1972年度までは一般に10年で計算されていた。1973年度では，明確な兆候により迅速な償却が強制されるものでないすべての場合，当該期間は，40年に延長された」（1977年度年次報告書，p. 42）。

「簡便法」の例としては，例えば，エール・リキッドは次のように記述している。すなわち，「のれんは取得価額と取得日の純帳簿価額との差額を表している。1972年1月1日以降生ずるのれんは，一般に認められた米国会計原則に従って40年の期間にわたり償却されている」（1977年度年次報告書，18頁）。また，「のれんは営業権の価値あるいは潜在的増価の見積額を表している」（1979年度年次報告書添付の連結計算書類，p. 7）。

(5) 無形資産の計上問題については，大下（2009b, 37-59頁）を参照。

第12章
国家会計審議会の組織改革と国際会計基準への対応

　国家会計審議会（CNC）の組織上の特徴は第2章で検討した。本章では，国際会計基準／国際財務報告基準（IAS/IFRS）への対応がCNCの組織上の特徴を変えていったことを明らかにしたい。すなわち，株主・投資者向けの連結会計情報を中心としたIAS/IFRSへの対応が，CNCの組織をいわば連結会計対応，国際会計基準対応の体制に変えていったのである。

1. 1957年CNCシステムにおける会計専門家の役割

(1) 1992年末の連結計算書類委員会と会計専門家主導

　まず，1992年末の連結計算書類委員会を取り上げてみよう。既述のとおり，1992年は，1957年CNCシステムにおいて，その委員数が最大に達した時期である。当時，常設委員会としては，連結計算書類委員会（commission des comptes consolidés），管理会計委員会（commission comptabilité de gestion），金融商品委員会（commission des instruments financiers）および中小企業委員会（commission des petites et moyennes entreprises）の4つの委員会があった。

① 連結計算書類委員会の構成

　1992年12月31日時点の連結計算書類委員会の名簿によれば，図表12-1に示すとおり，委員会のメンバーは53名，委員長はP. マサール（ペシネー社決算監査・経営管理部長）である（CNC, 1992b, p. 7）。

連結計算書類委員会のメンバー53名の内訳は，委員長1名（企業経理関係者・CNC委員），会計士・法定会計監査人が18名，企業経理関係者15名，政府機関・組織関係者7名，民間団体関係者5名，大学等教員4名，その他3名である。連結会計ということで，当然，会計専門家（会計士・法定会計監査人と企業経理関係者）が中心の構成である。

　会計士・法定会計監査人18名はその内の12名がCNC委員である。企業経理関係者15名は経理部門の責任者あるいは連結担当責任者であり，そのうちの6名がCNC委員である。トタル，サン・ゴバン，ラファルジュ，ローヌ・プーランクの名前が見られるが，これら企業は委員長を出しているペシネーも含めて，1970年代から連結計算書類を米国会計基準，国際会計基準（IAS）あるいは英国会計基準を用いて作成してきた国際的企業である。

　政府機関・組織（7名）の関係者は，法務省（司法官），証券取引委員会（COB）2名，経済・財務省の租税一般局（DGI）と税法局，フランス銀行および所得・原価分析センター（CERC）の各機関・組織の関係者であり，COBの1名を除きいずれもCNC委員である。

　民間団体の関係者（5名）は，パリ商工会議所，全国経営者評議会，経理部長・管理部長職協会，全国企業内会計職業協会連盟（UNPC）および全国

図表12-1　連結計算書類委員会（53名）の構成（1992年末）

構　成	人数	内　訳
委員長	1	ペシネー決算監査・経営管理部長*
委員会委員	52	会計士・法定会計監査人（18名）（12名がCNC委員）
		企業経理関係者（15名）：アシェット*（2名），トムソン*，UAP*，プランタン*，SAFマルティニ・ロッシー*，カルノー・メタル・ボックス*，スエズ金融会社，トタル，サン・ゴバン，ラファルジュ，ローヌ・プーランク，ウォーム，スリゴス，ブル
		政府機関・組織関係者（7名）：法務省*，証券取引委員会（COB）*（2名），租税一般局（DGI）*，税法局*，フランス銀行*，所得・原価分析センター（CERC）*
		民間団体関係者（5名）：パリ商工会議所*，全国経営者評議会（CNPF）*，経理部長・管理部長職協会*，全国企業内会計職業協会連盟（UNPC）*，全国株式組織会社協会（ANSA）
		教育関係者（4名）：大学教員（1名がCNC委員）
		その他（3名）：専門誌編集責任者（2名），財務アナリスト*

＊CNC委員（アシェットおよびCOBは1名がCNC委員）
（CNC, 1992b, pp. 7-8に基づき筆者作成）

株式組織会社協会(ANSA)であり,ANSAの1名を除きいずれもCNC委員である。その他の3名は,専門誌編集責任者2名,財務アナリスト1名であり,財務アナリストがCNC委員である。

② 会計専門家主導

図表12-2は,第6章の図表6-4に示した1968年CNC連結報告書・勧告書の研究グループと1992年連結計算書類委員会の構成を比較したものである。

これによれば,1992年連結計算書類委員会のメンバーは,会計士・法定会計監査人と企業経理関係者(委員長を含む)の会計専門家が全体の64.2%を占め,1968年CNC連結研究グループの66.7%とほぼ同一水準であった。全体の約3分の2が会計専門家ということになる。依然として,作業レベルは会計専門家主導である。連結分野は専門家でないと対応できないからである。

また,CNCの委員以外の人材がどの程度メンバーに入っているか(外部委員率)を見てみると,1968年CNC連結研究グループが91.7%(24人中22

図表12-2 1968年連結研究グループと1992年連結計算書類委員会の構成比較

委員会		1968年連結研究グループ		1992年連結計算書類委員会	
		人数(%)	外部委員率	人数(%)	外部委員率
構成	会計士・法定会計監査人	6 (25.0)	100%	18 (34.0)	33.3%
	企業経理関係者	10 (41.7)	90%	16 (30.2)	62.5%
	政府機関・組織関係者	4 (16.7)	100%	7 (13.2)	14.3%
	民間団体関係者	2 (8.3)	100%	5 (9.4)	20%
	教育関係者	0 (0)	―	4 (7.5)	75%
	その他	0 (0)	―	3 (5.7)	66.7%
	CNC事務局	2 (8.3)	50%	0 (0)	―
合計		24 (100%)	91.7%	53 (100%)	43.4%

委員長はいずれも企業経理関係者に含まれている。外部委員率は構成項目ごとの人数における外部委員(非CNC委員)の割合を示している。
(CNC, 1973, p. 78 および CNC, 1992b, pp. 3-5, 7-8 に基づき筆者作成)

人）であったのに対して，1992年連結計算書類委員会は43.4%（53名中23名）であった。

このことは，1968年当時，連結会計の理論と実務に詳しい人材がCNC委員にほとんどいなかったのに対して，それから四半世紀を経た1992年には連結に精通したCNC委員が増えたことを示すものである。しかし，それでも外部人材に依存する割合は4割を超えている。

1992年連結計算書類委員会の構成ごとの外部委員率を見てみると，会計専門家（会計士・法定会計監査人と企業経理関係者）の中でも，企業経理関係者の外部委員率が62.5%と高いのに対して，会計士・法定会計監査人の外部委員率は33.3%と低い。裏を返せば，会計士・法定会計監査人は3分の2がCNC委員であるが，企業経理関係者はCNC委員が3分の1しかおらず，連結に詳しい企業経理関係者は依然としてCNCの委員に少ないことがわかる。

③ 会計専門家率および外部委員率の比較

1968年CNC連結研究グループおよび1992年末の常設4委員会[1]について，各委員会における会計専門家（会計士・法定会計監査人と企業経理関係者）の割合（会計専門家率）と外部委員率を比較したものが図表12-3である。

これによれば，会計専門家率は，1968年CNC連結研究グループが66.7%，1992年末の連結計算書類委員会が64.2%と高いのに対して，金融商品委員

図表12-3 会計専門家率と外部委員率（%）

委員会等		会計士・法定会計監査人		企業経理関係者		会計専門家率	外部委員率
		全体割合	外部委員率	全体割合	外部委員率		
1968年CNC連結研究グループ		25.0	100	41.7	90.0	66.7	91.7
1992年末CNC常設委員会	連結計算書類	34.0	33.3	30.2	62.5	64.2	43.5
	管理会計	14.3	0.0	21.4	83.3	35.7	42.9
	金融商品	21.1	66.7	31.6	100	52.7	70.2
	中小企業	21.4	0.0	3.6	100	25.0	14.2

（CNC, 1992b, pp. 3-11に基づき筆者作成）

会が52.7％，管理会計委員会が35.7％と相対的に低く，中小企業委員会では25％まで低下する。

　すなわち，会計専門家の割合は，連結会計分野が3分の2，金融商品が約半分，管理会計で3分の1，中小企業に至っては4分の1であり，その割合は委員会によって大きく異なっていることがわかる。連結会計関連の委員会が最も高い。

　委員会全体の外部委員率は，連結計算書類委員会が43.5％，管理会計委員会が42.9％，金融商品委員会が70.2％，中小企業委員会は14.2％である。金融商品委員会は外部の人材を7割以上動員したのに対して，中小企業委員会は14.2％に過ぎない。連結計算書類委員会と管理会計委員会はいずれも半分強をCNC内部から動員している。それでもメンバーの43～46％を外部の人材に依存していることになり，決して低いとはいえない割合である。

　これら分析から，領域によっては，CNCは1992年末においても外部の人材に大きく依存していた実態が明らかとなる。特に，企業経理関係者の外部委員率はいずれの委員会においても高い。ここから，企業経理関係者については，外部人材に多くを依存している実態が明らかとなる。

　それでも，会計士・法定会計監査人の外部委員率は，金融を除き大きく低下した。1968年CNC連結研究グループと1992年末の連結計算書類委員会の比較からは，この間，CNCの委員の中に高度な会計技術である連結会計に精通した会計専門家，特に会計士・法定会計監査人が増えたことを窺わせる。

　このことは，代表制委員の構成において，証券市場・財務領域の組織・団体が最も増加していた事実と無関係ではない（第2章参照）。この間に，証券市場の株主・投資者に向けた連結会計情報の充実，連結中心の米国・英国（アングロ・サクソン諸国）基準や国際会計基準（IAS）への対応といった連結会計分野の課題の重要性が高まり，CNCにとって，これに対応可能な人的体制を整える必要性があったからである。

　この点は，連結計算書類委員会の企業経理関係者に，1970年代からすでに米国会計基準，国際会計基準（IAS）あるいは英国会計基準を用いて連結計算書類を作成していたペシネー，トタル，サン・ゴバン，ラファルジュ，

ローヌ・プーランクの名前が見られることからも明らかである。

なお，同じ会計専門家でも，第三者的な立場の会計士・法定会計監査人と異なり，企業経理関係者は特定の営利企業に所属していることから，外部委員の形での参加となっているものと見られる。しかし，連結会計分野の実質的な作業において，国際的企業の経理関係者の果たす役割は大きい。彼らの経験は1970年代から1990年代に連結会計実務の中で培われたものだからである。

また，作業レベルにおける経済・財務省の関与は，弱いとはいえ皆無ではない。1968年CNC連結研究グループには経済・財務省の資料局と国立統計経済研究所の関係者が，1992年末の常設4委員会にはそのすべてに経済・財務省の租税一般局および税法部の関係者（すべて同一人）が入っているからである。

(2) 1993年のCNC組織改革の基本方針と国際的調和化への対応

1992年に，経済・財務・予算大臣が国家会計審議会（CNC）の組織改革の基本方針を表明している。1992年3月10日，当時の経済・財務・予算大臣P.ベレゴボアは，CNCの総会においてその組織改革を宣言した。大臣の演説内容は大きく以下の3つに分けることができる（CNC, 1992a, pp. 3-4）。

① CNCの組織改革

既述のとおり，CNCの委員数の増大は，代表者間の利害調整に時間を要し，迅速な対応を困難なものにする。このため，手続を簡素化し，組織の意思決定の迅速化を図るべくCNCの組織改革に着手する。これと同時に，CNCの決定を有効に実施するための新たな組織を検討する。

また，従来，金融・保険を除く行政的次元に限定されていたCNCの諮問的権限を，法律の次元や国際的な次元の措置を含めたすべての会計的措置に拡大する。

② 検討すべき会計問題

これについては，標準化対象の一般会計と標準化になじまない管理会計との違いの検討，中小企業のニーズに配慮した決算書の簡素化の検討，非営利分野および商業分野の会計標準化の促進，会計と税務の関係に係る接続システムの見直しの適否の検討，プラン・コンタブル・ジェネラル（PCG）の適用義務に係る法律との関係に関する問題の検討，無形資産の会計問題の検討，以上の検討事項が示された。

③ 会計基準の国際的調和

国際面で進められている会計基準の調和化を促進する。その場合，特定の国のモデルを優先するような調和化であってはならないこと，フランスは大きく遅れず大きく進むこともないのがよいとされた。また，国際機関におけるフランスの代表としての CNC の組織体制を強化する必要性が強調された。なお，これに関連して，大臣は公的観点と私的観点を定期的に対照させる仕組みを，フランス的な特徴として挙げている。

以上の大臣の示した方針に基づき，CNC に関する 1957 年 2 月 7 日デクレ（1964 年 3 月 20 日デクレにより一部改正済み）は，1993 年 2 月 1 日デクレにより一部改正される。当該組織改革は，一方では，従来の協議の組織としての特徴を維持しつつ組織のスリム化により意思決定の迅速化を図り，他方では，会計基準の国際的調和化への対応を見据えたものである。すなわち，1993 年の組織改革は，1957 年 CNC システムの基本的枠組みを維持しながら，その一部を手直ししたものといえる。

1993 年デクレの施行は 2 年後とされたが，右派政権への交代もあり，結果的に未施行となった。しかし，ベレゴボア大臣の示した改革の基本方針は 1996 年の組織改革に引き継がれていった。

2. 1996年CNCシステムと会計専門家主導体制への転換

(1) CNCの任務の拡大

1996年の国家会計審議会（CNC）の組織改革は，1996年8月26日デクレに基づき，1957年CNCシステムを廃止し，あらたに1996年CNCシステムを設置するものである。

本書の序章図表0-7に示したとおり，1996年8月26日デクレは，CNCの任務を，「会計領域において，経済セクターの全体に関する意見書および勧告書を発する任務を有する。」（第2条）とし，関係部門，団体または組織と連携して4つの任務を行うものとした（第2条第2項）。

すなわち，1. 会計次元のあらゆる措置に対する事前の意見付与，2. 会計標準化の国際的機関または外国の機関が作成する基準に対する意見付与，3. 勘定の展開に関するあらゆる措置の提案，4. 会計教育，勘定の組織，記入および展開に関して，理論的・方法論的研究の調整と総合，会計情報に関する情報の収集，研究の実施，書類の流布である。

会計標準化の国際的機関または外国の機関が作成する基準に対する意見付与は，CNCの任務を国際面にまで拡大するものである。特に，国際会計基準／国際財務報告基準（IAS/IFRS）に係るフランス代表としての意見付与は新たな重要な任務である。このようにCNCの任務の拡大は，CNC自体の組織にも大きな影響を与えていった。

(2) 1996年CNCシステムの組織構成

1996年のCNC組織改革は，フランスにおける会計規制改革という大きな枠組みの中に位置づけられる。すなわち，CNCの組織改革と1998年における会計規制委員会（Comité de la Réglementation Comptable：CRC）の創設および上場会社の連結計算書類に対する国際会計基準の選択容認（国内基準の適用免除）はセットで考えられている。なお，会計規制委員会（CRC）は，国家会計審議会（CNC）の上部機関として，CNCの作成した会計基準案（意見書（avis）の形をとる）を行政命令である会計規則（règlement）に変換するこ

図表 12-4　1996 年 8 月 26 日デクレに基づく国家会計審議会（CNC）の構成（58 名）

構　成	人数	内　訳
会　長	1	会長人事に関する規定はないが，事実上，専門会計士・法定会計監査人（アーサー・アンダーセンのパートナーで国際会計基準委員会（IASC）元議長）就任
副会長	6	公会計局長，専門会計士協会（OEC）会長，全国法定会計監査人協会（CNCC）会長，企業代表者（2 名），公益法人の代表者
会計専門家	12	専門会計士（4 名），専門会計士協会（OEC）高等審議会の推薦 法定会計監査人（4 名），全国法定会計監査人協会（CNCC）の推薦 企業経理部長（4 名），経理部長職・管理部長職協会，専門会計士有資格者協会推薦
民間部門の代表者	23	商工企業（5 名），手工業セクター，農業セクター，保険法規制企業（2 名），社会保障法規制共済機関，相互扶助法規制企業，金融セクター（4 名），社会経済セクター，財務アナリスト，企業財務部長，労働組合（5 名）
学識経験者	5	最低 2 名は教育関係者
公的部門の代表者	11	経済・財務省 3 名（国立統計経済研究所と国家監督局含む），予算省（2 名），法務省，会計院，証券取引委員会（COB），銀行委員会，保険監督委員会，共済・相互扶助機関監督委員会
合　計	58	

（CNC に関する 1996 年 8 月 26 日デクレおよび CNC のメンバーを推薦する資格のある組織のリストを定める 1996 年 8 月 28 日省令に基づき，筆者作成）

とを役割とする。

　まず，1996 年 CNC システムについて，その組織構成を見てみよう。図表 12-4 は 1996 年 8 月 26 日デクレに基づく CNC の組織構成である。これによれば，CNC は会長 1 名，副会長 6 名および一般委員 51 名，全体で 58 名から構成され，委員数を大幅に削減したことが明らかとなる。

　委員数は 1992 年末の 103 名から 45 名削減（約 44％ 減）された。この 58 名という数は 1964 年の 66 名を下回り，1957 年の創設時の 58 名と同数に戻った。1992 年末の CNC の組織と比較すると，会長補佐副会長の廃止，副会長における全国法定会計監査人協会会長へのポスト指定および企業代表者の 1 名増員，事務局長のメンバーからの除外，財務分野の専門家の加入などの変更が見られるが，CNC の基本的構成は大きく変わっていない。

　会長および副会長以外の一般委員 51 名の内訳を見ると，会計専門家（12 名），民間部門の代表者（23 名），学識経験者（5 名）および公的部門の代表者（11 名）により構成され，1957 年 CNC システムの基本的構成が維持されているのがわかる。すなわち，1996 年の CNC の組織改革は，1993 年の組

織改革を引き継ぎ，CNC の基本的構成を維持しつつ委員数を大幅に削減したものである。

ただし，1996 年の組織改革は 1993 年の組織改革と異なり，会計専門家の職種と人数，民間部門の代表者の数とセクター，学識経験者の人数をデクレが定める方式とした。また，会計専門家および民間部門の代表者の選出に係る推薦母体は，これを CNC 会長が経済担当大臣に提案し，同大臣が決定するものとした。

(3) 協議の組織としての特徴の堅持

1996 年 CNC システムは，1957 年 CNC システムの「協議の組織」としての特徴を堅持し，引き続き委員ポストのバランスと平等性に配慮している。ただし，1996 年デクレが，メンバーを定める規定において，1957 年 CNC システムとは逆に会計専門家，民間部門の代表者，学識経験者，公的部門の代表者の順番で規定した点は印象的である。会計専門家が公的部門の諸機関よりも優先されていると見られるからである。

図表 12-5　民間部門の代表者，推薦数，推薦母体および関係領域

民間部門の代表者	人数	推薦母体	関係領域
商工企業（経営者）	5	全国経営者評議会，民間企業協会，全国株式組織会社協会，中小企業総同盟，商工会議所会頭総会	企業会計
手工業セクター（職人）	1	手工業会議所常設総会	極小企業の会計
農業セクター（農業者）	1	農業会議所常設総会議，農業経営組合全国連盟，および青年農業者連盟全国センター	農業会計
金融セクター（金融機関等）	4	金融機関，フランス投資企業協会	金　融
保険法規制企業	2	フランス保険会社連盟，相互保険団体	保　険
社会保障法規制共済機関	1	共済機関技術センター	社会保障法規制共済
相互扶助法規制企業	1	全国相互扶助連盟	相互扶助
社会経済セクター（NPO 等）	1	相互扶助・共同・協会活動リエゾン全国委員会	公益・非営利会計
財務アナリスト	1	財務アナリスト協会	証券市場・財務
企業財務部長	1	フランス企業財務部長職協会	証券市場・財務
労働組合（従業員）	5	労働総同盟，フランス民主労働総同盟，労働者の力，フランス・キリスト教労働者総同盟，幹部職員総同盟	企業会計，従業員利益分配
合　計	23		

（1996 年末の国家会計審議会（CNC）の人的構成に基づいて筆者作成）

1) 会計専門家

1992年末のCNCの組織と比較すると，会計専門家は各推薦母体の推薦枠が8名から4名に半減された。しかし，図表12-4に示すとおり，推薦枠の配分は以前と同様にバランスと平等性に配慮している。

2) 民間部門の代表者

1992年末のCNCの組織と比較すると，民間部門の代表者は20名から23名となった。しかし，図表12-5に示すとおり，かつて会計専門家の推薦制委員を出していた企業経営者団体および労働組合が代表制委員の組織・団体になったことを考慮しなければならない。

かつての推薦制には代表制的な意味合いがあった点は前に指摘したが，これを実態に即して改正したものと見られる。この点を考慮すれば，民間部門の代表者は実質的に20名から12名に削減されており，特に会計教育，会計職業教育・実務家養成に関する組織・団体がメンバーからすべて除外された。

また，推薦枠の配分にはバランスと平等性が堅持されていることがわかる。特に，経営者側の商工企業の推薦枠と従業員側の労働組合の推薦枠が同数（5名）である点が象徴的である。

3) 学識経験者

かつての隣接諸科学の専門家は「学識経験者」となり，その数は10名から5名に半減された。CNC会長が推薦する点や，事実上，会計学の大学教員などが選任されている点は，以前と変わらない。

4) 公的部門の代表者

委員のポストが指定される公的部門の代表者は，1992年末のCNCの組織と比較すると，28名から11名に大幅に削減され，経済・財務省，予算省，法務省以外の省庁はすべてメンバーから除外された。また，CNCの任務の拡大に伴い，新たに金融・保険セクターの規制機関の代表者が加えられた。

(4) 政府／経済・財務省の関与の低下と会計専門家主導の運営

① 公的部門の大幅削減による組織のスリム化

図表12-6に示すとおり，1996年CNCシステムは大幅なスリム化を図り，

図表12-6　国家会計審議会(CNC)の構成（1992年末と1996年改正時の比較）

構　成	1992年末	1996年改正時	増　減
会　長	1	1	±0
会長補佐・副会長	1	0	−1
副会長	4	6	+2
事務局長	1	0	−1
公的部門代表者	28	11	−17
民間部門代表者	20	23(13)	+3(−7)
会計専門家	38	12(22)	−26(−16)
学識経験者	10	5	−5
合　計	103	58	−45

カッコ内の数値は、民間部門の商工企業と労働組合の代表者を1992年末と比較可能にするために調整した数値である。学識経験者の1992年末の数値は隣接諸科学専門家の数値。
（筆者作成）

特に、公的部門の代表者を大きく削減した。会長には民間の会計専門家が就任し、副会長職は公会計局長が務めるほか、専門会計士協会（OEC）高等審議会会長、全国法定会計監査人協会（CNCC）会長、企業代表者（2名）、非営利団体代表者から構成され、6名のうち5名は民間部門であり、公的部門は公会計局長指定の1ポストのみとなった。

また、民間部門代表者数は公的部門代表者数を上回った。さらに、以前は突出していた経済・財務省からの委員数は1名に削減され、学識経験者は5名に削減された。

ただ、公的部門代表者では、予算省（2名）、国家監督局、国立統計経済研究所を含めた経済・財務省関連の委員は5名に上り、1992年末から半減したとはいえ、依然として公的部門の半数近くを占めていた。

さらに、1996年CNCシステムにおいて、会計専門家は表面上大きく削減されているように見えるが、これは既述のとおり企業経営者団体と労働組合の推薦枠が民間部門の商工企業と労働組合の代表者に移行しているためである。この両者の委員数10名（5名＋5名）を会計の専門家に含めれば、実質的には22名となる。

1996年 CNC システムでは，組織のスリム化が一律に行われたわけではない。商工企業（企業経営者団体）および労働組合を調整した数値で比較すれば，公的部門代表者17名減（−61％），民間部門代表者7名減（−35％），会計専門家16名減（−42％），学識経験者（1992年末の数値は隣接諸科学専門家）5名減（−50％）となる。すなわち，CNC 組織のスリム化は各範疇の委員をほぼ半減したが，削減率は公的部門代表者の方が民間部門代表者および会計専門家より大きい。また，民間の会計専門家が会長に就任したことにともない，公的部門の比重はさらに低下した。

② 政府／経済・財務省の関与の低下

後掲の図表12-9に基づいて，経済・財務大臣および CNC 会長の権限に関して，1957年 CNC システムと1996年 CNC システムを比較してみると，1996年 CNC システムは CNC 会長の権限を大きく強化したことがわかる。

経済・財務大臣の権限に関しては，既述のとおり，1996年 CNC システムは，会計専門家の職種と人数，民間部門の代表者の数とセクター，学識経験者の人数をデクレが定める方式とした。

この人事に関する経済担当大臣の権限は縮小したが，代表制委員および会計専門家の推薦組織・団体の決定権は同大臣に残した。つまり，会計専門家および民間部門の代表者の選出に係る推薦母体は，CNC 会長の提案に基づき経済担当大臣が決定するのである。

③ 会計専門職の会長就任と会計専門家主導の体制構築

1996年 CNC システムの最も重要な点は，会長に民間の人材を登用した点にある。会長に就任した G. バルテス・ドゥ・リュイテールは，アーサー・アンダーセンのパートナーで国際会計基準委員会（IASC）の議長を務めた専門会計士・法定会計監査人である。

国際的な監査事務所出身者，しかも IASC のボード・メンバーを経験した会計専門家を会長とする人事は，前述の証券市場・財務といった関係領域の拡大，国際会計基準対応への CNC 任務の拡大と密接に関係している。

すなわち，上場会社の証券市場（株主・投資者）向け情報の整備，国際的

に活動するフランス企業による国際的に一般化している会計実務への対応，グローバル・スタンダード化しつつある IAS への対応と調和化の問題などの重要性が高まり，当該課題への対応を CNC の任務に加えるとともに，これに対応可能な人的体制を構築するための象徴的な人事が，この会長職への民間人登用であると考えることができる。

また，1957 年 CNC システム，すなわち，パブリック・セクターが強く関与し，政権を担当する政治勢力の経済政策がその運営に大きな影響を及ぼす官僚主導のシステムでは，民間の会計プロフェッション（職業会計人）中心の IASC との交渉上，不都合が多い。

そこで，1996 年 CNC システムは，民間の会計専門家主導の体制に転換を図ったものと考えられる。CNC 会長の権限と事務局機能の強化は，政府／経済・財務省からの一定の自立性を備えた組織体制の構築を目指したものである。なお，会長職への民間人の登用はその後も行われた。

当該体制の構築は上記課題に精通した CNC 委員の増加と密接に関係しており，このような会計専門家の増加を可能にした要因として 1970 年代以降の国際的企業の連結会計実務の経験がある。

④　意思決定の迅速化

1996 年 CNC システムでは，緊急対応の組織として，緊急委員会（comité d'urgence）が設置された（1996 年 8 月 26 日デクレ第 6 条）。当該委員会のメンバーは，会長，副会長 6 名，法務省法務官，経済担当大臣代表者，予算担当大臣および証券取引委員会（COB）の代表者の計 11 名から構成される。公会計局長指定の副会長を含め公的部門からが 5 名，民間部門からが 6 名である。なお，会長と 6 名の副会長は CNC の幹部であり，「ビュロー（bureau）」と呼ばれる幹部会議を開催する。

当該委員会は，緊急の意見を必要とする会計基準の解釈または適用に関するあらゆる問題を審議する。審議事項は CNC 会長または経済担当大臣がこれを提起する。審議期間は最大 3 か月と定められている（同デクレ第 6 条第 2 項）。当該委員会の設置により，CNC の意思決定の迅速化が期待された。

(5) 1998年の会計制度改革
① 1998年4月6日法律

1996年CNCシステムは，一方ではCNC会長の権限を強化し，民間の会計専門家を会長に就任させることで会計専門家主導体制への転換を図り，他方では事務局機能を強化し組織の自立性を高めるものであった。当該組織改革は，会計の国際化対応に備える1998年の会計制度改革と一体的なものとして捉えられる。

1998年の会計制度改革は「会計規制改革と不動産公示制度の適合に関する1998年4月6日法律第98-261号」に基づくものである。1998年4月6日法律は，次の3つの点で極めて重要な法令である。

- CNCの意見書を行政命令に変換する会計規制委員会（CRC）を創設した（第1～5条）。
- 上場会社の連結計算書類の作成上国内基準の適用を免除し，国際会計基準の適用を法的に容認した（第6条）。
- プラン・コンタブル・ジェネラル（PCG）の一般的・漸次的適用の法的枠組みに係る「税務訴訟の改革と各種税務的整備に関する1959年12月28日法律第59-1472号」第55条を廃止した（第9条）。

なお，公会計規則が適用される公法上の法人は，同法律に基づく会計制度改革の対象から除外された（第1条第3項）。

② 会計規制委員会（CRC）の創設

会計規制委員会（CRC）はCNCの作成した会計基準案を行政命令（règlement）に変換する権限を有する。会計規制委員会（CRC）の構成メンバーからは，経済・財務省による直接的なコントロールの存在を認識することができる。図表12-7は1998年4月6日法律第2条が定めるCRCの組織である。

これによれば，構成員15名のうち，CNCメンバーが8名，政府行政・司法機関関係者[2]が7名である。しかも，CNCメンバーは会長を含めて全員が民間の会計の専門家である。この点からはCRCは民間部門優位で会計専門家主導の組織のように見える。

しかし，CRC委員長に経済担当大臣（またはその代表者）が，副委員長に

図表12-7　会計規制委員会(CRC)の組織

構　成	人数	構成メンバー	選出方法
委員長	1	経済担当大臣または代表者	指　定
副委員長	1	法務大臣または代表者	指　定
委　員	1	予算担当大臣または代表者	指　定
	3	コンセイユ・デタ(副院長が人選),会計院(第一院長が人選),破毀院(第一院長と検事長が人選)のメンバー各1名	各機関が人選・指名
	1	証券取引委員会(COB)の委員長または代表者	指　定
	1	CNC会長	指　定
	7	会計専門家・CNC委員(OECCA会長または代表者,全国法定会計監査人協会(CNCC)会長または代表者,3名の企業代表者,2名の従業員組合代表者)	CNC会長の提案に基づき経済担当大臣が任命

(1998年4月6日法律第2条に基づき筆者作成)

は法務大臣(またはその代表者)が指定されており,政府/経済・財務省の強い関与が窺われる。経済担当大臣自身(またはその代表者)が委員長に指定されていることからも,政府/経済・財務省がCRCを直接コントロールしているといっても過言ではない。

さらに,CRCが採択した会計規則は,最終的に省令がこれを承認しなければ法的効力を生じない。当該省令は,経済担当大臣,法務大臣,予算担当大臣の共同省令である(規則が社会保障法規制の共済機関または相互扶助法規制の機関に関わる場合には社会保障担当大臣がこれに加わる)(1998年4月6日法律第5条)。

これにより,会計専門家主導のCNCが政府の意に反する会計基準案を採択したとしても,政府/経済・財務省のコントロール下にあるCRCでは,当該基準案をそのまま通すことは難しい。政府の意に反する規則は,たとえCNC段階で採択されても,共同省令がこれを承認しない限り効力を生じないからである。すなわち,会計基準に係る最終的な権限は政府/経済・財務省が握っており,当該権限を通じて,会計基準の設定の全体を直接コントロールしているのである。

3. 2007年CNCシステムと新会計規制機関への移行

(1) 2007年におけるCNCの改革
① 2段階の会計規制改革

2007年4月27日デクレ第2007-629号は，1996年CNCシステムを廃止し，新たに2007年CNCシステムを設置した。この2007年における組織改革は，2007～2010年におけるフランスの会計規制改革の第1段階をなすものである (CNC, 2007, p. 5)。これに続く第2段階は2010年における会計基準庁 (ANC) の設置である。

このCNCの組織改革はCNCから後継組織のANCへの移行を見据えて実施されたものである。2007年CNCシステムがそのままANCのシステムとなっているからである。これにより，CNCはその長い活動の歴史を閉じることになった。

② 改革の背景

この改革の背景については，当時の経済・財務・産業大臣T. ブルトンが4月6日付談話の中で明確にしている (CNC, 2007, p. 3)。それによれば，一つは2005年からのEU域内の上場会社の連結計算書類に対する国際会計基準の強制適用および国際的次元での会計基準競争があり，もう一つはブランド（買入・内部創出）の資産計上の会計問題が挙げられている。

特に，上場会社に対する国際会計基準の強制適用は，当該方面でのCNCの役割に極めて大きな影響を与えた。ブルトンは，経済・財務・産業省の関係部局が連携した改革案の作成を要請した。その際，投資家の行動や企業の経営行動に対する当該基準のインパクトを考慮する必要性を強調している。

③ CNC会長報告の改革案

上述の大臣の要請を受けて，CNC会長J.-F. ルプティが4月6日付改革案を報告した (CNC, 2007, p. 4)。この報告書によれば，全セクターの20人（企業関係者，監査人，職業団体関係者など）にヒアリングした結果，国際会計

基準は非常に革新的かつ構造化されているので私会計・公会計の基準に大きな影響を与えるという認識が共有されていることがわかった。

同報告書は，財務報告のように変化しやすい領域では，フランスの現行の複雑な標準化システム（CNC-CRC）はもはやこれに適合しないこと，および法律，政令，省令という異なる3つの法的次元の基準が構築されていることの問題点を指摘した。さらに，現行システムには，国際会計基準を中心とした新しい環境において，フランス企業の利益になる行動手段がない。

このため，十分構造化され，効率的で信頼性・透明性の高い会計規制機関を新たに設置し，戦略的な見通しを立てることのできる人材を結集すべく会計標準化システム全体を改革することが必要とされた。

④ 改革案の要点

このように，CNCを諮問機関の段階から，固有の手段を持つ会計基準の規制機関の段階へ移行させなければならないことが明らかになった。その際，それは会計領域の利害関係者の全体の代表機関として認識されるものでなければならない。その任務としては，次の3点が挙げられた。

1) すべての仏企業の個別計算書類に適用される国内会計基準を採択すること（この後省令により承認）。私的セクターに適用される国内の私会計基準の全体を作成し，必要な場合にその現代化を図る（公会計規則に従う公法上の法人を除く）。

2) 会計標準化の国際機関により作成される基準とその解釈に対して意見を付与すること。上場会社の財務コミュニケーションの標準となっている国際会計基準の変化に貢献するため，国際会計基準の国際的交渉に備え，これに参加する体制を整える。国際会計基準に関する新組織の作業を方向づける。

3) 公会計と私会計の標準化プロセスの間に有用なシナジーを確立すること。特に公会計基準委員会（Comité des Normes de Comptabilité Publique：CNCP）の作業を準備する（公会計規則に服する法人に適用される基準に関して意見書を準備する）。

図表 12-8　2007 年 CNC システムにおける組織

構　成	人数	構　成　員
コレージュ (16名)	6	コンセイユ・デタ評定官（副院長が人選），破毀院裁判官（第一院長が人選），会計院評定官（第一院長が人選），金融市場局（AMF）の代表者（同委員長が人選），銀行委員会の代表者（同委員長が人選），保険・相互扶助監督局（同委員長が人選）
	9	経済・会計分野の学識経験者（企業および職業会計人の代表的組織に相談後，経済担当大臣が人選）。この中から経済担当大臣が会長を任命
	1	労働組合の代表者（労働組合に相談後，経済担当大臣が人選）
専門委員会 (常設)	9	国際会計基準委員会（議長・副議長はコレージュのメンバー）
	9	私会計基準委員会（議長・副議長はコレージュのメンバー）
諮問委員会	25	経済・社会の代表者（このうち 2 名は労働組合代表者）（コレージュ会長の意見に基づき経済担当大臣が任命）（任期 3 年・重任可）
事務局		事務局長はコレージュ会長の意見に基づいて経済担当大臣が任命

（2007 年 4 月 27 日デクレに基づき筆者作成）

(2) 「協議の組織」の特徴の変容

　上記改革案に基づいて，2007 年 4 月 27 日にデクレが採択された。図表 12-8 に示すとおり，2007 年 4 月 27 日デクレに基づく 2007 年 CNC システムでは，国家会計審議会の組織はコレージュ（collège），専門委員会（commissions spécialisées），諮問委員会（comité consultatif）および事務局（direction générale）の 4 つで構成される（同デクレ第 3 条）。なお，2007 年 CNC システムは新組織 ANC のシステムであるといってよい。

①　コレージュ

　コレージュは 16 名の委員からなる CNC の意思決定・執行機関である。その構成は，公的部門 6 名，経済・会計分野の学識経験者（企業代表者・職業会計人組織代表者）9 名，労働組合代表者 1 名である。民間部門優位の構成である。

　コレージュの会長は経済・会計分野の学識経験者から経済担当大臣が任命する（2007 年 4 月 27 日デクレ第 3 条）。公的部門の委員はデクレが指定した機関で人選が行われるが，公的部門以外の委員は，経済担当大臣が代表組織と相談の上これを選任する。

　コレージュの決定は出席者による多数決に基づき，同数の場合には会長の

意見が優先される。審議事項は会長または経済担当大臣がこれを提出できる。審議期間は3か月以内と制限されている（同デクレ第5条）。

このように，コレージュはメンバー数をしぼり，審議期間を制限して意思決定の迅速化を図った。また，そのメンバー構成は民間部門優位，経済・会計分野の学識経験者中心である。民間部門には企業代表，会計専門職組織代表，労働組合の代表といった伝統的な代表制的要素も見られるが，代表はこの3つの範疇に限られている。

公的機関は主に法的観点からチェックを行う機関と証券・金融・保険等の規制監督機関である。後継組織のANCは，従来のCNCとCRCを統合し，金融・保険分野を含めた基準案を自ら作成しこれを規則として定める権限を付与されるのであるが，公的機関の顔ぶれはこの仕組みを想定したものである。この点で，コレージュはCRCに相当するものである。

CNC付政府委員（国庫・経済政策局長またはその代表者が就任）はコレージュに出席できるが，議決権を持たない。3日以内に2度目の討議を要求できるだけである（同デクレ第3条Ⅲ）。

② 専門委員会

コレージュは専門委員会に基準作成など作業を委任することができる。常設の専門委員会としては，国際会計基準委員会と私会計基準委員会の2つが定められている（同デクレ第3条Ⅵ・Ⅶ）。このことは，国際会計基準と私会計基準の2つがCNCの取り組む主要課題であることを示している。

国際会計基準委員会は，各種国際機関と連携して，会計標準化の国際組織により作成される基準に対してコレージュの意見案を準備する（同デクレ第3条Ⅵ）。私会計基準委員会は，会計書類を作成する義務のあるすべての個人・法人に適用される国内の会計的措置に対して，コレージュの意見案を準備する（同デクレ第3条Ⅶ）。いずれの委員会も9名の委員からなり，コレージュの会長がそのメンバーから委員長と副委員長を任命する[3]。

③ 諮問委員会

諮問委員会は経済・社会の代表者25名からなる。このうち2名は従業員

を代表する労働組合の代表者である(同デクレ第3条Ⅷ)。メンバーは,会計基準のさまざまな利用者の範疇(決算書の作成者,監査人,投資者,財務アナリスト,大学教員および従業員など)の代表者からなる(CNC, 2007, p. 6)。

このことから,伝統的な協議方式の特徴が諮問委員会に残されたことがわかる。しかし,諮問委員会のメンバーにはCNCの決定に係る議決権がない。コレージュの会長は少なくとも年に1度諮問委員会を開催し,活動報告書と年間作業プログラムを提示しなければならないが(2007年4月27日デクレ第5条),諮問委員会の委員はこれに意見を述べることができるだけである。この点で,「協議の組織」の特徴は大きく後退したといえる。

④ 事務局

事務局は事務局長が統括する。事務局長はコレージュの会長の意見に基づいて経済担当大臣が任命する。事務局の組織は事務局長の提案に基づきコレージュが決定する(同デクレ第7条)。つまり,事務局の組織は,事務局の独立性を確保できるよう,CNC自身が決定できる形に改正されている。

なお,租税一般局の代表者はCNCの審議に参加できるが,議決権のないオブザーバーに過ぎない(同デクレ第6条)。この点でも,2007年CNCシステムにおける経済・財務省(租税部門)の関与の低下は明らかである。また,国の行政機関の管轄に関わる問題については,当該機関の代表者がオブザーバーとして参加できる(同デクレ第6条)。

(3) 政府／経済・財務省による人事権・承認権の保持と民間主導の運営

コレージュの公的部門のメンバーには6つの機関が指定されている。これに対して,民間部門の経済・会計の学識経験者9名と労働組合の代表者1名は,企業の代表組織,職業会計人の代表組織および労働組合と相談の上,経済担当大臣がこれを人選する。会長は経済・会計の学識経験者の中から経済担当大臣が任命する。

ここから,コレージュが大企業と大手監査事務所の関係者を中心とした民間主導であること,民間部門のメンバーの人事権は最終的に経済担当大臣が握っていることが,明らかである。

figure 12-9　国家会計審議会(CNC)システムと経済・財務大臣／CNC会長の権限の変遷

CNCシステム	経済・財務大臣の権限[1]	CNC会長の権限[2]
1957年CNCシステム（1957年デクレ・1964年一部改正）	・PCGなどの会計基準の承認 ・経済問題担当大臣による諮問（第1条） ・CNCの全構成メンバーの任命（第5条） ・CNCの運営に係る内規案の承認（第7条）	・15名の専門家の推薦（第4条） ・退任委員の後任人事（改正第5条） ・外部協力者の人選と連絡員の設置（第6条） ・CNCの運営に係る内規案の提案（改正第7条）
1993年一部改正（1993年デクレ）	（権限追加） ・代表組織・団体と人数の決定（改正第4条） ・会計分野学識経験者の人数の決定（同第4条） ・会計専門家の人数・提案方法の決定（同第4条） ・事務局の組織の決定（改正第7条）	（権限追加） ・事務局長の監督（同第7条） （権限削除） ・15名の専門家の推薦
1996年CNCシステム（1996年デクレ）	・PCGなどの会計基準（後にCRC規則）の承認 ・経済担当大臣による諮問（第1条） ・CNCの全構成メンバーの任命（第4条） ・代表制委員の推薦組織・団体の決定（第4条） ・会計専門家の推薦組織の決定（第4条） ・内部組織に係る内規の承認（第5条） ・緊急委員会の審議事項の提出（第6条） ・事務局長の任命（第8条） ・事務局組織の決定（第8条）	・代表制委員の推薦組織・団体の提案（第4条） ・会計専門家の推薦組織の提案（第4条） ・学識経験者5名の推薦（第4条） ・セクション／緊急委員会最終決定権（第5条） ・内部組織に係る内規案の提案（第5条） ・セクション委員長の選任（第5条） ・緊急委員会の審議事項の提出（第6条） ・外部協力者の人選と連絡員の設置（第7条） ・事務局長の任命に係る事前の意見（第8条） ・事務局長の監督（第8条） ・事務局組織の提案（第8条）
2007年CNCシステム（2007年デクレ）	・CRC規則の承認 ・経済担当大臣による諮問（第1条） ・経済・会計学識経験者9名の人選（第3条） ・経済・会計学識経験者9名から会長任命 ・労働組合代表者の人選 ・諮問委員会委員の任命 ・コレージュでの審議事項の提出（第5条） ・事務局長の任命（第7条）	・諮問委員会委員の人選に係る意見（第3条） ・コレージュでの審議事項の提出（第5条） ・コレージュでの最終決定権（第5条） ・外部協力者の人選（第6条） ・事務局長の任命に係る事前の意見（第7条）

1) 1996年CNCシステムおよび2007年CNCシステムでは経済担当大臣の権限。
2) 2007年CNCシステムではコレージュの会長。
(1964年・1993年一部改正の1957年2月7日デクレ，1996年8月26日デクレおよび2007年4月27日デクレに基づき筆者作成)

国際会計基準／国際財務報告基準（IAS/IFRS）に係る国際機関と交渉できる人材は国ではなく国際的監査事務所や大企業の経理部門に存在し，また国家の政策に大きく影響を受けるシステムでは国際的な信頼性が得られないという認識が，その背景にあるものと見られる。

　しかし，運営が特定の関係者に偏ることがないよう，メンバーの人事権は国が保持してこれを監督する。図表12-9は経済・財務大臣およびCNC会長の権限の変遷をまとめたものである。

　協議方式の特徴が大きく後退する中，CNC会長の権限を強化し民間主導の運営に転換を図る一方で，国の関与は低下してきた。しかし，政府／経済・財務省が人事権と省令による会計基準の承認権を保持することで，国が会計基準の設定を最終的にコントロールする点は，一貫しているといえる。

［注］
(1) 1992年末の連結計算書類委員会以外の3委員会の場合，管理会計委員会は企業内部のマネジメントの問題に関わるのであるが，委員会の構成は企業経理関係者，政府機関・組織関係者および民間団体関係者がいずれも6名（21.4％）と最も多く，外部委員率は企業経理関係者が83.3％と高い。なお，委員長にはユジノール社の経理部長が就任している。

　　金融商品委員会はデリバティブなど当時の新たな会計問題に関わることから，委員会の構成は銀行などの金融機関・財務企業の経理関係者と金融規制関連の政府機関関係者が中心で，いずれも18名（31.6％）と最も多い。企業の経理関係者の外部委員率は100％である。なお，委員長には銀行委員会の幹部が就任している。

　　最後の中小企業委員会は中小企業の会計問題に関わるのであるが，委員の構成は中小企業政策関連の政府機関関係者が11名（39.2％）と最も多い。企業経理担当者は1名（3.6％）に過ぎず，しかもCNC外部の人材である。なお，委員長にはパリ商工会議所名誉副会頭が就任した（CNC, 1992b, pp. 3-11）。

(2) コンセイユ・デタは政府の準備する法令案について意見を発する権限と行政裁判の最上級裁判所としての権限を持つ。また，破毀院は民事・刑事の最高司法裁判機関である（Cornu, 1990, pp. 188, 217, 山口, 2002, 112, 132頁）。COBは，上場企業の開示情報の監督を通じて，証券市場における財務会計情報の改善に取り組んできた。なお，当時のCOB幹部のIASに対するスタンスについては，大下・小津・藤田（1999, 96-99頁）を参照。

(3) なお，後のANCでは，専門委員会のメンバーのうち，一般委員は事実上すべて外部委員である。

第13章
会計基準の適用方式の改革と
国際会計基準適用の法的枠組み

　本章では1998年の会計制度改革を取り上げ，会計基準の適用方式の改革および連結計算書類に対する国際会計基準／国際財務報告基準（IAS/IFRS）の適用の法的枠組みを検討したい。

1. 会計基準の適用方式の改革

(1)　1998年4月6日法律による会計制度改革と会計規制委員会の創設

　既述のとおり，「会計規制改革と不動産公示制度の適合に関する1998年4月6日法律第98-261号」の会計制度改革は，会計規制委員会（CRC）の創設と会計基準の法的効力の強化（同法律第1～5条），上場会社における連結計算書類の作成基準としての国際会計基準の法的容認（第6条），およびプラン・コンタブル・ジェネラル（PCG）の一般的・漸次的適用の法的枠組みに係る「税務訴訟の改革と各種税務的整備に関する1959年12月28日法律第59-1472号」第55条の廃止（第9条），を主要な内容とする。

　当該改革は従来の会計基準の適用方式を大きく変えるものであるという点を，まず取り上げたい。1998年4月6日法律は，新たに会計規制委員会（Comité de la réglementation comptable：CRC）を創設した。当該機関は，第12章で明らかにしたとおり，CNCの作成した会計規則案であるCNC意見書を，行政命令としての規則（règlement）に迅速に変換する権限を持つ（同法律第1条）。

EC会社法指令第4号と第7号の国内法化により1980年代に導入された強い法的強制力を持つ商法典の会計規定が存在すること，経済活動の多様化・高度化に伴い証券取引委員会（COB）などの他の機関・組織が会計関連の指針を表明することが増えたこと，また連結会計次元では，国際会計基準の影響が大きくなったこと，などがCRC創設の背景にあったものと考えられる。すなわち，これらに対処するために，会計基準の法的効力の強化，会計基準の設定に係る権限の集中，国際会計基準の適用のコントロールを図るのが目的だったのである。

　CRCが採択した会計規則は，最終的に省令がこれを承認しなければ法的効力を生じないが，CNCの意見書案を迅速に法的強制力のある行政規則に変換することができる。また，CRCは国際会計基準への迅速な対応の点でも極めて重要な役割を有する。すなわち，1998年4月6日法律の第6条が上場会社の連結計算書類に対する国際会計基準の適用を容認する規定を設けているが，国際会計基準の適用はCRCの規則が承認している基準に限られる。使用可能な国際会計基準を「会計規制委員会が承認したもの」とすることで，CRCが国際会計基準の使用をコントロールする仕組みを構築したのである。

(2) PCGの適用方式の改革
① PCGの法的効力の強化

　第3章で明らかにしたとおり，プラン・コンタブル・ジェネラル（PCG）は，当初からそれ自体法的強制力を持たない。税務法令や公会計関係法令など会計義務規定をともなう関連諸法令がその適用を指示することで初めて，強制力が生ずるものであった。

　1998年4月6日法律による会計制度改革はこの適用方式を大きく変えるものであった。上述のとおり，CNCの会計規則案をCRCが規則に変換しこれを省令が承認すると，当該CRC規則は年次計算書類などの会計書類（documents comptables）を作成するすべての個人・法人がこれを遵守（respecter）しなければならないものとなる（同法律第1条第2項）。なお，会計書類は年次計算書類（貸借対照表，成果計算書および注記・附属明細書）のみ

ならず，日記帳や総勘定元帳などの帳簿書類をも含むものと見られる。

　すなわち，CRC の規則は依然として省令による承認（homologation）が必要であるものの，ひとたび承認されると上記第1条第2項の規定に基づきそれ自体が行政命令として強制力を持ち，会計書類の作成義務のあるすべての個人・法人に適用されるのである。これにより，PCG の法的効力は強化された。

　これにともない，同法律の第9条は，約40年の長きにわたり PCG の一般的適用の法的根拠であった前出「税務訴訟の改革と各種税務的整備に関する1959年12月28日法律」第55条を廃止した。これにより，課税利益計算の一般基準としての PCG の利用と「接続性の原則」はなお維持されるものの，上記第55条に基づく税法と PCG の一体的な標準化のシステムは終焉を迎えた。本書の第3章で明らかにしたとおり，同条に基づいて業種別委員会の作成する多数の業種別プラン・コンタブル（業種別 PC）が各業種に適用され，40年の間にこれら業種別 PC が実務に浸透し，PCG の当該一般的適用のシステムは一定の役割を果たしたのである。

　筆者は，この第55条システムの廃止は会計標準化の旧システムから新システムへの移行を象徴的に表すものと考える。すなわち，PCG の適用が税法の枠組みを用いることにより，経済・財務省・課税当局の PCG への影響力あるいは CNC への影響力が強くなると見られるが，その枠組みの廃止はこれら影響力の低下を招来するものと考えるからである。

　CRC の創設後，PCG は1999年4月29日会計規制委員会（CRC）規則第99-03号として改訂・公表された。当該規則（1999年 PCG）は PCG から任意的部分の分析会計を，一般会計から別個の規則となる連結会計原則部分を切り離し，1999年6月22日経済・財務省令による承認を経て，年次計算書類（貸借対照表，成果計算書および注記・附属明細書）の作成義務のあるすべての個人または法人に適用されるものとなった（同規則第110-1条）。

　当該規則はそれ自体が適用の義務と範囲を定め，諸法令が年次計算書類の作成を義務づけるすべての個人・法人が対象であるとしている。その適用範囲は広く，商工企業に限定されない。このようなオープンな形での適用範囲の画定は，一般的性格の共通基準としての PCG の特徴に適合するものであ

る。ただし，この「年次計算書類」は前出1998年4月6日法律の定める「会計書類」を構成する書類であり，1999年PCGはその適用対象を年次計算書類の作成義務のある事業者に絞っている。これにより，年次計算書類の作成義務が免除される零細事業者（ミクロ企業など）は適用対象外となる[1]。

② PCGと商法典の関係の変化

PCGはその法的効力を強化したとはいえ，省令による承認を経た行政命令であり，依然として最も法的強制力のある商法典（商法・会社法を統合）の会計規定より下位に位置づけられることに変わりはない。このため，基準の内容に関して，PCGは商法規制の制約を受ける。経済・財務省主管のPCGは，商法典に反する内容を定めることが難しく，もし商法規定と相いれない内容を導入する場合には，法務省主管の商法典の改正を必要とする。法律の改正には国会での手続を経る必要があり，これには多大な時間と労力を要する。

第4章で明らかにしたとおり，商法会計規制とCNCの標準化作業とのリンケージが図られたが，それも限定的であった。この意味では，立法府（議会）が会計の重要事項をコントロールしているとも考えられるが，経済活動の国際化・グローバル化の時代にあって，PCGの限界はその点にあったものと見られる。そこで，上記のリンケージは商法会計の計算規定におけるPCG設定機関への委任の度合いを高める形で強化されることになった。

すなわち，2009年1月22日オルドナンス第2009-79号第5-Ⅰ条により改正された現行商法典L123-15条第2項は，「国家会計審議会（CNC）」を2009年新設の「会計基準庁（ANC）」に改正した上で，「自己資本の構成要素はデクレがこれを定める。貸借対照表および成果計算書の諸項目の分類ならびに注記・附属明細書の記載事項は会計基準庁の規則がこれを定める。」と規定した。貸借対照表・成果計算書の諸項目の分類および注記・附属明細書の記載事項は，PCG設定機関であるANCの規則が直接これを定めるとされたのである。

貸借対照表・成果計算書の最低限の項目および注記・附属明細書の記載事項の法定は維持されているものの，これら事項の詳細については，PCG設

定機関の規則への委任が表明されたのである。また，活動セクター別適合における PCG 設定機関（ANC）への意見聴取の規定も維持されている。ただ，当該リンケージはそれでもなお部分的であり，貸借対照表・成果計算書の項目および注記・附属明細書の記載事項などに限定されている。

(3) 連結会計基準の適用方式の改革
① 連結会計基準の法的効力の強化

既述のとおり，プラン・コンタブル・ジェネラル（PCG）は，一般会計部分から連結会計原則を切り離した上で，会計規制委員会（CRC）規則第 99-03 号（1999 年 PCG）として改訂・公表された。PCG から切り離された連結会計原則は，1999 年 6 月 22 日省令による承認を経て，「商事会社および公企業の連結計算書類に関する会計規制委員会（CRC）規則第 99-02 号」（1999 年連結会計規則）として公表された。

1999 年連結会計規則の内容は本書の序章図表 0-4 に示したとおりである。1999 年連結会計規則は，1986 年 PCG 連結会計原則をベースに，CNC 内の委員会による IAS へのコンバージェンスの作業の成果などを反映させたものである。IAS へのコンバージェンスの作業については，第 14 章で取り上げる。なお，1999 年連結会計規則は 1985 年連結会計法・1986 年連結会計法適用デクレと整合的な形で連結の範囲を定めている。

1999 年連結会計規則は，適用に係る法的基礎の薄弱な 1986 年 PCG 連結会計原則と異なり，その適用に係る明確な法的基礎を有する。すなわち，1999 年連結会計規則は 1999 年 PCG と同様に省令の承認を必要とするとはいえ，前出 1998 年 4 月 6 日法律第 1 条第 2 項に基づいてそれ自体が行政命令として法的強制力を持つのである。

② 1999 年連結会計規則と商法・会社法の連結会計規制との関係

既述のとおり，1998 年 4 月 6 日法律は決算書などの会計書類を作成するすべての個人・法人に対して CRC の規則を遵守することを義務づけているが（第 1 条第 2 項），1999 年連結会計規則は，その第 1 条で「商法典 L 233-16 条の適用を受ける商事会社および 1985 年 1 月 3 日法律第 13 条の適用を

受ける公企業は本規則および附録に従いその連結計算書類を作成するものとする。」と規定した。

既述のとおり，1999年PCGは，その最初の条項の第110-1条において，年次計算書類の作成義務のあるすべての個人または法人に対してその適用義務のあることを定めたが，1999年連結会計規則においても1999年PCGと同様，規則自体の中に自らの適用の義務と範囲を定めている。

しかし，1999年連結会計規則は，商法・会社法規定（現在いずれも商法典に統合）に基づいて連結計算書類の作成義務のある企業に対して，その作成上従わなければならない連結規則として法規定上明確に位置づけられている。

1999年PCGの適用範囲は，他の法令が新たに年次計算書類の作成を義務づける限り拡大していくのに対して，1999年連結会計規則の適用範囲は，商法・会社法規制に基づき連結計算書類の作成義務のある商事会社と公企業に限定されている。この点で両者の適用範囲は大きく異なる。

つまり，1999年PCGが社会のさまざまな領域で用いることを想定した会計の「共通基準」として位置づけられているのに対して，1999年連結会計規則は「商法・会社法の連結計算書類制度に固有の個別基準」として位置づけられているのである。

③　会計規制委員会（CRC）と商法・会社法規制との間のリンケージの強化

1985年連結会計法の創設当初から，商法・会社法会計規制と国家会計審議会（CNC）の間に一定のリンケージが構築されたことは，本書の第7章で明らかにしたとおりである。1999年連結会計規則（CRC規則第99-02号）は，その適用範囲に関して商法・会社法規制への直接的なリンケージを構築する一方，商法・会社法における連結会計規制の側でも両者間のリンケージを強化した。

旧L233-23条（旧1966年商事会社法357-8条）は，1998年4月6日法律によるCRCの創設に伴い，CRCがD248-8条オプションの具体的な内容を直接に定めるものとしたのである。すなわち，「注記・附属明細書に理由を記載することを条件に，連結主体会社は，L123-17条に定める条件で，次のことを目的とする会計規制委員会の規則が定める評価規則を用いることがで

きる。(以下省略)」(旧L233-23条）である。

　「次のこと」とは，価格の変動または取替価値の考慮，後入先出法を用いた代替性資産の評価，商法典 L123-18 条から L123-21 条に定める評価方法以外の評価方法の採用である。D248-8 条オプションが定める会計方法がこれである。

　このように，連結会計次元では，連結会計基準が商法典規制の連結計算書類の作成基準として明確に位置づけられるとともに，商法典に定める連結計算書類の内容に関して，会計基準設定機関（CNC，CRC）への一定の委任が見られ，その程度を高めてきたのである。

　その後，2009 年 1 月 22 日オルドナンス第 6 条により改正された現行規定では，当該条項は会計規制委員会の後継組織である会計基準庁（ANC）に変更されて，「注記・附属明細書に理由を記載することを条件に，連結主体会社は，L123-17 条に定める条件で，次のことを目的とする会計基準庁（ANC）の規則が定める評価規則を用いることができる。(以下省略)」（現行 L233-23 条）と規定された。

　他方，連結貸借対照表および連結成果計算書の要素の分類ならびに連結注記・附属明細書の記載事項の決定に関して，CNC の意見聴取を義務づけたことは第 7 章で明らかにしたとおりである。当該意見聴取義務は，2009 年 1 月 22 日オルドナンス第 5-Ⅳ条により大きく改正された。すなわち，2009 年 1 月 22 日オルドナンス第 2009-79 号第 5-Ⅳ条（商法典 L233-20 条第 3 項）によれば，「連結計算書類は会計基準庁（ANC）の規則が定める方式に従い作成し公表する。当該規則は特に貸借対照表，成果計算書および注記・附属明細書に含めるべき記載事項を決定する。」とされる。連結計算書類の内容は会計基準設定機関が直接定めることを明確にしたのである。

　以上のとおり，連結会計次元では，会計基準設定機関と商法・会社法の連結会計規制との繋がりは，個別会計次元より直接的であり強いといえるのである。

2. 国際会計基準適用の法的枠組みの創設

(1) 1998年4月6日法律による6条オプションの創設

　1998年4月6日法律第6条は旧1966年7月24日法律（旧商事会社法）に次の第357-8-1条（現行L233-24条）を挿入するものであった。「その証券が金融活動の近代化の1996年7月2日法律第96-597号第41条または第97条Ⅶの意味で金融商品の規制市場で売買を認められている会社は，連結計算書類の作成と公表につき，会計規制委員会の定める条件で，フランス語に翻訳され，共同体規則を遵守しかつ会計規制委員会の規則により承認された国際的規則を使用するなら，第357-3条から第357-8条に定める会計規則に準拠することを免除される。」である。

　当該規定に基づく国際的規則の使用のオプションは「6条オプション」と呼ばれる。すなわち，6条オプションは，株式・社債など証券の規制市場で売買を認められているすべての会社に対して，連結計算書類の作成と公表につき，会計規制委員会（CRC）の定める条件で，「国際的規則（règles internationales）」を使用する場合に，旧商事会社法の第357-3条（現行商法典L233-18条）から第357-8条（現行商法典L233-23条）に定める連結会計規則への準拠義務を免除するのである。

　L233-24条として商法典に収容された旧第357-8-1条は，2004年12月20日オルドナンス第2004-1382号第1条により一部改正され，「その証券が……（中略）……金融商品の規制市場で売買を認められている会社」という適用条件を削除し，「欧州委員会の規則により採択された国際会計基準（normes comptables internationales adoptées par règlement de la Commission européenne）」を適用する企業グループに，上記商法典L233-18条からL233-23条への準拠義務を免除する。上場会社はEUレベルでの決定に基づき当該国際会計基準の適用を強制されるが，これにより上場会社以外の非上場会社も任意でIAS/IFRSを適用できることになった。

　L233-24条は，上場会社に対する国際会計基準の強制適用というEUレベルでの決定を受けたものであるが，国内連結会計基準の適用範囲から上場会

社および IAS/IFRS 任意適用企業を除外するものである。このことは，これら企業の連結計算書類の作成に係る会計基準がフランスの直接的なコントロール下にないことを意味する。

(2) 6条オプションの法的位置づけと創設の目的
① 6条オプションの法的位置づけ

本書の第7章で明らかにしたとおり，商法・会社法上，企業をして国際的会計実務に対応可能ならしめる措置がとられてきた。1986年連結会計法適用デクレのD 248-8条オプションがこれである。既述のとおり，D 248-8条オプションはフランスの連結会計基準の枠内で国際的な実務に対応する会計処理方法を部分的・限定的に容認するものである。

しかし，D 248-8条オプションの中には，旧商法第15条（現行商法典L 123-21条）に定める「実現基準」に抵触するおそれのある処理も含まれる。つまり，D 248-8条オプションは，国際的基準における会計処理方法を採用している企業が引き続き同様の処理方法を適用できるように，商法に定めのない，または商法の規定に抵触する評価方法を連結会計次元で追加的に定めたものである。

これに対して，6条オプションは，資本市場で資金調達を行う企業に対して（後に2004年12月20日オルドナンスによりこの条件は撤廃），連結計算書類の作成上，旧商事会社法第357-3条から第357-8条（現行商法典L 233-18条～L 233-23条）に定める会計規則に準拠することを免除し，国際会計基準の使用を法的に容認するものである。

つまり，6条オプションは，連結会計基準（商法典の連結会計規則）への準拠義務を免除する。もちろん，旧商事会社法第357-7条（現行商法典L 233-22条）には，基本的に連結計算書類の作成が商法典に定める個別計算書類（年次計算書類）の会計原則および評価規則に基づく旨の規定があるので，商法典に定める個別計算書類に係る評価規則への準拠義務も免除される。

D 248-8条オプションと6条オプションは，いずれも企業をして国際的会計実務に対応可能ならしめる点では同じであるが，その法令上の意味は大きく異なる。6条オプションは法令適用の「属地法主義（principe de la territorialité）」に対する例外を意味するからである。「属地法主義」とは法適用原則としての領土性，属地性をいい，領土内の一切の人と物に対する適用原則をいう（山口, 2002, 591 頁）。

すなわち，1998 年 4 月 6 日法律第 6 条に定める会社は，フランス商法の連結会計規定への準拠義務を免除され，国際会計基準に準拠して一組の連結計算書類のみを作成・公表することができる。当該連結計算書類は国内的に法的に有効なものとなる。しかし，国際会計基準にはフランスの立法府も行政府も関与できない。この点が，法令がその内容を特定し，国がコントロールしている D 248-8 条オプションと大きく異なる点である。それでは，国のコントロールが及ばない国際的基準の適用をなぜ容認したのか，以下ではこの点を考察してみよう。

② 6 条オプションの創設の目的

1998 年 4 月 6 日法律は 1995 年から法案の準備作業が開始され，3 年ほどの審議をへて 1998 年 3 月に採択された。その法案理由書（exposé des motifs du projet de loi）によれば，6 条オプション創設の目的は次のように述べられている。すなわち，

　ア）　専門家および貯蓄者のニーズ：決算書の透明性（transparence），継続性（permanence）および読解可能性（lisibilité）に応えること。

　イ）　連結計算書類の作成のために国際的規則の使用を制御し（accompagner），規制し（encadrer），さらに国際的規則を法的に有効なものにする能力を整えること。

この場合の「貯蓄者」とは一般投資家を意味し，「国際的規則」とは国際会計基準（IAS）（場合により米国基準を含む）を意味する。また，上院での法案審議の中では創設の目的として次の点が強調されている（discussion et adoption le 18 mars 1997, compte rendu n°71, p. 1）。

「6 条オプションは，フランス国外の財務的資源を動員する際に，経済のグローバル化に直面したフランス企業のニーズに応えることに関わるものである。我々は，国際的会計規則を法的に有効なものにする能力を備えて，外国資本市場から資金調達するフランス企業が，世界的に認められた会計言語

を用いるのを容認しなければならない。計算書類の単一性は，企業をして低コストで資源を集めるのを可能にし，したがってそれら企業の競争力を高めるのを可能ならしめる。その上，6条オプションは，それら企業への資本参加を熱望する外国人投資者のニーズに適合した比較可能な情報を提供する」。

証券取引委員会（COB）も同じ観点から，6条オプションがフランス企業グループの国際競争力の強化に備えたものであることを明らかにしている（COB, 1998a, p. 83）。

以上の法案理由書および上院での議論から，6条オプションの創設には，決算書の透明性，継続性および読解可能性に関する投資者のニーズに応えるために，連結計算書類の作成に係る国際的会計規則の使用を制御・規制する一方，国際的会計規則を国内的に有効なものにする法的枠組みを整え，内外の投資者の信頼性を獲得して，フランス企業の国際競争力の強化を図るという意図があったことが明らかとなる。

この場合，国際的会計規則の使用の制御・規制という表現が重要である。当時のフランス企業による国際的会計基準の使用状況を見れば，当該表現の意味が明らかになる。すなわち，フランス企業は，国際的基準の使用にあたって，その全体を包括的・継続的に適用するのではなく，政策的に一部を除外して適用してきたのである。しかも，国際的基準として，国際会計基準（IAS），米国会計基準（US-GAAP）あるいは英国会計基準（UK-GAAP）などが採用された。フランスの報道機関は，当該状況を「会計的放浪（vagabondage comptable）」と表現し批判した。

（3）フランス企業による国際的会計基準の使用状況

6条オプションの法案準備作業が開始された1995年当時の状況を，フランスの代表的企業グループの1995年度年次報告書から検討してみたい。

① フランス国内基準の適用

一般に，準拠した会計基準は連結計算書類の注記・附属明細書の最初の部分において，「会計原則（principes comptables）」，「会計原則と会計方法（principes et méthodes comptables）」あるいは「適用した会計規則と会計原則

(règles et principes comptables appliqués)」等の項目の下で明示されている。多くの場合，次のような表現を用いて，フランスの国内基準を適用したことを明らかにしている。

「1995/96年度の連結計算書類は1985年1月3日法律とその1986年2月17日適用デクレにより定義された原則と方法に従って作成し表示している」（スキー・ロシニョール社）。

「1995年12月31日時点のアバス・グループの連結計算書類は，フランスにおける現行法令規定に従って作成されている」（アバス社）。

「連結計算書類はフランスの現行法令規定の枠内で作成されている。事業活動の国際的性質を理由に，当グループは，フランスの規制において存在するオプションのうち国際的な実務に接近するのを可能にするものを採用している」（アコー社）。

フランス基準を適用している企業の多くは，スキー・ロシニョールのように，具体的に1985年1月3日法律とその1986年2月17日適用デクレの連結会計法に従っていることを明確にしている。また，アコーの場合，連結計算書類はフランス国内法令に準拠して作成されているが，国内法令で容認されたオプション，とりわけ連結会計上のD248-8条オプションの規定を適用して，国際的な実務に近づけた旨が表明されている。

② 国際的基準の適用

これに対して，国際的基準の適用に関しては，非常に曖昧な表現で言及している。例えば，「エール・リキッドグループの従う会計原則は国際的グループにより一般に用いられる会計原則であり，フランス会計法にも従っている。純利益額と株主持分額は，特にのれんの1994年における留保利益からの控除を除いて，米国で一般に認められる会計原則に従って決定されるものと大きく異ならない」（エール・リキッド社）。

「連結計算書類はフランスの現行法令規定の枠内で作成されている。これら原則の適用は，ブランドの償却を除いて，当グループが活動の国際性という理由から準拠する，米国で一般に認められた会計原則により推奨される評価方法の適用との差異を生み出さない。米国で一般に認められた会計原則の

適用により，278百万フランの連結純利益の減少（1994年263百万フラン）と1,379百万フランの自己資本の減少となる（1994年1,110百万フラン）」（ダノン社）。

　以上のいずれもフランスの現行法令に準拠している旨を明確にしているが，国際的基準への適合にも配慮していることが窺える。しかし，エール・リキッドの場合，国際的グループでより一般的に用いられる会計原則が何かが不明瞭である。「一部を除いて米国基準に従って決定されるものと大きく異ならない」との表現から米国基準を窺わせるが，「大きく異ならない」等の表現は極めて曖昧で，一部を除外して米国基準を適用したのか否かが明確でない。ダノンの場合も同様で，一部を除いて米国基準の適用の結果と比べて差異を生み出さないと表現しているが，米国基準を適用しているとは明確に表明していない。

　国際会計基準（IAS）の適用に関しては，次のような表現が多く見受けられる。

　「会計原則および会計方法はフランス会計法に従ったものであり，次の点を除いてIASにも合致している」（スエズ社）。

　「当グループの連結計算書類は1985年1月3日法律とその1986年2月17日適用デクレに従って作成・表示されている。用いた会計原則は，取得差額の償却に係る新IAS第22号を除いて，IASCの定める会計原則にも合致している」（サン・ゴバン）。

　「ルイ・ヴィトン・モエエネシー（LVMH）の連結財務諸表は，1985年1月3日法律に準拠し，かつ適用延期された1995年1月1日以降発効の改訂IASを除いて，IASに従って作成されている」（LVMH）。

　スエズ，サン・ゴバンおよびLVMHは，いずれもフランスの国内法令に準拠している旨を明確にし，さらに，一部を除外してIASにも合致していることを表明している。しかし，「一部を除外してIASにも合致」という表現からは，IAS準拠であるのか否かが連結計算書類の利用者にとってわかりにくい。また，計算書類の比較可能性の点でも，専門的な分析を行って除外部分を調整しないと，IAS完全準拠の外国企業との比較は困難である。

　このような表現は，この3社以外にも，ラファルジュ，エリダニア・ベガ

ン - セイ，エシロール，カルフール（米国基準）等のケースでも見受けられる。DMC のようにフランスの国内法令に準拠し，さらに IAS にもその全体において合致した連結計算書類を作成したケースもあるが，このような企業は極めて少ない。

③　国際的基準の部分的適用

既述のとおり，一部を除外して国際的基準を適用するケースが多く見受けられたが[2]，除外された基準がいかなるものかをここで見ておきたい。まず IAS の場合，除外された基準として，特に IAS 第 22 号と IAS 第 9 号を挙げることができる。

1）　IAS 第 22 号「企業結合」

1993 年改訂，1995 年 1 月 1 日以降発効した改訂 IAS 第 22 号は，特に取得差額（連結のれん）の償却につき原則 5 年，正当な理由ある場合には最大 20 年の期間を課した。フランス基準はのれんの償却期間を定めていないが，この改訂第 IAS 第 22 号の適用を除外した企業のほとんどが最大 40 年の期間で償却を行っていた。スエズ，ラファルジュ，サン・ゴバン，LVMH，エリダニア・ベガン - セイがこのケースである。

大幅な償却費の増大による連結利益の減少を危惧したこれら企業は，改訂 IAS 第 22 号の適用を延期するために，証券取引委員会（COB）の許可を得て IAS 第 22 号を除外したのである。

2）　IAS 第 9 号「研究開発費」

改訂 IAS 第 9 号も 1993 年に改訂され 1995 年 1 月 1 日以降に発効したが，研究開発費を研究費と開発費に区別して，研究費については費用処理，開発費については費用処理を原則としつつ一定の条件を満たすものにつき資産計上を強制した（大下，2001a, 50-51 頁）。研究開発費を一括費用処理してきた企業は，改訂 IAS 第 9 号の適用を延期するために，COB の許可を得て IAS 第 9 号を除外したのである。このケースとして，エシロール，LVMH を挙げることができる。

フランスの国内法令に準拠し，さらに IAS にもその全体において合致していることを表明した DMC のケースでは，1995 年 1 月 1 日以降発効の上

記2つの改訂IASを適用し，さらに繰延税金に関する公開草案（ED）第49号，無形資産の償却に関するED第50号をも適用したことを明らかにしているが，このようなケースは少ない。

米国会計基準の場合，適用除外された項目として，計算書類の構造が異なる子会社の連結，ブランドの償却，高インフレ国に所在する子会社の換算等が挙げられる。異なる計算書類の構造を有する子会社の連結については，カルフールのケースが挙げられる。同社はサービス会社を持分法を適用して連結した。商標・ブランド（marques）の償却についてはダノンのケースが挙げられる。同社は法的保護を受ける商標・ブランドを償却の対象にしていない。

高インフレ国に所在する子会社決算書の換算については，カルフールのケースが挙げられる。同社の場合，アルゼンチン，ブラジル，メキシコおよびトルコに所在の子会社のフランス・フランへの換算は，インフレの影響を事前に修正した計算書類（貸借対照表の自己資本を除く全項目）を決算日レートで換算しており，この方法がこれら国々の貨幣価値変動の影響をよりよく反映するとしている。

さらに，フランス基準だけに準拠するグループの中には，国際的会計基準のうち特定の基準のみを適用しているケースも見受けられる。例えば，IASの場合，IAS第21号（外貨建取引の換算）とIAS第29号（超インフレ経済下の財務報告），米国会計基準の場合，財務会計基準書（SFAS）第13号（ファイナンス・リース取引），SFAS第52号（外貨建取引の換算），SFAS第87，88，106号（退職給付），SFAS第95号（キャッシュ・フロー計算書），SFAS第107号（金融商品），SFAS第121号（長期資産の減損）等が挙げられる。これらは，フランス基準で扱われていない点を中心に，特定の基準が個別的に適用されたものである。

例えば，トタルは，フランス会計法に準拠して連結財務諸表を作成したこと，さらに次の項目に関しては米国会計基準に従っていることを明示している。すなわち，外貨換算（SFAS第52号），石油・ガス探査・製造施設（SFAS第19号），長期資産の減損（SFAS第121号），リース（SFAS第13号），繰延税金（SFAS第109号），連結キャッシュ・フロー（SFAS第95号），年

金・退職給付債務（SFAS 第 87, 88, 106 号），将来生命保険準備とヘルスケア・コスト（SFAS 第 106 号），金融商品（SFAS 第 107, 119 号）である。

なお，プライス・ウォーターハウスが 1997 年に実施したフランスの全上場会社の調査によれば，IAS 適用企業グループは 17 グループ（ユジノール，ラファルジュ，サン・ゴバン，トムソン・CSF，ルノー，バレオ，エシロール，エルメス・アンテルナショナル，ムリネックス，ボングラン，LVMH，レミークワントロー，サンルイ，ジルベール，カナル＋，ギャップジェミニ，テクニップ）であった。

また，米国基準適用企業グループは 15 グループ（エルフ，コフレキシ・ステナ・オフソール，ペシネー，ローヌ・プーランク，ルグラン，ブル，プジョー，クラリン，セブ，ダノン，カルフール，ユーロディズニー，パテ，ダッソーシステム，テクニップ）であり，国際的基準適用とするものが 3 グループ（エールリキッド，アロール，ラガルデール）であった。以上の 35 グループのうち，40％ は一部除外による適用である（Price Waterhouse, 1997, pp. 101-102, 203-205）。

(4) 国際的会計基準適用の政策性

国際的会計基準の適用に関して，なぜ曖昧な表現を用いたり，一部除外して部分的に適用するのか。これには，ダブル・スタンダードの問題と経営上の政策判断の問題が複雑にからんでいると考える。大企業グループにとって，主要なライバル企業と比較した場合の会計基準の同質性，グループ活動の国際性，外国資本市場への上場，外国人株主・投資者の情報ニーズ，グループ内の経営管理等，さまざまな理由から国際的基準に従って連結計算書類を作成する必要性が増大していた[3]。他方で，国内的にはフランスの会計基準に準拠したものでなければならない。

国際的基準準拠の連結計算書類と国内基準準拠の連結計算書類の 2 組の連結計算書類を作成すれば済むことであるが，これは負担が大きい。そこで，国内基準に準拠しさらに国際的基準にも合致しているという表現を用いて，一組の連結計算書類を作成し，これを国内外で公表しているのである。

フランス基準におけるオプションの存在や，取り扱いのない，あるいは不

明確な項目の存在等により，フランス企業の連結計算書類は，事実上，国内基準に準拠しつつ IAS に対応可能なものとなった。事実，DMC の連結計算書類はフランスの会計規則・原則に従って作成され，全体において IAS に合致している。例えば，取得差額の償却については最大 20 年の期間で償却を行い，退職給付債務は現在価値ベースで全額引き当てを行っている。

しかし，すでに指摘したように IAS を使用した企業の多くは，IAS の一部を除外してこれを適用している。多くの場合，除外された基準は IAS 第 22 号である。のれんの償却期間に関して，最大期間 40 年で償却してきた企業が，IAS 第 22 号の改訂により原則 5 年，最大期間 20 年になったことから，当該基準の適用延期を行ったためである。フランス基準には償却期間に関する定めがないことから，このようなことが可能となった。

また，IAS 第 9 号に関しては，一定の条件の下で資産計上の可能性を認めるフランス基準とそれを強制する IAS との間に相違があるものの，フランス企業が IAS の定める条件を充足する開発費をすべて資産計上することで，フランス基準に準拠しつつ IAS に対応可能となる。

つまり，IAS 適用にあたって一部除外が行われるのは，会計基準の相違に基づくというより，経営上の政策レベルの問題である。このような IAS の使用に関する企業の行動は，会計情報の透明性を低下させ，比較可能性を害するものである。

前述の 6 条オプションに係る法案理由書の中で，当該オプション創設の目的として，決算書の透明性，継続性および読解可能性のニーズに応えること，さらに，連結計算書類の作成のために国際的規則の使用を制御・規制し，国際的規則を法的に有効なものにする能力を整えることが表明されていたが，その意味するところは，当時のフランス企業による IAS の使用状況を検討することによって初めて理解できるものとなる。

次に，米国会計基準の使用状況を見てみたい。ニューヨーク証券取引所上場企業であるペシネーとドイツおよびスイスに上場しているブルは，年次報告書（英文）において米国基準に従い連結財務諸表を作成・公表している。このことは，フランス国内の法定開示用にフランス基準に基づいてもう一組の連結財務諸表を作成していることを意味している。ニューヨーク証券取引

所上場企業のエルフも同様に年次報告書（英文）において米国基準に従い連結財務諸表を作成・公表している。しかし，同社の場合，一定の投資有価証券に係る未実現利得と一時的損失の認識（株主持分における変動として直接計上）を除いて，フランス基準にもまた合致していることを明示しており，フランス基準の連結財務諸表の主要項目を注記・附属明細書に表示し米国基準のそれと比較している。

このような形での米国会計基準準拠の企業の場合，連結計算書類は外国人投資者にとって，基準の透明性，比較可能性の点で優れているが，企業にとっては米国会計基準とフランス会計基準による2組の連結計算書類を作成する必要があり負担が大きい。

国際的会計基準完全準拠は，ダブル・スタンダードの問題を惹起する。ここに，6条オプション創設のもう一つの目的がある。前述の上院における法案審議の中で，6条オプションが外国人投資者のニーズに適合した比較可能な情報を提供できる点を強調したのは，連結計算書類の信頼性を低下させる国際的基準の部分的適用の解消とこれによるダブル・スタンダードの問題を，当該オプションの創設により解決しようとしたからである。第6条が「会計規制委員会の定める条件で……（中略）……国際的規則を使用すること」と規定した理由がここで明らかとなる。すなわち，国際的会計基準の使用は「完全準拠」でなければならないことになる。次に，この点も含めて6条オプションの適用条件について見てみたい。

(5) 国際会計基準の承認と適用条件
① 会計規制委員会（CRC）による承認

6条オプションにより，国際的会計規則が使用可能となるには，国際的規則がフランス語に翻訳されていること，EC会社法指令第4号と第7号を遵守していること，会計規制委員会（CRC）の規則により承認されていること，の3つの条件を充足した上で，会計規制委員会の定める条件に従わなくてはならない。

使用可能な国際会計基準（IAS）に，「CRCが承認したもの」という条件を課すことで，フランスの会計規制機関が国際会計基準の使用をコントロー

ルできる仕組みを構築したのである。なお，1998年4月6日法律第6条第2項は，2002年末までに以上の条件でIASが承認されない場合に，同一の条件で米国基準が承認されるならばその使用を認めているが，米国基準全体のフランス語訳やEC会社法指令第4号および第7号との整合性の点で，その承認は事実上困難と見られた。

② 国際会計基準（IAS）の翻訳

IASと解釈指針委員会（SIC）の解釈の翻訳作業は，専門会計士協会（OEC）の専門家グループにより開始され，OEC，全国法定会計監査人協会（CNCC）および国家会計審議会（CNC）の代表者で構成した再読委員会による再検討の後，1999年に完了した（CNC, 1999, p. 8）。

③ EC会社法指令第4号および第7号との関係

EC会社法指令第4号（個別計算書類）および第7号（連結計算書類）は，加盟諸国の会社法会計規制の調和化を目的としたものであるが，加盟国の合意を得るために多くのオプションを受け入れた。このため，その調和化は不完全なものになっている。

欧州共同体（EC）レベルで，実践的な形かつ国内企業の利益に反しない方向で指令を改正する必要があるが，共通の立場の欠如により，会計問題の処理においてECは有効な役割を果たすことができなかった。また，指令と国内法に準拠した計算書類は米国基準を満たしていないし，米国により承認されていない。これらの問題を考慮して，欧州委員会が国際会計基準委員会（IASC）の調和化作業の支持を決定した。当該決定は，1995年に次の形で表明されている（COB, 1996, p. 200）。

・欧州レベルで会計標準化のための組織を創設するという考えを放棄する。
・EC折衝委員会の中にIASと指令との一致性を検討するために緊急委員会を設置する。

緊急委員会の検討に基づき，欧州委員会は必要ある場合には指令を改正する用意があり，IASCも指令と一致しない基準を再検討する用意のあることを表明している。両者の小さな差異は指令の解釈の拡大により対処できるも

のと見られた (COB, 1996, p. 200)。

また，指令とIASとの調和化が達成されたとしても，各国が指令のオプションのすべてを受容しているわけではないので，指令に調和したIASは国内法に抵触するおそれがあった。このために，フランス国内レベルでの調和化作業は，ECレベルで行われるIASとの調和化作業の動向を考慮してきた。1999年4月に，折衝委員会は，1998年7月1日に開始する年度の連結計算書類に適用可能な基準は，上記会社法指令と著しい不一致を示していないことを明らかにしている。

④ 国際会計基準の部分的適用の禁止

CNCは，1998年12月，その「国際的規則」部会の中に「6条作業グループ (group de travail ‹article 6›)」を設置して，IASの適用条件の検討を開始した (CNC, 1998a, p. 55)。1999年にはその方針が決定され，既述のとおり，IASの適用は解釈指針委員会の解釈を含めて，その全体でなければならないことが明らかにされている (CNC, 1999, p. 8)。

これより先，証券取引委員会 (COB) は，1998年7月1日開始の年度から，上場会社がIASをその全体において適用する場合でなければ，「IASに準拠にしている」と表示できないことを表明した (COB, 1998b, pp. 3-4)。COBの方針を受けて，連結計算書類の作成上，国際的会計基準を考慮していた企業は，用いた会計規則・基準に関する表現を変更している。例えば，サン・ゴバンの1999年度連結計算書類は次のような表現に変更されている。

「サン・ゴバン社とその子会社（全体がグループを構成）の連結計算書類は，1985年1月3日法律とその1986年2月17日適用デクレにより規定されたフランス会計原則に準拠して作成されている」。

同社は，最大40年の期間での取得差額（連結のれん）の償却を継続している。また，同社の2000年度の連結計算書類では，現行のフランスで一般に認められた会計原則に準拠して作成している旨を表明したが，将来における米国基準への移行の可能性に言及したのである。

以上の1998年4月6日法律による国際会計基準適用の法的枠組みは，現在，商法典L233-24条として，上場の有無にかかわらずすべての企業の連

結計算書類に適用されている。

[注]
(1) ミクロ企業制度については，大下（2013, 36-37頁）を参照。
(2) 10年前の1985年度について行われたフランス100大企業グループの連結計算書類の調査でも，同様の傾向が見られた。すなわち，カルフール（米国基準）では「高インフレ国所在の子会社の換算」，エルフ・アキテーヌ（米国基準）では「換算」，プジョー（米国基準）では「退職手当」と「開発費」，ルノー（国際的原則）では「退職手当」，レジュール（IAS）では「相場変動引当金」と「セグメント情報」に関する基準の適用が除外された（ATH, 1987, p. 44）。
(3) プライス・ウォーターハウスによる1997年の調査によれば，国際会計基準または米国会計基準（国際的基準）を採用した35企業グループのうち，60%は国外での資金調達以外の理由で国際的基準を使用する用意のあることが明らかにされた。具体的には「より良い財務情報」と「グループイメージの改善」である。さらに，80%は，国際的な基準への移行がグループの情報システムを合理化するまたとない機会と捉えている。6条オプションに基づく国際的基準の使用は以下のことを可能にする戦略的要素であることが指摘されている。すなわち，1) より透明性の高い情報により国内外での上場企業の資本コストが低下すること，2) ライバル企業との会計情報の比較可能性を改善すること，3) 在外子会社において理解可能な共通の会計言語を採用することによりグループ内のコミュニケーションが改善すること，4) グループの経営管理手段を改善すること，である（Price Waterhouse, 1997, pp. 101-102, 203-205）。

第 14 章
連結会計基準のコンバージェンス

　資金公募企業の連結計算書類への国際会計基準／国際財務報告基準（IAS/IFRS）の適用は，任意適用を経て2005年より強制されている。しかし，これら企業以外の企業グループはIAS/IFRSを任意適用しなければ，国内の連結会計基準が依然として適用される。
　本章では，連結会計基準のIAS/IFRSへのコンバージェンスを取り上げ，1986年プラン・コンタブル・ジェネラル（PCG）連結会計原則以降の無形資産を含めた資産・負債の認識・測定に関する国家会計審議会（CNC）の議論を検討し，フランス特有の考え方を残しながらも，連結会計次元でIAS/IFRSの考え方を大きく取り入れたことを明らかにする。

1. 1986年PCG連結会計原則以降の議論

（1）　第一回連結差額の処理問題から無形資産の認識・測定問題への展開
　1986年PCG連結会計原則の施行後，第一回連結差額の処理に関して実務上の問題点が指摘され，これをめぐって種々の議論が展開された。第一回連結差額の分解処理に関連して，簡便法の安易な採用，商標・ブランドなどの無形固定資産への計上の可否および事業再構築（リストラ）引当金の計上問題，取得差額の処理における償却とその期間，利益戻入処理および自己資本計上処理などの点が論点として挙げられた。
　1986年PCG連結会計原則から1999年連結会計規則（CRC規則第99-02号）までの期間における議論は大きく2つに分けられる。1つは「原則法」

を前提に,第一回連結差額の分解・割当処理の問題に関する公的見解を中心とした議論である[(1)]。これら公的見解の中で,第一回連結差額の分解・割当てに関連して無形要素の分離・計上の問題,取得差額の処理における償却とその期間および自己資本(剰余金)計上処理の問題などについて一定の考え方が示された。

もう1つの議論は,B. ジョドゥーを議長とする取得差額作業グループの研究から始まる連結時の子会社資産・負債の認識・測定問題に関する国家会計審議会(CNC)内の議論である。当該議論は子会社資産・負債の再評価額に基づく資本連結を前提とすることから,原則法を前提とした議論とは異なり第一回連結差額概念自体も簡便法も存在しない。そのため,無形要素の分離・計上などの問題は,第一回連結差額の分解・割当ての問題としてではなく,連結時の子会社資産・負債の認識・測定の問題として捉えられることになる。本章では,CNC における子会社資産・負債の認識・測定問題に関する後者の議論を取り上げたい。

CNC は,1990 年 1 月 15 日付意見書の公表後,企業セクションにおける連結計算書類委員会の中にジョドゥーを議長とする取得差額作業グループを設置し,取得差額の処理に関する研究に着手した。当該作業グループにおける討議では,新たな要素として企業結合に関する国際会計基準(IAS)第 22 号改訂案(公開草案 ED 45)が検討されている。

連結計算書類委員会は,CNC の上記意見書が企業をして第一回連結差額を無形資産に割り当てるのを促すとしても(これにより取得差額は残余になる),すべての問題が解決されたわけではないこと,特に無形資産をいかに認識・測定し,その減価をいかに処理するのかという新たな課題が生じていることを強調した。連結計算書類委員会はジョドゥーの取得差額作業グループにこれら問題の検討を要請した(CNC, 1993a, p. 5)。

(2) 1993 年 CNC 取得差額作業グループ報告

ジョドゥーの取得差額作業グループは連結計算書類委員会にその主要な結論を報告した。その内容が国家会計審議会(CNC)の 1993 年第 3 四半期報告書に公表されている(CNC, 1993b, pp. 11-12)。以下,当該内容を見てみよう。

① 第一回連結差額概念の廃止と取得差額の新定義

取得差額作業グループは取得差額の新しい定義を提示した。すなわち，
- 取得差額は被取得企業株式の取得原価と当該企業自己資本における持分部分との差額に等しい。
- 被取得企業の自己資本は再評価された識別可能な資産および負債に基づいている。
- 当該企業の識別可能な資産および負債は個々に評価され，その価値を継続的に検証することができるものでなければならない。

この新定義によれば，資本連結は子会社株式の取得価額と取得時点の子会社再評価純資産における親会社持分部分の間で行われる。子会社再評価純資産は個々に評価される識別可能な再評価資産・負債額に基づくものであり，その価値を継続的に検証できるものとされる。識別可能な資産・負債の個別的評価により，それまで未計上だった無形固定資産の計上をも行う。資本連結により生ずる差額は個別に識別・割当不能な残余としての取得差額となる。これにより，第一回連結差額概念自体がなくなる。

② 識別可能な資産・負債の評価

1) 部分時価評価法の支持

連結時の子会社資産・負債の再評価に関して，取得差額作業クループはグループ持分に限定する部分時価評価法を支持したが，簡便性の観点から全面時価評価法をも容認するものとした。この点で，1986年PCG連結会計原則が全面時価評価法を原則としたこと（部分時価評価法は事実上容認）に比べると，原則的な立場に変化が見られた。また，取得差額の認識に関しては，一貫して「買入のれん説」が採用された。

2) 現在価値概念の採用

ジョドゥーが最も強調した点は，1983年4月30日法律（調和化法）および1983年11月29日デクレ（調和化法適用デクレ）の「現在価値（valeur actuelle）」概念を採用したことである。すなわち，資本連結にあたって，被取得企業の資産・負債項目は当該時点の「現在価値」で再評価・会計処理される。

1983年調和化法第2条（現行商法典 L 123-18 条）によれば，決算日の資産項目の棚卸価値（valeur d'inventaire）が帳簿価値を下回るときは，当該帳簿価値は，減価が確定的であるか否かを問わず，棚卸価値に帰着するものとする（第2項）。資産の棚卸価値と流入価値との間で確認される増価は記帳しない（第4項）。

また，1983年調和化法適用デクレ第7条（現行商法典 R 123-178 条）によれば，棚卸価値は現在価値に等しいものとする（第5号）。現在価値は市場（marché）や企業にとっての当該財貨の効用（utilité）に従って評価される見積価値である（第4号）。「現在価値」は，財の「市場」と企業にとっての「効用」という2つの要素に関わる概念である。

1982年プラン・コンタブル・ジェネラル（PCG）は，「棚卸価値」（または現在価値）を，「財の棚卸時の市場価値（valeur vénale），すなわち財を現在の場所と状態の下で取得すると仮定した場合に企業が支払に同意すると考えられる価格である。市場価値は企業の状況に照らして測定されなければならない。」（CNC, 1986, p. I. 43）と定義している。つまり，現在価値は棚卸時の市場価値（買入時価）であり，企業の状況に照らして測定されるとしながらも再取得価値を指示している。また，現在価値の決定のために，「企業は財の性質に最もよく適合した参考資料や技術を利用する（市場価格（prix de marché），価格早見一覧表（barèmes），市場価格表（mercuriales），特殊指数など）。」としている。

3) 個別会計次元との整合性

「現在価値」は「市場価値」または企業にとっての当該財の「効用」に基づいて評価され，市場価値は棚卸時の再取得価値とするのが一般原則であるが，当該一般原則の適用にあたっては，個々の資産の性質が考慮される。

1982年 PCG によれば，決算に際してこの棚卸時の現在価値と流入価値（取得原価）が比較され，資産項目について慎重性の原則の下，現在価値と流入価値との間に確認された増価は記帳しないが，減価は一定の条件の下で記帳する（CNC, 1986, pp. II. 6–II. 7）。これが個別会計次元における期末評価の一般原則である。

以上のとおり，取得差額作業グループは「現在価値」概念を採用すること

で，個別会計次元との評価の整合性を確保したのである。また，作業グループは取得差額の処理に関しては意見を表明しなかったが，自己資本への直接的計上には否定的であった。

(3) 1993年・1994年CNC連結計算書類委員会報告

取得差額作業グループの見解に基づき，連結計算書類委員会は，1993年9月23日，11月10日，12月14日の討議を経て，以下に要約される立場を採択した（CNC, 1993c, pp. 20-21）。

① 第一回連結差額概念の廃止および取得差額の新定義の支持

連結計算書類委員会は前述した取得差額作業グループ案における取得差額の新定義を支持した。また，連結時の識別可能な子会社資産・負債の評価は，その価額の時間的な変化を検証することができ，かつ十分明確に定義された評価方法に基づいて行われることが，強調された。

② 識別可能な資産・負債の評価
1) 全面時価評価法の支持

全面時価評価法か部分時価評価法かに関して，連結計算書類委員会が支持したのは前者であった。連結計算書類委員会は取得差額作業グループの見解と異なり，概念的には全面時価評価法が経済的エンティティーの概念および取得差額の新定義に最も適合していると考えた。しかし，事実上，部分時価評価法が容認されていた点を考慮して，どちらか一方の方法を選択できるものとした。1986年PCG連結会計原則の考え方に戻った形である。
2) 現在価値概念の支持

また，現在価値概念に関しては，連結計算書類委員会は，資産だけでなく負債にも関わっていることを明確にした上で，取得差額作業グループの提案に基づき，当面現在価値概念を採用することに決定した。なお，当該委員会の委員には，資産と負債の双方に関わる「公正価値（juste valeur）」概念の採用を主張する者がいた。"juste valeur"（ジュスト・バルール）概念は英語の"fair value"（フェアー・バリュー）に相当するものである。

3) 無形固定資産の評価方法

識別可能無形固定資産の計上に関する 1990 年 1 月の CNC 意見書を受けて，連結計算書類委員会は無形資産の評価方法とその後の価値の検証方法を検討した。

連結計算書類委員会は識別可能な資産・負債の現在価値の決定に役立てるために，無形資産の評価方法も含めて資産・負債の項目ごとに評価方法を提示した。すなわち，製品は販売価格から見積販売費および販売差益を控除した金額，商品・原材料は現在の再調達原価，有形固定資産のうち使用を予定したものは再調達原価から当該固定資産の目的を考慮した正常減耗費を減じた金額，売却を予定したものは正味実現可能価額で評価する。無形固定資産の評価は効用価値（valeur d'utilité）とされ，当該価値は当該業種の実務と整合的な規準に従い見積もるものとされる。投資有価証券は無形固定資産と同じ方法により評価する（大下, 2008b, 17 頁）。

③ 取得差額の処理

連結計算書類委員会の取得差額の処理に関する審議内容は 1994 年第 2 四半期報告書に公表されている（CNC, 1994b, pp. 6-10）。そこには事業再構築引当金に関するものも含まれている。以下順次取り上げたい。

1) 正の取得差額の処理

正の取得差額の処理に関して，連結計算書類委員会の意見は短期償却を支持する意見とこれに消極的な意見の 2 つに分かれた。短期償却を支持する意見によれば，無形資産が個別に識別されると，取得差額は残余的な性質のものとなり，その金額はより小さいものになる。取得差額の個別化不能性により，毎決算時にその価値を検証するのが可能でないことから，取得差額の短期償却が適切な処理であるとする。多額の取得差額がより長い期間（最大 20 年）で償却されるのは，無形資産が個別に識別・分離できない例外的なケースだけであると考えるのである。

これに対して，短期償却に消極的な意見によれば，取得をいかに分析するのか，どの程度の期間で償却するのか，毎年度末に引当金を設定すべきかなど，これらを判断する責任は企業経営者にあり，短期償却案は当該判断を経

営者から取り上げるものと考える。最終的に連結計算書類委員会は正の取得差額の処理に関する結論をまとめることができず，上部組織である企業セクションに審議を委ねた。

  2）　負の取得差額の処理

　負の取得差額の処理に関して，取得差額作業グループが連結計算書類委員会に提案した方法は当該差額を非貨幣性資産の全体に比例的な形で配分する処理方法である。負の取得差額が計上されるのは，当該処理を行った後でも取得差額が残る場合（すべての非貨幣性資産はゼロとなる）のみに限られる。

　当該問題に関する論点は2つある。すなわち，イ）非貨幣性資産の価額の削減はその評価が最も不確実な項目（特に一定の無形資産）から行うことができるか，ロ）国際会計基準（IAS）の認める収益計上のオプション的処理は認められるのか，である。

　イ）の点に関して，連結計算書類委員会は当該処理を採用しなかった。その理由は，識別可能無形要素の計上に関する1990年1月CNC意見書以来の立場を否定することになるからである。結論として，連結計算書類委員会は，負の取得差額について，非貨幣性資産からの比例的削減処理を採用した。

　ロ）の点に関しては，連結計算書類委員会は積極説と消極説に意見が分かれた。積極説は負の取得差額の一定期間収益計上処理が正の取得差額の一定期間償却処理と首尾一貫している点を重視する。これに対して，消極説はフランスの事情を考慮した立場に基づく。すなわち，フランスでは，市場シェアのような無形資産は償却する義務がなく，負の取得差額の一定期間収益計上処理は成果に重大な影響を与えるおそれのある点が懸念されたのである。

　最終的に連結計算書類委員会はIASの採用した収益計上のオプション的処理を容認するものの，非償却の無形資産を計上するときには収益への戻入れを行わないという妥協案を採用した。なお，当該委員会は残余たる負の取得差額の戻入期間については審議しなかった。

　④　事業再構築引当金

　取得企業が被取得企業の活動を見直すことが当初から計画されている場合，従業員の解雇や工場の閉鎖・移転に伴い生ずる予想費用を，取得時の資本連

結において被取得企業の危険・費用引当金（事業再構築引当金）として計上できるか否かという点について，委員会内の意見は積極説と消極説に分かれた。

　積極説は事業再構築（リストラ）費用が一定の条件の下で被取得企業株式の取得価額の一部をなし，当該企業の識別可能な負債（引当金）を構成すると考えるものである。一定の条件とは，イ）事業再構築の枠組みの中で被取得企業内に生ずる費用であること，ロ）事業再構築は取得・統合プランの一環として行われ，取得企業側で事業再構築の工程表が当初から作成されていること，ハ）事業再構築に係る直接的費用のみが対象となること，ニ）被取得企業の識別可能な負債として事業再構築引当金の計上は例外的なものであり厳格に検証できる場合にのみ認められること，ホ）被取得企業は取得側組織に完全に統合され独立性を有しないこと，ヘ）事業再構築の目標設定と工程表の作成は財務担当責任者だけでなく経営陣全体が関与したものでなれければならないこと，である。

　これに対して，消極説の根拠としては，乱用のおそれ，その有効性を検証するのが困難である等の実施上の観点からのもの，取得側グループに関する費用は本質上被取得企業に結びつけられないといった概念的な観点からのものが挙げられた。連結計算書類委員会は当該問題に関して明確な答えを出すことができず，CNCにおける上部組織である企業セクションに審議が委ねられた。

(4)　1995年CNC企業セクション報告

1995年2月1日および3月28日，M.ドゥラブリエールが議長を務める企業セクションは，前述の連結計算書類委員会報告を検討した。当該審議の内容はCNCの1995年第1四半期報告書に公表されている（CNC, 1995, pp. 34-37）。

① 識別可能資産・負債の評価
1)　全面時価評価法と部分時価評価法の選択適用
　この点について，企業セクションは概念的には全面時価評価法が全部連結

の考え方に近いものの，連結計算書類委員会の見解を受け入れ，いずれの方法を選択するかは企業の判断に委ねるのが望ましいとの結論に達した。

2) 現在価値概念の支持

企業セクションは「現在価値」という用語が財務分野の「割引現在価値」と混同される危険性を持つものの，連結計算書類委員会の提案を受け入れ，最終的に現在価値を採用することを決定した。「効用価値」は貸借対照表のすべての項目に直接適用できないという欠点を持ち（いくつかの項目には市場価値，再調達原価を用いる），「公正価値」は連結だけでなく評価のすべてのケースをカバーできるという利点を持つものの，資本連結で公正価値を採用した場合，個別会計における現在価値との違いを説明するのが難しくなるという問題点を指摘した。

これに対して，既述のとおり，現在価値は個別会計の期末評価に採用されており，当該第一回連結後に介在する決算時の棚卸価値の基準として役立つという大きな利点がある。以上が現在価値概念を支持する理由である。

3) 無形固定資産の評価方法

企業セクションは連結計算書類委員会の提案を資産・負債別に検討した。これによれば，無形固定資産に関する企業セクションの結論は連結計算書類委員会案と相違するものとなった。連結計算書類委員会案は「関係セクターの実務と首尾一貫した規準に従い見積もられる効用価値」を採用したが，企業セクションは使途（使用予定か売却予定か）に基づく複数の価値概念を導入した。

すなわち，使用を予定した無形固定資産の場合，関係セクターの実務と整合的な規準に従い見積もられる効用価値，活発な市場がある場合の市場価値あるいは再調達原価が採用され，売却を予定した無形固定資産の場合は正味実現可能価値とされた。

また，複数の委員は市場シェアなど一定の無形要素の認識問題を新たな検討課題とすべきことを指摘した。これを受けて，企業セクションは無形固定資産の評価の問題を研究する特別作業グループをCNC内に創設することを要請した。なお，無形固定資産だけでなく棚卸資産および未完成工事，投資有価証券，長期債権の割引計算，経営債務・金融債務および危険・費用引当

金などに関して，企業セクションの結論は連結計算書類委員会案と異なるものとなった[2]。

② 正の取得差額の処理

企業セクションは取得差額に資産性があると考え，被取得企業の全体的収益性の計算上考慮された期間にわたり，これを規則的に償却するものとした。償却が不十分と見られる場合には減価を認識する。これが正の取得差額の処理に関する企業セクションの結論である。

また当該セクションは，取得差額の自己資本への直接的計上に関して，その検討を連結計算書類委員会に委任し，負の取得差額の処理に関しては，審議の結果当該委員会に再提案させることになった。

③ 事業再構築引当金

既述のとおり，連結計算書類委員会では前出の積極説と消極説に意見が分かれ結論が出なかった。企業セクションの審議では大多数の委員が積極説を批判した。被取得企業の事業再構築引当金の計上によりその相手勘定となる取得差額部分は残余的性質のものでなくなる。これは取得差額の定義と矛盾するというのがその理由である。また，無形固定資産の認識と割当ての後に取得差額がゼロである場合，親会社は目的のなくなった引当金（例えば当初のリストラ計画が実施されなかった場合など）の取崩しを会計処理するのが難しくなる。

企業セクションが最終的に採用した処理は消極説である。すなわち，取得により取得側グループにおいて生ずる事業再構築費用は，取得に特有の費用として短期間（最大5年）にわたり繰延べ処理する。特に，事業の整理・統合などに係るリストラ費用は，被取得企業における引当金として計上できない。ただし，被取得企業に係る事業再構築が取得企業による支配獲得前から被取得企業内で策定されている場合，または取得とは独立した動機を有する場合，それら費用は被取得企業の負債（引当金）として認識できる，ということである。

また，事業再構築引当金がすでに被取得企業の貸借対照表（B/S）に計上

されている場合には，他の危険・費用引当金と同様に被取得企業の全体的評価において考慮し，被取得企業の負債として処理される。この場合，引当金は当該企業の取得がなくても計上されているからである。さらに，事業再構築引当金はできる限り公正に評価されねばならず，それを取り崩す場合，当該取崩し額は取得差額に関係させる。これが企業取得時の事業再構築引当金に関する企業セクションの結論である。

　企業セクションのこうした考え方は，事業の整理・統合の場合など，事業再構築費用が企業取得に結びついているとき，当該整理・統合に係る経営者の意思決定が会計上の取り扱いに影響されてはならないと考えるものである。

2. 1999年連結会計規則と識別可能資産・負債の認識

　以上の議論を経て，1986年プラン・コンタブル・ジェネラル（PCG）連結会計原則に代えて，1999年連結会計規則が新たに連結会計基準として定められた。図表14-1は，1999年連結会計規則の特徴を1986年PCG連結会計原則と比較したものである。1999年当初の連結会計規則の基本的特徴は，第一回連結差額概念が廃止された点を除けば，1986年PCG連結会計原則と比較して大きく変わったわけではない。

　すなわち，無形資産の認識可能性，全面・部分時価評価法，持分プーリング法の容認，取得差額の処理に関して買入れのれん説および除去説の採用ならびに自己資本処理の例外的容認，正の取得差額に係る規則的償却，負の取得差額に係る相殺処理および一定期間利益戻入処理の採用などである。ただし，1999年連結会計規則は，無形資産の認識の要件および評価方法，識別可能資産・負債の評価方法など，1986年PCG連結会計原則が言及しなかった点あるいは必ずしも明確にしなかった点を，それまでの議論を経て明確に示している。以下，具体的に見てみよう。

(1) 第一回連結差額概念および簡便法の廃止

　1986年PCG連結会計原則では，第一回連結時に，被連結企業の純資産簿

図表14-1　1999年連結会計規則の特徴（1986年PCG連結会計原則との比較）

	1986年PCG連結会計原則	1999年連結会計規則（当初）
①第一回連結差額 ・第一回連結差額の概念	採用	廃止
・第一回連結差額の処理	原則法処理	再評価額（時価）基準
・簡便法の容認	規定上容認	規定上廃止
②識別可能資産・負債の認識 ・認識の要件	言及なし	個別評価可能性，価値の事後的把握可能性，客観的・検証可能な規準に基づく評価可能性
・識別可能無形資産の認識	認識可能（要件には言及なし）	一定の要件の下で認識可能
③識別可能資産・負債の評価 ・採用される価値	全体企業価値の決定のために考慮した価値に基づく再見積額	流入価値 （効用価値または市場価値もしくは正味実現可能価値）
・無形資産の評価方法	全体企業価値の決定のために考慮した価値に基づき再見積り	主に将来の経済的便益または市場価値を基礎とした客観的かつ適切な規準に従い評価
・少数株主持分の評価	全面時価評価法 部分時価評価法事実上可能	原則：全面時価評価法 部分時価評価を法規定上容認
・持分プーリング法	規定なし（事実上可能）	一定の条件下で規定上容認
④取得差額の処理 ・処理の考え方（除去説・維持説）	買入のれん説 除去説	買入のれん説 除去説
・正の取得差額の処理	一定期間規則的償却 （償却期間非明示） 減損併用	一定期間規則的償却 （償却期間非明示） 臨時償却または償却計画の変更
・負の取得差額の処理	正の取得差額と相殺，超過額は一定期間利益戻入れ（期間非明示）	正の取得差額と相殺，超過額は一定期間利益戻入れ（期間非明示）
・自己資本計上処理	例外的に規定上容認	例外的に規定上容認

（筆者作成）

価における親会社持分部分と被連結企業株式の取得価額との差異として第一回連結差額がまず把握され，次に当該差額は評価差額と残余としての取得差額に分解された。そして，評価差額はこれを該当資産に割り当てる。すなわち原則法の処理を採用していた。また，第一回連結差額を評価差額と取得差額に分解できない場合には，これをすべて取得差額として処理する簡便法も認められていた。

　これに対して，1999年連結会計規則の「識別可能資産・負債と取得差額」（第211）によれば，「排他的に支配されている企業の第一回連結時に，第

215に定める特別な場合を除き，その資産および負債の識別可能要素の流入価値は第2112に定める方法に従いこれを評価する。連結貸借対照表におけるある要素の流入価値と被支配企業の個別貸借対照表における当該要素の帳簿価値との差額は，これを『評価差額（écart d'évaluation）』と呼ぶ。資産・負債の識別および評価は明瞭でありかつ資料で裏づけられる形で進められる。」とされる。

この規定から，被連結企業の資産・負債は第一回連結時に再評価され，このように再評価した純資産額の親会社持分部分と当該企業株式の取得価額との差異として「取得差額」が把握されることになる。これにより，第一回連結差額概念は廃止され，簡便法の容認に係る規定も削除された。

もっとも，第一回連結差額における評価差額を被連結企業の資産・負債に割り当て，残余を取得差額とする1986年PCG連結会計原則の処理（原則法処理）と，被連結企業の再評価純資産と当該企業株式の取得価額との差額を取得差額とする1999年連結会計規則の処理は，実質的には同一の結果になると思われる。

しかし，1999年連結会計規則では，簡便法的処理，すなわち第一回連結差額における評価差額の割当てが困難な場合に，第一回連結差額の全額を取得差額とする処理の安易な採用が困難になったと見られる。この点は1999年連結会計規則の特徴の一つである。

なお，第一回連結差額概念の廃止の方向は，1993年に国家会計審議会（CNC）内に設置されたジョドゥーを議長とする取得差額作業グループが同様の考え方を打ち出して以来，CNCが採用してきたものである。また，第一回連結差額概念のない当該処理方法は，米国会計基準あるいは国際会計基準（IAS）第22号「企業結合」が採用してきた方法でもある。1990年代において，エール・リキッド，ラファルジュおよびLVMH（ルイ・ヴィトン・モエエネシー）など，いくつかのフランス企業グループが当該方法を採用してきたが，これら企業はいずれも国際的基準対応型企業である。すなわち，エール・リキッドは米国会計基準対応，ラファルジュおよびLVMHはIAS対応であった。

(2) 識別可能資産・負債の認識
① 1986年PCG連結会計原則

　1986年PCG連結会計原則によれば，子会社株式の取得原価とその企業の自己資本における親会社持分との差異は，第一回連結差額として把握され，当該差額の分解の過程で，評価差額と残余としての取得差額に分解される。評価差額（正または負）は一定の識別可能要素に割り当てられ，一定の識別可能要素は企業の全体価値の決定のために考慮した価値に基づき再見積もりされる。この「一定の識別可能要素」は，脚注(1)で「識別可能要素は特に無形資産を含むことができる。この場合，これら無形資産はそれ固有の減価の方法に従うものとする。」と注釈され，無形資産をも含むことが示唆されていた。

　したがって，1986年PCG連結会計原則は，第一回連結差額の分解・割当てのプロセスにおいて，無形資産の識別・認識可能性に言及していたのである。しかし，どういう条件が整えば識別・認識できるのか，それをいかに評価するのかといった識別の要件および評価方法には言及しておらず，この点に関して，1989年に証券取引委員会（COB）が「無形資産の計上要件」および「無形資産の計上に係るCOBの考え方」を表明したこと，国家会計審議会（CNC）が1990年1月15日付意見書において識別可能無形資産の計上を求めたことは，既述のとおりである（本章前掲注(1)参照）。

② 1999年連結会計規則

　これに対して，1999年連結会計規則「資産・負債の識別」（第2111）によれば，「被取得企業の識別可能資産・負債は，無形要素を含めその価値の事後の把握を可能にする条件で個別に評価できる要素である。無形資産については，とりわけ特許権，商標・ブラントおよび市場シェアがこのケースとなりうる。無形資産は，当該資産が生み出しうる将来の経済的便益（avantages économiques futures）または市場価値（valeur de marché）がある場合の市場価値を主に基礎とした，客観的かつ適切な規準に従ってこれを評価できる場合にのみ，連結貸借対照表上個別に計上できる。」。

　すなわち，被取得企業の識別可能資産・負債は，「その価値の事後の把握

を可能にする条件で個別に評価できる要素」であり，これら資産は無形資産を含むことが示された。この規定から，1999年連結会計規則において，無形資産の識別・認識の可能性が明示されるとともに，その要件が示された。

(3) 識別可能無形資産の認識
① 1999年連結会計規則

1999年連結会計規則は，1986年PCG連結会計原則では言及されなかった無形資産の認識の要件に関して，「個別評価可能性」，「価値の事後的把握可能性」（以上は識別可能性の要件），および当該資産が生み出しうる将来の経済的便益または市場価値がある場合の市場価値を主に基礎とした「客観的かつ適切な規準に基づく評価可能性」（認識の要件）を示した。

これらは無形資産の識別・認識の要件とも言うべきものであり，1980年代末以降展開された証券取引委員会（COB）および国家会計審議会（CNC）の一連の見解に見られたものである。なお，1999年連結会計規則においても，特許権，商標・ブランド，市場シェアが無形固定資産の例として示されている。

本書第11章の図表11-5が示すとおり，1990年代のフランス企業グループでは，広告費支出により永続的に維持される多額のもの，法的に保護されるもの（ダノン），十分明確・客観的かつ価値の変化を把握できる評価の可能性（デ・ゾー），十分正確かつ客観的な方法による評価の可能性（ラファルジュ），価値変動の継続的把握可能性（ロレアル），確立した知名度，個別識別可能性，効用の検証可能性（LVMH）など，識別・認識の要件として同様の要素が示されていた。なお，これら企業において分離・計上された無形固定資産としては，商標・ブランド，市場シェア，顧客名簿，映画および類似の権利などがあった。

② 国際会計基準（IAS）との比較

国際会計基準（IAS）第22号「企業結合（Business Combinations）」（1993年改訂）における「識別可能資産・負債の認識」によれば，無形要素を含む個々の取得資産・負債は次の場合に個別に認識されるべきであるとする。す

なわち,「(a) 当該資産・負債に係る将来の経済的便益が取得企業に流入または取得企業から流出する可能性が高く,かつ (b) 取得企業にとって,それらの原価または公正価値を信頼性をもって測定できる場合」(IASC, 1993, par. 27) である。

当該認識の要件は,国際会計基準委員会 (IASC)「財務諸表の作成・表示に関するフレームワーク」(1989年) において示された財務諸表の構成要素の認識に係る一般原則 (IASC, 1989, par. 83),資産の認識 (par. 89) および負債の認識 (par. 91) に基づいたものである。また,識別可能資産・負債の認識は,当該概念フレームワークにおける資産の定義および負債の定義を充足していることが前提である。

この IAS 第 22 号における識別可能資産・負債の認識の要件と比較すると,1980年代末以降展開された COB および CNC の一連の見解ならびに 1999年連結会計規則に示された要件は,相対的に緩いのではないかと見られる[3]。

すなわち,IAS 第 22 号における認識には,当該資産・負債に係る将来の経済的便益が取得企業に流入または取得企業から流出する「可能性が高い (probable)」ことが求められている。これに対して,フランスにおける取り扱いには「個別評価可能性」や将来の経済的便益または市場価値に基づく「客観的かつ適切な規準による評価可能性」への言及は見られるものの,当該資産・負債に係る「将来の経済的便益の流入・流出の可能性の高いこと」を求める規定は見られないからである。また,IAS における認識には資産の定義を充足していることが前提であるが,1999年連結会計規則にはそのような前提条件もない。実際,1990年代におけるフランス企業グループは,多様かつ多額の無形資産を計上していたことは,既述のとおりである。

ところで,国際財務報告基準 (IFRS) 第 3 号「企業結合」(2004年) は,その「設例」の中で,商標・ブランド,雑誌タイトル,非競争に関する合意,顧客名簿,ソフトウエア,特許権を持たない技術などを企業結合における識別可能無形固定資産として例示している。他方,IAS 第 38 号「無形資産」(2004年) は,市場シェアおよび人的潜在力に結びついた要素を無形資産の種類から除外した (IASB, 2004b, par. 119)。市場シェアは,デ・ゾー,ラファルジュ,ロレアル等のフランス企業が計上してきた (本書第 11 章の図表

11-5 参照)。

③ CRC 規則第 2005-10 号による 1999 年連結会計規則の改正

CRC 規則第 2005-10 号[4]による 1999 年連結会計規則改正第 2111「資産・負債の識別」によれば,「無形資産については,とりわけ特許権,商標・ブランドおよび顧客との契約関係がこのケースとなりうる。無形資産は,会計規制委員会 (CRC) 規則第 99-03 号 (1999 年 PCG ; 筆者注) の 211-3 および 311-1 に定める定義および会計処理の条件,また明確に個別化される進行中の開発プロジェクトについては 311-3 第 2 項の規定を充足する時から,連結貸借対照表に個別に認識され計上される。その評価は,市場価値がある場合の市場価値または当該資産が生み出しうる将来の経済的便益を主に基礎とした,客観的かつ適切な規準に従って行われなければならない。」と規定されている。

1) 市場シェアの計上禁止の動き

以上の改正第 2111 は,無形資産の計上例として特許権,商標・ブランドおよび顧客との契約関係を挙げており,当初の規定から「市場シェア」を削除した。これは,2005 年改正の 1999 年連結会計規則が市場シェアを無形固定資産として識別・計上することを認めないことを意味している (CNC, 2005b, p. 25)。

当該改正は,既述のとおり,IAS 第 38 号に調和した形になっているが,市場シェアの計上をめぐっては,その後もなお議論が続き,2005 年 12 月 26 日省令による 2005 年改正の承認の際に市場シェア除外の取り扱いが曖昧にされた。さらに,2006 年 CNC 緊急委員会意見書 2006 E (2006 年 12 月 6 日) は市場シェアの計上を再度容認した (Maillet-Baudrier et al., 2007, p. 280)。

2) CRC 規則第 2004-06 号による無形固定資産の認識要件の厳格化

無形固定資産の認識に関しては,「資産の定義,会計処理および評価に関する CRC 規則第 2004-06 号」による 1999 年 PCG (CRC 規則第 99-03 号) 改正 211-3 および 311-1 に定める条件を充足しなければならない。すなわち,1999 年 PCG 改正 211-3 によれば,「無形固定資産は,実体の活動から分離可能であること,すなわち,契約,他の資産または負債とともに分離した形

で売却，移転，貸付または交換できる場合，当該権利が譲渡可能でない，または実体もしくは他の権利・義務から分離可能でないとしても，法律上または契約上の権利から生ずる場合に，識別可能である。」とされる。

また，1999年PCG改正311-1によれば，「有形固定資産，無形固定資産または棚卸資産は，当該実体が関連する将来の経済的便益または規則第99-01号を適用する実体もしくは公的セクターに属する実体にとって期待される用役潜在性を受ける可能性が高く，かつその原価または価値を十分な信頼性をもって評価ができる場合に資産に計上される。直接的な評価が可能でないとき，これと異なりかつ例外的なものとして第321-8の規定に従うことを含める。」とされる。

以上，無形固定資産の識別可能性および認識の要件は，IAS第38号「無形資産」における無形資産の識別可能性（IASC, 1998, par. 12）および認識（par. 21）の要件と同等のものである。

さらに，資産の定義として「資産は実体にとって正の経済的価値を有する財産の識別可能な要素，すなわち，実体が過去の事象の結果として支配し，かつ将来の経済的便益を期待する資源を生み出す要素である。」（CRC規則第2004-06号による1999年PCG改正211-1），「資産の象徴する将来の経済的便益とは，実体への純キャッシュ・フロー（flux nets de trésorerie）に直接的にまたは間接的に貢献する潜在能力をいう。」（CRC規則第2004-06号による1999年PCG改正211-2）とされ，国際会計基準の概念フレームワークに類似した定義が与えられた。

このように，無形資産の認識に関しては，1999年連結会計規則は2005年CRC規則第2005-10号による改正および1999年PCGに係るCRC規則第2004-06号による改正を経て，IAS第22号における認識の要件と類似のものを備えるに至った。

3. 1999年連結会計規則における識別可能資産・負債の評価

(1) 識別可能資産・負債の流入価値
① 評価の一般原則

1999年連結会計規則「識別可能資産・負債の流入価値」(第2112)の「一般原則」(第21120)によれば,「グループへの流入に関わる場合,識別可能資産の評価から生ずる金額が新たな粗価値をなす。当該金額は,その後,譲渡損益の計算ならびに連結損益に計上される減価償却費および減価引当金繰入額の計算の基礎となる。第一回連結日に計上される危険・費用引当金は,その後の繰入れおよび戻入れを決定する基礎をなす。」と定められ,第一回連結時の識別可能資産の評価から生ずる金額が新たな計算のベースとなることが示された。

さらに,「評価方法」(第21121)によれば,「識別可能資産・負債は,連結企業が予定した利用に応じて決定される流入価値で連結貸借対照表に計上する。」と定められ,第一回連結時の識別可能資産・負債の再評価額がその流入価値として連結貸借対照表に計上されること,当該流入価値は親企業が予定した利用に応じて決定されることを,明らかにした。

「流入価値 (valeur d'entrée)」という用語の採用については,当初の1998年12月付CNC「連結計算書類に関する意見書第98-10号」(1999年連結会計規則案)は「公正価値」を採用していた(CNC, 1998b, p. 14)。この点に関して,1993年CNC取得差額作業グループ報告および連結計算書類委員会報告,さらに1995年企業セクション報告が「現在価値 (valeur actuelle)」を採用したことは既述のとおりである。

国家会計審議会 (CNC) 内での一連の審議では,現在価値を採用するのか,効用価値とするのか,あるいは公正価値とするのかが議論され,個別会計との整合性の観点から現在価値が優れているとの結論に達していた。しかし,1998年連結会計規則案は突如公正価値を採用し,最終的に1999年連結会計規則はこれを流入価値に変更したのである。

最終段階で変更されたわけであるが,現在価値は1999年プラン・コンタ

ブル・ジェネラル（PCG）が個別会計次元で期末棚卸価値の評価に用いていること（むしろ混乱を生む）[5]，公正価値は当時のフランスではいまだなじみの薄いものであったこと，流入価値は予定した使用に応じて複数の価値概念を導入するものであることなどが，流入価値への変更の背景にあったと思われる。

② 経営者の意図と流入価値の決定

流入価値は親企業が予定した使用に応じて決定される。すなわち，取得後の経営において，親企業が取得子会社の識別可能資産・負債をどのように使用していくのか，つまり取得（買収）プロジェクトにおける取得側経営者の意図に基づいて，流入価値を決定するものとされる。

例えば，取得（買収）プロジェクトでは，当初策定した事業リストラクチャリングのプログラムに従い，取得子会社の一部事業の譲渡または停止が実施されることがある。資本連結時における識別資産・負債の流入価値の決定にあたり，このような経営者の意図を評価に反映させようとするものである。

この考え方は，CNC の 1993 年連結計算書類委員会および 1995 年企業セクション報告においてすでに見られた考え方である。1999 年連結会計規則は，資産の評価において，取得後の使途を考慮して，経営での使用を予定するものはその効用価値で評価するのに対して，経営での使用を予定しないもの（売却予定または経営に不必要なもの）は市場価値，市場価値がない場合には正味実現可能価値を採用する（第 21121「評価方法」）[6]。

なお，効用価値は取得企業がこれら要素を別々に取得したならば支払うことに同意したであろう価格に相当し，一般に取替価値（当該企業がそれらを新規資産に取り替えるための投資額と同一のもの）と見なされる。また，経営での使用を予定しない資産の市場価値は売却時価を意味するものと考えられる。売却予定または経営に不必要なものは資産処分が問題となるからである。

流入価値の決定に経営者の意図を反映させる考え方は，国際会計基準（IAS）第 22 号「企業結合」（1993 年改訂）が採用した考え方である。すなわち，「取得に際し，取得識別可能資産・負債の公正価値は取得企業の使用目

的に応じて決定される」(IASC, 1993, par. 38) である。CNC 内の一連の審議が当該基準を基礎としたことは明らかである。

③ 国際会計基準 (IAS) との比較

既述のとおり，識別可能資産・負債の流入価値をそれらの使用目的に応じて決定するという流入価値評価の基本的な考え方は，IAS 第 22 号「企業結合」(1993 年改訂) が採用した考え方に類似するものである。ただし，IAS 第 22 号における資産・負債の分類は，「経営での使用を予定した財貨」をさらに「現在での使用目的」と「異なる使用目的」とに分けており，単に経営で使用するのか否かで区分する 1999 年連結会計規則に比べて詳細である。また，IAS 第 22 号は公正価値による評価としているが，概念的な面はともかく，1999 年連結会計規則における流入価値の評価はこれと実質的には差異はないと見られる。

他方，1998 年改訂の IAS 第 22 号は資産等の「使途」，したがって経営者の意図を重視する考え方を放棄し，公正価値の決定の指針に従って決定することとなった。2004 年国際財務報告基準 (IFRS) 第 3 号「企業結合」も同様である。このため，会計規制委員会 (CRC) 規則第 2005-10 号による 1999 年連結会計規則の改正後も，依然として取得資産の評価に経営者の意図を反映させるフランス連結会計基準との間で相違が存在した。

(2) 無形資産の評価方法

① 1999 年連結会計規則

1999 年連結会計規則は，1986 年 PCG 連結会計原則と異なり，以下のとおり無形資産の評価および評価方法を明確にした。まず，識別可能資産の流入価値は，使用を予定した場合その効用価値でこれを評価する。1999 年連結会計規則「評価方法」(第 21121) によれば，無形固定資産の効用価値は，「すべての識別可能無形資産は，被連結実体の計算書類に計上されていないものも含めて評価の対象となる。無形固定資産の効用価値は，類似の資産につき活発な市場が存在するときにはその市場価値と一致する。活発な市場とは，同質的な財が既知の価格で規則的に交換される市場である。活発な市場

がない場合には，当該業種の実務を参考に無形資産の効用価値を採用する。」と定められた。

すなわち，無形資産の効用価値は，取得企業にとっての効用価値とはいうものの，市場価値がある場合はその市場価値を用い，市場価値がない場合には次善のものとして当該業種の実務を参考にした効用価値の見積額を用いる。

効用価値の見積りには，認識の要件に「当該資産が生み出しうる将来の経済的便益または市場価値がある場合の市場価値を主に基礎とした，客観的かつ適切な規準に従ってこれを評価できる」とされるように，当該資産が生み出しうる将来の経済的便益，すなわち将来のキャッシュ・フローを基礎とした，客観的かつ適切な規準を用いるものとする。

② 1990年代における企業の実践

1990年代のフランス企業では，専門家の助けを借りて，取得原価をベースに客観的な評価を可能にする方法が用いられ，大部分の企業は評価方法の詳細には言及していないものの，多くが収益性に係る多様な指標を用いていた。本書第11章の図表11-5が示すとおり，例えば利益への貢献度（ダノン），平均的収益性に基づく客観的方法（ラファルジュ），売上高の変動と収益性に基づく総合的方法（ロレアル），税引後純利益または総利益の資本化額，収入に対する倍数またはこれらの組み合わせ（LVMH）等であった。

1999年連結会計規則は，評価方法について，「客観的かつ適切な」という備えるべき要件と，「当該資産が生み出しうる将来の経済的便益または市場価値がある場合の市場価値を主に基礎とした」という評価の方法を具体的に示すことで，企業の実務を尊重しながらもその多様性に一定の枠を設けた。ただし，市場価値がない場合，「客観的かつ適切な」という表現は企業にとって主体的に解釈可能であり，認識の要件も含めてどの程度計上規準に厳格さをもたらすことができるのかは，明らかでない。

③ 国際会計基準（IAS）との比較

既述のとおり，IAS第22号「企業結合」（1993年・1998年改訂）は，識別可能資産・負債をその公正価値で計上すべきことを定めている。また，IAS

第38号「無形資産」では，企業結合にともない取得された無形資産はこれを取得日の公正価値に照らして測定する。

この公正価値の考え方は，1999年連結会計規則における取り扱いと実質的に類似していると思われる。すなわち，1999年連結会計規則のいう無形資産の効用価値は，類似の資産につき活発な市場が存在する場合にその市場価値に一致し，活発な市場がない場合には特に当該業種の実務を参考に無形資産の効用価値の見積値を用いるとしているからである。

(3) 全面時価評価法の原則適用と部分時価評価法の例外的容認

少数株主持分の評価に関して，1999年連結会計規則「評価方法」（第21121）は，「少数株主の権利はこれを被取得企業の再評価純資産に基づいて計算する。」と定め，「全面時価評価法」の採用を明確にした。

しかし，「現在まで部分再評価法を実施してきた企業はそれを継続することができる。当該方法は識別可能要素の再評価を取得した株式の持分部分に限定する方法である。したがって，少数株主の権利の考慮は被取得企業の貸借対照表から生ずる要素の帳簿価額に基づく。」と定めて，「部分時価評価法」を現在まで適用してきた企業にはこれを継続することを認めた。この点で，1999年連結会計規則は部分時価評価法を例外的に容認した。

少数株主持分の評価に関する1999年連結会計規則の取り扱いは，1986年PCG連結会計原則の取り扱いと実質的に同一のものである。すなわち，1986年PCG連結会計原則では，「全部連結の場合，その資産の再評価はその全体的価額に関わることができる。」として，事実上部分時価評価法を排除するものではなかったからである。

その後1993年に，図表14-2に示すとおり，ジョドゥーのCNC取得差額作業グループは部分時価評価法を支持したのに対して，連結計算書類委員会は全面時価評価法を支持した。全面時価評価法が経済的エンティティーの観点から優れていると考えたからである。1995年CNC企業セクションも同様に全面時価評価法を支持した。もっともいずれの見解も一方の方法のみを認めて他方の方法を認めないというものではなかった。

1999年連結会計規則は1993年連結計算書類委員会および1995年企業セ

図表14-2　少数株主持分の評価（全面・部分時価評価法）

会計規則・基準・見解	全面時価評価法	部分時価評価法
1986年 PCG 連結会計原則	○	○（規定にはないが事実上容認）
1993年 CNC 取得差額作業グループ	簡便性の点から容認	支　持
1993年 CNC 連結計算書類委員会	支　持 （経済的エンティティーの観点）	容　認
1993年改訂国際会計基準（IAS）第22号[1]	○（認められる代替処理）	○（標準的処理）
1995年 CNC 企業セクション	支　持 （概念的に全部連結の考え方近似）	容　認
1999年連結会計規則	○	○（既適用企業に対して容認）
2004年国際財務報告基準（IFRS）第3号[2]	○	×
2005年改正1999年連結会計規則	○	×

(1) 1993年改訂国際会計基準（IAS）第22号「企業結合」pars. 31-34。(2) 2004年国際財務報告基準（IFRS）第3号「企業結合」par. 40。
（筆者作成）

クションの見解を取り入れ，しかも，部分時価評価法の採用を規定上明文化し，その適用に条件を付した。この点に1999年連結会計規則の特徴がある。

　他方，フランスの当該取り扱いは1993年改訂国際会計基準（IAS）第22号の考え方と異なっていた。IAS第22号は「取得の原価の配分」の観点から部分時価評価法を標準的処理とし，全面時価評価法を認められる代替処理としたからである。その後，2004年国際財務報告基準（IFRS）第3号「企業結合」は部分時価評価法を禁止して全面時価評価法の支持に転換した。これに対応した形で2005年改正1999年連結会計規則は部分時価評価法の容認規定を削除し，全面時価評価法に一本化した。

　以上のとおり，少数株主持分の評価に関して，フランスは，ジョドゥーの取得差額作業グループの考え方を除けば，一貫して経済的エンティティーの観点を重視しているのが明らかである。従来，部分時価評価法を支持してきた国際会計基準の側が全面時価評価法の支持に転換した結果，両者に差異がなくなったのである。

(4) 持分プーリング法の容認

　持分プーリング法は，識別可能資産・負債の流入価値の算定に，取得日の被取得企業における帳簿価額を用いる方法である。当該金額から算定される被取得企業の純資産簿価と親企業の株式価額との差額は，連結自己資本に加算するか，またはこれから減算する。その結果，持分プーリング法を用いると，のれんの発生を回避することができる。

　1999年連結会計規則は持分プーリング法を「例外的方法（Méthode dérogatoire）」と呼び，その適用を容認している。同規則「例外的方法」（第215）によれば，「上述の規則の例外として，次の4つの条件が充足されるときには，被取得企業の株式の取得原価を，取得日のグループの会計基準で再処理した計算書類から生ずる当該企業の自己資本の構成要素たる資産・負債の価額と置き換えることができる。a. 当該取得が1度の取引で行われかつそれが被取得企業資産の90％以上に関わっていること，b. 連結に含まれる企業の株式または持分の即時の発行または5年以内の確かな発行を規定した協約に従って当該取引が行われること，c. 協約がその実質において上記bに規定された株式または持分以外に当該取引時に実現する発行額の10％を超える対価を規定していないこと，d. 支配取得日から起算して2年の間資本または積立金の払戻し，株式の強制・任意買戻し，臨時的な配当の分配といった取引により取引の実質が変更されるものであってはならないこと。」である。

図表14-3　持分プーリング法の適用

会計規則・基準	持分プーリング法
1986年PCG連結会計原則	○（言及なし・事実上可能）
国際会計基準（IAS）第22号（1993年・1998年改訂）[1]	○（一定の条件を充足する場合に強制）
1999年連結会計規則	○（例外的方法として容認）
2000年・2005年改訂1999年連結会計規則	○（例外的方法として容認）
2004年国際財務報告基準（IFRS）第3号[2]	×（禁止）

(1) 1993年改訂国際会計基準（IAS）第22号「企業結合」, pars. 61-67。(2) 2004年国際財務報告基準（IFRS）第3号「企業結合」, par. 14。
（筆者作成）

被取得企業の資産・負債の流入価値は，取得日の当該企業におけるグループの会計基準による再処理済み純帳簿価額に等しい。当該例外的方法の適用から生ずる差異は，これを連結自己資本に加算またはこれから減算する。

　図表14-3に示すとおり，1999年連結会計規則は，2000年の会計規制委員会（CRC）規則第2000-07号（CRC, 2000b, pp. 57-59）および2005年CRC規則第2005-10号（CNC, 2005b, pp. 24-35）により持分プーリング法に係る第215の規定を改正し，その使用条件をより詳細なものとしてきたが，一貫して持分プーリング法を例外的方法として容認してきた。

　これに対して，国際会計基準（IAS）第22号「企業結合」（1993年・1998年改訂）は，持分の結合に相当する企業結合に対して持分プーリング法の適用を義務づけてきたが，国際財務報告基準（IFRS）第3号「企業結合」（2004年）からはよりよい情報の観点から同法の適用を禁止した。

　このように，持分プーリング法に関しては，フランスは一貫して容認する立場をとり，禁止の立場に転換したIFRS第3号との間で相違が生じた。

(5) 事業再構築引当金

　被取得企業の負債の評価は，取得日に認識されるすべてのリスクと費用を考慮するのが原則である。しかし，今後継続される事業活動に係る将来の営業損失に対する引当金は，進行中の契約に係る損失を除き，これを考慮しない。

　ただし，事業再構築（リストラ）費用に対する引当金の計上は，次の2つの条件を厳格に充足する場合においてのみ可能である。すなわち，イ）事業再編成のプログラムが経営執行機関により明確に策定されており，その費用が十分詳細に見積もられている場合，ロ）取得日後に開始する事業年度の末，つまり識別可能な資産・負債の流入価値を正確な形で決定するために連結企業に与えられる期間の満了までに，これら計画とその影響が公に発表されている場合である。

　連結親企業に関わるこれらプログラムの一部につき，取得に起因する重複した能力の削減に対応する費用のみを考慮し，税金節約分を控除した金額で有価証券の取得原価に含める。つまり，リストラに係る直接的費用のみが事

業再構築引当金の対象となる。

この事業再構築引当金に係る取り扱いは，1995年国家会計審議会（CNC）企業セクション報告と異なるものである。すなわち，企業セクション報告は，被取得企業に係るリストラ計画が取得前から被取得企業内で策定されている場合，または取得とは独立した動機を有する場合だけに，引当計上を容認する「消極説」を採用していた。これに対して，1999年連結会計規則は，上記の2つの条件を充足すれば事業再構築引当金の計上を認めるという，条件付きの積極説に転換したのである。

4. 1999年連結会計規則における取得差額の処理

(1) 正の取得差額の処理
① 規則的償却

1999年連結会計規則「取得差額の会計処理」（第2113）における「正の取得差額」（第21130）によれば，「正の取得差額はこれを固定資産に計上し，一定期間にわたり償却する。当該期間は，取得時に採用された前提およびその時に設定され文書化された目標を可能な限り反映しなければならない。償却計画を決定するのに役立った要素に好ましくない重大な変化が生じたならば，臨時的な償却を行うか，償却計画を修正するものとする。すべての減価引当金は除外される。好ましい重大な変化が生じた場合には，償却累計額の戻入れを除き，その後の償却計画を修正する。」と規定された。

以上の規定からは，正の取得差額の処理に関して，1999年連結会計規則が除去説に基づき一定期間にわたる規則的償却を採用（臨時償却または償却計画の変更を併用）していることがわかる。既述のとおり，フランスでは，終始一貫して除去説に基づき一定期間にわたる規則的償却が採用されてきた。しかも，常に償却期間の上限を明示せず，取得時に採用した前提およびその時に設定した目標を可能な限り反映した期間を採用すべきとの条件が付されたものの，償却期間の決定は経営者の判断に委ねられてきた。この点はフランスの大きな特徴である。

1999年連結会計規則は当該目標の文書化を求める一方，償却期間の決定を経営者に委ねる方式を依然として堅持している。また，会計規制委員会（CRC）規則第2005-10号による改正1999年連結会計規則においても，正の取得差額の処理に関して同一の処理が維持されている。

　　② 自己資本計上処理
　1999年連結会計規則「自己資本への取得差額の賦課」（第212）によれば，「正当な理由のあるもので注記・附属明細書にその旨を記載する例外的な場合，企業の負または正の取得差額はこれを自己資本に計上または自己資本に賦課することができる。『例外的な場合』という表現は，商法第9条第7項（筆者注：現行商法典L123-14条第3項）の意味で理解される。すなわち，会計規定の適用が財産，財務状況および成果の誠実な概観を提供するのに不適切であることが明らかである場合，会計規定の適用除外は，当該企業の財産，財務状況および成果に対するその影響の表示をともない，これを注記・附属明細書で言及し正当な理由を明らかにする。」と規定された。
　このように，1999年連結会計規則は，「誠実な概観」の提供という観点から，正・負の取得差額を自己資本から控除またはこれに加算する処理を例外的に容認した。既述のとおり，1990年代のフランスでは，国家会計審議会（CNC）の意見書，1993年取得差額作業グループの見解などが，これに対する否定的見解を表明していたが，1999年連結会計規則における取得差額の自己資本計上の例外的容認は，結果的に1986年連結会計原則の取り扱いと同一のものとなった。

(2)　負の取得差額の処理
　① 正の取得差額との相殺処理
　1999年連結会計規則「負の取得差額」（第21131）によれば，「負の取得差額は，一般に有利な条件で行われた取得の事実による潜在的な増価や被取得企業の不十分な収益性に対応している。例外的な場合を除き，正の取得差額の計上が結果として負の取得差額を出現させるものであってはならない。例外的な場合は正当な理由のあるもので，注記・附属明細書にその旨を記載す

る。負の取得差額が正の取得差額を上回る場合，当該超過額は一定期間にわたりこれを成果に計上する。当該期間は取得時に採用した前提および設定した目標を反映しなければならない。」と定められ，負の取得差額は正の取得差額と相殺処理するものとされる。負の取得差額が正の取得差額を上回る場合，当該超過額は一定期間にわたり利益に戻し入れる。

1990年代のフランスでは，負の取得差額の処理に関してさまざまな議論が展開されてきた。既述のとおり，CNCの1993年取得差額作業グループが非貨幣性資産から比例的に減額する方法を提案し，その後1994年の連結計算書類委員会は当該提案を支持する一方，国際会計基準（IAS）第22号「企業結合」(1993年)が認める全額繰延収益計上というオプション的処理をも容認した。しかもその場合に，識別可能無形固定資産を認識・計上しているときには，収益への戻入れを行わないという妥協案を採用した。

非貨幣性資産から比例的に減額する場合，その評価が最も不確実な項目，特に一定の無形資産から行うことができるかといった点が議論になったが，最終的に，連結計算書類委員会はこれを採用しなかった。以上のような議論が展開されたにもかかわらず，1999年連結会計規則の上記処理は1986年連結会計規則の採用していた処理と実質的に同じものとなっている。

② 2005年改正における無形資産との相殺処理

さらに，2005年の改正では1999年連結会計規則第21131は，「取得時に活発な市場を参考にして評価できなかった識別された無形資産は，負の取得差額を生み出す，または増加させることになる場合には，貸借対照表に会計記入してはならない。場合により生ずる負の取得差額の超過額は一定期間にわたりこれを成果に計上する。当該期間は取得時に採用した前提および設定した目標を反映しなければならない。」との規定に改正され，当初の正の取得差額との相殺処理から，無形資産との相殺処理に変更されている。

当該処理は，上述の1994年の連結計算書類委員会で議論された処理方法であり，結局，1990年代に展開された処理案に戻ったことになる。このように，負の取得差額の処理に係る議論は二転三転しており，資産性の点で不確実な要素の多い市場価値に基づかない無形資産の計上にこの処理を関係さ

せようとの考え方に帰着している。

③ 自己資本計上処理

　前述のとおり，1999年連結会計規則は1990年代に見られた否定的な見解にもかかわらず，正・負の取得差額を例外的に自己資本から控除またはこれに加算することを容認している。この負の取得差額の例外的な自己資本計上容認は，正の取得差額の処理と同様，1986年PCG連結会計原則の取り扱いと同一である。

(3) 国際会計基準（IAS）との比較
① 正の取得差額の処理

　国際会計基準（IAS）第22号「企業結合」（1993年改訂）によれば，「のれんはその有効期間にわたって費用計上することにより償却されねばならない。のれんの償却に際しては，他の償却方法が適切であると認められる場合を除き，定額法が用いられる。償却期間は5年を超えてはならない。ただし，5年を超える期間は正当化されうるが，20年を超えてはならない」(par. 42)として，原則5年以内，最大20年の定額法償却を採用していた。

　また，1998年改訂では，原則20年以内とした上で，反証があればこれより長い期間も認められた。さらに，国際財務報告基準（IFRS）第3号「企業

図表14-4　正の取得差額（のれん）の処理

会計規則・基準	除去説		維持説
	規則的償却	自己資本控除	
1986年PCG連結会計原則	○（期間非明示）	○（例外的処理）	×
1993年改訂IAS第22号	○（5年・最大20年）	×	×
1998年改訂IAS第22号	○（20年・20年超も容認）	×	×
1999年連結会計規則	○（期間非明示）	○（例外的処理）	×
2004年IFRS第3号＊	×	×	○（減損テスト）
2005年改訂1999年連結会計規則	○（期間非明示）	○（例外的処理）	×

＊2004年IFRS第3号「企業結合」, pars. 54-55。
（筆者作成）

結合」(2004年)は，議論の末のれんの規則的償却を廃止し，IAS第36号「資産の減損」に従って毎年減損テストを実施することとなった。

図表14-4に示すように，取得差額の処理に関しては，維持説に転換した国際会計基準／国際財務報告基準（IAS/IFRS）と，除去説をなお維持するフランス会計規則との間に，大きな差異が生じている。また，フランスは，一貫して例外的ながら自己資本からの控除を容認しており，この点もIAS/IFRSとの相違を大きくした。

② 負の取得差額の処理

IAS第22号「企業結合」（1993年改訂）によれば，負ののれんは，これを取得された非貨幣性資産から比例的に減額し，残額がある場合は負ののれんとして5年以内の期間にわたり規則的に利益に戻し入れる。5年を超える期間が正当化される場合には当該期間を採用できるが，20年を超えることはできない（par. 49）。これが標準処理である。また，負ののれんをすべて繰延利益として処理する代替処理も容認された（par. 51）。代替処理の繰延期間は標準処理の期間と同一である。

IAS第22号は，さらに1998年改訂では当該処理を変更し，次の処理に一本化した。すなわち，買収計画にともなう将来の費用・損失の見込額がある場合には，当該部分を負債に計上し，この金額以外の金額のうち，非貨幣性資産の公正価値以内の部分は負ののれんとして当該資産の耐用年数にわたり規則的に利益計上する（負ののれんは資産の控除項目として表示）。それでもなお残額がある場合は即時に期間利益として計上する（par. 62）。

また，IFRS第3号「企業結合」（2004年）は，1998年改訂IAS第22号をさらに変更し，「識別可能資産・負債および偶発負債の識別と測定，および企業結合の取得原価の測定は再度見直さなければならない。そのような再度の見直しの後に残った超過額は，損益として直ちに認識しなければならない」（par. 56）とした。

このようにIAS/IFRSはその処理を大きく変更してきたが，図表14-5に示すとおり，フランスの連結会計規則は，正の取得差額と相殺し，残額がある場合にはそれを一定期間繰延利益とする処理を長らく支持してきた。しか

図表 14-5 負の取得差額（のれん）の処理

会計規則・基準	正の取得差額との相殺・繰延利益処理	自己資本計上	非貨幣性資産から比例的減額・繰延利益処理	繰延利益処理
1986 年 PCG 連結会計原則	○（期間非明示）	○（例外的処理）	×	×
1993 年改訂 IAS 第 22 号	×	×	○（標準処理）（原則 5 年・最大 20 年）	○（代替処理）（原則 5 年・最大 20 年）
1998 年改訂 IAS 第 22 号	×	×	・非貨幣性資産の公正価値以内の部分は負ののれんとして当該資産の耐用年数にわたり規則的に利益計上（負ののれんは資産の控除項目として表示）・残額がある場合は即時利益計上	
1999 年連結会計規則	○（期間非明示）	○（例外的処理）	×	
2004 年 IFRS 第 3 号＊	×	×	識別可能資産・負債等の識別・測定および企業結合の取得原価の再検討・超過額の即時利益計上	
2005 年改訂 1999 年連結会計規則	市場価値に基づかない無形資産との相殺・繰延利益処理（期間非明示）	○（例外的処理）	×	

＊2004 年 IFRS 第 3 号「企業結合」, par. 56。
（筆者作成）

し，2005 年改訂 1999 年連結会計規則により，市場価値に基づかない計上無形資産との相殺処理に移行し，また，例外的処理ながら自己資本への加算も一貫して容認しており，依然として IAS/IFRS との間には相違が見られたのである。

以上，1999 年連結会計規則の特徴を検討した。第一回連結差額概念および簡便法の廃止，無形要素の識別・認識の要件，経営者の意図を反映した識別可能資産・負債の流入価値の決定などに，当時の IAS（第 22・38 号）の考え方を取り入れたことが明らかである。しかし，無形要素の識別・認識の要件の緩さ，持分プーリング法の容認，取得差額の処理などにはフランス特有の考え方が優先されたといえるのである。

5. 経済的実質優先思考の導入

(1) 1986年PCG連結会計原則における経済的実質優先思考の処理

1999年連結会計規則の国際会計基準（IAS/IFRS）へのコンバージェンスを最も象徴的に表しているのが,「経済的実質優先」思考の導入である。最後に, この点を検討したい。

1986年PCG連結会計原則には,「23. 同質性と評価規則・方法の選択」の「231. 選択的再処理」（CNC, 1986, pp. II. 148–II. 150）において, 商法・会社法のD 248-8条オプションに対応して, ファイナンス・リース取引の資本化処理や外貨表示債権・債務の換算差額の損益計上など, 当時の国際的会計実務に対応したものであるが個別計算書類では認められていない処理を, オプション的処理として容認するという規定が盛り込まれていた。しかし, 1986年PCG連結会計原則は, アングロ・サクソン的な経済的実質優先思考に基づいた会計処理を, 個別的かつオプション的に取り入れるにとどまった。

(2) 1999年連結会計規則における経済的実質優先思考の導入

これに対して, 1999年連結会計規則（CRC規則第99-02号）は,「第III節 評価方法と表示方法」「30 一般原則」の「300 評価方法と表示方法の決定」において, IAS/IFRSの「経済的実質優先」思考の導入を明らかにしている。すなわち,「連結計算書類は, 連結に特有の特徴と連結計算書類に特有の情報の目的を考慮して（外観に対する実質優先, 費用収益対応, 税法の適用だけのために行われた会計記入の影響の除去）, 連結範囲に含まれる企業が形成する企業集団の同質的な表現の提供を目的としている。」とされる。

上記規定は, カッコ書きながら, 連結計算書類が,「外観に対する実質優先」,「費用収益対応」および「税法の適用だけのために行われた会計記入の影響の除去」を考慮することを強調している。

「税法の適用だけのために行われた会計記入の影響の除去」は, 1968年CNC連結報告書・勧告書（CNC, 1973, p. 42）および1986年PCG連結会計原則（CNC, 1986, p. II. 147）においても見られ, フランスの連結会計基準が

常に求めてきたものである。「費用収益対応」は過去の連結会計基準には明確に規定されてはいないが，費用収益対応の原則に象徴される期間損益計算中心思考は，事実上とり入れられてきた。

　これに対して，「外観に対する実質優先（prédominance de la substance sur l'apparence）」は，国際会計基準の「財務諸表の作成・表示のためのフレームワーク」の"substance over form"（形式に対する実質優先）の概念を導入したものである。すなわち，「取引その他の事象は，これを単に法的形式ではなく，その実質（substance）と経済的実態（economic reality）に即して会計処理し表示することが必要である」（IASC, 1989, par. 35）。

　当該概念は，法的形式に対する経済的実質優先とも呼ばれ，IAS/IFRS の基礎をなすアングロ・サクソン的な経済的基礎概念の一つである。当該概念によれば，例えば，ファイナンス・リース取引の場合，法的形式は賃貸借であるが，経済的実質は融資に基づく物件の取得ということになる。

　フランスでは，会計と法が密接に結びつき，伝統的に会計＝法会計とされてきた。そのような伝統においては，会計上重視されるべきは「法的形式」ということになる。経済的実質優先のアングロ・サクソン的思考とは取引の何を重視するかの点で違いがある。

　法的観点からは，売買，賃貸借，請負など定型化された法的認識枠組みに当てはめ，取引の権利・義務関係に注目しこれを整理する。法的形式を重視する会計処理は，当該認識枠組みに従い会計処理するものである。これに対して，経済的実質優先思考は，取引におけるキャッシュ・フローとその変動のリスクに注目する。投資計算では，基本的に投資額と回収額によって投資の成果を判断するが，この考え方を会計に適用すれば，法的には権利・義務関係が重要であるが，経済的にはキャッシュ・フローとその変動のリスクが重要なものとなる。

　したがって，法的形式優先思考と経済的実質優先思考は，どのような観点を重視して取引を捉えるかの違いである。会計における法的形式優先思考は企業をさまざまな利害関係者との法的関係の束からなる社会的存在として，経済的実質優先思考は企業を資本主の利益を実現するための投資手段として捉える考え方に繋がるものと考えられる。その意味で，株主・投資者向けの

会計情報の提供を目的とする連結会計基準の評価と表示の「一般原則」に，経済的実質優先思考を導入したことは論理的である。しかし，法的形式を重視してきたフランスの会計においては画期的なことといえる。

　本書の第7章から第11章で明らかにしたとおり，経済的実質優先思考に基づく会計処理は，すでに1970年代から一部の大企業の連結会計実務で個別的に採用されていた。前出の1986年PCG連結会計原則は，これを選択的処理として追認したものである。

　これに対して，1999年連結会計規則は，経済的実質優先思考を評価方法と表示方法の決定における一般原則として導入した点が重要である。この経済的基礎概念の導入は，1999年連結会計規則のIAS/IFRSへのコンバージェンスを実質的に進展させたといえ，連結会計次元では1999年連結会計規則の当該思考に従い，法的形式に優先して経済的実質を追求していくものとなる。

　ただし，連結計算書類といえども，第7章で検討したとおり，商法典の財産性のしばりが連結会計次元においても存在している。この点に配慮して，1999年連結会計規則は，1986年PCG連結会計原則における個別的かつオプション的な経済的実質優先思考に基づく会計処理を，「優先的（préférentielles）」処理（CRC, 1999a, pp. 30-31）として示すにとどめているのである。

[注]
(1) フランスにおいて，無形要素の計上に関する公的見解を最初に公表したのは証券取引委員会（COB）である。COBは，まず1989年度の年報において，「無形資産の計上要件」および「無形資産の計上に係るCOBの考え方」を表明し，上場企業に対して第一回連結差額の分解に基づく無形資産の分離・計上を促した（COB, 1990b, pp. 114-116）。原則法を前提とする無形要素の分離・計上処理の奨励である。COBは，フランス上場企業に対して，企業の取得にあたり取得額と被取得企業の個別貸借対照表（B/S）計上済み資産・負債合計額（純資産）との差額（第一回連結差額）を詳細に分析することを求め，第一回連結差額を被取得会社の個別B/S計上済み資産に割り当てる処理，および当該B/Sに未計上だがその後の価値の変化を検証できる個別化可能な部分を商標・ブランド，定期出版物タイトルなどの無形固定資産として計上する処理を，奨励した。特に無形資産として計上する場合，無形要素が十分明瞭に「個別性」を有していること，および「客観的かつ検証可能な規準」に基づくことを

要求した。これにより，第一回連結差額の一部を無形固定資産として分離・計上する要件に関して，それ自体の「個別性」(識別可能性) および「客観的かつ検証可能な規準」に基づく測定という認識・測定に係る要件が示された。また，第一回連結差額の一部を無形固定資産として分離・割り当てる処理は適法であるとする COB の考え方が示された。さらに，COB は 1994 年度の年報で，無形資産の会計処理に関する COB の従来の考え方を整理し，公式見解として改めて公表している (COB, 1995, pp. 157-160)。

また，国家会計審議会 (CNC) は，1990 年 1 月 15 日に無形固定資産の計上に関する公式見解，「取得差額の会計処理に関する意見書」(Avis relatif au traitement comptable de l'écart d'acquisition, Document n° 85, avril, 1990) を公表した。当該意見書は第一回連結差額の処理において無形固定資産の計上を求めるものである。すなわち，第一回連結差額は被連結会社の識別可能な要素，特に当該会社の無形資産（個別計算書類では未計上）に割り当てられねばならないこと，取得差額は残余にすぎないものであること，識別可能な要素はその評価方法が十分明確に定義されかつその価値の時間的な変化をたどることができるときに「識別可能」とみなされること，無形固定資産は例えば商標・ブランド，販売網 (réseaux commerciaux)，市場シェア (parts de marchés)，顧客名簿 (fichiers) の要素を含むことができること，これら識別可能な要素は当初連結時に初めて計上されること，である。

CNC の見解はほぼ前出 COB の考え方と同じものであり，さらにそれを具体化したものといえる。評価方法の明確な定義と価値の時間的変化の把握可能性という測定面の性質を「識別可能性」の要件としており，その後の毎期末の価値評価に基づく減損処理の考え方と整合的である。さらに，商標・ブランド，販売網，市場シェアおよび顧客名簿といった無形要素を識別可能無形固定資産として例示した点は企業の実務に大きく影響を与えたものと考える。なお，詳細については，大下（2008b, 10-11 頁）を参照。

(2) 詳細については，大下（2008b, 19-20 頁）を参照。
(3) この点は，Maillet-Baudrier *et al.* (2007, p. 79) でも指摘されている。
(4) その内容については，国家会計審議会 (CNC) の意見書 (Avis n° 2005-10 afférant à l'actualisation du règlement n° 99-02 relatif aux comptes consolidés des sociétés commerciales et enterprises publiques) を参照 (CNC, 2005b, pp. 24-35)。
(5) なお，「資産の償却および減損に関する CRC 規則第 2002-10 号」により改正された 1999 年 PCG 第 322-1 によれば，期末評価に係る「現在価値」は市場価値 (valeur vénale) と使用価値 (valeur d'usage) の比較から生じ，いずれか高い方の価額となった。市場価値は，決算日に市場の正常な条件で締結された取引時の資産の売却から得られる金額（流出原価を控除）である。また，使用価値は資産の使用と流出から期待される将来の経済的便益の価値である。一般に，期待純キャッシュ・フローに応じて決定される。
(6) 個々の資産・負債の流入価値の決定については，大下（2009b, 52-57 頁）を参照。

第 15 章

プラン・コンタブル・ジェネラルの現代化

1. PCG のコンバージェンス

(1) 国家会計審議会（CNC）による PCG のコンバージェンス
① 概念的テーマに関する 3 つの会計規制委員会（CRC）規則

　プラン・コンタブル・ジェネラル（PCG）の国際会計基準／国際財務報告基準（IAS/IFRS）へのコンバージェンスは，1999 年の「会計方法の変更，見積りの変更および誤謬の修正」（IAS 第 8 号），「長期契約」（IAS 第 11 号）および「中間計算書類」（IAS 第 34 号）に始まり，2000 年「負債の定義」（IAS 第 37 号），2002 年・2003 年「資産の償却および減損」（IAS 第 36 号），2003 年「退職給付」（IAS 第 37 号），2004 年・2005 年「資産の定義，会計処理および評価」（IAS 第 16, 38, 2, 23 号）へと展開した（CNC, 2005c, p. 4）。

　例えば，すでに国家会計審議会（CNC）の 1997 年第 3 四半期報告書に，資産の定義，資産の流入原価および資産の減損に関して，各作業グループの活動状況が報告されている（CNC, 1997, p. 16）。1996 年 CNC システムへの移行後，会計士出身の会長 G. バルテス・ドゥ・リュイテールの下，1982 年 PCG の改訂作業と並行して PCG の IAS/IFRS へのコンバージェンスの作業が開始されたものと見られる。

　既述のとおり，PCG はフランス社会における会計の共通基準・一般基準として機能しており，IAS/IFRS への対応の点では大きな困難をともなうことは容易に推測できる。この点で，連結会計次元のみに関わる連結会計基準とは基本的に異なる。

2001年に，CNCの執行部は個別計算書類におけるIAS/IFRSの適用を提案しないことを採択した（CNC, 2002a, p. 18）。しかし，当該決定と同時にPCGをIAS/IFRSに接近させる必要性も明らかにした。

 すなわち，一方で，IAS/IFRSの任意適用を容認（2005年からは上場会社に強制）していた連結会計次元ではIAS/IFRSへのコンバージェンスを図ることを宣言し，他方，個別会計次元ではIAS/IFRSの適用を提案しないものの，1999年PCGのIAS/IFRSへの接近の作業を継続することを表明したのである。後者は，一般にPCGの「現代化（modernisation）」と呼ばれているが，実質は明らかにPCGのIAS/IFRSへの「コンバージェンス（convergence）」（収斂）である。例えば，CNCの2002年度活動報告書では，「国内会計基準のIASB基準とのコンバージェンスにおける新段階」との表現が用いられている（CNC, 2003, p. 8）。

 連結会計上，国際会計基準を適用する企業にとって，PCGに基づく個別計算書類の再処理作業の負担を軽減できるという点，個別会計次元で中小企業向けの簡易なシステムの整備を進めながら，1999年PCGをIAS/IFRSに合わせて段階的に改正することにより，個別会計次元ではIAS/IFRSを直接適用することなくPCGを現代化できるという点が，コンバージェンスの理由として挙げられている（CNC, 2002b, p. 39）。

 PCGの上記コンバージェンスのうち最も重要なものは，2000年代の「負債の定義」，「資産の償却および減損」および「資産の定義，会計処理および評価」である。これら項目に係るコンバージェンスは，「負債に関するCRC規則第2000-06号」，「資産の償却および減損に関するCRC規則第2002-10号」および「資産の定義，会計処理および評価に関するCRC規則第2004-06号」の3つのCRC規則により，1999年PCGの関連規定を改正する形で実施されている。

 これらは，資産の定義，減価償却および減損，負債の定義および引当金という概念的なテーマに関するものであり，当時のPCGとIAS/IFRSとを大きく隔てる基礎概念に関わるものである。

② 国際会計基準の経済的基礎概念の導入方式

PCG の IAS/IFRS へのコンバージェンスは，CRC 規則により IAS/IFRS の基礎概念を 1999 年 PCG の関連部分に導入するものである。IAS/IFRS の基礎概念の導入方式には 2 つの方式があると考える。

1) 従来の法的概念に IAS/IFRS の経済的概念を追加する方式

これは資産の定義および負債の定義で採用された方式であり，商法典の伝統的な「財産」概念に IAS/IFRS における資産および負債の一般的定義を追加するものである。IAS/IFRS の資産・負債の定義は経済的概念を基礎としており，PCG の新定義は従来の法的概念に IAS/IFRS の経済的概念を追加したものとなる。

新定義は，経済的概念をそのまま適用するのか，場合により個別計算書類レベルと連結計算書類レベルで異なる形で適用するのか（前者のレベルでは法的概念に基づき狭義に，後者のレベルでは経済的概念に基づき広義に，解釈），経済的概念の適用範囲を制限するのかなど，難しい問題が生ずる。

2) 従来の概念に IAS/IFRS の経済的概念を置き換える方式

これは減価償却および減損で採用された方式であり，減価償却では商法典の「使用」概念に IAS/IFRS の「有効年数（耐用年数）」概念を，減損では商法典の「現在価値」概念に IAS/IFRS の「回収可能額」概念を，商法典の「減価」概念に IAS/IFRS の「減損」概念を置き換えるものである。

商法典の使用，現在価値，減価の用語は法律条項上そのまま用いられるが，それはそれぞれ IAS/IFRS の「有効年数（耐用年数）」，「回収可能額」，「減損」に相当するものである。ただ，「減価」の訳は「減損」に変更される。

フランスでは，今日に至るも商法典に財産，減価償却に係る「使用」，期末評価に係る「現在価値」および「減価」といった基礎的な概念が定められている。商法典は特に個別計算書類の作成・公表による債権者の保護を重視しており，コンバージェンスの作業では，特に連結財務諸表による投資者向け情報を重視する IAS/IFRS の経済的な基礎概念を，商法典の法的な基礎概念といかに整合的に取り入れるのかが重要な課題になる。

(2) 負債に関するCRC規則第2000-06号
① 国際会計基準の基礎概念の導入

企業規則セクションが作成した「負債に関する意見書」案は，国家会計審議会（CNC）総会での承認（意見書第00-01号）を経て，2000年12月7日付会計規制委員会（CRC）規則第2000-06号として公表された（CNC, 2001a, p. 7）。

当該規則の目的は，国際会計基準（IAS）第37号「引当金，偶発債務および偶発資産」の一般規定をベースに，危険・費用引当金のより良い枠組みをつくるために負債を定義し，プラン・コンタブル・ジェネラル（PCG）に一般原則を導入することにある。EC会社法指令においてもフランスにおいても，負債の会計上の定義がないため，特に危険・費用引当金（provisions pour risques et charges）の処理に関して多様な実務が見られたことがその背景にある（CNC, 2001a, p. 7）。

商法典のL 123-20条は，EC会社法指令第4号の規定を取り入れたものであるが，慎重性の原則を尊重して，当期または過年度に生じたリスクと損失を，たとえそれらが年度末日後計算書類の作成までの間に介在するとしても，考慮しなければならないことを定めるだけである。

CNCにおける作業の過程で，IAS第37号の公表を待って一時作業を中断したこと，当初からIAS第37号から大きく示唆を受けたこと，フランスの国内事情を考慮した上でIAS第37号の一般規定を取り入れたことをCNC自身が明らかにしている（CNC, 2001a, pp. 7-8, 大下, 2001b, 18頁）。なお，PCGにおける負債の一般原則は個別計算書類に適用されるが，個別計算書類を介して連結計算書類にも反映される。負債に関するCRC規則の中で，ここでは負債，債務および危険・費用引当金に関する会計上の定義を中心に検討したい。

② 負債の定義

負債に関するCRC規則第2000-06号による1999年PCG改正212-1によれば，

1. 負債は実体にとって負の経済的価値を有する財産の要素である。すな

わち，少なくとも期待される見返りをともなうことなく，第三者の利益のために資源の流出を引き起こす可能性が高い，または引き起こすことが確実である当該第三者に対する当該実体の義務である。これら要素の全体は外部負債と呼ばれる。
2. 当該義務は法令上または契約上のものである。それはまた，実体が一定の責任を負うであろうという事実について関係第三者の正当な期待を生み出すのに十分明示的な，実体の過去の実践，表明されたその方針，または公的約束からも生ずる。
3. 第三者は特定または不特定の個人または法人である。
4. 負債の評価額は，実体が第三者に対するその義務を消滅させるために負担しなければならない資源の流出額に相当する。
5. 場合により生ずる見返りは，実体が義務を有する第三者から期待する経済的便益から構成される。

また，改正212-2によれば，債務（dette）はその支払期限と金額が明確な形で決まっている確実な負債である。これに対して，改正212-3によれば，危険・費用引当金はその支払期限または金額が明確な形で決まっていない負債である。

上記1は負債の定義である。「負の経済的価値を有する財産の要素」の定義は，1982年PCG（CNC, 1986, p. I. 36）および当初の1999年PCG旧212-1における負債の定義と同一である。ただし，改正212-1の新定義は，これに続けて「資源の流出を引き起こす可能性が高い，または引き起こすことが確実である当該第三者に対する当該実体の義務（obligation）」であることを明確にしている。これは国際会計基準に係る概念フレームワーク「財務諸表の作成・表示のためのフレームワーク」（par. 49(b)）およびIAS第37号「引当金，偶発負債および偶発資産」（par. 63）の定義に対応したものである。

このように，1999年PCGにおける負債の新定義は，従来の定義に加えてこれをさらに具体化する形でIASの負債の経済的基礎概念を導入した。また，「義務」には，上記2のとおり法的義務といわゆる推定的義務があり，この点もIAS第37号（par. 10）の規定に対応するものである。負債の評価額は，負債の定義に基づいて，第三者への義務消滅のために負担する「資源

の流出額」に相当する。

　さらに重要な点は，改正212-2が，債務をその支払期限と金額が明確な形で決まっている確実な負債と定義し，改正212-3が，危険・費用引当金をその支払期限または金額が明確な形で決まっていない負債と定義した点である。すなわち，危険・費用引当金は負債であることが明確にされたのである。この規定はIAS第37号（par. 10）とほぼ同じである。当該規定により，負債の定義を満たす危険・費用引当金だけが認識の対象となる。

　このように，負債に関するCRC規則第2000-06号は，IAS第37号に対応する形で1999年PCGの改正212-1に，「資源の流出を引き起こす可能性が高い，または引き起こすことが確実である当該第三者に対する当該実体の義務」という経済的な概念に基づいた負債の定義を導入した。これにより，企業による危険・費用引当金の乱用を終わらせたといわれている（Baert et Yanno, 2009, p. 50）。特に従来の危険・費用引当金のうち，大規模修繕引当金は負債ではないものとされた。

　③　フランスの国内事情と適用上の例外
　1）　商法典の「財産」概念
　商法典は，1983年調和化法および1985年連結会計法以降，個別計算書類（年次計算書類）および連結計算書類による企業の「財産（patrimoine）」，財務状況および成果の「誠実な概観」の提供を義務づけている。すなわち，個別計算書類に係る商法典L 123-14条の規定および連結計算書類に係る商法典L 233-21条の規定がこれである（本書第4章および第7章参照）。
　2）　適用上の例外
　商法典の規定を理由に一般原則の適用の例外が設けられている（CNC, 2001a, p. 8）。すなわち，
　　・年金，退職金および類似の支払契約については，一般原則に基づき負債と見られる部分は本来全額引当てとすべきところ，商法典の規定が当該タイプの負債の部分的な引当処理を可能な処理としており，引当て自体を強制していない。
　商法典L 123-13条によれば，「企業は，これら契約の全部または一部に相

当する金額を，引当金の形で貸借対照表に計上することを決定できる。」（第3項）。法律である商法典が引当てを可能な処理としている以上，これに反して1999年PCGが引当を強制できない。PCGは経済・財務省令が承認する一行政命令に過ぎないのである。

・未実現為替換算利得は負債の定義を満たしていないときでも貸借対照表上貸方に計上される。1982年PCG（CNC, 1986, pp. II. 12-II. 13）および1999年PCG（旧342-5）は，外貨表示債権・債務に係る未実現の換算利得・損失を一時的な借方・貸方勘定に計上するのであるが，未実現の為替換算利得は負債の定義と関係なく貸方に継続して計上できることを認めるものである。

なお，事業再構築引当金に関しては，その費用は，決算日前にリストラの実施を避けられない場合にのみ引き当てることができる。当該義務は，推定的義務として第三者または従業員に対してリストラ決定の発表により具体化されていることが必要である。

以上の負債に関するCRC規則第2000-06号はその適用日を2002年1月1日と定め，新規定に対応しない過年度計上の引当金は移行措置として貸借対照表上そのまま計上することを認められた。

(3) 資産の償却および減損に関するCRC規則第2002-10号
① 国際会計基準の基礎概念の導入

負債に関するCRC規則に続くプラン・コンタブル・ジェネラル（PCG）の現代化の第二弾が，2002年6月27日のCNC全体総会の承認を経て会計規制委員会（CRC）が承認した2002年12月12日付「資産の償却および減損に関するCRC規則第2002-10号」である。

資産の償却および減損に関するCRC規則は，減価償却と減損の新たな定義，資産の構成要素別（par composants）の会計処理と大規模修繕の認識に係る新原則を定めている（CNC, 2003, p. 5）。当該規則によりPCGの規定に統合される一般原則は，個別計算書類への適用を通じて連結計算書類にも反映される。

当該規則の意見書案の審議の段階では，企業，公益法人および公的部門の

実体（事業体）の個別計算書類に関して，ア）IAS 第 36 号「減損」における将来キャッシュ・フローの見積りに基づく「使用価値（valeur d'usage）」概念の適用上の問題，イ）使用価値を用いた減損の税務上の問題，ウ）将来キャッシュ・フローの見積りにおけるキャッシュ生成単位（Ensemble d'Actifs Générateurs de Trésorerie：EAGT）の中小企業，公益法人および公的部門における実行可能性の問題が議論されている（CNC, 2002c, p. 41）。

フランスでは，将来キャッシュ・フローの見積りに基づいて使用価値概念を会計上で扱う実務経験がなかったことや，それだけにその複雑な計算は大企業以外の事業者にとり負担が大きいことなどが，議論されたものと思われる。

他方，資金公募企業に対する 2005 年からの国際会計基準／国際財務報告基準（IAS/IFRS）の強制適用を控えて，当時の IAS 第 36 号および IAS 第 38 号「無形資産」が改訂作業中であったことから，当該作業を見守りながら PCG のコンバージェンスを進める必要があった。

② 減価償却の定義
1) 減価償却の一般規定
CRC 規則第 2002-10 号による 1999 年 PCG 改正 322-1 によれば，
1. 償却資産とは実体によるその使用が確定可能な資産である。
2. 実体にとって，使用は資産の期待される経済的便益の費消により測定される。使用は時間の単位によって，または資産の期待される経済的便益の費消のリズムをより正確に反映する他の作業単位によって，確定可能である。資産の使用は，実体による当該資産の期待される使用が時間的に限定されるときに確定可能である。当該使用は，物理的規準，技術的規準，法的規準の一つが当初から，あるいは使用中に適用可能であるときから限定される。これら規準は限定列挙されたものではない。複数の規準が適用されるのであれば，これら規準の適用から生ずる最も短い使用を採用するのが適切である。
3. 資産の償却可能額とはその粗価値から残存価値を控除した金額である。資産の償却とはその使用に応じた償却可能額のシステマティックな配分

である。償却計画とはその可能性の高い使用に応じた期待される経済的便益の費消のリズムに従う資産の償却可能額の配分を表現したものである。償却方法とは実体による資産の期待される経済的便益の費消のリズムを表現したものである。
5. 資産の粗価値は財産へのその流入価値またはその再評価価値である。ただし、332-4 の持分法により評価される証券に関する 332-4 の規定および再評価に関する 350-1 の規定によるものはこの限りでない。
6. 残存価値は実体がその使用の終わりに市場への資産の売却から得られる金額から期待される流出費用を控除したものである。資産の残存価値はそれが重要でありかつ測定可能であるときにのみ償却可能金額の決定にあたって考慮される。

以上が「減価償却（amortissement）」の定義に関連した規定である[1]。当該新定義により、その「使用」（有効年数または耐用年数）が時間的に限定されている資産だけが償却されることになる。その場合、使用は資産の期待される経済的便益の費消により測定される。

償却方法は期待される経済的便益の費消のリズムを表すものとされ、償却期間は期待される経済的便益の費消により測定される使用期間（時間単位または他の作業単位）となる。資産の償却可能額はその粗価値から残存価値を控除した金額である。

1999 年 PCG の新定義は、IAS/IFRS における "useful life"（有効年数または耐用年数）を "utilisation"（「使用」）というフランス語に置き換えた上で、「期待される経済的便益（avantages économiques attendus）」概念や構成要素アプローチの採用など IAS 第 16 号「有形固定資産」および IAS 第 38 号「無形資産」の減価償却の考え方を導入したものである。しかも、IAS の経済的基礎概念の導入は商法典の法的枠組みと整合的な形で導入されている。その鍵となる概念が「使用」概念である。

商法典 R 123-179 条（1983 年調和化法適用デクレ第 8 条）によれば、減価償却とは償却計画に従いその可能性の高い使用の期間にわたり財の原価を配分することにある（第 1 項）。また、財の使用条件のすべての重大な変更は実施中の償却計画の見直しを正当化する（第 2 項）。

商法典における減価償却の上記規定は「使用」概念をベースに，償却期間を「その可能性の高い使用の期間」と定めている。当該商法典の規定は1983年調和化法適用デクレにより導入され，今日まで維持されている。そのため，CRC規則第2002-10号の「使用」概念は商法典の「使用」概念との整合性を図る形で，IASの"useful life"を"utilisation"に置き換えたものである。

　他方，1982年PCGにおいては，減価償却を「使用，時の経過，技術変化およびその他のすべての原因から生ずる資産項目の価値の減少の会計的認識」(CNC, 1986, p. II. 19) と定義し，この価値の減少を測定することが困難であることから，一般に減価償却は資産の価値を予定耐用年数（durée probable de vie）に配分することによって行うものとするが，一般に業界の慣行に基づく年数で償却を行っていた。業界の慣行に基づく年数を税務が採用してきたからである。

　また，当初の1999年PCGによれば，「その効果が不可逆的であるとき，減価は損失，またはその期待サービス潜在力が時の経過，技術変化またはその他のすべての原因により減少する固定資産の場合は減価償却として認識される」（第322-2）と，期待サービス潜在力（potential des services attendus）概念が採用されたものの，減価償却の考え方は1982年PCGの考え方と大きく変わっていない。

　1999年PCGの新定義では，期待経済的便益という経済的な概念を基礎に償却期間や償却方法などを考えることになる。例えば，償却期間は業界の慣行に基づく年数ではなく，期待経済的便益の費消の観点から経済的耐用年数を見積もらなければならない。また，税務ではゼロとされる残存価額も同様に，経済的な観点からこれを見積もることが必要である。

　2）　構成要素アプローチの導入

　CRC規則第2002-10号はIAS第16号「有形固定資産」(par. 43) における構成要素アプローチを導入している。CRC規則第2002-10号による1999年PCG改正322-3（後に改正311-2に移動）によれば，資産の構成要素が乖離不能な形で利用される場合には，1つの償却計画が構成要素全体に適用される。当初から1つ以上の構成要素が異なる形で使用される場合，各構成要素

は別個に会計処理され，当該各要素に特有の償却計画が採用される。後者の場合には，期待経済的便益の費消の期間またはリズムが異なるからである。

また，1999年PCG改正322-3は各構成要素を「第1カテゴリー」と「第2カテゴリー」とに区別する。第1カテゴリーの構成要素とは，定期的な取替えの対象となるもので，異なる使用を有しあるいは異なるリズムに従い企業に経済的便益をもたらし，固有の償却率と償却方法の使用を必要とする有形固定資産の主要要素をいう。第2カテゴリーの構成要素とは，複数年度大規模修繕プログラム，または法令の適用もしくは企業の実務慣行による大規模点検の対象となる要素をいう。

例えば，老人ホームの施設の場合，構築物の構造（償却年数40年），中央暖房設備（償却年数30年），個別暖房設備（償却年数10年），防水設備（償却年数12年）およびエレベーター設備（償却年数10年）は第1カテゴリーの構成要素として，セキュリティ設備（償却年数15年），電気・配管・衛生設備（償却年数8年）は第2カテゴリーの構成要素として，分解される（Couleau-Dupont *et al.*, 2009, p. 19）。

1999年PCG改正322-3は，第1カテゴリーの支出に対して構成要素として処理することを義務づけるので，構成要素別に減価償却を実施しなければならない。したがって，当該カテゴリーの支出はこれを大規模修繕引当金の対象とすることが禁止される。

これに対して，第2カテゴリーの支出は構成要素別の処理・償却に加えて，引当金処理のオプションを容認している。したがって，当該範疇の支出は，これを構成要素として会計処理するのが原則であるが，企業が選択すれば大規模修繕・点検引当金の対象とすることも可能である。税法が当該カテゴリーの構成要素を認めないからである。

IAS第36号はいずれも構成要素別処理・償却を義務づけており，この点に1999年PCGとIASとの相違がある。なお，1999年PCG改正322-3は「資産の定義，会計処理および評価に関するCRC規則第2004-06号」により削除され，同一内容が改正311-2に移されている。

③　減損の定義

1)　減損の一般規定

CRC 規則第 2002-10 号による 1999 年 PCG 改正 322-1 によれば,

4. 資産の減損はその現在価値が純帳簿価値を下回ることになったことの確認である。

7. 資産の純帳簿価値はその粗価値から減価償却累計額および減損額を減じた金額に相当する。

8. 現在価値は市場価値（valeur vénale）または使用価値のいずれか大きい方の価値である。参加証券に関する第 332-3 条の規定および持分法により評価される証券に関する第 332-4 条の規定によるものはこの限りでない。

9. 現在価値と純帳簿価値の比較は要素ごとに行われる。

10. 市場価値は決算日に市場の正常な条件で締結される取引の時の資産の売却から得られる金額から流出費用を控除したものである。流出費用は，財務費用および所得税費用を除き，資産の流出に直接割り当て可能な費用である。

11. 資産の使用価値はその使用および流出から期待される将来の経済的便益の価値である。当該価値は期待される将来の経済的便益の見積りに基づいて計算される。一般に，それは期待純キャッシュ・フローに応じて決定される。実体にとって期待純キャッシュ・フローが適切でない場合, 期待される将来の経済的便益を評価するために他の規準が採用されねばならない。

以上が「減損（dépréciation）」の定義に関連する規定である。1999 年 PCG の減損の新定義は，IAS 第 36 号「減損」における "impairment"（減損）の考え方を，フランスの伝統的な "dépréciation"（減価）の概念に置き換える形で導入したものである。商法典 L 123-18 条（1983 年調和化法第 2 条）によれば, 資産項目の価値がその純帳簿価値を下回ることとなった場合，当該 dépréciation が確定的であるか否かを問わず，純帳簿価値は当期末の棚卸価値に帰着するものとする（第 2 項）。棚卸価値とその流入価値との間で確認される増価は記帳しない（第 4 項）。さらに，商法典 R 123-179 条（1983 年調

和化法適用デクレ第8条）によれば，固定資産の dépréciation は減価償却により認識する（第1項）。その効果が不可逆的と判断されない原因から生ずる資産項目の価値の減少は dépréciation により認識する（第3項）。

　商法典の上記規定は，前出減価償却と同様1983年調和化法適用デクレにより導入され，今日まで維持されている。CRC 規則第2002-10号は，IAS 第36号の減損の考え方を，この商法典に定める dépréciation に，従来の「減価」を「減損」に読み替える形で導入したのである。

　他方，PCG においても，伝統的な期末評価の考え方に従い，期末棚卸時に資産棚卸価値とその純帳簿価値が比較され，会計上，現在価値が純帳簿価値を上回る場合の増価はこれを会計記入しないのに対して，現在価値が純帳簿価値を下回る場合の減価は会計記入する。

　そして，不可逆的と判断されない原因から生ずる資産項目の価値の減少は，これを減価引当金により認識するのに対して，不可逆的と判断される原因から生ずる資産項目の価値の減少は損失として，または期待用役の潜在力が時，技術変化またはすべての他の原因によって減少する固定資産については償却として，これを認識する（1999年 PCG 旧322-1～旧322-2）。

　CRC 規則第2002-10号は，上述の商法典の法的枠組みとの整合性を図りながら，伝統的な期末評価の考え方に IAS 第36号の減損の考え方を組み込んだものである。ただし，現行商法典の規定および1999年 PCG 旧322-2は，資産価値の減少原因が可逆的か不可逆的かによって減価引当と減価償却を区別していたが，減損の新定義によれば，「減損はその現在価値が純帳簿価値を下回ることになったことの確認」とされ，資産価値の減少原因の可逆性／不可逆性を問わない。この点に考え方の違いがある。

　さらに，CRC 規則第2002-10号による1999年 PCG 改正322-5によれば，期末に資産がその価値を著しく失ったことを示す何らかの兆候があるかどうかを判定しなければならない。当該兆候には，外部的兆候（市場価値，重大な変化，利子率または収益率）と内部的兆候（陳腐化または物的毀損，使用方法における重大な変化，予想を下回る経済的成果）がある。

　いずれかの兆候が見られる場合には，減損テストを実施しなければならない。当該テストでは，固定資産の純帳簿価値と現在価値とが比較される。固

定資産の現在価値が純帳簿価値を下回った場合，当該資産の使用を継続するときにはその純帳簿価値は減損により現在価値まで引き下げられる。これに対して，現在価値が純帳簿価値を著しく下回ると判断されない場合，すなわちその下落が重大であると判断されない場合には，純帳簿価値が貸借対照表に計上され続ける。

2) 市場価値概念の解釈変更と使用価値概念の導入

ア) 現在価値概念

CRC規則第2002-10号は，純帳簿価値と比較される現在価値（valeur actuelle）を，市場価値（valeur vénale）または使用価値（valeur d'usage）のいずれか大きい方の価値とする。これはIAS第36号「減損」における「回収可能額（recoverable amount）概念を「現在価値」概念に置き換えた上で，IASの回収可能額の考え方を導入したものである。

商法典R123-178条（1983年調和化法適用デクレ第7条）によれば，現在価値は市場および企業にとっての当該財の効用に応じて評価される見積価値である。当該商法典の規定は，1983年調和化法適用デクレにより導入され，今日まで維持されている。また，1999年PCG旧322-1には，「財の現在価値は市場および実体にとっての効用に応じて評価される。」として，商法典と同じ定義を設けていた。さらに，PCGの当該規定では，現在価値の決定のために，市場価格，価格早見一覧表，市場価格表，特殊指数など財の性質に最も適合する参考資料または技術を用いる。

IAS第36号における「回収可能額」概念の「現在価値」概念への置き換えは，以上の商法典およびPCGの旧規定と整合性を図る形で，特に商法典の法的枠組みに収まるように行われている。

イ) 市場価値概念の解釈の変更

ただし，現在価値概念の構成要素の一つである市場価値は，従来の「買入時価」から，「決算日に市場の正常な条件で締結される取引の時の資産の売却から得られる金額から流出費用を控除したもの」，すなわち「売却時価」に変更した。これはIAS第36号に対応するものである。

商法典R123-178条によれば，「無償取得の財の市場価値（valeur vénale）は市場の正常な条件において支出されたであろう価格に相当する。」とされ

る。当該規定における市場価値は「買入時価」を意味している。1999年PCG旧321-5は，これと同一の規定を設けて，「財の市場価値は市場の正常な条件において支払われたであろう価格に相当する。」とした。商法典の規定は今日なお維持されており，CRC規則第2002-10号による1999年PCG改正322-1の新規定はこの商法典の規定に抵触する。しかし，商法典の上記規定は「無償取得」資産の取得原価の算定に係る規定であるとの解釈に基づいて，同じvaleur vénaleでも，資産取得時と期末評価とを区別し，これに異なる意味を付与している。このようにvaleur vénaleの解釈を使い分けることにより，IASに対応したのである。

ウ) 使用価値概念の導入

現在価値概念のもう一つの構成要素である「使用価値」概念の導入は，期待純キャッシュ・フローに基づく見積計算という点で画期的である。資産の使用価値はその使用および流出から期待される「将来の経済的便益」の価値とされ，当該価値は期待される将来の経済的便益の見積りに基づいて計算する。期待される将来の経済的便益は，一般に期待純キャッシュ・フローに応じて決定する。

使用価値概念の導入はIAS第36号に対応したものであるが，その定義はIASとは異なる。すなわち，IAS第36号では，使用価値は資産またはキャッシュ生成単位から生ずる見積将来キャッシュ・フローの現在価値とされる。この場合の現在価値とは割引現在価値である。しかし，CRC規則第2002-10号は，キャッシュ生成単位（EAGT）にも，時間価値を考慮する割引計算にも，言及していない。むしろ，この点がフランスの特徴といえる。すなわち，既述のとおり，意見書の審議段階で，キャッシュ生成単位や割引現在価値計算の実行可能性の問題が議論され，1999年PCG改正322-1においては，これらを導入しなかったのである。減損の会計処理は，減損した資産の償却可能ベースを将来的に修正する。当初認識時の減損の評価に用いた規準はその後の評価に適用する。

(4) 資産の定義，会計処理および評価に関する CRC 規則第 2004-06 号
① 国際会計基準の基礎概念の導入

2000年代における PCG の IAS/IFRS へのコンバージェンスに関して，最も重要な会計規制委員会（CRC）規則が2004年11月23日付「資産の定義，会計処理および評価に関する CRC 規則第 2004-06 号」である。当該規則は，国際会計基準（IAS）の概念フレームワークの基礎概念，IAS 第16号「有形固定資産」，IAS 第38号「無形固定資産」，IAS 第2号「棚卸資産」などから示唆を得て，IAS における資産の定義，認識および測定に関する経済的基礎概念を1999年 PCG に導入したものである。

国家会計審議会（CNC）内の「資産の定義」作業グループが1997年に最初の予備ノートを作成してから CRC による承認まで7年の歳月を要した（CNC, 1997, p.16）。意見書案は2002年10月22日の CNC 総会で報告されたが，その後，CNC のウェブサイト上で一般公開され，各界の意見を聴取する手続がとられた。これが作業に時間がかかった主な理由であるが，資産の定義がそれだけ重要なテーマであることを示すものである。

当該作業グループは，検討対象から金融資産を除外すること，IAS の定義との両立性を図ること，IAS の概念フレームワークにおける資産の定義および当時作業中の IAS 第38号「無形資産」を考慮すること，資産に関して支配，認識，測定の諸概念を検討することを，表明した（大下, 2001b, 21頁）。

当該作業グループは，支配概念の検討において IAS の「支配概念」から示唆を得たことを明らかにしているが（CNC, 1999, p.7），フランスの伝統的な「財産」概念に基づく法的な支配概念と IAS の経済的な支配概念をいかに両立させるのか，両方の考え方を統合した一般的定義をいかに設定するのかに長期間の審議を要している[2]。また，「資産の定義」作業グループは，資産の定義に関して，個別計算書類と連結計算書類に共通の定義とするのか，あるいは別個の2つの定義とするのかをめぐって審議を重ねたが，最終的に採用したのは両者に共通の一般的定義である。

② 資産の定義
1) 一般的定義

「資産の定義，会計処理および評価に関する CRC 規則第 2004-06 号」による 1999 年 PCG 改正 211-1 によれば，資産とは「実体にとって正の経済的価値を有する財産の識別可能な要素，すなわち，実体が過去の事象の結果として支配し，かつ将来の経済的便益を期待する資源を生み出す要素である。」(第 1 項) と定義される。当該新定義は，前出の負債の定義と同様，法的概念に基づく従来の資産の定義に，経済的概念に基づく IAS の定義 (IASC, 1989, par. 49(a)) を追加する形で，IAS の経済的基礎概念を導入したものである。

1982 年プラン・コンタブル・ジェネラル (PCG) は資産を「企業にとって正の経済的価値を有する財産の要素」(CNC, 1986, p. I. 19) と定義し，1999 年 PCG 旧 211-1 は資産を「企業にとって正の経済的価値を有する財産のすべての要素は資産の要素と見なされる」(CRC, 1999b, 211-1) と定義した。新定義の「実体にとって正の経済的価値を有する財産の識別可能な要素」の部分は，「識別可能な (identifiable)」という語を加えて従来の資産の定義をそのまま残しているものだということがわかる。

その背景には，負債の定義の場合と同様，伝統的な商法典上の「財産」概念の存在がある。商法典の当該法的概念に，これに追加する形で「すなわち，実体が過去の事象の結果として支配し，かつ将来の経済的便益を期待する資源を生み出す要素」という IAS の経済的基礎概念を導入したのである。

2) 支配概念

IAS の「形式に対する実質優先 (substance over form)」の考え方を導入し，当該経済的観点から支配概念を捉えると，所有権の有無にかかわらず，実体が過去の事象の結果として支配し，将来の経済的便益を期待する資源を，識別可能性および会計処理の条件を満たす場合にその貸借対照表に資産として計上することになる。

商法典に定める伝統的な法的財産概念と IAS の経済的概念が PCG の新定義の中でどのように整合的に収まるのかについては，2002 年 10 月 22 日の CNC 総会における意見書案の報告の中で，次のように説明されている

(CNC, 2002d, pp. 169-170)。

「実体が過去の事象の結果として支配」するという部分における「支配（contrôle）」とは，実体がそれを制御しそれに関わるリスクの全部または一部を負うことを意味するものとし，個別計算書類レベルでは，この意味を資源に対する「権利上の支配（contrôle de droit）」と理解するのに対して，連結計算書類レベルでは，IASの基礎概念に基づき経済実質的に理解する。なぜなら1999年連結会計規則（第300）においては，法的形式に対して経済的実質が優先されたからである。

新定義によれば，ファイナンス・リース取引はオン・バランス処理（資本化処理）を義務づけられる。しかし，所有権を有しない資産の計上はフランスの伝統的な財産性の原則に反し，マクロ経済データの面でも不適切であると考えられている。当該意見書案の考え方は，個別計算書類レベルでは法的観点を重視して賃借側でのファイナンス・リースの資本化処理を認めず，連結計算書類レベルでは経済的観点を重視して資本化処理を優先的な処理とするものである。

このように，個別計算書類レベルと連結計算書類レベルとで連単分離の形で「支配」概念の解釈を変える（拡大する）ことで，伝統的な法的概念とIASの経済的概念とを一つの定義の中に統合する。これが当初の意見書案における考え方であった。

最終的には，ファイナンス・リース取引は個別計算書類のレベルでCRC規則第2004-06号の適用範囲から除外する形で決着している。しかし，個別会計次元では法的観点を重視し，連結会計次元では経済的観点を重視するという傾向は，新定義の運用上存在しているものと見られる。

3） 識別可能性

「識別可能性」については，1999年PCG改正211-1の一般的定義に加えて，改正211-3が無形固定資産の識別可能性を詳述している。これによれば，無形固定資産は次の場合に識別可能であるとされる。

・それが実体の活動から分離できる場合，すなわち，契約，他の資産または負債とともに分離した形で売却，移転，貸付，交換できる場合。
・それが法律上または契約上の権利から生ずる場合（たとえ当該権利が実

体から，または他の権利および義務から移転可能でない，または分離可能でないとしても）。

この 1999 年 PCG 改正 211-3 における無形資産の「識別可能性」は IAS 第 38 号を取り入れたものであり，これにより第三者に対抗できる権利（特許権，商標権など）だけが無形資産としての認識要件ではなくなった。

4)「将来の経済的便益」概念

さらに，「将来の経済的便益」とは，当該資産が実体への純キャッシュ・フローに直接的にまたは間接的に貢献する潜在能力をいう（1999 年 PCG 改正 211-2）。「将来の経済的便益」という経済的概念は IAS に対応してすでに前出「資産の償却および減損に関する CRC 規則第 2006-10 号」において採用された概念である。

当該概念の導入は，将来のキャッシュ・フローの創出との関連性が不明な旧来の繰延費用などの資産計上を大きく制限するものである。なお，資産の一般的定義に続き，有形固定資産，無形固定資産および棚卸資産の定義が示されているが，これらはそれぞれ IAS 第 16 号，IAS 第 38 号および IAS 第 2 号に対応したものである（CNC, 2002d, p. 170）。

③ 一般的定義の補足

PCG の規定は共通基準・一般基準としてさまざまな事業体に適用されることから，1999 年 PCG 改正 211-1 には非営利組織および公的セクターの事業体について，上記一般的定義を「期待サービス潜在力（potential de services attendus）」の概念を用いて，次のように補足している（第 6 項）。

1) 非営利社団・財団法人の年次計算書類の作成方法に関する CRC 規則第 99-01 号を適用する実体にとって，将来経済的便益または期待サービス潜在力がその使命または目的に従い第三者または実体に利益をもたらす要素は，資産の要素と見なされる。

2) 公的セクターの実体にとって，商工活動以外の活動またはその一部のために用いられる要素で，将来の便益または期待サービス潜在性の使用がその使命または目的に従い第三者または実体に利益をもたらすものは，資産の要素と見なされる。

また，1999 年 PCG 改正 211-2 によれば，非営利社団法人または公的セクターに属する実体による資産の使用からの期待サービス潜在力は，その使命または目的に対応する社会的効用の関数とされる。

④　資産の会計処理の一般規準

　実体の貸借対照表上，ある要素を資産として計上するには，当該要素が資産の定義を満たしているだけでなく，会計処理の条件をも満たさなければならない。「資産の定義，会計処理および評価に関する CRC 規則第 2004-06 号」による 1999 年 PCG 改正 311-1 はこの資産の会計処理の条件を定めた規定である。

　改正 311-1「資産の会計処理の一般規準」によれば，有形固定資産，無形固定資産または棚卸資産は，次の条件が同時に満たされる場合にこれを資産に計上する。

1) 実体が当該資産に係る将来経済的便益を受ける「可能性が高い（probable）」こと（CRC 規則第 99-01 号の適用実体または公的セクターの実体にとっては期待サービス潜在力を受ける可能性が高いこと）。

2) そのコストまたは価値を「十分な信頼性（fiabilité suffisante）」でもって評価できること（直接的な評価が不可能な場合の差額によるものを例外として含む）。

　1)の条件は，IAS 概念フレームワーク（資産の認識），IAS 第 16 号および IAS 第 38 号に対応するものである。2)の条件は測定に関わるものである。買入のれんや連結上の連結差額は直接的な評価が可能でないが，2)の例外として定められた。2)の条件とその例外は IAS 第 38 号および IAS 第 22 号に対応したものである。

　以上から，CRC 規則第 2004-06 号は，資産の計上要件として，資産の定義における「識別可能性」および「支配」，資産の会計処理の一般規準における「将来の経済的便益」および「評価の信頼性」という 4 つの条件を課したのである。当該要件は，その概念を含めて IAS の考え方を導入したものである。他方，資産の定義と会計処理の一般規準を満たしておらず，取得原価の構成要素にもあたらない支出には，費用処理が強制される。

⑤　内部創出無形固定資産の会計処理

　内部創出無形固定資産（immobilisations incorporelles générées en interne）の会計処理に関する1999年PCG改正311-3によれば，研究費支出は費用処理し（第1項），応用研究費および開発費は技術的成功と商業的収益性の確かな成功の機会を持つ明確に個別化されるプロジェクトに関係づけられる場合，その原価を別個に確定できることなど，6つの条件[3]を満たすものは資産に計上することができる（第2項）。当該規定は，6つの条件も含めてIAS第38号（par. 54, 57）に対応したものである。ただし，1999年PCGにおいては，開発費の資産化は義務ではなく優先的方法である。

　また，のれん（fonds commerciaux），商標・ブランド（marques），定期刊行物・雑誌タイトル（titres de journaux et des magazines），顧客名簿（listes de clients）および実質的に類似したその他の要素を内部創出するための支出は，その全体における当該活動の開発コストから区別できないので，無形固定資産として会計処理できない（第3項）。当該規定はIAS第38号（par. 63）に対応したものである。

2. コンバージェンスの限界とPCGの文字どおりの現代化

(1)　政府による「PCGの現代化」への方針転換

　会計規制委員会（CRC）規則は資産・負債の定義，会計処理の条件および減価償却と減損に係る基礎的概念に関わり，国際会計基準／国際財務報告基準（IAS/IFRS）の基礎的概念を1999年プラン・コンタブル・ジェネラル（PCG）に導入することにより，PCGに基づく個別計算書類とIAS/IFRSに基づく連結計算書類との差異を縮小し，IAS/IFRS適用企業の連結上の再処理作業の負担軽減に貢献するものである。

　しかし，PCGをIAS/IFRSにコンバージェンスさせるという方針は，政治不在のまま国家会計審議会（CNC）内で決定されたことが，指摘されている。すなわち，2009年に国民議会に提出された「新会計基準の役割に関する財政・一般経済・計画委員会報告書」は，議会・政府の政治的な判断が介在し

ないまま CNC の決定がなされ，PCG のコンバージェンスが進められたことを問題点として指摘している（Baert et Yanno, 2009, p. 52）。

同議会報告書で特に問題視されたのは，約 200 万に及ぶ中小企業に関わる PCG のコンバージェンスの方針が CNC だけで決定されたこと，税務的，社会的，経済的あるいは法的な側面からの制度的影響を十分に検討することなく進められたこと，当該決定に基づき PCG の IAS/IFRS へのコンバージェンスの作業が性急に進められたことなどの点である。特に税務面の影響は中小企業にとって重大であり，政治が介入して慎重に検討すべき問題と考えられた。

2004 年 12 月 20 日オルドナンス第 2004-1382 号は，個別計算書類に IAS/IFRS の適用を認めないことを定めた。これは政府の意思である。また，2004 年 12 月 20 日には，当時の経済・財務・産業大臣 N. サルコジが，「PCG の現代化は，職業専門家と協議し，かつ税務中立性を守りながらじっくりと追求される」（Baert et Yanno, 2009, p. 52）との声明を発表し，コンバージェンスへの政府の慎重な姿勢を明らかにした。

政府の強い意思により，CNC の考える「PCG の現代化＝IAS/IFRS へのコンバージェンス」の方針は，政府の考える「PCG の現代化＝文字どおりの現代化」の方針に転換したとされる（Baert et Yanno, 2009, p. 52）。政府の考える PCG の現代化は，IAS/IFRS からその現代化に必要な道具（十分に練られた定義と概念）を取り入れることを意味するだけで，「PCG の現代化＝IAS/IFRS へのコンバージェンス」を意味するものではない（Baert et Yanno, 2009, p. 52）。これが政府の方針とされる。すなわち，PCG の現代化は IAS/IFRS の主要な基礎的定義・概念を導入して，文字どおりその現代化を図るものである。このため，具体的な会計処理基準の面では，IAS/IFRS の処理方法の導入は部分的かつ不完全である。

(2) 国際会計基準の部分的かつ不完全な導入

具体的な会計処理の面では，PCG の伝統的な処理に追加される形で IAS/IFRS の処理方法が導入されている。しかもこの場合，PCG の伝統的な処理方法は多くが IAS/IFRS の考え方とは矛盾する。すなわち，IAS/IFRS を取

図表15-1　国際会計基準の処理基準の部分的かつ不完全な導入

会計処理項目		改正1999年 PCG	IAS/IFRS
大規模修繕・点検支出	第1カテゴリーの支出	構成要素別償却強制	構成要素別償却強制
	第2カテゴリーの支出	構成要素別償却／引当処理容認（311-2）	
開発費		固定資産計上（優先的方法）／費用処理容認（311-3）	固定資産計上強制（IAS 第38号）
有形固定資産取得の付随費用		取得原価算入／費用処理容認（321-10）	取得原価算入強制（IAS 第16号）

（筆者作成）

り入れる一方，これと矛盾する従来の処理方法をオプション的処理方法として残しているのである。この例として，大規模修繕・点検支出，開発費および有形固定資産取得に係る付随費用の処理が挙げられる（Baert et Yanno, 2009, p. 53）。図表15-1は，これら項目について，PCGとIAS/IFRSの処理を比較したものである。

① 大規模修繕・点検支出

既述のとおり，IAS/IFRSの構成要素別アプローチを導入した1999年PCG改正311-2は，固定資産の構成要素のうち，定期的取替えの対象となる主要要素は第1カテゴリーの支出として構成要素別の償却処理を義務づけている。

複数年度の大規模修繕・点検プログラムにおける支出予想額は，第2カテゴリーの支出として構成要素別の償却処理または引当処理を行う。この引当処理は「大規模修繕・点検引当金」として期間配分額を引き当てるものであり，税法が認める従来の伝統的な処理方法である。PCGは当該処理をオプションとして容認したのである。

1999年PCG改正311-2における引当処理の容認は構成要素別アプローチの考え方と矛盾し，第1カテゴリーの支出および第2カテゴリーの支出のいずれも構成要素別償却を義務づけるIAS/IFRSの考え方と基本的に相違する

ものである。

② 開発費

既述のとおり，IAS 第 38 号の基本的考え方を導入した 1999 年 PCG 改正 311-3「内部創出無形固定資産の会計処理」によれば，資産の定義と会計処理の規準を満たす開発費支出は，無形固定資産に計上することができる。当該資産処理は「優先的方法」（改正 311-3 第 2 項）とされるが，定義と会計処理の規準を満たす場合でも費用処理が可能である。PCG における従来の処理は費用処理を原則とし，一定の条件を満たすときに資産処理を例外的に容認するものであった。その場合，5 年以内の償却や会社における利益配当制限の措置がとられた（CNC, 1986, p. II. 28）。

これに対して，国際会計基準（IAS 第 38 号）の考え方によれば，資産の定義と会計処理の規準を満たす開発費支出は，無形固定資産に計上しなければならない。この点でも，PCG における費用処理の容認は IAS における資産計上の基本的考え方と相違するものである。

③ 有形固定資産の取得の付随費用

1999 年 PCG 改正 321-1 によれば，211-1 および 311-1 以下に定める定義と会計処理の条件を満たす有形・無形固定資産および棚卸資産は，有償取得の場合にはその取得原価で会計処理するなど，原価で当初評価しなければならない。

1999 年 PCG 改正 321-10 によれば，有形固定資産の取得原価は，1）購入価格に関税および回収不能租税公課を含め，返品・値引および割引を控除した金額と，2）経営陣が計画した使用に従い据付けおよび使用に供するためにかかった直接付随費用，から構成される。

個別計算書類においては，取得に関連する所有権移転税，報酬・手数料および証書費用は，取得に直接関わるものであっても，当該固定資産の取得原価に含めるか費用処理するかを選択することができる。すなわち，個別計算書類レベルの処理では，一定の付随費用の取得原価算入処理と費用処理の両方が認められる。当該措置は，従来の処理をオプションの形で残したもので

ある。

これに対して，IAS第38号は取得原価算入処理を強制しており（par. 37），この点でPCGの処理はIASにおける取得原価算定における考え方と基本的に相違するものである。

(3) 商法典の法的枠組みの制約

本書の第4章で明らかにしたとおり，フランスの商法典には重要項目を定めた計算規定がある。当該法律の規定は経済・財務省令が承認するプラン・コンタブル・ジェネラル（PCG）に優先される。つまり，IAS/IFRSの導入は常に商法典の法的枠組みを考慮しなければならない。法律は国家・政治の意思の発露である。他方，IAS/IFRS導入の企業に対する影響を考えるのも政府や政治の役割である。特に，国内の中小企業関係者の声は政治的に大きな影響力を持つ。この意味で，国家会計審議会（CNC）は商法典の規定と政治家からの要求を常に考慮しなければならないのである（Baert et Yanno, 2009, p. 53）。

商法典がIAS/IFRS導入の障害になった処理項目として，ここでは4つの項目を取り上げたい。「組織費」を除く3項目は前出「新会計基準の役割に関する財政・一般経済・計画委員会報告書」（2009年）でも指摘された項目である（Baert et Yanno, 2009, pp. 53-54）。これをまとめたものが図表15-2である。

① 退職給付債務の引当処理

IAS第19号「事業主の財務諸表における退職給付の会計」（par. 45）は退職給付契約の債務の引当を義務づけている。これに対して，商法典は注記・附属明細書への記載を義務づけ，引当処理を可能な処理と位置づけている。すなわち，L 123-13条第3項によれば，年金・退職金などに関する企業の契約額は，これを注記・附属明細書に表示しなければならない。当該義務に続けて，同項はこれら契約に係る債務の全部または一部に相当する金額を，引当金の形で貸借対照表に計上することを容認している。

当該商法典の規定は，個別計算書類の作成上，退職給付債務の引当処理を

図表15-2　商法典が障害になった処理項目

会計処理項目	商法典の規定	PCG	IAS/IFRS
退職給付債務	L 123-13条（引当処理可能）	引当処理容認	引当処理強制
開発費	R 123-186条（資産化処理可能）	費用処理容認	資産化処理強制
組織費	R 123-186条（資産化処理可能）	費用処理優先	規定なし
ファイナンス・リース	L 123-14条（財産性の原則）	費用処理	資本化処理強制

（筆者作成）

義務づけるものではない。このため，PCGは引当処理を強制するような規定を導入できず，注記・附属明細書への記載義務にとどめている（531-2および531-3）。また，連結会計次元でも同様の義務規定を置くことはできず，CRC規則第2005-10号による1999年連結会計規則改正300が退職給付債務の引当処理を「優先的処理」と位置づけるにとどまる。

② 開発費の資産化処理

既述のとおり，IAS第38号「無形資産」は，資産の定義と会計処理の規準を満たす開発費支出について，これを無形固定資産として計上することを義務づけている。これに対して，商法典は資産化可能な処理と位置づけている。すなわち，商法典R 123-186条第2項によれば，応用研究・開発費は，商業上の収益性の確かな機会を有する明確に個別化可能なプロジェクトに関係するという条件で，貸借対照表の借方に対応する項目で計上することができる。

当該商法典の規定は，個別計算書類の作成上，一定の開発費支出の資産化処理を義務づけるものではない。このため，PCGは資産化処理を強制するような規定を導入できない。既述のとおり，1999年PCG改正311-3第2項が資産化処理を「優先的方法」とするにとどまっており，定義と会計処理の規準を満たす場合でも費用処理が可能である。ただし，開発費の場合，資産化処理を「優先的方法」と位置づけているのは，PCGのレベルであり，連結会計次元からではない。この点で，前述の退職給付債務の引当処理より一歩踏み込んでいる。

③ 組織費の処理

IAS/IFRS には創立費・開業費などの組織費（日本の繰延資産に相当）の処理に関する規定は特に設けられていない。資産の定義をはじめその認識・測定の規準を満たす支出は資産計上しなければならない一方，これを満たさない支出は費用処理が強制される。これに対して，商法典は組織費支出を資産計上可能としている。

すなわち，商法典 R 123-186 条第 1 項によれば，企業の存立または発展を条件づける取引時に生ずる支出であるが，その金額を特定の財およびサービスの生産に関係づけることができないものは，「組織費」の項目で貸借対照表の借方に計上することができる。当該商法典の規定は，個別計算書類の作成上，組織費支出の資産化処理を可能な処理とするものである。このため，PCG は資産化処理または費用処理を強制するような規定を導入できない。

組織費支出は資産の定義と会計処理の規準を満たす場合でも資産化処理を強制できない。組織費支出は，むしろ将来の経済的便益との関係が明確でないケースが多いが，その場合でも，PCG は費用処理を強制する規定を置けないのである。1999 年 PCG 改正 361-1 は費用処理を「優先的方法」とするにとどまっている。

④ ファイナンス・リースの資本化処理

IAS 第 17 号「リースの会計処理」は，ファイナンス・リース取引について，これを資本化処理（リース資産・リース負債の計上）することを義務づけている。これに対して，商法典は資産化可能な処理と位置づけている。

商法典は所有権を有しない財の資産計上を大きく制限している。商法典 L 123-14 条に定める「財産」の制約があるからである（本書第 4 章参照）。財産性の原則に基づく法的観点から，リース取引はファイナンス・リースであっても「賃貸借取引」と位置づけられ，リース料を「賃借料」として費用処理することになる。

商法典における財産の法的概念は，個別計算書類レベルで IAS 第 17 号（資本化処理強制）の導入の大きな障害となる。既述のとおり，CRC 規則第 2004-06 号の資産の新定義における経済的「支配」概念に基づき，ファイナ

ンス・リース取引は資産化処理の対象となるが，当該取引をCRC規則第2004-06号の適用範囲から除外する措置をとった。商法典における財産の法的概念が所有権を持たないリース物件の資産計上の障害となるからである。

このため，PCGにはファイナンス・リース取引の資産化処理を容認するような規定を置くことができず，連結会計次元の1999年連結会計規則300（CRC規則第2005-10号により改正）が資産化処理を「優先的処理」と位置づけるにとどまっている。なお，連結会計次元では資産化処理を可能とする商法典のD 248-8条オプションの規定がある（本書第7章参照）。

以上のとおり，強い法的強制力を持つ商法典がPCGへのIAS/IFRSの導入の大きな障害になっている実態が明らかとなる。この意味で，PCGのIAS/IFRSへのコンバージェンスには一定の限界が存在している。

前出2009年議会報告書も指摘するとおり（Baert et Yanno, 2009, p. 54），一連のCRC規則により部分的かつ不完全な形でIAS/IFRSを導入した結果，PCGはフランスの伝統的な「財産的アプローチ」とIAS/IFRSの特徴である「経済的アプローチ」のハイブリッド構造を形成するものとなった。IAS/IFRSの導入を容易にするために商法典の計算規定を改正しないのは，政府の意思であり政治の意思である。PCGは大企業のみならず，約200万の中小企業にも適用されることから，その改正はこれら国内事業者への影響を特に考慮しなければならない。このことが政府の考える「PCGの現代化」への方針転換の背景にあると考えられる。この点に，約1000企業グループ・3万社に関わり経済的観点から投資者向けの情報を指向・追求する連結会計次元との重要な相違点がある。

3．PCGの現代化の影響

最後に，PCGの現代化の影響を取り上げる。ここでは，法的・税務的影響および中小企業の問題を検討したい。

(1) 課税利益計算への影響——税務調整項目の増加と接続性の低下
① 会計と税務の接続性
1) 2005年12月30日税務通達

プラン・コンタブル・ジェネラル (PCG) の現代化の影響を最も受けるのが，課税利益計算である。本書の第5章で明らかにしたとおり，PCGは，1965年以来，課税利益計算における一般基準として位置づけられているからである。これは，基本的に税法に特段の定めがない場合には，PCGに従い会計利益の計算を課税利益の計算にそのまま用いるという考え方を表しており，フランスでは「接続性の原則」と呼ばれてきたことは，既述のとおりである。会計と税務の接続システムにおいては，会計基準の改正は課税利益計算に直接影響を与える。

一連のPCGの現代化への税務面の対応に関して，課税当局の見解が明らかにされたのは2005年12月30日通達第213号 (BOI 4 A-13-05) においてである。当該通達は，PCGの現代化の影響に対する課税当局の方針を示すものである。その主な内容は，PCGの規定の主要な改正，すなわち資産の定義，評価，会計処理，償却および減損に関する税務上の対応を示し，さらに租税一般法 (CGI) 第237条septiesの規定 (構成要素別アプローチの初年度適用に係る措置) に関する詳細を提供するものである。

当該通達は課税当局の関係者が参加した作業グループ「IASと税務 (IAS/Fiscalité)」の検討内容を踏まえて示されたものと見られる。すなわち，国家会計審議会 (CNC) は，CRC規則第2002-10号および第2004-06号の2005年1月1日からの施行を前に，その影響を分析するために3つの作業グループを立ち上げた。2003年2月に設置した「IASと税務」および「IASと中小企業 (IAS/PME)」，2004年2月に設置した「IASと法 (IAS/Droit)」の各作業グループがこれである。

「IASと税務」作業グループは，2005年3月に中間報告書を提出し，会計と税務の接続性を前提として，PCGのコンバージェンスが税務上どのような影響を与えるのかを検討した。当該報告書は，すでに施行済みの新CRC規則と2005年1月1日から施行予定の新規則の影響 (資産の償却と減損，資産の定義，会計処理および評価，合併および類似の取引の会計処理)，および国

際会計基準／国際財務報告基準（IAS/IFRS）の全体を適用した場合に予想される影響（公正価値概念，自己資本の変動，現在割引価値計算，賃貸借契約，従業員給付，収益認識，棚卸資産期末評価，税金の会計処理，補助金，相殺，財務諸表の表示）を検討し，個別計算書類におけるIAS/IFRSの適用が会計規則と税務規則との乖離を生み出すことを，指摘している（CNC, 2005a, p. 2）。

課税当局は，当該作業グループの報告書の検討内容を考慮した上で，PCGの現代化の影響への対応を，2005年12月30日通達第213号（BOI 4 A-13-05）として公表したものと見られる。

2）PCGの現代化に対する3つの基本方針

同通達によれば，課税当局は，PCGの現代化に対して，会計と税務の「接続性の維持」，税務上の「中立性の保持」および税務上の「再処理の簡便性」の3つの基本方針を決定している（同通達1）。

ア）会計と税務の「接続性の維持」

まず，伝統的な「接続性の原則」はこれを維持することを明確にした。接続性の維持に係る課税当局の考え方は，課税利益計算に会計利益を用いる方法が企業の生み出した富を把握する最良の方法であり，企業業績からかけ離れた利益への課税を回避できるというものである（Baert et Yanno, 2009, p. 129）。また，連結計算書類を作成しない企業にとって，税務計算の作業コストを大きく節約できることも同原則の維持の理由とされる。

イ）税務上の「中立性の保持」

課税当局はPCGの現代化の影響を遮断するために，ケースによっては税務の側で独自の定めを設けてその影響を中和化する。特に，PCGの現代化により，税収が減少するケースでは，この影響を慎重に検討する。これが「中立性」の意味である。ただし，税務上の「中立性の保持」は，「接続性の原則」の考え方と矛盾するものである。税収の確保を優先して，税法独自の規定を設ければ設けるほど，会計と税務の接続関係は弱まるからである。

ウ）税務上の「再処理の簡便性」

PCGの現代化の影響を遮断する目的で税務の側で独自の定めを設ける場合，税務上の再処理は企業にとって負担増となる。課税当局は当該負担増を抑えるために，可能な限り再処理の簡便性に配慮する。これが税務上の再処

理の簡便性が意味するところである。特に中小企業にとって，この配慮は重要な点である。

② 資産の新定義および会計処理の条件の影響

既述のとおり，1999年PCG改正211-1および改正311-1により，「識別可能性」，「支配」，「将来の経済的便益」（期待将来経済的便益を受ける可能性が高いこと）および「評価の信頼性」（十分な信頼性でもって評価できること）の4つの条件が同時に充足されるときには，資産を認識・計上しなければならない。

新定義の新規性で重要なのは「支配」の経済的概念の導入にある。これにより，資産の計上は必ずしも所有権の有無（法的規準）を問わない。しかし，一般に，ある要素の支配は同時にその法的所有権の移転をともなうので，企業が当該要素に対する所有権を保有するときには，多くの場合，支配の条件は満たされている。問題はファイナンス・リース契約（特許権または商標権・ブランドの賃貸借を含む）であるが，新規則がこれを適用除外したことは既述のとおりである。

また，課税当局（1996年11月26日行政文書4 D-264第2号）は，他人の土地上の構築物，賃借人設置の設備に関して，すでに所有権の規準にこだわっておらず，有形固定資産に関しては新定義の影響は，下請け契約など一定のケースを除けば当面小さいものと考えられた（同通達5）。

③ 減価償却計算の影響

減価償却に関する改正1999年PCGの影響は，主として償却ベースと償却期間に関するものである。税務では，償却計算上残存価額は考慮せず（CGI附則Ⅱ第15条），償却期間は業界の慣行に基づく年数が用いられてきた（CGI第39条1,2°）。会計上も税務の計算が行われた。

改正1999年PCGでは，経済的観点から残存価額と償却年数を見積もる必要がある。しかし，課税当局は従来の税務上の償却期間（各業界の慣行に基づく年数）を維持した（同通達97）。そのため，会計上の経済的有効年数が税務上の償却年数より長い場合，会計上の償却費が税務上の償却費を下回る

ことになるケースが一般に予想された。この場合，企業は，損金経理の要件およびCGI第39条Bに定める最低償却制度[4]の関係で，会計上その差額を特別償却の形で処理すれば，これを課税当局が税務上の損金として認め（同通達98），CNCは特別償却を容認することにした。これが償却期間の相違に関して，CNCと課税当局が採用した対応策である。

これに対して，会計上の経済的有効年数が税務上の償却年数より短いならば，会計上の償却費が税務上の償却費を上回ることになり，企業は，税務上，会計外で当該超過部分を利益に戻し入れることになる。

なお，償却方法に関しては，会計上は資産の期待経済的便益の費消のリズムを最もよく反映する方法を用いるのが原則であるが，より適合する方法がなければ定額法が採用される（1999年PCG改正322-4）。これに対して，税法では，定率法と定額法が採用されている。税務では定率法が一般的な方法とされ，当該方法を採用する場合には，会計上その差額を特別償却として処理すれば，税務上の損金として認めるとした（同通達102）。

④ 構成要素別アプローチの影響

税務面で大きな影響を及ぼすと見られたのは，PCGにおける構成要素別アプローチの導入である。課税当局は，接続性の原則に基づき当該会計処理方法を受け入れたが，その適用の簡易化を図り，税務上の影響を限定するための措置をとった。

1999年PCGの改正に伴い，2005年11月14日デクレ第2005-1442号が租税一般法（CGI）附則Ⅱ第15条bisに構成要素別処理に関する規定を設けた。これにより，構成要素別法の固定資産への適用から生ずる課税利益の決定について，当該固定資産の実際使用期間と異なる期間を有し，かつ当該固定資産の実際使用期間中に取り替えねばならない主要要素は構成要素と見なされる。構成要素と見なされた主要要素は別個に会計処理される。

また，2005年度に係る財政法第2004-1485号第42条が，CGI第237条septiesに当該アプローチの初年度適用に係る措置を定めた。これによれば，構成要素別法の固定資産への適用により生ずる2005年1月1日以降開始初年度の課税利益の加算部分または減算部分は，5年間に均等配分する（第1

項)。当該加算額または減算額が15万ユーロを超えない場合には，繰延処理しないことができる（第2項）。

　これら構成要素別アプローチの規定に関して，前出2005年12月30日税務通達（BOI 4 A-13-05）が，構成要素の分解を計算例を用いて具体的に説明するなど，その詳細を示している。構成要素アプローチの問題はその難解さとそれに伴う実施上の困難性にあるが，課税当局は以下のような対応措置をとっている。

　例えば，会計面では，「重要性」がないものは構成要素として認識しなくてもよいと容認しているが，同税務通達はこの重要性の判断に係る数値基準を示し，税務面で単位当たりの税抜価額が500ユーロ未満の場合，構成要素として識別しないことができるとした（同通達32）。また，動産については固定資産の全体価額の15％未満の場合，不動産については全体価額の1％未満の場合にも同様の措置とした（同通達32）。さらに，その全体での使用期間が固定資産の実際使用期間の80％以上であるもの，使用期間が12か月を下回る要素は，これを構成要素別に識別しないことが認められる（同通達33）。

　会計上の「第2カテゴリー」の構成要素は税務上認められておらず，CGI附則Ⅱ第15条bisの適用範囲に入らない（同通達42）。会計上「第2カテゴリー」の構成要素として分解された大規模修繕の複数年度プログラムなどの支出は，税務上第1カテゴリーの構成要素（主要要素・構造）として扱われる。

　課税当局は企業にとって法的安定性を保障するために，会計上採用した分解のレベルは明らかな間違いがない限りこれを問題としない（同通達32）。これが課税当局の方針である。

⑤　減損会計の影響

　課税当局は，PCGにおける減損会計の導入後も，旧減価引当金に関するCGI第39条第1項5°の規定を維持している。したがって，会計上の減損は税務上当該引当金の枠内で処理されることになり，この点は2005年12月30日税務通達で確認されている（同通達141-146）。

税法上，減価引当金は「明確でありかつ当期中の出来事がその発生を可能性の高いものにする損失または費用に備えるため」のものであることを条件としたが，問題は，会計上の減損が，税法上の当該条件を満たすかどうかである。会計上の減損は，資産の現在価値が純帳簿価値を下回ることになったことの確認だからである。

　同税務通達は，損失の「可能性の高い」という性質を，固定資産の価値に影響する特別な出来事や，市場価値が存在する場合にはその市場価値，あるいは独立した鑑定人の価値を参照して，実際の減価の存在によって裏づけられることを強調している（同通達145）。一般に，パフォーマンスの低下，利子率や収益率の変動に関連した価値の低下，一般的な経済環境の悪化または期待将来キャッシュ・フローの減少などの企業経営の予想の悪化は，それだけでは「可能性の高い」損失とは見なされない。

　また，会計上，純帳簿価値と比較される現在価値は，市場価値（正味売却価額）と使用価値のいずれか大きい方の価値とされるが，税法は，資産の将来キャッシュ・フローの見積りに基づく使用価値を取り入れていない。会計上，現在価値として使用価値を採用した場合，市場価値と使用価値の差額は，税務上の損金の対象にならない（同通達145）。なお，税法上の市場価値は流出コスト（売却に要する費用）を考慮しない。

⑥　無形固定資産の償却の影響

　PCG改正322-1によれば，償却資産はその使用（有効年数）が確定可能な資産であり，その使用は資産の期待経済的便益の費消により測定される。この規定はもちろん無形固定資産にも適用されるので，当該条件を満たす無形要素は償却対象となる。

　税法は常に無形固定資産の償却に反対してきた（Baert et Yanno, 2009, p. 96）。租税一般法（CGI）附則Ⅲ第38条sexiesによれば，不可逆的な形で減価しない固定資産，特に土地，営業権，参加証券の減価は引当金を設定する。当該規定に見られるとおり，営業権は不可逆的な形で減価しないと考えられている。

　しかし，1999～2007年における税務判例は，無形固定資産の償却を容認

する傾向にある。例えば，フォンシア・パルティシモ判決（1999年10月1日コンセイユ・デタ判決）ではCGI附則Ⅲ第38条sexiesが営業権またはその要素の一つの償却を妨げないと判断され，個別化可能でかつ将来の利益効果が一定日になくなることが予見可能である営業権は償却できることを容認した。2005年のチェシ判決，ファイザー判決（2005年10月14日コンセイユ・デタ判決）も医薬品メーカーの裁判において上記判例を踏まえた判断が行われた。ただ，これら判例は税収の大幅減のおそれから極めて厳格に適用され（全面的に認めると年60億〜80億ユーロの税収減），いくつかの特殊ケースに限定されている（Baert et Yanno, 2009, p. 96）。

また，商標・ブランドの償却については，ドメーヌ・クラレンス・ディロン判決（2007年12月27日コンセイユ・デタ判決）が，経営に利益効果を生み出す予見可能な期間を確定できる場合にのみ償却するという原則を示したが，商標の保護期間が無限であることから，実際上当該原則を適用するには難しい問題がある（Baert et Yanno, 2009, p. 97）。

以上のとおり，課税利益計算に対するPCGの現代化の影響は，課税当局のさまざまな対応を引き起こした。最も大きな影響は減価償却計算，構成要素別処理および減損である。いずれにおいても，改正1999年PCGに基づく会計上の処理がそのまま税務上の処理とならない。これにより，会計外での調整，すなわち税務調整項目が大幅に増えている。

前出2009年「新会計基準の役割に関する財政・一般経済・計画委員会報告書」は，同報告書の作成当時，税務調整項目が約170項目に上ったことを指摘している（Baert et Yanno, 2009, p. 127）。課税当局は「接続性の原則」の維持を基本方針としたが，結果的には会計と税務の接続性は大きく低下したといえる。見方を変えれば，この接続性の低下は会計の税務に対する自律性を高めることになったと考える。

(2) 中小企業への影響——PCGにおける簡易処理の導入
① 簡易計算書類制度

商法典L 123-16条（1983年調和化法第10条第3項）は，一定規模以下の事業者に対して簡易形式での年次計算書類の作成を認めてきた。

当該簡易計算書類制度は，資産総額，売上高および従業員平均実数の3つの数値規準を用いている。簡易形式の貸借対照表および成果計算書については，例えば2012年度の場合，資産総額267千ユーロ，売上高534千ユーロ，従業員平均実数10名という基準値のうちの2つまでがこの数値を超えない事業者に対して，それを認めている。また，簡易形式の注記・附属明細書については，資産総額365万ユーロ，売上高730万ユーロ，従業員平均実数50名という基準値のうちの2つまでがこの数値を超えない事業者にそれを認めている（L 123-16条，R 123-200条）。

　簡易貸借対照表・成果計算書の条件が簡易注記・附属明細書の条件よりハードルが高いことから，簡易貸借対照表・成果計算書の条件をクリアできる企業は，年次計算書類の構成書類（貸借対照表，成果計算書および注記・附属明細書）のすべてを簡易形式で作成することができることになる。他方，プラン・コンタブル・ジェネラル（PCG）においても，本書の第1章で明らかにしたとおり，1982年PCG以来規模の小さい企業向けに総合書類の簡易システムが定められてきた。

　商工利益の所得税課税と法人税課税を含めた企業利益の課税制度は，課税利益の決定方法の観点から，年間売上高の規模により，ミクロ企業課税制度（régime des micro-entreprises）と実額利益課税制度に大きく分けられ，実額利益課税制度はさらに実額普通課税（régime réel normal）と実額簡易課税（régime réel simplifié）の2つに分けられた。なお，売上高に一定率を乗じて利益を見積もり，これに課税する見積課税制度（régime du forfait）は廃止されている。

　3つの制度のどれが事業者に適用されるかにより，会計・記帳義務や付加価値税（TVA）の支払方法等が大きく異なり，ミクロ企業課税制度および実額簡易課税制度は適用事業者の会計・記帳義務を大きく軽減している[5]。なお，2002年度のデータによれば，1196千事業者が実額簡易課税制度の適用を受け，実額普通課税制度の適用を受けていたのは739千事業者であった。また，ミクロ企業課税制度の適用事業者は極小規模の個人企業である。2002年度のデータによれば，354千事業者がミクロ企業課税制度の適用を受けていた（CNC, 2005c, p. 23）。

② PCGの現代化と中小企業向けの簡易処理

　課税利益は接続性の原則に基づいて会計利益をベースとしている。PCGは課税利益計算の一般基準として位置づけられている。しかも，その実務指針として税務の通達などがこれを補ってきた。課税利益は会計利益をベースに計算されるのであるが，その際の会計外調整を最小限に抑えてきたのである。

　しかし，既述のとおり，PCGの現代化は会計と税務の接続性を低下させ，会計外調整（税務調整）項目を大きく増やした。しかも，経済的観点からの償却期間および残存価額の見積り，構成要素アプローチ，使用価値概念などに見られるように，PCGの現代化は複雑な処理を導入している。

　PCGが税務処理と相違する処理を導入すればするほど，中小企業に対する配慮が求められるのは自然である。しかも，前述のとおり，商法典は課税制度とリンクした会計・記帳の軽減措置をとってきた。

　国家会計審議会（CNC）は2003年2月に「IASと中小企業」作業グループを設置し，個別計算書類への国際会計基準／国際財務報告基準（IAS/IERS）の適用の影響を事前に検討している。当該作業グループが2005年6月に提出した中間報告書によれば，特に減価償却や減損などの処理が中小企業にとって負担の大きい処理項目になることが指摘された（CNC, 2005c, p. 11）。

　減価償却と減損（税法では減価引当金）は，損金経理のしばりが課せられ，伝統的に税務の基準が会計で用いられてきた項目である。つまり，会計の償却計算および減価引当金の計算は，税務の基準に基づき行われてきたのである。

　CNCは，中小企業向けの簡易処理を導入するために，CRC規則第2005-09号により1999年PCGと減価償却および減損に関するCRC規則第2002-10号第15-1条を改正した。この結果，1999年PCG改正322-4第5項には，前出商法典L 123-16条に定める簡易注記・附属明細書の要件（資産総額365万ユーロ，売上高730万ユーロ，従業員50人のいずれか2つについてこの数値を超えない）を満たす企業に対して，簡易処理が導入されている。PCGにおける簡易処理の適用条件を商法典における簡易年次計算書類制度とリンクさせ

ているのである。

　当該規定によれば，簡易計算書類の適用企業は，個別計算書類において，当初から分解不能な固定資産を，業界の慣行に基づく年数で（場合によっては定率法で），経済的な有効年数に基づく償却費と追加の特別償却費を区別することなく，償却することができる。業界の慣行に基づく年数は，租税一般法（CGI）第39条1.2°に定めるものであり，定率法も同様である。PCGにおける償却期間は経済的な有効年数を見積もるのが原則であるが，簡易注記・附属明細書の条件を満たす企業は，従来どおり税務の年数を採用できるのである。

　償却方法についても，PCGでは経済的便益の費消のリズムを反映する形での償却が原則であり，それが難しい場合に定額法の採用を容認しているが，税法は定率法が基本である。簡易注記・附属明細書の条件を満たす企業は，従来どおり税法の償却方法を採用することができるのである。また，既述のとおり，構成要素アプローチの適用に係る重要性の判断基準は，2005年12月30日税務通達が数値規準を公表しており，会計の実務では当該規準が用いられるものと見られる。

　以上のとおり，1999年PCG改正322-4第5項の規定は，簡易計算書類を適用する企業，すなわち，中小企業の中でも従業員50人程度の中規模以下の企業をして，償却に関して税務基準を継続して適用せしめることを可能にするものである。

　税法が減損に関して従来の減価引当金制度を維持していること，多くの中小企業の会計が税務目的の会計であることをあわせて考えると，損金経理のしばりにより伝統的に会計への税務の影響が大きい減価償却と減価引当金の計算において，中小企業では引き続き税務の基準が用いられるものと考えられる。

(3) PCGの現代化の法的影響
① 会計と法の一体的関係への影響

　本書の第4章で明らかにしたとおり，商法・会社法（商法典に統合）は，商人に対する記帳制度や個別計算書類（年次計算書類）・連結計算書類制度を

設け，その作成に係る重要な計算規定を定めているが，事実上，計算の細則はプラン・コンタブル・ジェネラル（PCG）がこれを補完してきた。会計は法会計とされ，会計と法は真実性や正規性などの基礎的概念を共有してきたことも既述のとおりである。他方，1999年PCGは他の法令が計算書類の作成を義務づけている場合のPCGへの準拠義務を定めている。これにより，商人はその計算書類の作成に係る細則をPCGに依拠しなければならない。

　PCGの現代化は商法・会社法会計規制に直接的影響を与える関係にあるが，前章で検討したとおり，PCGの現代化により国際会計基準の経済的基礎概念は商法典のフレームワーク内で整合的な形でPCGに導入されている。しかし，PCGの現代化によって商法・会社法会計規制への影響はないのかと言われれば否である。PCGの現代化は，帳簿の証拠能力，個別計算書類の不正に係る処罰のシステムに影響を与えると考えられる。

　国家会計審議会（CNC）は，PCGの国際会計基準／国際財務報告基準（IAS/IFRS）へのコンバージェンスが引き起こす法的影響を事前に検討するために，前述のように2004年2月に「IASと法」作業グループを設置したが，2005年10月に提出された中間報告書では，IAS/IFRSの翻訳と解釈の問題から始まって，所有権に基づく財産概念から経済的財産概念への移行による会計と法の分離，それにともなう証拠能力への影響および会計基準の解釈と刑事裁判への影響，公正価値概念を導入した場合の潜在的増価の問題などが検討されている。当該報告書の事前検討内容を参考に，前節で取り上げたPCGの現代化による経済的基礎概念の導入が，会計と法の一体的関係にどのような影響を与えうるのかを考察したい。

② 帳簿および計算書類の立証機能への影響

　商法典には，商人に対し帳簿の記帳義務が定められているが，当該帳簿に基づいて，計算書類が作成される。フランスでは，この帳簿と計算書類の立証機能が重視されてきた。商人間の紛争における立証機能および税務調査における課税当局に対する立証機能がこれである。これについては，本書の第4章および第5章で取り上げた。

　伝統的には，取引は法の観点から分析され，法的形式を重視して会計処理

されてきた。IAS/IFRS は取引を法的観点からではなく経済的観点から分析し、経済的実質に基づいて会計処理を行う。経済的実質に基づいた会計処理が帳簿の証拠価値にどのような影響を与えるのかは明確でない。この点は極めて重要な問題である。本書の第4章で明らかにしたとおり、正規に調製された帳簿は商事裁判における証拠となる。税務裁判においても、本書の第5章で取り上げたとおり、正規に調製された帳簿は更正の根拠となる証拠の責任を課税当局に課すものとなる（租税手続法第192条）。すなわち、帳簿が正規に調製されている場合、立証責任は課税当局が負い、そうでなければ立証責任は納税者側に移るのである。

PCG への経済的基礎概念の導入により、帳簿には法的形式を重視した法的観点に基づく会計処理と経済的実質を重視した経済的観点からの会計処理が混在することになる。正規に調製された帳簿の証拠価値は大きいが、経済的基礎概念の導入による経済的実質に基づいた会計処理に対して、その正規性および真実性を法律家である裁判官、検察官および弁護士が適切に判断するのは非常に難しいものとなりうる。

③ 会計上の刑事罰の適用への影響

本書の第4章で明らかにしたとおり、会計上の刑事罰として、商法典 L 242-6 条第1項が、財産目録なく、または虚偽の財産目録を用いて行った擬制配当の故意の分配に対して、罰則を定めている（会長、社長などへの5年の禁錮および375千ユーロの罰金）。

さらに、同条第2項は、配当の実施を前提としない「誠実な概観を提供していない計算書類の公表違反」を定め、会社の真の状況を隠蔽する目的で年度の活動の成果、財務状況および財産の誠実な概観を提供していない年次計算書類を株主に公表または提示した事実に対して罰則を定めている（会長、社長などへの5年の禁錮および375千ユーロの罰金）。なお、この罰則規定は連結計算書類には適用されない。連結計算書類の場合、刑法第441-1条、通貨・金融法典 L 465-2 条第2項が、故意に虚偽情報を広めたことに対して罰則を定めている。連結計算書類に関しては、「誠実な概観」の提供の観点から処罰することに根強い反対がある。国際的会計基準を用いるなど多様な実

務が見られたからである (Stolowy, 2001, pp. 88-89)。

　個別計算書類においても,「誠実な概観」の概念自体が不明確であり, 刑事罰を適用する上で大きな障害となることが指摘されている。刑事裁判官は L242-6条第2項の不明確な規定を解釈し, いかなるケースで年次計算書類の不正規性が当該規定違反になるのかを判断しなければならないからである (Baert et Yanno, 2009, p. 86)。しかし, 経済的基礎概念を導入したPCGの新規定は, 刑事裁判官にとって刑事罰の適用をより一層難しくするものと見られる。経済的基礎概念を導入した新規定は原則主義的で, 経営者側の判断の余地が大きいためである。

　また, 裁判官が会計基準の規定の意図を理解する必要があっても, IAS/IFRSの複雑な概念を裁判官が完全に理解するのは難しい (Baert et Yanno, 2009, p. 86)。会計処理の適法性を判断し, どういうケースで会計処理に係る経営者の判断が罰則違反となるかは裁判官次第である。裁判官が「誠実な概観」をどのように理解するか, それによって重大違反のみが処罰されることもあれば, 本来は違法でないものまでが処罰の対象になることもありうる。

　従来, 裁判官は会計処理の選択を法的観点から分析し, 会計処理の適法性を判断してきた。経済的基礎概念のPCGへの導入により, 裁判官が経済実質的な観点からの会計処理をどの程度適切に理解できるのかが, 極めて重要な課題となる。

　このように, PCGの現代化とIAS/IFRSへの接近は, 伝統的な会計と法 (商法・会社法会計規制) の基礎的概念の共有を通じた一体的関係に影響を与えうるものと考えられる。PCGの現代化によるIAS/IFRSの経済的基礎概念の導入は, 伝統的に会計と法との間で共有されてきた財産性, 真実性あるいは正規性などの法的基礎概念に, 発想の大きく異なるIAS/IFRSの経済的基礎概念を加える形で実施されている。しかし, PCGがIAS/IFRSへの接近を追求すればするほど, 会計と法の乖離は拡大していかざるをえないと見られるのである。その場合に, 商法・会社法 (商法典) に新たに独自の計算の細則を設けるのか, あるいはPCGにより一層委ねていくのかが注目される。

[注]
(1) 当該規則の日本語訳については，大下・小津（2003, 129-135 頁）および大下（2003c, 127-132 頁）を参照。なお，4 は減損に関連する条項なので，ここでは除いている。
(2) この審議の状況については，大下（2001b, 21-24 頁）を参照。
(3) すなわち，a) その供用または売却のために無形固定資産の完成に必要な技術的実行可能性，b) 無形固定資産を完成させそれを利用または売却する意図，c) 無形固定資産の使用または売却できる能力，d) 無形固定資産が可能性の高い将来経済的便益を創出する方法（実体は，無形固定資産から生まれた製品にとって，または無形固定資産自体にとっての市場の存在，またはこれが内部利用されなければならない場合にはその効用の存在を，示さなければならない），e) 開発を完成させ，無形固定資産を利用または売却するのに必要となる（技術的，財務的およびその他の）資源の使用可能性，f) その開発期間中の無形固定資産に割り当てられる支出を信頼できる形で評価する能力，の6つの条件である。
(4) この制度については，本書第5章の注(9)を参照されたい。
(5) ミクロ企業課税制度および実額簡易課税制度における会計・記帳義務については，大下（2013, 34-41 頁）を参照。

終章
2つの会計標準化と連単分離の会計システム

1. マクロ的な国家のニーズと個別会計次元の会計標準化

　フランスでは，2005年からの国際会計基準／国際財務報告基準（IAS/IFRS）の強制適用により，二元的会計システムが出現したが，本書はそこに至るまでのフランスの会計標準化プロセスを，個別計算書類に係る個別会計次元と連結計算書類に係る連結会計次元に分けて，会計基準，会計基準の設定組織および会計基準の適用の3つの側面から考察した。これにより，個別会計次元と連結会計次元とで，会計標準化のプロセスが大きく異なることを明らかにした。

　連結会計次元の会計標準化は，もともと米・英などのアングロ・サクソン諸国の連結会計実務や国際会計基準の影響を強く受けてきた。これに対して，個別会計次元の会計標準化は国家のニーズを強く反映し，フランス独自の会計モデルを追求する形で進められてきた。1970年代からの企業の実務における連単分離の会計処理方法の採用および1980年代半ばからの当該処理方法の法令上のオプションとしての容認は，両次元の会計標準化プロセスの違いを如実に物語るものである。

　プラン・コンタブル・ジェネラル（PCG），国家会計審議会（CNC）および法令（税法）を用いた適用の3つの要素により形成される旧標準化システムは「フランス・モデル」とも呼べる独自の会計モデルを追求してきた。当該会計モデルは，「課税」と「経済統計」の整備という戦後の国家のニーズと深く関わっている。会計基準であるPCG（1957年PCGおよび1982年

PCG）は社会の公的・私的領域のさまざまな組織・事業体に用いられる一般的性格の共通基準として位置づけられる。このPCGの体系的な勘定分類システムに基づいて，個々の領域の特性に合わせて個別基準が作成・適用される。これにより，社会のさまざまな組織・事業体から標準化された会計データが集計可能となる。

　課税システムおよびマクロ経済統計の整備の観点から，さまざまな組織・事業体に適用することを想定したPCGは，会計システムの基礎となる帳簿組織，記帳方法，勘定処理などを含み，収益・費用の性質別分類に基づく勘定分類システムを採用する。前者の特徴はオペレーショナルな性格（実行可能性）として，後者の特徴は生産・付加価値重視のマクロ経済指向の計算構造として表れている。

　ミクロの経済データの集計は課税システムを通じて行う。この点はPCGの適用方式と密接に関係している。PCGの一般的適用は税法の枠組みを用いて行うのである。すなわち，1959年税法はPCGの一般的・漸次的適用を定め，商工企業に対する業種別プラン・コンタブル（業種別PC）の整備を進めた。また，1965年税法デクレは，PCGを課税利益計算における一般基準として採用した。

　PCGの設定組織である国家会計審議会（CNC）は，幅広い社会の共通基準としてのPCGの性格から，さまざまな領域の利害関係者の代表により組織され，社会的なコンセンサスを図りながら会計標準化を進める。ただし，国家の意向を反映させるために，CNCは国家のコントロール下に置かれる。その運営は官僚主導であり，課税当局や国の統計機関を含めた政府／経済・財務省からの強い影響を受けるものである。1957年CNCシステムの特徴がこれである。

　旧会計標準化システムは，このようなPCG（1957年PCGおよび1982年PCG），1957年CNCシステムおよび1958年税法による適用という3つの要素により形成されるものであった。当該システムは，「課税システム」と「経済統計」の整備という戦後の国家のニーズと深く関わり，国家の強い影響の下で会計標準化を進めてきたのである。これが筆者の言う「フランス・モデル」である。それは国家のニーズとその強い関与，マクロ経済指向，課

税との接続，社会各層の利害関係者代表の参加によるルールづくりなどの特徴を持つ。

2. ミクロ的な株主・投資者のニーズと連結会計次元の会計標準化

　連結会計次元の会計標準化は，個別会計次元の会計標準化と異なり，常に国際的会計基準・実務の影響を受けてきた。「課税システム」と「経済統計」の整備というマクロ的な国家のニーズと，株主・投資者の投資意思決定のための情報提供というミクロ的なニーズに，どのように応えていくのかが大きな課題となる。

　連結会計次元の会計標準化では，1968年の最初の連結会計基準からアングロ・サクソン的会計実務の影響を受けてきた。その設定組織はCNCであるが，実質的にはCNC外部の会計専門家（企業の連結会計担当者や専門会計士）の手によるものである。連結会計次元は，個別会計次元と異なり利益分配のシステムに接続されていない。基本的に，課税も経済統計も個別会計情報をベースとするものである。このため，連結会計次元における国家の関与は個別会計次元に比べて弱い。

　連結会計基準の適用面では，すでに1970年代から一部の国際的企業がアングロ・サクソン的会計実務を独自に採用してきた。リース会計，外貨換算会計，税効果会計，連結のれん会計において，連単分離の形で国際的に一般に認められていた会計実務，つまりアングロ・サクソン的会計実務を採用してきたのである。1985年連結会計法は，これら企業の実務を追認する形で，個別次元では認めていない会計処理方法をオプションとして導入した。

　このように，連結会計次元の会計標準化は個別次元と大きく異なり，株主・投資者の情報ニーズ指向，株主投資利益計算，会計実務専門家を中心とした基準づくり，企業の実務先行といった特徴を持つ。これらは，アングロ・サクソン諸国の会計に見られる特徴であり，連結会計次元の会計標準化はこれらを連単分離の形で取り入れてきたのである。

3. 新会計標準化システムと国際会計基準への対応

　本書は，フランスの会計標準化が，1990年代後半の1996年から2007年の間に，それ以前の旧システムから新システムに移行したことを明らかにした。当該移行を最も象徴的に表しているのが国家会計審議会（CNC）の改革とPCGの適用方式の改革である。

　1996年はCNCの組織が1957年CNCシステムから1996年CNCシステムに移行した年であり，2007年は1996年CNCシステムが2007年CNCシステムに移行した年である。1996年CNCシステムは，協議の組織および政府／経済・財務省によるコントロールという特徴を維持しながら，会計専門家主導の運営への転換を図ったものである。この背景には，国際会計基準／国際財務報告基準（IAS/IFRS）への対応があり，この点はCNCの任務の拡大にも表れている。1996年CNCシステムは，いわば連結対応，IAS/IFRS対応といえる組織である。当該システムの下，連結会計次元はもとより，個別会計次元のPCGにおいてもIAS/IFRSへのコンバージェンスが進められる。

　2007年のCNC改革は，それまでのCNCと会計規制委員会（CRC）を統合し，新組織を規制機関としての会計基準庁（ANC）へ移行させるものである。この結果，1957年CNCシステムの大きな特徴である「協議の組織」の特徴が事実上消滅した。社会各層の代表者によるコンセンサスを重視した従来の協議の方式ではIAS/IFRSへの迅速な対応が困難と見られたからである。この協議方式の特徴の消滅は会計標準化システムの新旧移行を大きく特徴づけるものである。

　PCGの適用方式の改革に関しては，1998年4月6日法律は，1959年税法第55条によるPCG適用の法的枠組みを廃止し，CRCを創設した上で，PCGの適用方式を大きく変えた。すなわち，PCGはCRCの承認を得るとそれ自体が適用上の強制力を持つことになった。年次計算書類を作成するあらゆる組織・事業体に対して，その準拠を義務づけたのである。この適用方式の改革は，2007年CNCシステムにおける「協議の組織」の特徴の消滅と

ともに，新会計標準化システムへの移行を大きく特徴づけるものである。

　1996～2007年の移行期間において，「PCGの現代化」と称するIAS/IFRSへのコンバージェンスが行われた。PCGの現代化は，PCGにIAS/IFRSの経済的基礎概念とそれに伴う会計処理方法を部分的かつ不完全な形で導入するものであった。

　PCGの伝統的な特徴，すなわち共通基準・一般基準としての性格，収益・費用の性質別分類に基づく勘定分類システムとマクロ経済指向の計算構造といった伝統的な特徴は，堅持されている。特に，PCGの勘定分類システムをベースにミクロの組織・事業体のデータをマクロの経済データに接続させる仕組みは依然として重視されている。

　ただ，IAS/IFRSの経済的基礎概念の導入により，PCGのオペレーショナル性（実行可能性）が低下することは避けられない。経済的基礎概念の導入は将来純キャッシュ・フロー，経済的耐用年数，残存価額などの複雑な見積計算をともなうからである。また，資産の償却における構成要素アプローチは，償却資産の複合性と使用の条件をよりよく反映できるというメリットがあるものの，その「並外れた複雑性と適用上の困難性」がデメリットとして指摘されている。特に，投資者向け情報のニーズが小さく，会計面で高度な技術と手段を持たない中小企業にとっては，経済的便益概念，使用価値概念，あるいは構成要素アプローチの採用はオペレーショナル性の面で大きな困難を生む。

　連結会計次元では，1990年代から2000年代半ばにおいて，個別会計次元と切り離された形でIAS/IFRSへの接近が図られた。1999年連結会計規則はその一つの到達点であり，フランス特有の考え方を残しながらも，経済的実質優先思考の導入などIAS/IFRSに大きく接近したものとなった。また，1998年4月6日法律は，商法・会社法規制において国際会計基準の任意適用を容認した。当該措置は，連結会計次元において，企業をしてIAS/IFRSを用いて連結計算書類を作成することを可能にするものである。

　1998年4月6日法律は，1999年PCGと同様，1999年連結会計規則の法的効力を強化し，しかも1999年連結会計規則を商法・会社法の連結計算書類制度における作成基準として明確に位置づけたのである。

4. 2つの会計標準化が残したもの

(1) 商法・会社法および税法との関係の変化
① 商法・会社法との関係とその変化

　PCG と商法・会社法（商法典）および税法との関係は極めて重要である。商法・会社法は企業会計の法的規制のフレームワークを形成し，重要な会計規定を定めている。税法は企業の課税利益計算を規制する一方，PCG の一般的適用を図るとともに，PCG を課税利益の一般基準として用いてきた。

　旧会計標準化システムは PCG の適用の一般化を税法を用いて行った。また，課税利益計算の一般基準とする税法を介して，PCG が商法・会社法の事実上の細則となった。このように，税法を介して，PCG，商法・会社法および税法の3者が緊密な関係を形成してきたのである。当該関係は，重要な計算規定を導入した1983年調和化法およびその適用デクレ以降も大きく変わっていない。PCG が商法・会社法（商法典に統合）の会計規定を，税法を介して事実上補完する関係になっている。

　1998年法に基づき，PCG はその法的効力を強化するが，法令階層の中では，商法典より下位の行政命令として位置づけられるに過ぎない。法律は国家の意思の発露である。PCG は，上位の商法典に反する規定を設けることができず，常に商法典の強固な法的制約の中にある。これは，PCG の現代化における IAS/IFRS の経済的基礎概念とそれにともなう会計処理方法の導入の際に常に見られた点である。いわば，国家が商法典の法的枠組みにより会計システムを最終的にコントロールしているのである。

　その中で，商法典（商法・会社法）の会計規定における PCG 設定機関のイニシアチブを高める形で，商法典の規制と PCG 設定機関の標準化作業との法令上のリンケージが時間をかけて強化されてきた。当該リンケージは個別会計次元では部分的であり，貸借対照表・成果計算書の項目および注記・附属明細書の記載事項などに限定されているが，連結会計次元では，PCG 設定機関の規則への委任が全面的なものになっている。このことは，2つの会計標準化の下で，会計基準への依存の度合いに大きな違いが生まれているこ

とを意味している。

② 会計と税務の接続性とその変化

税法との関係では，PCGの一般的適用に係る1959年税法第55条が廃止されるが，1965税法デクレにより樹立された「接続性の原則」は，連単分離の会計標準化の下で堅持されてきた。この意味で，2つの会計標準化は国際的会計基準・実務の影響を遮断してきたのである。当該原則は，課税利益の計算上，税法側の特段の定めを除き，一般基準としてPCGに準拠することを指示するものである。PCGは，当該関係を介して，商工企業のみならず，協同組合，公施設，財務的自律性を持つ国・県市町村の組織および営利活動を行うその他すべての法人，民事会社，非営利社団・財団，農業事業者にも適用される。このように，税法はPCGの適用を飛躍的に拡大してきたのである。

「接続性の原則」は，会計と税務の違いによる会計外調整を最小限に抑え，企業，特に中小企業の事務負担を軽減するというメリットがあるものの，PCGに税務の基準としての「しばり」を生み出す。この「しばり」はPCGの設定機関が常に税務への影響を考える必要があるという形で表れ，この影響の考慮はCNCにおける政府／経済・財務省の影響力の保持に表れている。

PCGが税務と離れて会計のロジックを独自に追求すればするほど，会計外調整事項は多くなり，会計利益と課税利益の乖離は拡大する。伝統的に，会計と税務の接続性を重視して，課税当局は可能な限り特有の規定を設けず会計の計算を受け入れてきた。その代わり，PCGの設定機関の側では税務への影響を常に考慮する必要がある。このような会計と税務の接続システムにより，会計外調整を最小限に抑えてきたのである。

しかし，IAS/IFRSの影響を大きく受けたPCGの現代化は，この税法との関係に重大な影響を及ぼし，会計外調整項目を増大させている。このことは，会計と税務の接続性が低下したこと，それによりPCGへのしばりが弱められたことを意味するものである。

(2) 生産・付加価値重視の会計思考

2つの会計標準化は，株主・投資者の情報ニーズを指向し，株主投資利益計算を重視するアングロ・サクソン的会計思考の個別会計次元への影響を「遮断」してきた。

本書で明らかにしたとおり，プラン・コンタブル・ジェネラル（PCG）は，費用・収益の性質別分類に基づき，マクロ経済指向の計算構造を特徴とし，これを堅持してきた。フランスでは，「企業＝株主のもの」というアングロ・サクソン的考え方と対照的に，企業を社会的制度（institution social）として捉える傾向が強い。つまり，企業活動は経営者，貨幣資本を提供する株主・投資家および労働資本を提供する労働者（従業員）を中心に，債権者，仕入先，得意先・顧客，国・地方自治体などさまざまな利害関係者が関係する社会的な制度であると考えられている。このような企業の捉え方によれば，企業活動の成果はこれら利害関係者にとっての成果であり，これを最もよく表すのが「付加価値」であると考えられる。

これに対して，「企業＝株主のもの」という考え方によれば，企業活動の成果は株主にとっての成果であり，これを最もよく表すのが「純利益」である。純利益の算定にあたっては，従業員へのリターン（人件費），債権者へのリターン（利子），国・地方自治体へのリターン（税金）などはすべてコストとして捉えられ，これらコストを負担した後に株主へのリターン（純利益）が算出される。当該計算は株主にとっての利益を追求するミクロ財務的な株主投資利益計算である。そこでは，株主・投資者の投資した貨幣資本がいかに効率的に利用され，株主にとっての純利益をどれだけ生み出したかが重視される。

経営者が業績を上げるために，あるいは業績を立て直すために，従業員のリストラや賃金・給料のカットにより人件費を削減すれば，株主にとっての純利益は増える関係にある。企業が最高益を達成しても，給料が上がらなければ従業員・国民の暮らしは良くならない。ここに，ミクロ財務的な株主投資利益計算のマクロ経済的な限界があると考えられる。

筆者はこれを補うものの一つがマクロ的な経済概念に基づく付加価値計算であると考えている。付加価値計算では，人件費も純利益も付加価値の構成

要素なので，人件費のカットと純利益の増加は分配構造の変更として捉えられるだけである。また，税金も同様で，米国多国籍企業の過度の節税が政治問題化しているが，税金を減らして純利益を増やしても，付加価値自体には変化が見られないのである。経営者は付加価値自体を増やす経営を行わないと評価されないので，いかに付加価値の高い製品・サービスを生み出すかが最も重要な経営課題となる。純利益といったミクロ財務的利益概念とこれに基づく株主資本利益率（ROE）などの株主視点の指標だけでは不十分であり，付加価値概念をもっと重視し，ミクロ財務的観点とマクロ経済的観点を統合した会計システムの構築を追求すべきではないかと考える。

フランスのプラン・コンタブル・ジェネラルが国際会計基準／国際財務報告基準の影響を受けながらも守り続けてきたのは，マクロ的な経済的概念に基づいた生産・付加価値重視の会計思考である。

参考文献

ANC（2014）Autorité des Normes comptables（ANC）Règlement N° 2014-03 du 5 juin 2014 relatif au plan comptable général.
ATH（1987）Association Technique d'Harmonisation（A.T.H.）*L'Information financière en 1986*, CLET.
Baert, D., Yanno, G.（2009）Commission des Finances, de l'Économie Générale et du Plan relative aux enjeux des Nouvelles normes comptables, *Assemblée Nationale Rapport d'Information*, N° 1508.
Bauchet, P.（1975）*La Nouvelle comptabilité nationale*, Éditions Cujas.
Beaudonnat, E.（1925）*La Notion de dividende fictif*, Librairie de jurisprudence ancienne et moderne.
Blanc, M. et Grelac, J. L.（1979）*Les comptes des entreprises par secteur d'activité*, Les Collections de l'I.N.S.E.E. Série C, No. 78 août.
Bourdon, F. et Sok, H.（1983）*Tableaux des opérations financières et endettement des entreprises par secteur 1959-1976*, Economica.
Bussac, F.（1983）*États financiers anglo-saxons et français*, Éditions Hommes et Techniques.
CAEF（2004）*Historique des Directions et Services du Ministère de l'Économie, des Finances et de l'Industrie*, août.
Carré, E.（1969）*Divergences entre fiscalité et comptabilité*, Dunod Économie.
Chaveneau, J.（1926）*Les Bilans aux points de vue commercial, industriel & fiscal*, Rousseau & Cie.
CNC（1965）Conseil National de la Comptabilité（CNC）, *Plan Comptable Général*, Texte présenté par Conseil Supérieur de la Comptabilité, approuvé par arrêté en date du 11 Mai 1957, du Ministre des Affaires Économiques et Financières, et du Secrétaire d'État aux Affaires Économiques, Imprimerie Nationale.
——（1973）*Consolidation des bilans et des comptes*, Texte approuvé par arrêté en date du 20 Mars 1968 du Ministre de l'Économie et des Finances, Imprimerie Nationale.
——（1975）*Études et Documents 1958-1974*, Ministère de l'Économie et des Finances.
——（1976）*Neuvième rapport d'activité 1er juillet 1974-31 décembre 1975*, Ministère de

l'Économie et des Finances.

CNC （1979） *Dixième rapport d'activité 1er janvier 1976-30 juin 1979*, Ministère de l'Économie et des Finances.

—— （1982） Comptabilisation des créances et dettes libellées en monnnaie étrangère à la date de l'arrêté des comptes, Avis n°16 du janvier 1979, *Études et Documents 1975-1981*.

—— （1986） *Plan Comptable Général*, Élaboré par le Conseil national de la comptabilité et approuvé le 27 avril 1982 par arrêté du ministre de l'Économie et des Finances et du ministre délégué auprès du ministre de l'Économie et des Finances, chargé du Budget, completé et modifié le 9 décembre 1986 par arrêté du ministre d'État, ministre de l'Économie, des Finances et de la Privatisation.

—— （1988） *Études et Documents 1982-1988*, Ministère de l'Économie et des Finances.

—— （1989a） *Étude sur l'évolution de la comptabilité et son utilisation comme moyen d'information de l'entreprise*, Document n°77, Juin.

—— （1989b） *Bulletin trimestriel*, 1er trimestre, n°78.

—— （1990a） Avis relative au traitement comptable de l'écart d'acquisition, *Document* n°85, avril.

—— （1990b） État des réflexions concernant la méthodologie relative aux comptes consolidés: impositions différées, Document N°91, Supplément au *Bulletin trimestriel*, 4e trimestre, n°85.

—— （1992a） *Bulletin trimestriel*, 1er trimestre, n°90.

—— （1992b） *Bulletin trimestriel*, 3e trimestre, n°92.

—— （1993a） *Bulletin trimestriel*, 1er trimestre, n°94.

—— （1993b） *Bulletin trimestriel*, 3e trimestre, n°96.

—— （1993c） *Bulletin trimestriel*, 4e trimestre, n°97.

—— （1994a） *Le système français de normalisation comptable*, septembre.

—— （1994b） *Bulletin trimestriel*, 2e trimestre, n°99.

—— （1995） *Bulletin trimestriel*, 1er trimestre, n°102.

—— （1996） *Bulletin trimestriel*, 3e et 4e trimestre, n°108/109.

—— （1997） *Bulletin trimestriel*, 3e trimestre, n°112.

—— （1998a） *Bulletin trimestriel*, 4e trimestre, n°117.

—— （1998b） Avis n°98-10 du 17 décembre 1998 relatif aux comptes consolidés, *Bulletin trimestriel*, 4e trimestre, n°117.

—— （1999） *Bulletin trimestriel*, 2e trimestre, n°119.

—— （2001a） *Rapport d'activité 2000*.

—— （2001b） *Bulletin trimestriel*, 2e trimestre, n°127.

—— （2002a） *Rapport d'activité 2001*.

—— （2002b） *Bulletin trimestriel*, 1er trimestre, n°130.

——— (2002c) *Bulletin trimestriel*, 2ᵉ trimestre, n° 131.
——— (2002d) *Bulletin trimestriel*, 3ᵉ et 4ᵉ trimestre, n° 132.
——— (2003) *Rapport d'activité 2002*.
——— (2005a) *IAS/Fiscalité*, Rapport d'étape présenté à l'assemblée plénière du 24 mars.
——— (2005b) Avis n° 2005-10 afférant à l'actualisation du règlement n° 99-02 relatif aux comptes consolidés des sociétés commerciales et enterprises publiques, *Bulletin trimestriel*, 4ᵉ trimestre, n° 145.
——— (2005c) *Modernisation comptable française Incidences comptes individuels, PME (PME/IAS)* Rapport d'étape présenté à l'assemblée plénière du mars.
——— (2005d) *Rapport d'étape du groupe IAS/Droit*, octobre.
——— (2007) *Bulletin trimestriel*, 1ᵉʳ et 2ᵉ trimestre, n° 150/151.
COB (1971a) Commission des Opérations de Bourse (COB), *3ᵉᵐᵉ Rapport au président de la république 1970*.
——— (1971b) *L'Information à l'occasion des assemblées générales ordinaires*, décembre.
——— (1984) *16ᵉᵐᵉ Rapport au président de la république 1983*.
——— (1988) *Bulletin mensuel* n° 210, janvier.
——— (1990a) *Bulletin mensuel* n° 232, janvier.
——— (1990b) *22ᵉ Rapport au president de la république 1989*.
——— (1995) *27ᵉ Rapport au president de la république 1994*.
——— (1996) *Rapport annuel 1995*.
——— (1998a) *Rapport annuel 1997*.
——— (1998b) *Bulletin mensuel*, février, n° 321.
Colasse, B. (2000) *Comptabilité générale*, 6ᵉ édition, Economica.
Colasse, B., Pochet, C. (2010) De la nouvelle Autorité des normes comptables, *Revue d'économie financière*, n° 97.
Cornu, G. (1990) *Vocabulaire juridique*, PUF.
Couleau-Dupont, A., Lépine, P., Siegwart, J.-L. (2009) *Nouveaux Règlements comptables 2009/2010*, Nathan.
Cozian, M. (1981) *Précis de fiscalité des entreprises*, Librairies Techniques.
CRC (1999a) Comité de la Réglementation Comptable (CRC), Règlement n° 99-02 relatif aux comptes consolidés des sociétés commerciales et entreprises publiques.
——— (1999b) *Plan Comptable Général 1999*, Règlement n° 99-03 du 29 avril 1999 du Comité de la Réglementation Comptable.
——— (2000a) Règlement n° 2000-06 du 7 décembre 2000 du Comité de la réglementation comptable relatif aux Passifs (CNC, *Bulletin trimestriel*, 4ᵉ trimestre, n° 125).
——— (2000b) Règlement n° 2000-07 du 7 décembre 2000 du Comité de la réglementation comptable modifiant et complétant l'annexe au règlement n° 99-02 du 29 avril 1999 du Comité de la réglementation comptable relative aux comptes consolidés des

sociétés commerciales et entreprises publiques (paragraphes 25 et 2801) (CNC, *Bulletin trimestriel*, 4ᵉ trimestre, n° 125).

CRC (2002) Règlement n° 2002-10 du Comité de la réglementation comptable relatif à l'amortissement et à la dépréciation des actifs.

―――― (2004) Règlement n° 2004-06 du 23 novembre 2004 relatif à la définition, la comptabilisation et l'évaluation des actifs.

Culmann, H. (1980) *Le Plan comptable révisé de 1979*, PUF.

De Bissy, A. (2013) *Comptabilité et fiscalité*, LexisNexis, 2013.

de la Villeguérin, E. (1989) *Dictionnaire de la comptabilité*, La Villeguérin Editions.

Delesalle, F. (1992) Suivi comptable des écarts d'évaluation et de l'écart d'acquisition, Pratiques françaises, étrangères et internationales, 1ᵉʳᵉ partie, *Économie et Comptabilité*, n° 180, septembre.

EC (1983) European Communities, Seventh Council Directive of 13 June 1983 based on the Article 54 (3) (g) of the Treaty on consolidated accounts (Septième directive du Conseil, du 13 juin 1983, fondée sur l'article 54 paragraphe 3 point g) du traité, concernant les comptes consolidés)(83/349/EEC), *Official Journal of the European Communities*, No. L 193/1.

Haddou, G. (1991) Fiscalité et comptabilité évolution législative depuis 1920, *Revue Française de Comptabilité* (RFC), n° 225, juillet-août.

Hoarau, C. (2003) Place et rôle de la normalisation comptable en France, *Revue Française de Gestion*, n° 147.

IASB (2004a) International Accounting Standard Board (IASB), International Financial Reporting Standard (IFRS) 3, *Business Combination*.

―――― (2004b) International Accounting Standard (IAS) 38, *Intangible Assets*, revised 2004.

IASC (1979) International Accounting Standards Committee (IASC), International Accounting Standard (IAS) 12, *Accounting for Taxes on Income*.

―――― (1989) *Framework for the Preparation and Presentaion of Financial Statements*.

―――― (1993) International Accounting Standard (IAS) 22, *Business Combination*, revised 1993.

―――― (1998) International Accounting Standard (IAS) 38, *Intangible Assets*.

IFEC et AECF (1965) L'Institut Français Experts Comptables et la Société des Experts Comptables Français, *Économie et Comptabilité*, numéro 69 mars.

INSEE (1983) Institut National de la Statistique et des Études Économiques (INSEE), *Tableau de bord financier des sociétés: Les comptes intermédiaires 1979, 1980, 1981*, n° 438 des collections de l'INSEE, série E, n° 83.

Jadaud, B. (1970) *L'impôt et les groupes de sociétés*, Éditions Berger-Levrault.

Labardin, P. (2008) À la découverte des associations professionnelles de comptables salariés en France (milieu du XIXe siècle entre deux-guerres), *La Comptabilité, le Contrôle et L'Audit entre changement et stabilité*, mai.

Lanquest, P. (1908) *Des Droits de l'actionnaire dans les sociétés anonymes*, Thèse (Université de Paris).

Lebrum, B. (1998) *Les Comptes consolidés*, Demos.

Lochard, J. (1980) *Comprendre la comptabilité générale*, Les Éditions d'Organisation.

Maillet-Baudrier, C., L Manh, A. (2007) *Les Normes comptables internationales IAS-IFRS*, 5e édition, Édition Foucher.

Mallard, J.-C. (1994) *Fiscalité des entreprises*, Les Éditions d'Organisation.

Marini, P. (1996) *Projet de la loi portant réforme de la réglementation comptable et Adaptation du régime de la publicité foncière*, N° 22 Sénat Session ordinaire de 1996-1997, Annexe au procès-verbal de la séance du 9 octobre 1996.

Marczewski, J., Granier, R. (1978) *Comptabilité nationale*, Dalloz.

Mémento Pratique Francis Lefebvre (1990) *Comptable 1991*, Éditions Francis Lefebvre.

——— (1995) *Comptable 1996*, Éditions Francis Lefebvre.

——— (2008) *Comptable 2009*, Éditions Francis Lefebvre.

Messina, M. (1998) *Comptabilité générale*, Nathan.

Milot, J.-P. (1997) L'Harmonisation comptable internationale, Institut National de la Statistique et des Études Économiques, *Normes comptables, entreprises et statistiques*, octobre.

Morvan, Y. (1972) *La concentration de l'industrie en france*, Librairie Armand Colin.

OECCA (1978) Ordre des Experts Comptables et Comptables Agréés (OECCA), *Les Rapports annuels des Sociétés françaises 1977*.

——— (1979) *Les Rapports annuels des sociétés françaises 1978*, Masson.

——— (1984) *Les Rapports annuels des sociétés françaises 1981*, Masson.

——— (1987) Recommandation de l'Ordre sur «La comptabilisation de l'impôt sur les bénéfices», *Revue Française de Comptabilité*, n° 176, février.

Price Waterhouse (1997) *Communication et Information Financière*, Les Echos.

Raffegeau, J., Dufils, P., de Ménonville, D. (1989) *Comptes consolidés*, Éditions Francis Lefebvre.

Raybaud-Turrillo, B. (1997) *Le Modèle comptable patrimonial*, Vuibert.

Saada, T. (1996) Traitement du crédit-bail dans les comptes consolidés: les pratiques des groupes français, *Revue Française de Comptabilité*, n° 283, novembre.

Saint-Pierre, R. (1969) Réflexions sur la pratique des bilans et des comptes consolidés en france, *Économie et Comptabilité*, numéro 88, décembre.

Stolowy, N. (2001) *Les délits comptables*, Economica.

Toliopoulos, C. (1987) Comptabilisation des opérations de crédit-bail, *Revue Française de Comptabilité*, n° 182, septembre.

Touchelay, B.（2011）*L'État et l'entreprise, une histoire de la normalisation comptable et fiscal à la française*, Presses Universitaires de Rennes.

Vargas, P.（1983）Aspects fiscaux du nouveau plan comptable, *Économie et Comptabilité*.

Yogananthan, M., Benne, T., Tauss, J.-P.（1975）Étude comparative sur la consolidation des bilans et des comptes d'après les principes généralement admis en France et aux États-Unis d'Amérique, *Économie et Comptabilité*, juin.

Viandier, A.（1984）*Droit comptable*, Dalloz.

安藤英義（1985）『商法会計制度論』国元書房。

大下勇二（1984）「企業会計と社会会計——フランス新企業会計原則との関連において」産業經理協会『産業經理』第44巻第4号。

───（1998）『フランス財務報告制度の展開』多賀出版。

───（2000a）「フランス連結会計基準の国際的調和（4）——税効果会計（1）」法政大学経営学会『経営志林』第37巻第2号。

───（2000b）「フランス連結会計基準の国際的調和（5）——税効果会計（2）」『経営志林』第37巻第3号。

───（2001a）「フランス連結会計基準の国際的調和（7）——会計処理のオプション（1）」『経営志林』第38巻1号。

───（2001b）「フランス会計の国際化対応」『會計』第160巻6号。

───（2002a）「フランス連結会計基準の国際的調和（8）——会計処理のオプション（2）」『経営志林』第39巻2号。

───（2002b）「フランスにおける株主重視の会計」野村健太郎編著『株主重視と会計』税務経理協会。

───（2003a）「フランス連結会計基準の国際的調和（10）——外貨換算会計（1）」『経営志林』第39巻第4号。

───（2003b）「フランス連結会計基準の国際的調和（11）——外貨換算会計（2）」『経営志林』第40巻第1号。

───（2003c）「フランス会計規制委員会（CRC）資産の償却と減価に係る規則第2002-10号」『経営志林』第40巻第3号。

───（2004）「フランス連結会計基準の国際的調和（12）——リース会計」『経営志林』第40巻第4号。

───（2007）「フランス連結会計基準の国際的調和（14）」『経営志林』第44巻3号。

───（2008a）「フランス連結会計基準の国際的調和（15）」『経営志林』第45巻第1号。

───（2008b）「フランス連結会計基準の国際的調和（16）」『経営志林』第45巻第2号。

───（2009a）「フランス連結会計基準の国際的調和（17）」『経営志林』第45巻第4号。

───（2009b）「フランス連結会計基準の国際的調和（18）」『経営志林』第46巻第2号。

───（2013）「フランス連結会計基準の国際的調和（21）——税務会計の影響①」『経営志林』第50巻第3号。

───（2017a）「フランス連結会計基準の国際的調和（23）——連結会計基準とプラン・

コンタブル・ジェネラル」『経営志林』第54巻第1号．
——（2017b）「フランス連結会計基準の国際的調和（24）——連結会計基準の特徴」『経営志林』第54巻第2号．
大下勇二・小津稚加子（2003）「資産の償却と減価に関する2002年7月27日付意見書第2002-07号」静岡県立大学経営情報学部『経営と情報』第16巻第1号．
大下勇二・小津稚加子・藤田晶子（1999）「フランス連結会計基準とIAS対応」野村健太郎編著『連結会計基準の国際的調和』白桃書房．
河野健二（1977）『フランス現代史』山川出版社．
岸悦三訳，Comité de la Réglementation Comptable 編（2004）『フランス会計基準——プラン コンタブル ジェネラルと連結会計基準』同文舘出版．
キャロン，F.（1983）『フランス現代経済史』原輝史監訳，早稲田大学出版部．
内藤高雄（2010）『フランスにおける会計標準化の研究』東京経済情報出版．
中村宣一朗・森川八州男・野村健太郎・高尾裕二・大下勇二訳，Conseil National de la Comptabilité 著（1984）『フランス会計原則——プラン・コンタブル・ジェネラル』同文舘出版．
中本康夫（1988）『フランス政治史 下』未来社．
野村健太郎（1976）『連結会計論——フランス連結会計の発展史的研究』森山書店．
——（1990）『フランス企業会計——プラン・コンタブル・ジェネラルを基軸として』中央経済社．
山口俊夫編（2002）『フランス法辞典』東京大学出版会．

事項索引

あ行

「IAS と税務」作業グループ 451
「IAS と中小企業」作業グループ 451, 459
「IAS と法」作業グループ 451, 461
EC 会社法指令第 4 号 38, 115, 119-20,
　122-26, 131, 156, 164, 198, 215, 225, 291-92,
　297, 302, 329-30, 366, 382-83, 426
EC 会社法指令第 7 号 198, 211, 215, 220, 225,
　254, 299, 302, 321-25, 327-29, 331, 338
意思決定権限の単一性 180
維持説 315, 318, 323-24, 327, 398, 416-17
一時差異 241, 259-60, 288
一般会計 8-10, 22-27, 29, 43, 85-87, 90, 101-
　04, 106, 119, 123, 132, 145, 153, 158, 160,
　162-63, 202, 218, 254, 272, 347, 367, 369
一般経営計算書 40, 43-45, 99-100, 115, 118,
　144-45, 174, 200
一般的性格の共通基準 21, 27-28, 30-31,
　50-51, 59, 78, 131, 171, 199, 367, 466
違法配当に係る判例・学説 137, 140, 143
運転資金 44-45, 49-50
営業権 102-03, 106, 126, 141, 147, 149, 158,
　239, 241, 324, 328-30, 332-33, 336, 339,
　456-57
英国会計基準（UK-GAAP） 5, 228, 243, 262,
　342, 345, 375
欧州委員会規則 1
オフ・バランス情報 287, 289-92, 297, 303
オペレーショナル性 21, 25, 51, 469
親会社グループ外持分 183
親会社グループ持分 183
親会社説 183

親子会社関係の法的規制 174
オン・バランス処理 10, 215, 226, 287,
　289-90, 292-98, 302-03, 306-09, 440

か行

買入のれん説 314, 318, 323, 326, 389, 398
外貨換算
　―― 会計の標準化 5, 267
　―― 会計方法 267-68, 274-75
外貨建取引の換算 270, 379
外貨表示債権・債務の換算 226-27, 230-31,
　239, 271, 280-83, 285, 302, 419
外観に対する実質優先 419-20
会計外調整 99, 144, 153-55, 158-60, 166, 459,
　471
会計基準
　―― 庁（ANC） 1, 12, 17, 19, 212, 214, 368,
　　371, 468
　―― の国際的調和 347
　―― の承認権 363
　―― の設定組織 iv, 2-3, 5, 11-12, 465
　―― の適用 iv, 2-3, 5, 11, 17-18, 465
　―― の適用方式の改革 7, 365
　―― の法的効力 365-66
会計規制委員会（CRC） 11, 17, 360, 366-67,
　372, 382,
　―― 規則 212, 214, 423, 438, 443
　―― 規則第 99-02 号 1, 18, 369-70, 387, 419
　―― 規則第 99-03 号 1, 17-18, 367, 369, 403
　―― 規則第 2005-10 号 403-04, 407, 412,
　　414, 448, 450
　―― の創設 348, 355, 365
会計教育 15-16, 59, 61-62, 73-75, 351

481

会計原則審議会（APB）意見書　238, 329
会計実務専門家の推薦母体　62
会計実務の多様性　183-84
会計専門家主導の運営　351, 468
会計専門家率　344
会計組織　22, 24-27
会計帳簿　22, 24-27, 32, 121, 133, 162, 253
会計調和化　2
会計的認識のシステム　31
会計的分類　31-32, 34
会計データの標準化　21, 25, 31
回収可能額　425, 436
概念フレームワーク　254, 402, 404, 427, 438, 442
会計標準化　iv, 2-7, 11, 13, 15-17, 21-22, 28-30, 38, 50, 54, 59, 67, 68, 84, 92-93, 96-101, 123, 125, 143, 195-96, 347-48, 358, 360, 367, 383, 465-68, 470-72
　——委員会　12, 88
　——プラン　29, 111
会計法　120, 123, 245, 254, 376-77, 379
外国証券取引所上場の状況　231-32
開発費　224, 230-31, 378, 381, 385, 443, 445-46, 448
価格騰貴引当金　155, 167, 234, 307
架空配当　137
拡大社会会計システム　43-44, 48, 50
課税利益　68-69, 87, 88, 94, 100, 109, 116, 118-19, 135-36, 142, 143-45, 152-54, 156, 160-61, 163, 165, 166, 168-69, 174-75, 194-95, 198, 218, 253, 287, 288, 291, 298-301, 304-05, 307-08, 310, 367, 451-52, 454, 457-59, ,466, 470-71
　——計算におけるPCGの一般化　118, 135, 143-45, 160-61, 166, 367, 459, 466
　——計算の実務　137
加速償却　141, 155, 307, 322
外部委員率　343-45, 363
外部の企業経理関係者・会計士の動員　188
貨幣・非貨幣法　267-68, 274, 277, 283-86
株主・投資者に対する情報提供の目的　187, 196, 198, 213, 257
株主投資利益計算　iii, 467, 472
株主保護　113, 117
為替差損益　269, 274
簡易システム　37-38, 458
簡易計算書類制度　457-58
換算差額　9-10, 179, 202, 212, 215, 226-27, 230, 239, 241, 244, 270-71, 272-76, 278-85, 302, 310, 419
勘定計画　22-25, 28, 30-38, 86, 127
勘定式　212, 216, 235-36
勘定システム　21, 23, 25, 27, 30-31, 43, 51, 68
勘定組織　59
勘定分類　7-8, 21, 22-25, 29-32, 38, 51, 69, 85-87, 126, 185, 190, 192, 196, 200, 219, 466, 469
　——のクラス別分類　23
簡便法　313-14, 317, 323-24, 326, 328, 331-32, 339, 387-88, 397-99, 418
官僚主導の運営　14, 16, 19, 53-54, 65, 77-78
期間差異　241, 287-88, 292-96, 298, 303-04, 307
企業課税システムの整備　93, 111
企業課税制度の整備の手段　68
企業セクション　388, 393-97, 405-06, 409-10, 413
危険・費用引当金　157, 292, 307-08, 314, 317-18, 322, 326, 394, 397, 405, 426-28
擬制配当　462
基礎システム　37-38, 46-47, 124, 157, 251-52
機能別分類　125, 204-05, 212, 216, 236-37
　——のオプション　214, 216, 224
義務的再処理　221
旧会計標準化システム　16-17, 466, 470
協議の組織　14, 16, 53-55, 60, 64, 66, 77-78, 347, 350, 361, 468
　——の特徴の変容　359
協議方式　53-54, 59-60, 75, 77, 361, 363, 468
業種別委員会　84-85, 88-91, 101-07, 110-11, 367
業種別会計指針　83-85, 91-92, 99

業種別プラン・コンタブル　29, 60, 88, 90-92, 101-02, 104-05, 107, 110, 126, 133-34, 367, 466
　──の策定の状況　101
強制低価評価　148, 195
緊急委員会　354, 362, 383, 403
グループ内取引　177-79, 183
繰延減価償却　158
繰延税金資産　287-88, 292-97, 299-300, 303-09
繰延税金負債　287-88, 292-94, 296, 299-301, 304-05, 307-09
繰延法　287-90, 292, 299-301
グリーン・パンフレット　172
経営勘定　24, 26, 36, 43-44
経営者の意図　406-07, 418
経営助成金　40, 42, 44-45, 47-48
経営成果　40, 42, 124, 202, 245
経営中間差益表　48
経営分析会計　22, 101-03, 106, 111, 151
経済・財務省　16, 29, 54-56, 61, 65-69, 72, 74-75, 77, 79, 89-90, 92-93, 110-11, 188, 190, 206, 209, 342, 346, 349, 351-52, 355, 361, 367, 368
経済・財務大臣の権限　77, 353, 362
経済的アプローチ　248, 256-58, 260, 264, 450
経済的基礎概念　6, 420, 427, 431, 438-39, 461-63, 469-70
　──の導入方式　421, 425
経済的実質優先　256, 420
　──思考　419, 421, 469
経済的便益　256
計算書類　iv, 1, 8, 10, 21-22, 115-19, 122, 129-30, 156, 177, 179, 183, 185, 187, 220, 226, 234-35, 244-45, 253-54, 267-68, 275-77, 281-85, 375, 377, 379, 383, 407, 411, 426, 461-62
　──の作成義務　9, 18, 115, 211, 368, 370
経常成果　202
継続性の原則　122, 222
減価償却　8, 35, 40, 42, 44, 99-100, 111, 115,
117, 121-22, 135-44, 147, 149, 152, 154-55, 157-58, 167-69, 177, 179, 184-85, 201-02, 205, 219-20, 222-23, 234, 238-39, 245, 247-48, 250, 259-60, 264, 278-79, 295, 310-11, 315-16, 405, 424-25, 429-35, 443, 453, 457, 459-60
減価引当金　8, 32, 34-36, 121, 126, 138, 147-51, 157, 159, 167, 268-69, 272-73, 319-20, 323, 326, 330, 405, 413, 435, 455-56, 459, 460
研究開発費　126, 159, 378
現金会計　1
現在価値　121-22, 263, 381, 389-92, 395, 405, 422, 425, 434-37, 456
原則法　313-14, 318, 331-32, 338, 387-88, 398-99, 421
公会計　29-30, 54, 61, 68, 71, 75, 78, 85, 96, 191, 195, 355, 358, 366
　──の一般規則　29, 85
　──局　29-30, 194
　──局長　55-56, 58, 65, 67, 77, 349, 352, 354
　──の近代化の手段　68
公正価値　259, 330, 333, 391, 395, 402, 405-09, 417-18, 452
構成要素アプローチ　431-32, 455, 459, 460, 469
高等会計審議会（CSC）　12, 82, 84-85, 87
公的セクター　29, 81, 83-85, 111, 404, 441-42
公的部門の組織　65
公的部門の代表者　56-57, 71, 349-52
高度な専門的判断　25, 128, 130-31, 198-99
効用価値　392, 395, 398, 405-09
子会社　171-72, 174-79, 181-82, 184-86, 192, 201, 203, 205-07, 219, 223, 225, 229-31, 234, 244-45, 267-68, 275-79, 281-84, 307-08, 313, 317-26, 332-33, 338, 379, 384-85, 388-89, 391, 400, 406
子会社・参加会社明細書　174, 205
国際会計基準（IAS）
　──委員会（IASC）　349, 353, 359-60, 383,

402
　　——審議会（IASB）　1
　　——適用の法的枠組み　7, 365, 372, 384
　　——の承認と適用条件　382
　　——の適用　212, 214, 228, 355, 366, 372
国際財務報告基準（IFRS）　1, 7, 14, 341, 348,
　　363, 365, 387, 402, 407, 410-12, 416-17, 423,
　　430, 443, 452, 459, 461, 465, 468, 473
国際的会計基準
　　——適用の政策性　380
　　——の採用企業　227
　　——の一部除外事項　230-31
　　——の採用理由　231
国際的会計実務への対応　226-27
国際的調和化　346-47
国民所得会計　111, 157, 190, 195, 200
国立統計経済研究所（INSEE）　45, 56-57, 61,
　　65, 67, 69, 71, 77, 89, 111, 157, 188, 190, 196,
　　206, 346, 349, 352
国家会計審議会（CNC）　3-4, 6-7, 11-17,
　　30, 38, 53, 55-66, 68-70, 72, 74-77, 85-87,
　　89, 90-91, 101, 105, 125-26, 145, 152, 166,
　　171-72, 187, 209, 216-17, 219, 229, 243, 267,
　　271, 275, 277, 286, 289, 300, 317, 321, 341,
　　346, 348-49, 352, 359, 362, 368, 370, 383,
　　387-88, 399-401, 405, 413-14, 422, 423, 426,
　　438, 443, 447, 451, 459, 461, 465-66, 468
　　——会長の権限　16, 353-55, 362-63
　　——の組織　19, 359
　　——の組織改革　7, 341
　　——の任務　57
　　——の任務の拡大　14-16, 348, 351, 468
　　——の標準化作業とのリンケージ　216
　　——（CNC）連結研究グループ　172-76,
　　　178, 180-92, 200, 204, 343-46
　　——（CNC）連結研究グループの構成
　　　187-88
　　——（CNC）連結研究グループの組織
　　　175
個別会計次元の会計情報の機能　194
個別会計次元の会計標準化　iv, 3-4, 6, 465,
　　467
個別計算書類
　　——におけるオン・バランス処理の可能
　　　性　293
　　——における税効果会計の導入　291
　　——に係る外貨換算会計方法　267-68
コンバージェンスの限界　443

さ 行

在外子会社の換算　206
在外子会社の連結　177-79, 182
在外支店等の換算　267-70, 274, 277
債権者保護　113, 117, 139, 253
財産　120-24, 127, 131-33, 194, 199, 211, 213,
　　252-56, 261, 271-72, 404, 414, 425-28, 431,
　　438-39, 449-50, 461-62
財産性の原則　132, 242, 253-56, 260, 263,
　　282-83, 440, 448-49
　　——の後退　261
最低償却制度　454
財務会計基準書（SFAS）　241-43, 248, 379
再評価　9, 83, 87, 97, 111, 141, 146, 167,
　　175-76, 179, 183, 184-85, 244-45, 274-77,
　　285, 311, 314, 317-19, 322-26, 331-32, 338,
　　388-89, 398-99, 405, 409, 431
　　——積立金　276, 282
参加会社　174-75, 179, 181, 205
私会計基準委員会　359-60
事業再構築引当金　314, 392-94, 396-97,
　　412-13, 429
資金計算書　44, 48-50
自己金融力　44, 49
自己創設のれん　315
資産の減損　379, 417, 423, 434
資産の償却　379, 417, 423, 434
　　——および減損に関するCRC規則第
　　　2002-10号　422, 424, 429
資産の定義　140, 143-46, 402-04, 423-25, 433,
　　438-39, 441-42, 446, 448-49, 451
　　——．会計処理および評価に関するCRC

484

規則第 2004-06 号　403-04, 424, 433, 439-40, 442, 449-50
事実上の支配　181
市場価値　121, 137, 256, 390, 395, 398, 400-03, 406-09, 415, 418, 422, 434, 435-37, 456
市場シェア　332-33, 336, 393, 395, 400-03, 422
事前の再処理　7, 10, 177-79, 183-84, 186, 198, 276, 319-20
実額普通課税　108. 168, 458
実額簡易課税　108, 168, 458, 464
実額利益課税制度　99-100, 107, 118, 144, 168, 218, 458
実現概念の拡張的適用　310
実現基準　122, 293, 295-97, 303, 373
私的セクター　81, 83-84, 87-88, 358
支配概念　438-39
資本化処理　10, 227, 230, 239, 242, 247-48, 255, 257-58, 260-65, 302, 419, 440, 448-49
資本連結　8, 10, 203, 313-14, 319-25, 332, 337, 388-89, 395, 406
　──　差額　313-14, 317-18, 331
社会会計　38, 43, 45-46, 50, 54, 61, 69, 71-72, 190-91, 195, 200, 236
　──　システムとの接続　43
従業員利益参加制度　30, 50, 194
重要性の判断基準　182, 460
10 進法によるコード化　25, 28, 32
取得原価　121-22, 138, 146-47, 149, 169, 195, 270, 277, 293, 314, 321, 325, 389-90, 400, 408, 411-12, 417-18, 437, 442, 445-47
取得差額　313, 317, 322-28, 330, 332, 337-38, 377-78, 381, 384, 387-99, 391-93, 396-99, 400, 405, 409-10, 413-18, 422
　──　作業グループ　388-91, 393, 399, 405, 409-10, 414-15
使用価値　422, 430, 434, 436-37, 456, 459, 469
償却期間　167, 230-31, 238-39, 315, 318, 326-29, 332, 338-39, 378, 381, 398, 413-14, 416, 431-32, 453-54, 459-60
償却計画　222-23, 326, 398, 413, 431-33
償却方法　155, 167, 184, 234, 239, 259, 319,
321, 416, 431-33, 454, 460
償却率　138, 141, 149, 433
証券取引委員会（COB）　4, 72, 79, 129-30, 176, 193, 209, 228, 232, 262, 290-91, 334, 342, 349, 354, 356, 366, 375, 378, 384, 400-01, 421
正味実現可能価値　395, 398, 406
除去説　315, 318, 321, 323-24, 327, 329-30, 397-98, 413, 416-17
商工利益課税制度（BIC）　108
証拠書類　26-27, 93, 97, 110, 121, 162-63
商事会社法　74, 115-18, 123, 129, 156, 199, 210-14, 217, 220, 224-26, 258, 370, 372-73
商標・ブランド　230, 314, 320, 332-33, 336, 379, 387, 401-03, 421-22, 443, 457
情報提供機能　195
情報ノート　193, 209
情報利用者指向性　198-99
新会計標準化システム　11, 17-18, 468-69
人件費　24, 40, 42-45, 48, 50, 145, 200-02, 237, 245, 333, 472-73
真実かつ公正な概観　122, 127-31, 156, 198
真実性　8-9, 96, 110, 117, 120, 127-29, 133, 138, 161-63, 211, 461-63
慎重性　127-28, 138, 165, 195, 270, 285, 293, 299, 301
　──　の原則　121-22, 127, 271, 275, 281-83, 286, 292-93, 295-97, 303, 309, 319, 322, 390, 426
垂直的統合グループ　180
水平的統合グループ　175, 180
成果計算書　9, 18, 22-23, 25, 33, 35, 46-49, 120-26, 131, 133, 156-57, 173, 194, ,202, 204-05, 212, 214, 216, 217, 244-45, 250-52, 259-60, 274, 277, 281, 286, 291, 293, 300, 321, 366, 367-69, 458, 470
　──　の構造　46-47, 202
　──　の表示形式の連単分離　204
　──　項目の分類と義務の項目　124
正規性　8-9, 115, 117, 120, 124, 127-29, 161-64, 169, 211, 461-63

事項索引　485

税効果会計
　——の実務　306
　——の適用方式　287, 289
　——の変遷　287, 289,
　——の標準化　5, 287
　——の方法　287, 289, 290, 292, 300
生産・付加価値重視の会計思考　472-73
誠実な概観　127-33, 156, 161, 164-65, 198-99,
　211, 213, 245, 254, 261, 272, 275, 282, 414,
　428, 462-63
性質別分類　21, 24-25, 38, 43, 51, 125, 200,
　202-05, 212, 214, 216, 236-37, 466, 469, 472
政府／経済・財務省　16, 54, 67, 69, 166,
　190-91, 354, 356, 361, 363, 466, 468, 471
　——による強い関与　14, 16, 53-54, 65-66,
　　68, 77-78,
　——の関与の低下　351, 353
正ののれんの処理方法　315, 318
税務上の再処理の簡便性　452
税務上の処理基準　140
税務上の中立性の保持　452
世界利益課税制度　174
接続性の原則　118, 144, 152-53, 156-57, 159,
　165-66, 367, 451-52, 454, 457, 459, 471
接続システム　347, 451, 471
1807年商法典　113-14, 136-38, 140
1867年7月24日法律　115, 128, 136
1917年種別所得税　135-36
1924年3月27日法律　114, 136
1947年プラン・コンタブル・ジェネラル
　（PCG）　81, 98
1957年プラン・コンタブル・ジェネラル
　（PCG）　87, 99
1957年CNCシステム　3-4, 11, 13-16, 53-55,
　70, 75, 77-78, 187, 341, 347-50, 353-54, 362,
　466, 468
1959年12月28日法律　17, 84, 141, 143, 160,
　167, 218, 355, 365, 367
1962年4月13日デクレ　89, 99, 102, 143
1965年10月28日デクレ　68, 112, 118,
　143-44, 154, 184, 218

1966年7月24日法律（商事会社法）　115,
　128, 174, 180, 372
1967年3月23日デクレ（商事会社法適用デ
　クレ）　116, 118, 174, 198-99, 210-12, 220,
　222-24, 226, 258, 298-99, 302
1968年CNC連結報告書・勧告書　4-5,
　7-10, 171-73, 175, 178-79, 185-88, 191-93,
　200-06, 209-10, 219, 223, 229, 244, 263, 268,
　275, 276-77, 281-82, 286, 298, 302, 317-21,
　323, 324, 327, 343, 419, 419
1978年11月付貸借対照表および成果計算書
　の連結に関するCNC意見書案　277, 286,
　321
1979年1日16日付CNC意見書第16号
　273
1982年プラン・コンタブル・ジェネラル
　（PCG）　217, 251, 290, 390, 439
1982年・1983年の会計制度改革　156-57,
　159, 160
1983年4月30日法律　115, 120, 156, 290, 389
1983年11月29日デクレ　120, 249-50, 290,
　310, 389
1985年1月3日法律　9, 18, 198, 211, 217,
　220, 223, 234, 261, 324, 369, 376-77, 384
1986年2月17日デクレ　199, 211, 220,
　241-42, 258, 290, 298, 305, 324-25, 327
1986年PCG連結会計原則　4, 8-10, 13, 21,
　202, 204-05, 217-18, 221-24, 229, 258, 260,
　267, 268, 277-80, 281-82, 285, 289, 290,
　299-301, 304-05, 317-18, 324-25, 327-29,
　331, 369, 387, 389, 391, 397-401, 407,
　409-11, 416, 418-19, 421
1990年CNC文書第91号　289, 300-01,
　304-05
1993年CNC取得差額作業グループ報告
　388, 405
1993年・1994年CNC連結計算書類委員会
　報告　391
1995年CNC企業セクション報告　394
1996年CNCシステム　3, 6-7, 11, 13, 15-16,
　53, 348-55, 357, 362, 423, 468

1998年会計制度改革 355, 365
1998年4月6日法律 7, 11, 17, 100-01, 160, 212, 355, 356, 365-66, 368-70, 372, 374, 383-84, 468-69
1999年プラン・コンタブル・ジェネラル（PCG） 443
1999年連結会計規則 1-3, 6, 8-13, 18, 202, 223, 260, 369-70, 387, 397-416, 418-19, 421, 440, 448, 450, 469
潜在的為替利得の繰延処理 285
全国経営者評議会（CNPF） 56, 58, 62-63, 76, 94-95, 97, 188-89, 342, 350
全部のれん説 314
全部連結 9, 177, 179, 182-83, 185, 202, 212, 217, 220, 223, 323, 326, 394, 409-10
全面時価評価法 314, 317-18, 323, 326, 389, 391, 394, 398, 409-10
全国法定会計監査人協会（CNCC） 73-76, 79, 349, 352, 356, 383
専門会計士協会（OEC） 349, 352, 383
専門会計士・認許会計士協会（OECCA） 55-58, 62-63, 65, 74-76, 78, 82, 89, 95, 157, 172, 187, 243, 283, 290, 292, 338
総合書類 22, 25, 32, 36-38, 48, 51, 126, 131-32, 134, 254, 458
――の体系 36-37, 51, 134
粗経営余剰 42-46, 48, 196, 200, 254, 333
組織費 44, 126, 159, 205, 224, 254, 447-49
租税一般法（CGI） 4, 99, 110, 114, 116, 118, 144, 152, 157, 159, 161, 163, 167-69, 174, 297, 310-11, 451, 454, 456, 460
租税一般局（DGI） 69, 157, 342, 346, 361
粗付加価値 39, 42, 44, 48, 50, 105
損益計算書アプローチ 287-88, 292-93, 299
損益計算書負債法 287-88, 290, 299-301
損金経理の要件 141-42, 454

た 行

第1カテゴリーの構成要素 433, 455
第一回連結差額 9, 212, 313, 317, 321-27, 332, 337-38, 387-89, 391, 397-400, 418, 421-22
大規模修繕・点検支出 445
貸借対照表
――アプローチ 287-88
――項目の分類と義務的項目 124
――負債法 287-88
退職給付債務 380-81, 447-48
第2カテゴリーの構成要素 433
代表制 54, 60, 62-65, 67, 70-78, 189-90, 206, 345, 351, 353, 360, 362
棚卸価値 390, 395, 406, 434-35
多元的参加会社 179, 181
中間消費 245
注記・附属明細書 9, 18, 22, 54, 120-26, 131, 133, 156, 158, 164, 186, 211-14, 217, 221, 234, 250-52, 259-60, 262, 273, 287, 291-93, 299, 301, 324, 327, 330, 366, 367-71, 375, 382, 414, 447-48, 458-60, 470
中継システム 43-44, 46, 48, 50
中枢カドル 43, 46
帳簿規制 114-18, 136
帳簿の証拠能力 461
調和化法 114-15, 119-27, 129, 131-33, 156, 158, 198, 213, 216, 242-43, 250, 252, 254, 289-93, 389-90, 428, 431-32, 434-36, 457, 470
――適用デクレ 119-21, 124-26, 133, 158, 213, 242, 250, 252, 289, 292, 389, 390, 431, 432, 435, 436
賃貸借処理 242, 247-48, 251-52, 255, 261-62, 264
定額繰延法 288
定額償却 167, 332, 339
D248-8条オプション 10, 214-16, 218, 220, 224, 227, 241-42, 258, 260-65, 280-85, 302, 370-71, 373-74, 376, 419, 450
投資意思決定有用性 196
投資者保護 196
当期生産高 39-41, 45, 47-48, 200
同質性の原則 218-24
特殊プラン・コンタブル 29, 83, 86-87, 111

事項索引　487

特別決議阻止比率　181
特別償却　40, 110-11, 141-42, 155-56, 164, 167, 307, 309, 454, 460

な 行

内部創出無形固定資産　443, 446
2007 年 CNC システム　3, 6, 11, 13-17, 53, 357, 359, 361-62, 468
2009 年新会計基準の役割に関する財政・一般経済・計画委員会報告書　443, 447, 457
2 段階の会計規制改革　357
日記帳　26-27, 113-14, 118, 133, 137, 367
年次計算書類　8, 18, 22, 38, 51, 119-23, 125, 129, 133, 210-11, 213-14, 220, 251-52, 254, 281, 293, 366-68, 370, 373, 428, 441, 457-60, 462-63, 468
農業経営利益　161
納税者の保護　93, 95, 97, 110, 143, 161, 165, 194
のれんの処理に関する国際比較　328

は 行

売却時価　406, 436
配当規制　115, 117, 128, 162, 257, 283
ハイブリッド構造　450
発展システム　37-38, 49
比較可能性　30, 195-96, 377, 381-82, 385
非貨幣項目　278-79, 285
引当金明細書　99, 144
PCG（プラン・コンタブル・ジェネラル）
　──以前の課税利益計算　135
　──における生産重視の考え方　38
　──に対するしばり　135
　──の一般的・漸次的適用　68, 118, 160, 218, 355, 365, 466
　──の現代化　7, 423
　──の現代化の影響　450-52, 457
　──のコンバージェンス　423, 430, 444,
451
　──の適用の仕組み　81, 83-84
　──の適用範囲　60, 160-61, 370
　──の適用範囲の拡大　160
　──への包括的遵守義務　143-45, 157
　──の法的位置づけ　92, 120
評価規則　7-10, 22, 25, 99, 111, 117-18, 121-22, 144-46, 148, 151-52, 157-58, 161, 184, 211-12, 214-16, 219-25, 298, 370-71, 373, 419
評価差額　314, 317, 319-20, 325-26, 332, 398-400
評価の不均質性　183-84
評価方法　9, 22, 28, 115-16, 121, 130, 149-51, 184, 211, 214-15, 220-22, 224-26, 234, 244, 272, 280, 291, 293, 302, 333, 371, 373, 376, 391-92, 395, 397-98, 400, 405-09, 419, 421-22
標準的方法　10
比例連結　9, 179, 182-83, 202, 212, 217
ビューロー　354
付加価値　iii, 39, 40, 43, 46, 48, 105, 196, 200-01, 203-04, 236, 245, 333, 466, 472-73
　──税　42, 94-96, 100, 141, 148, 152, 458
複式簿記　25-27, 29, 98-99, 114-15, 133
負債に関する CRC 規則第 2000-06 号　424, 426, 428-29
負債の定義　402, 424-29, 439, 443
付随費用　46, 48, 141, 146, 148, 151-52, 445-46
負ののれんの処理方法　316, 318
部分時価評価法　318, 326, 389, 391, 394, 397-98, 409-10
フランス企業
　──グループにおける税効果会計の実務　306
　──グループにおける連結のれんの処理　331
　──グループのファイナンス・リースの処理　262
　──における換算処理　283
　──による国際的会計基準の使用状況

375
　　──の連結の会計方針　229, 283
分析会計　17, 21-22, 24, 33, 101-04, 106, 111, 148, 151, 160
分配可能利益　115, 253, 282, 302
米国会計基準（US-GAAP）　5, 11, 210, 218, 226-228, 231, 260-64, 275, 277-80, 285, 323, 324, 329, 334, 342, 345, 375, 379, 381, 382, 385, 399
閉鎖会社　179, 181-83
変額繰延法　288
報告式　122, 157, 212, 216, 235-36
包装材料　40-41, 45, 100, 141, 145, 147-48, 151, 158
法定公告報（BALO）　118, 184
法定引当金　156, 157, 220, 233-34, 236, 238, 291, 307, 322
法的アプローチ　247, 251, 253, 255-56, 260, 264
法的形式優先思考　420
法律上の支配　179-82
法令階層　125, 156, 470
保存義務　98, 114, 121

ま 行

マクロ経済指向の計算構造　iii, 21, 38, 51, 69, 200, 202, 204, 466, 469, 472
マクロ経済統計の整備の手段　69
マクロ的な国家のニーズ　465, 467
ミクロ企業制度　168, 385
ミクロ財務的観点からの投資利益計算　203-04, 472
ミクロ的な株主・投資者のニーズ　467
見積課税制度　96-97, 109, 136, 168, 458
民間の外部専門家の動員　189
民間部門の代表者　56-57, 61, 71, 349-51, 53
無形固定資産　32, 34-35, 126, 149-50, 167, 272, 310, 313-15, 317, 325-27, 330-31, 333, 335-38, 387, 389, 392, 395-96, 401-04, 407, 415, 421, 438, 440-43, 446, 448, 456, 464

　　──の分離・計上　314, 331, 422
　　──の償却　456
持分プーリング法　397-98, 411-12, 418
持分法　9, 179, 182-83, 202, 205, 212, 217, 220, 230, 379, 431, 434
模範プラン・コンタブル　29, 86-87

や 行

優先的処理　448, 450
優先的方法　10, 301, 329, 443, 445-46, 448-49

ら 行

利害関係者の権利・義務確定の機能　194
リース
　　──会計規制　248
　　──会計処理　251, 258
　　──会計の標準化　247
　　──情報の開示　250
　　──の会計実務　261
流動・非流動法　267-68, 270, 274, 277, 283-85
流入価値　390, 398-99, 405-07, 411-12, 418, 422, 431, 434
臨時償却　398, 413
歴史的原価　165, 215
連結会計
　　──関連の文献　173
　　──原則の法的効力　217-18, 369, 469
　　──次元のオプション　214, 224
　　──次元の会計標準化　iv, 4-7, 465, 467
　　──実務の経験　171-72, 175, 178, 186, 191, 354
　　──先進国の制度・実務の影響　171
連結会計基準
　　──の計算構造　203
　　──のコンバージェンス　7, 387
　　──の作成における会計専門家主導　187
　　──の作成メンバー　171
　　──の適用　4-5, 209, 369, 372, 467
　　──の適用方式の改革　369

――の成り立ち　171
――の複合化　7-8, 11
――の法的効力の強化　369
――の目的　171
連結会計法　3, 7-11, 172, 205, 211, 213, 216-17, 220, 223, 229, 238, 241, 258, 260-61, 282-83, 285, 289-90, 298, 300, 302, 324-27, 369-70, 373, 376, 428. 467
――適用デクレ　9, 258, 260, 282-83, 285, 289-90, 298, 300, 302, 324-27, 369, 373
連結課税利益制度　174-75
連結計算書類　1-2, 8-11, 17-19, 171, 175, 179, 184-85, 192-93, 197-99, 207, 209-21, 223-29, 231, 234-35, 242, 244-45, 247, 256-64, 268, 275, 280-83, 285, 289-90, 293, 298-301, 303, 306-07, 309, 321-22, 324-25, 329, 331, 339, 342, 344-45, 348, 355, 357, 365-66, 369-78, 380-85, 387, 405, 419, 421, 426, 428-29, 438, 440, 443, ,452, 460, 462, 465, 469
――委員会　300, 341-45, 363, 388, 391-96, 405-06, 409-10, 415
――における繰延税金資産の計上制限　303
――における経済的アプローチの導入　256
――における慎重性の原則の後退　281-82
――における税効果会計の導入　298
――に係る外貨換算会計方法　275
――の構成　9, 211, 217

連結決算日　9-10, 179, 185-86, 212, 325
連結差額　7, 9, 179, 186, 203, 205, 212, 276, 281-82, 313, 317, 319-27, 331-32, 337-38, 387-89, 391, 397-400, 418, 421-22, 442
連結上の再処理　218, 307, 443
連結成果計算書　18, 173-74, 185, 200-02, 204, 211, 213, 216-17, 281, 298-99, 371
――のモデル　200-02
連結貸借対照表　18, 173-74, 185, 187, 203-04, 211, 213, 217, 234, 261, 276, 285, 298-300, 315, 320, 371, 399-400, 403, 405
――のモデル　204-05
連結の会計方針　221-29, 231, 233-40, 243, 284, 335
――の選択・適用　226
連結のれん
――会計の標準化　313
――の処理方法　313, 317
――の処理方法の展開　319
連結方法　7-10, 172, 175, 178-79, 182, 211-13, 220
連単分離　iv, 5, 7-8, 11, 204, 235, 237-38, 243, 247, 261, 264, 267, 287, 308, 310, 440, 465, 467, 471
労働組合　30, 56, 58, 60, 62-63, 64, 65, 75, 76, 79, 194, 349-50, 351-53, 359-62
6条オプション　11, 372-75, 381-82, 285
――の法的位置づけ　373
ロリオ委員会　93-98

人名索引

アドゥ（Haddou）　116-17, 153, 167
アベラン（Abelin）　97
アラン（Allain）　66
ヴィアンディエ（Viandier）　132, 254-56
オアロー（Hoarau）　25, 67
カイエ（Caillet）　188-89
カレ（Carré）　141
キュルマン（Culmann）　67, 87-88, 91, 139, 236, 338
コット（Cotte）　66
コラス（Colasse）　51, 67, 127, 254
サルコジ（Sarkozy）　19, 444
サン・ピエール（Saint-Pierre）　171-73
シャヴノー（Chaveneau）　138, 140, 167,
ジョドゥー（Jaudeau）　388-89, 399, 409-10
デュポン（Dupont）　66
ドゥ・ビシー（De Bissy）　162, 164-65, 169
ドゥラブリエール（Delabrière）　394
トゥッシュレイ（Touchelay）　93-98, 102, 106, 109, 111-12

バルトゥ（Barthes）　190
バルテス・ドゥ・リュイテール（Barthés de Ruyter）　353, 423
パン－サバニエ（Pain-Savanier）　173, 189-91,
ピネー（Pinay）　94
ブータン（Boutan）　190
ブルトン（Breton）　357
ベレゴボア（Bérégovoy）　346-47
ボー（Beaux）　189-90
ボードナ（Beaudonnat）　137-39
マサール（Massard）　341
モンテ（Montet）　102
ラバラン（Ravarin）　139
ランケ（Lanquest）　139
ルプティ（Lepetit）　357
レイボ・チュリロ（Raybaud-Turrillo）　254
ローゼンバウム（Rosenbaum）　187, 189-90
ロリオ（Loriot）　93-98
ロゼール（Lauzel）　102

会社名索引

アコー（Accor） 376
アバス（Avas） 376
アルカテル・アルストム（Alcatel Alsthom）
　228-29, 234, 264, 331, 333, 335, 337
エッソ・スタンダード SAF（Esso-Standard
　SAF） 171, 188-89, 206
エシロール（Essilor） 378, 380
エリダニア・ベガン－セイ（Eridania
　Béghin-Say） 377-78
エルフ・アキテーヌ（Elf Aquitaine） 385
エール・リキッド（Air Liquide） 227,
　229-33, 236, 239-40, 242, 245, 262, 284, 306,
　332, 334-37, 339, 376-77, 399
カルフール（Carrefour） 227, 229-32, 234,
　236, 239-40, 242, 261-63, 284-85, 306-07,
　309, 331-38, 378-80, 385
サン・ゴバン（Saint-Gobain） 227, 229-32,
　233, 236, 239-40, 245, 262, 284, 306, 308,
　332-38, 342, 345, 377-78, ,380, 384
スキー・ロシニョール（Skis Rossignol）
　376
シムカ（Simca） 188-89
スエズ（Suez） 232, 342, 377-78
CGE（Compagnie Générale d'Electricité）
　206, 228-29, 232-34, 236-37, 239-40,
　262-64, 284, 306-07, 331-37
ダノン（Danone） 227, 229-33, 236, 239-40,
　261-62, 284, 297, 306-07, 309, 331-37, 377,
　379-80, 401, 408
デ・ゾー（Compagnie Générale des Eaux）
　228-29, 232, 234, 236-37, 239-42, 262,
　284-85, 306, 308, 331-37, 401-02
DMC 378, 381
トタル（Total） 172, 189, 227, 229-33, 236-41,
　262, 284, 306, 332, 334-37, 342, 345, 379
プジョー（Peugeot） 227, 229-33, 236-37,
　239-40, 261-62, 284, 306, 308, 332, 334-37,
　380, 385
フランス石油（Compagnie française des
　pétroles） 171-72, 188-90
ブル（Bull） 342, 380-81
ペシネー（Péchiney） 188-90, 206, 228-33,
　236, 239-40, 262, 284-85, 306, 331-37,
　341-42, 345, 380-81
ペシネー－サン・ゴバン化学（Société des
　produits chimiques Péchiney-Saint-
　Gobain） 188
ミシュラン（Michelin） 264
ユジノール（Usinor） 363, 380
ラファルジュ（Lafarge） 227, 229-33,
　236-37, 239-40, 243-44, 261-62, 284, 306,
　329, 331-38, 342, 345, 377-78, 380, 399,
　401-02, 408
LVMH（Louis Vuitton Moët Hennessy）
　227, 229-33, 236-37, 239-40, 261-63, 284,
　306-08, 331-38, 377-78, 380, 399, 401, 408
ローヌ・プーランク（Rhône-Poulenc）
　172, 206, 227, 229-33, 236, 239-40, 261-62,
　284-85, 306-09, 332-37, 342, 346, 380
ロレアル（L'Oréal） 228-29, 232, 234-37,
　239-42, 245, 262, 284-85, 306, 308, 320,
　331-37, 401-02, 408

●著者

大下勇二（おおした・ゆうじ）

1954年香川県生まれ。法政大学経営学部教授。博士（経営学）（法政大学）。神戸商科大学大学院経営学研究科博士後期課程単位取得満期退学。1983年法政大学経営学部研究助手，専任講師，助教授を経て1995年教授，2004年経営学部長。日本社会関連会計学会理事，グローバル会計学会理事，国際会計研究学会元理事，元中小企業診断士試験委員，元公認会計士試験委員。主な著書に『フランス財務報告制度の展開』（多賀出版，1998年），共著に『プラン・コンタブルの国際比較』（野村健太郎編著，中央経済社，2005年），共訳に『フランス会計原則』（同文舘，1984年）ほか。

連単分離の会計システム
フランスにおける2つの会計標準化

2018年9月25日　初版第1刷発行

著　者　大下勇二
発行所　一般財団法人　法政大学出版局
〒102-0071　東京都千代田区富士見2-17-1
電話03 (5214) 5540　振替00160-6-95814
製版・印刷：三和印刷　製本：誠製本

© 2018　Yuji Oshita
Printed in Japan

ISBN978-4-588-65510-4